U0362034

天津财经大学珠江学院一流本科课程"金课"建设项目

组织管理
与领导力

（第二版）

ZUZHI GUANLI
YU LINGDAOLI

兰　芳　全香花　王艺瑄　主编

南开大学出版社
NANKAI UNIVERSITY PRESS
天　津

图书在版编目(CIP)数据

组织管理与领导力 / 兰芳,全香花,王艺瑄主编.
2 版. -- 天津 : 南开大学出版社,2025.3. -- ISBN
978-7-310-06679-7

Ⅰ.F272.9

中国国家版本馆 CIP 数据核字第 2024U3V940 号

组织管理与领导力(第二版)

ZUZHI GUANLI YU LINGDAOLI (DI-ER BAN)

南开大学出版社出版发行

出版人:刘文华

地址:天津市南开区卫津路 94 号　　邮政编码:300071

营销部电话:(022)23508339　营销部传真:(022)23508542

https://nkup.nankai.edu.cn

天津创先河普业印刷有限公司印刷　全国各地新华书店经销

2025 年 3 月第 2 版　　2025 年 3 月第 1 次印刷

260×185 毫米　16 开本　23.5 印张　2 插页　572 千字

定价:72.00 元

如遇图书印装质量问题,请与本社营销部联系调换,电话:(022)23508339

前　言

在当今快速变化的社会环境中，组织管理与领导力的重要性日益凸显。党的二十大报告强调了创新驱动发展战略、人才强国战略以及推动高质量发展等一系列重要理念，这些理念对于组织管理和领导力有着深远的指引意义。无论是大型企业还是初创公司，都需要践行有效的组织管理和卓越的领导力来推动组织的持续发展。因此，我们编写了这本《组织管理与领导力（第二版）》教材，旨在帮助读者深入了解组织管理和领导力的核心概念、技能和实践，提升个人在组织中的管理和领导能力。

本书以高等教育通识教育改革为基础，以提升在校学生在组织管理及领导力方面的能力为目标进行编写，其使用者以本科生为主。本书共分为五篇，第一篇介绍了组织管理和领导力的基本概念和重要性，包括组织管理的含义、特点、内容和过程，以及领导力与管理之间的关系等；第二篇重点讲解了人际技能，包括个体与组织的匹配、激励能力、沟通技能和冲突管理等；第三篇聚焦于团队技能，包括群体管理、团队管理和领导力管理等；第四篇深入探讨了组织技能，包括组织设计、授权、决策和战略规划等，帮助组织科学合理地规划发展路径，提升核心竞争力；第五篇关注组织管理与领导力的新发展，包括数字化管理、社会责任、创新和可持续发展等。

本书注重实用性和可操作性，通过案例分析、实践练习和思考题等多种形式，帮助读者掌握组织管理和领导力的核心技能。本书既可以作为高等院校通识教育课程教材，也可以作为高校教师授课的教学参考资料。

本书的编写得到了众多专家的支持和指导。同时，本书在编写过程中借鉴、参考和引用了众多相关学科的书籍和内容，并吸取了其中许多的精髓，在本书即将出版之际，谨向有关作者表示衷心的感谢，并向在本书编写过程中给予支持的有关专家表示诚挚的谢意。

由于编者水平有限，错误和疏漏之处在所难免，恳请专家和读者批评指正。

本书编写组
2024 年 4 月于天津

目　录

第三篇　团队技能篇

第四篇　组织技能篇

第一篇 组织管理与领导力导论

【引例】

有七个人住在一起，每天共喝一桶粥，显然粥每天都不够。一开始，他们抓阄决定谁来分粥，每天选一个人。于是每周下来，每个人只有一天是饱的，就是自己分粥的那一天。后来他们开始推选出一个道德高尚的人来分粥。强权就会产生腐败，大家开始挖空心思去讨好、贿赂这个人，搞得整个小团体乌烟瘴气。然后大家开始组成三人的分粥委员会及四人的评选委员会，结果互相攻击、扯皮下来，粥喝到嘴里全是凉的。最后他们想出来一个方法：轮流分粥，但分粥的人要等其他人都挑完后拿剩下的最后一碗。为了不让自己喝到最少的，每人都尽量分得平均，就算心中不平，也只能认了。大家快快乐乐，和和气气，日子越过越好。

思考：从上述故事中，你能想到什么？

第一章　组织管理概述

在人类历史上，自从有了组织的活动，就有了管理活动。那么，为何要管理？这是因为有许多事情，不是一个人所能完成的。只要是做需要一个以上的人来完成的工作，就需要管理。无论从微观方面还是从宏观方面都是如此。就微观方面而言，小到两个人抬木头，多到多个人经营企业，都需要高效的管理。两个人抬木头时，就构成了一个最为简单的"组织"，需要喊口令来协调彼此的行动，所谓"喊口令"就是一种最原始的管理方式；经营企业的过程也是如此，为了使企业能够高效地运行，必须配以高效的管理来协调企业各个部门之间、不同企业之间、企业与市场之间等方面的关系。就宏观方面而言，人类社会发展过程中如何高效利用资源，将有限的资源分配到最为需要的地方，使资源更为有效地配置，以及政府部门如何组织、协调、管理、分配有限的资源，这些都属于广义上的管理。

就本书而言，所要研究的管理主要是针对企业来说的。随着现代生产技术的迅猛发展，尤其是虚拟企业的出现，企业内部活动与外部环境之间的配合难度越来越高，准确度要求越来越严格，此时，如何进行组织管理与管理组织就显得尤为重要了。

第一节　组织概念及其属性

一、组织的概念

由于研究背景与研究视角不同，不同学者对组织的理解有所不同。归纳起来，主要有以下几种观点。

（一）组织是复杂系统

组织是复杂的社会系统，通过有助于实现其目标的某种结构来为个人提供秩序和方向。[①]从历史上看，现代管理理论中很多内容就包含了对组织复杂性的思考。被誉为"现代管理理论之父"的法国组织管理大师法约尔（Fayol），早在19世纪末就对组织职能的复杂性提出应对建议，要求组织成员各司其职，同时组织成员之间也保持必要的沟通；德国管理思想家韦伯（Weber）也注意到组织中的复杂性问题，他提出了"理想的行政组织体系理论"，强调组织的形式并不是一成不变的，应该根据人的流动因素的变化对组织的形式予以变革；被誉为"行为科学的奠基人"的美国管理学家梅奥（Mayo）完成了著名的"霍桑实验"，他意识到组织中人的复杂性，注重人的因素，强调满足组织成员人际关系的需求，侧重对组织内部非正式组织（群体）进行研究和管理。

从组织与身处其中的个体的关系来看，组织的复杂性首先体现在组织中个体目标与组

---

① ［美］蒂姆，［美］彼得森. 人的行为与组织管理. 钟谷兰译. 北京：中国轻工业出版社，2004 年.

织目标的冲突上。首先，由于个体需求具有多样化的特点，组织中的每个个体追求各自效用最大化，但个人最优选择与组织目标实现之间往往不尽一致，甚至彼此背离。其次，组织中个体的决策虽然"自我感觉"理性，但由于组织上层的高度控制等诸多原因而导致的信息交流不畅和信息不对称，提高了组织管理的复杂程度。最后，个体受到家庭、教育、人际支持系统、个人情感、价值观等因素的影响，更加剧了组织管理的复杂性和非理性。①从组织自身角度来看，组织行为和组织状态也变得愈加复杂起来，这主要体现在以下四个方面。②

1. 多样性。多样性是指组织的行为主体构成和行为方式的多样性。以企业组织为例，行为主体构成的多样性体现在企业所有者非单一化、董事会成员来源广泛化、雇员文化多元化、客户分布分散化、供应商多头化和债权人多样化等各个方面。

2. 相互关联性。相互关联性是指不同类型、不同地区的组织相互之间构成了网络性的关联。这种关联提高了组织的复杂性程度。组织之间的关系是非线性且延迟性的相互作用，它们之间的"正反馈"作用过程决定了组织发展的未来。这就要求组织管理要强调供应链关系，转变到将组织作为价值创造网络中的一个节点来思考它们的未来并加以管理。

3. 模糊性。模糊性是指组织边界、影响组织发展的驱动因素和各种因素之间的因果关系变得越来越模糊。

4. 流动性。流动性是指组织总是处于变化、转换与调整之中，即使系统达到过平衡，那也不会是稳定的，除非系统消亡。如果说能够使企业组织这类系统实现较长时期平衡的话，也只能是维持性的平衡，即通过系统与环境之间信息、物质的不断交换来实现，一旦中断或削弱这些交换，系统将会崩溃。泡沫经济、虚拟经济可以看作具有这一特性的复杂适应系统，一旦支撑这类经济繁荣的资金流减弱或中断，它们就会破灭。

（二）组织是不同个性的集合体

以往的研究对组织的关注胜于对组织中个体个性的关注。在现代公司纷纷涌现及随之而来的劳动力大潮中，人们逐渐形成了个体屈从于国家、社会和经济机器的认识。虽然团队的效率取决于整个团队的组织和作用，但也有赖于团队中每一个人的作用。组织中的"人"不仅是一个统计单元，而且是复杂的、具有独特性的一个个"个体"，正是因为有了个体才有了组织。

在我们所处的社会中，个人和组织的所有行为都直接或间接地互相联系、互相依存。实际上，综合众多管理学派对组织管理的研究来看，其实质都是对组织中人的管理，处理的核心是人的问题，而人的出现是组织中复杂性的根源。也就是说，组织管理的实质就是对组织中因人而出现的复杂性的管理。③

组织的个体之间必然存在个性差异，个性差异的一个重要体现是，每个个体对外部世界的知觉都不尽相同。个体知觉是组织管理面临的最为复杂的问题，个体的所见所闻反映出他的经历、期望和兴趣，没有任何两个人会用完全一致的方式来看待同一个物体或秉持相同的想法，个体都是根据自己的观点来"感知"和"理解"事物的。知觉过程的四大基

---

① 关伟，李红. 复杂性与组织管理. 大连海事大学学报（社会科学版），2010（2）：38-41.

② 刘洪. 论组织内外部复杂性的变化特点与管理挑战. 管理学报，2009（5）：587-594，600.

③ 孙泉城，郭元林. 复杂性组织管理是什么. 系统科学学报，2009（3）：71-75.

本要素——选择、动机、组织和释义，以及其他一些诸如遗传、环境、同辈（的影响）、感官等都会对个性差异产生影响。[①]

个体作为组织活动的执行者，是组织中唯一的主观能动因素和根本动力，也是财富的最终创造者，人的管理是组织管理的关键。为此，对人进行研究，研究人的本性以及人的行为是如何产生的，才能有效地对人进行管理，激发其工作积极性、主动性和创造性，更好地实现组织目标。

组织存在的基础是人，而人的存在在本质上是具有精神性的，因而在组织存在的问题上，实证科学是不可能有效介入的。在组织和管理思维中，必须控制自然主义的倾向，自始至终、无处不离人的本质和人道精神的指引，这样的管理观才是科学的管理观。

（三）组织是社会网络

社会网络理论以个体间的关系为核心，从结构的角度来分析其对个人态度及行为的影响。社会网络理论提供了一个崭新的图像来看待我们所处的社会，它将社会视为一个网络图，图中有许多节点（Nodes），节点与节点中有相连的线段，即社会连带，个人可借此网络维持某种社会认同并建立社会接触，进而取得相关资源。

一个社会网络至少包含两个要素：第一是行动者（Actors），第二是关系（Relationship）。行动者亦即节点。在社会网络研究领域，任何一个社会单位或社会实体都可以看作"节点"或行动者。行动者可以是个体、公司、学校、医院、军队，也可以是村落、小区、城市、国家等。节点与节点之间通过错综复杂的"关系"连接起来，共同形成了一个复杂的社会网络结构。

关于社会网络类型的区分，不同的学者有着不同的看法。其中，具有代表性的就是组织学者魁克哈特（Krackhardt）的观点。魁克哈特将组织社会网络分为友谊网络、信息网络和咨询网络。还有就是信任关系，信任常常被看作另一种友谊关系。

组织内部的网络化将组织的有形和无形资源，通过某些关键的节点（某个职位或职能部门，甚至是某个人，如管理者或领导者）连接起来，激活整个组织的能量，完成信息传递与反馈、价值传播与推广、有形资源的配置、权力的运行等。个体作为整个组织内部社会网络的一分子，承担对应的职责与任务，即传递着那些推动组织目标实现的能量。"在组织中"就意味着活动，组织的存在其实就是组织的集体行为，组织的集体行为只有从社会关系角度考究才会有其存在的意义。在一个内部拥有良好社会关系网络的组织中，组织智慧要大于组织中所有个体智慧的总和。组织管理的目标就是最大限度地实现组织整体的能力，从组织整体上提高知识的获取、存储、学习、共享、创新的能力，提高组织的应变能力和反应速度。

那么组织内部的社会网络是通过什么样的模式建构而成的呢？明茨伯格（Mintzberg）在其《卓有成效的组织》一书中，通过简化现实组织的建构方式提出关于组织运转（组织内部社会网络模式）的五种看法（理论）。

1. 组织是一个正式权力的体系，正式权力在网络中自上而下地流动。所谓的自上而下是以组织层级为基础的，每个组织中重要的权力流动和沟通关系都按照一定的规则在这个以组织层级为流动基础的网络之中。

---

①［美］蒂姆，［美］彼得森. 人的行为与组织管理. 钟谷兰译. 北京：中国轻工业出版社，2004 年.

2. 组织是一个受控流程构成的网络，包括贯穿运营核心的生产工作流、沿着管理层级向下对运营核心施加控制的指令流、对于结果反馈的信息流（管理信息系统）、从两侧输入的员工信息和建议流。

3. 组织是一个非正式沟通的网络体系，强调的是相互调节的协调作用。这实际上是一个社会关系网，表明了组织中存在着非正式的权力中心，非正式的沟通网络有时能为权威和监管渠道提供补充信息，有时则绕开了正式渠道。

4. 组织是一个工作群集的网络系统。这个观点认为组织成员聚集成小组来完成工作，每个群集处理本层级的相应决策，而与其他群集的联系相当松散。

5. 组织是一个临时决策流程的网络系统。这个网络覆盖了一个决策（战略层面或具体层面）从开始到结束的完整流程。

除了内部社会网络之外，组织外部的社会网络对其发展成长的影响也同等重要。组织在外部社会网络结构中的位置决定了其发展空间的大小，一个占据有利位置的组织可以比其他组织更容易获得更多的社会资本，从而拥有更好的发展机会和环境。

社会网络理论为理解组织提供了一种新的视角，在这一视角下，组织管理的目标就是要寻找组织在网络中的最佳定位，同时最大限度地实现组织整体的能力，从组织整体上提高对知识的获取、存储、学习、共享、创新等能力，提高组织的应变能力和反应速度。

（四）组织的其他内涵

除了上述三种最具代表性的对组织概念的阐释之外，其他有关组织内涵的界定还有很多。例如，管理学大师切斯特·巴纳德（Chester Barnard）曾经说过："当两个或两个以上的个人进行合作，即系统地协调彼此间的行为时，在我看来就形成了一个组织。两个或更多组织间合作行为的同时运作产生了一种相互联系，正是这种相互联系导致了复杂组织的产生。""归根结底，组织不过就是合作行为的集合。"

事实上，尽管对"组织是什么"这一命题，不同学者仁者见仁、智者见智，但总体上都包含如下四个要点：第一，组织有明确的目标；第二，组织是实现特定目标的工具；第三，组织有不同层次的分工合作；第四，组织是一个有机的系统整体。

二、组织的分类

按照不同的分类标准和分类方法，组织可以划分为多种不同的类型。例如，根据服务对象的不同，组织可以划分为公共组织和私人组织；根据是否以获利为目标，可以划分为营利性组织和非营利性组织；根据组织的规模划分，可分为小型组织、中型组织和大型组织；根据社会职能分类，可分为文化性组织、经济性组织和政治性组织；根据组织内部是否有正式分工来分类，又可分为正式组织和非正式组织等。

（一）营利性组织和非营利性组织

营利性组织是指经工商行政管理机构核准登记注册的以营利为目的，自主经营、独立核算、自负盈亏的具有独立法人资格的单位，如企业、公司及其他各种经营性单位。

具体阐述"营利性组织"的含义，首先有必要区分几个概念，即"营利"与"赢利"和"盈利"的区别。从现代汉语的基本含义上我们知道"赢"意为"赚"，相对于"赔"，从而"赢利"指赚得利润（用作动词），或者指利润（用作名词）。"盈"意为"充满""多余"，"盈利"即指利润，或者较多的利润。而"营"的意思是谋求，"营利"相应地是指以获取利润为目的。因而，"营利性"的含义，并不是经济学意义上的一定有利润，而是一个用以界定组织性质的词汇，它指这种组织的经营、运作目的是获取利润。

非营利性组织的概念是相对于营利性组织而来的。非营利性组织是指那些具有为公众服务、不以营利为目的、组织所得不为任何个人牟取私利、组织自身具有合法的免税资格并可为捐赠人减免税负的组织。非营利性组织一般不以获取利润为目标，但并不等于没有盈利。非营利性组织主要追求特定的社会目标。

（二）小型组织、中型组织和大型组织

所谓"小型""中型"和"大型"只是相对意义上的区分。例如，同是企业组织，就有小型企业、中型企业和大型企业；同是医院组织，就有个人诊所、小型医院和大型医院；同是行政组织，就有小单位、中等单位和大单位。按这个标准进行分类是具有普遍性的，不论何类组织都可以进行这种划分。

（三）正式组织和非正式组织

1. 正式组织

正式组织是指人们按照一定的规则，为完成某一共同的目标，正式组织起来的人群集合体。我们一般谈到的组织都是指正式组织。正式组织通过理性原则来维系。在正式组织中，其成员之间保持着形式上的协作关系，以完成组织目标为行动的出发点和归宿。人们经常将"正式"与"不变"和"稳定"联系在一起。在实践中，正式组织在保持其相对稳定性的同时必须具有一定的灵活性，发现和使用人才，并根据组织环境的变化调整组织的结构。正式组织有三个基本特征。

（1）目的性。正式组织是为了实现组织目标而有意识建立的，因此，正式组织要采取什么样的结构形态，应该服从于组织目标的实现和战略计划的落实。这种目的性决定了组织工作通常是在工作计划之后启动的。

（2）正规性。正式组织中所有成员的职责范围和相互关系通常通过书面文件加以明文的、正式的规定，以确保行为的合法性和可靠性。

（3）稳定性。正式组织一经建立，通常会维持相当长的一段时间，只有在内外环境条件发生了较大变化、原有组织形式明显不适应时，才会对组织进行重组和变革。

2. 非正式组织

非正式组织是人们在彼此交往的联系中自发形成的以感情、喜好等情绪为基础的松散的、没有正式规定的群体。非正式组织通常具有五个特点：第一，具有牢固的感情纽带；第二，权力的实施不具有强制性和稳定性；第三，具有自然形成的核心人物；第四，具有一套不成文的行为规则；第五，组织成员具有高度的行为一致性以及很强的群体意识。

非正式组织可以从"安全性"和"紧密度"两方面来考察。这里所谓的"安全性"是与"危险性"相对立的。凡是积极的、正面的、有益的活动都是"安全"的，比如满足成员归属感、安全感的需要，增强组织的凝聚力，有益于组织成员的沟通，有助于组织目标的实现等的活动；凡是消极的、负面的、有害的都是"危险"的，比如抵制变革，滋生谣言，操纵群众，高素质、高绩效员工流失等现象。所谓"紧密度"是与"松散性"相对立的，凡是有固定成员、有活动计划、有固定领导而小道消息又特别多的，都是"紧密度"高的；相反，则是"紧密度"低的。在具体评价中，我们可以分别以"安全性"和"紧密度"这两项指标为横向和纵向坐标，作出有四个区间的分类图，如图1-1所示。

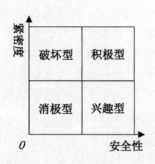

图 1-1　非正式组织的划分

（1）消极型：既不安全，也不紧密。这种非正式组织的内部没有一个得到全部成员认可的领袖，分为好几个小团体，每个团体都有一个领袖，同时某些领袖并不认同组织，普遍存在个人利益高于组织利益的倾向。

（2）兴趣型：很安全，但不紧密。这种非正式组织是由于具有共同的兴趣、爱好而自发形成的团体，成员之间自娱自乐。

（3）破坏型：很紧密，但不安全。这种非正式组织形成一股足以和组织抗衡的力量，而且抗衡的目的是维护抗衡团体的自身利益，为谋求团体利益而不惜损害组织利益。同时，团体内部成员不接受正式组织的领导，而听从团体内领袖的命令。

（4）积极型：既安全，又很紧密。这种非正式组织一般出现在企业文化良好的企业，员工和企业的命运紧密地联系在一起。比如日本本田公司的 QC 小组，完全是自发成立，员工下班后聚到一起，一边喝咖啡，一边针对当天生产车间出现的生产问题和产品瑕疵畅所欲言，最后通过讨论找出解决问题的方法。

如果出现一定的内外部诱因，那么消极型、兴趣型和积极型非正式组织都有可能迅速地转化为破坏型非正式组织。作为组织的管理者需要对组织内存在的诸多非正式组织有一个清晰的界定——它们属于哪一种类型？它们的领袖是否具备良好的道德素养和职业素质？这些非正式组织中的核心成员有没有属于企业高层领导的，他们是否可以准确地强化自身正式组织的角色？对这些问题有充分的了解，有助于较好地监控和处理好非正式组织的"紧密化"和"危险化"衍生的破坏性问题。

三、组织的社会功能

组织作为一种普遍存在的社会现象，其社会功能主要包含四个方面：整合功能、协调功能、维护利益功能和实现目标功能。

1. 整合功能

所谓整合是指调整对象中不同构成要素之间的关系，使之达到有序化、统一化、整体化的过程。组织的整合功能具体表现在组织的各种规章制度（包括有形的、无形的）对组织成员产生约束，从而使组织成员的活动互相配合、步调一致。组织整合一方面可以使组织成员的活动由无序状态变为有序状态；另一方面又可以把分散的个体黏合为一个新的强大的集体，把有限的个体力量变为强大的集体合力，这种合力不是 1+1=2，而是 1+1>2。显然，组织整合功能的有效发挥有利于组织目标的实现。

2. 协调功能

组织内部各职能部门、各组织成员尽管都要服从组织的统一要求，但是，由于他们各自的目标、需要、利益等方面得以实现或满足的程度和方式存在着事实上的差异性，因此，组织成员之间或组织的各职能部门之间必然存在一些矛盾和冲突。这就需要组织充分发挥协调功能，调节和化解各种冲突和矛盾以保持组织成员的密切合作，这是组织目标得以实现的必要条件。

3. 维护利益功能

社会组织是基于一定的利益需要而产生的，不同的组织是人们利益分化的结果。组织利益与个人利益息息相关，正所谓"一荣俱荣，一损俱损"。维护利益功能的有效发挥能充分调动组织成员的积极性、主动性和创造性，提高组织的凝聚力，增强组织成员的向心力，从而确保组织目标高效完成。

4. 实现目标功能

组织目标的实现有赖于组织成员的齐心协力，这就需要以组织的整合功能和协调功能为基础，以维护利益功能为动力，才能使组织实现目标功能得以充分发挥。各种社会组织都是社会大系统的一个分子，因此，实现目标功能就既包括实现组织自身目标，同时也包括实现社会大目标。

当然，以上述及的四种功能并不是相互割裂的，而是彼此之间相互渗透、相互支撑。值得注意的是，组织功能的正常发挥，要以健全的组织构成要素为基础。因此，加强组织自身建设，是充分发挥组织功能的基本前提。

第二节　组织管理及其有效性

一、组织管理的概念

社会中每个人的存在都依赖于其他人，人生来具有社会属性，需要与他人进行合作。人与人在一定的群体中实现合作就需要管理。而管理一般是在按照一定的宗旨和系统建立起来的集体中得以实施的，因此管理更多地表现为组织内部的管理。组织管理是一种经济行为，也是一种社会行为，它着重研究的不是静态的组织，而是组织中个体与个体之间、个体与组织之间的动态关系。

组织管理应该使组织成员明确组织中有些什么工作、应该做什么工作，工作者拥有什么权利、承担什么责任、在团队中扮演什么角色、与其他组织成员的关系如何等问题。

本书认为，组织管理包括四个方面的内容：目标确定、资源整合、团队优化和组织变革。各部分相关内涵在后续案例中进行论述。

二、组织管理的实质

（一）绩效管理

组织管理的实质就是组织绩效管理。"绩效"就是"个人之绩"和"组织之效"，个人之绩是短期的、局部的、分割的，与个人行为及对应的激励直接相连的目标；而组织之效则是长期的、全面的、整合的，与多个个体组成的群体行为及组织未来发展密切相关的目标。二者之间联系紧密而又关系微妙，如何平衡好个人之绩与组织之效，将个人绩效与组织绩效有效结合起来是有效的组织管理必须直面的问题。

然而来自实践的经验告诉我们，很多组织通常为了片面追求组织之效而忽视个人之绩，忽视组织成员价值的实现。巴纳德在《组织与管理》一书中写道：

我们常常集中精力考虑组织的问题，而忽略了组织的个体，而且我们并没有意识到我们犯了这样一个忽略的错误。

如果致力于个体的发展是组织人事工作的重心的话，那么这么做一定要出自真心，而非策略，也不能仅仅只是为了提高工作效率而为。如果注重个人只是企业的噱头，目的是刺激生产、激发士气，那么这只能以失败告终。

管理层的第二项任务是使工作富有成效和使员工取得成就。企业（或其他组织机构）只有一种真正的资源：人。企业的管理层通过有效利用人力资源并使其转化为生产力来完成任务，并使企业的管理层通过员工的工作获得业绩。所以，使工作富有成效就是管理层的一项基本任务。当今社会的各种组织机构越来越成为个人发挥自己的专业特长，谋求自身在社会、团体中的地位，以及寻求自我成功、实现自我的场所。所以，使员工取得成就就日益重要，它成了衡量组织机构业绩的一种尺度，成了管理层的一项任务。[①]

从个人、组织与社会的层面上来看，组织有三个层次的目标：一是个人层次的目标，即组织成员的个人目标；二是组织层次的目标，即组织作为一个利益共同体或一个系统的整体目标；三是环境层次的目标，即组织的社会目标。个人层次目标的实现有助于推进组织层次目标的实现；组织层次目标的实现又有助于个人获得更大的发展空间、更高的发展平台；而环境层次目标的达成，对个人与组织的发展而言，其重要性也是不言而喻的。

管理的主体和客体是组织中的人，组织管理具体来说就是解决如何体现人的本质和人的价值的问题。组织管理的主体和客体在管理这一实践基础上形成统一。这种统一的实质是主体客体化（将主体的意图和目的融入组织管理的全过程中）和客体主体化（通过组织管理目标的实现来使主体的需要得到满足，同时主体自身也得到改进和提高）。组织管理的主要目的在于实现组织目标，创造更多的价值。而创造更多价值的实践活动正是人的价值的重要体现。从这点来看，组织之效和个人之绩是相互促进并相互支撑、彼此不可分割的。

（二）员工的行为管理

1. 员工行为理论分析——几种"行为科学"理论概览

（1）需要层次理论。马斯洛（Maslow）将人的需要分为五个层次：生理需要、安全需要、社交需要、尊重需要、自我实现需要。他认为人的需要都有先后顺序的层次，某一层需要得到满足之后，另一层需要才出现。在特定时刻，人的一切需要如果没有得到满足，那么满足最主要的需要就比满足其他需要更迫切。只有尚未满足的需要才能影响行为。

（2）双因素理论。赫茨伯格（Herzberg）提出的双因素理论认为，引起人们工作动机的因素主要有两个：一是保健因素，二是激励因素。只有激励因素才能够给人们带来满意感；而保健因素只能消除人们的不满，不会带来满意感。

---

① Barnard, C. *Organization and Management.* London: Routledge, 2003.

（3）X-Y 理论。麦克雷戈（McGregor）首次提出了 X 理论和 Y 理论。X 理论认为人的本性是消极的，一般人都有好逸恶劳、尽可能逃避工作的特性，所以对大多数人都必须通过强制、监督、指挥、惩罚并进行威胁来使他们工作；一般人通常满足于平稳的工作，不喜欢创造性的工作。Y 理论则刚好相反，认为人并不是懒惰的，他们对工作的喜欢或憎恶取决于工作对其是一种满足还是一种惩罚；在正常情况下，人们愿意承担责任；人们热衷于发挥自己的才能和创造性。按照 X 理论，对员工要采取严格控制的方式；而按照 Y 理论，管理者则要创造一个能多方面满足员工需要的环境，这样员工的才智才能得以充分发挥。

（4）Z 理论。日裔美国学者威廉·大内（William Ouchi）提出的 Z 理论认为，企业管理者与职工的利益是一致的，两者的积极性可融为一体。管理者应鼓励员工参与企业的管理工作，注意上下结合制订决策；上下关系要融洽；实行个人负责制，允许员工有创造性地执行任务；对员工的晋升要进行长期而全面的考察。

2. 员工行为模式

人的行为都是由某些主导动机引起的，而动机又源于自身的各种需要。人们为了满足自己的需要，就要确定自己行动的目标。这种从一定需要出发，为达到某一目标而采取行动，进而实现需要的满足，而后又为满足新的需要产生新的行为的过程，是一个不断激励的过程。只有尚未得到满足的需要，才能对行为起到激励作用。员工行为模式如图 1-2 所示。

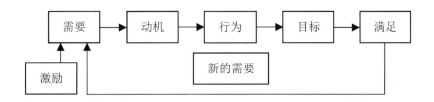

图 1-2　员工行为模式

在行为理论的指引下，组织管理的实质就是对员工行为进行管理。如何引导、激励员工做出符合组织期望的行为，是行为理论模式下的组织管理最关心的问题。

（三）组织核心竞争力管理

1. 核心竞争力的概念

组织的核心竞争力是一个组织能够长期获得竞争优势的能力，它是组织所特有的、能够经得起时间考验的、具有延展性并且是竞争对手难以模仿的技术或能力。

核心竞争力是现代组织应具备的能力中最重要、最关键和最根本的能力，它的强弱决定了一个组织在竞争中的地位和命运，因此，核心竞争力是组织发展的关键问题，同时也是组织管理的关键。

核心竞争力是组织管理的重要内容，反过来组织的管理也是核心竞争力的一个重要方面。由于现代社会物质、能量、信息、人员等重要资源流动得越来越快，现在的组织管理与传统意义上的管理已经产生了巨大差异。为了应对这种变化，组织必须改变传统的管理方式方法，引进新的管理理论和方法，在理论和实践中进行新探索，使组织在竞争中形成并保持自己的优势。

2. 核心竞争力的构建模型及形成机理

组织的核心竞争力是由各种能力要素按照一定关系联结而成的能力系统，可分为元素能力和架构能力两个层次。元素能力包括资源获取能力、组织管理能力和技术创新能力；架构能力是指制度创新能力。

资源获取能力包括从两方面获取资源的能力：一方面是获取组织内部已获得的资源的能力，如人力资源、生产和研发活动的设备和资金、无形资产、内部信息系统等，这部分可称为自有资源；另一方面是获取组织外部资源的能力，主要包括潜在的人力资源、用户、投资商、供应商、研发机构、政府部门的政策支持等，这部分可称为可控资源。组织管理能力是指组织的管理层结合已获取和可获取的资源，决定生产特定类型产品和其他活动的一组惯例。技术创新能力指的是组织创造新的技术以提高产出的能力。制度创新能力是指及时改变由于时间和环境的变化而不适应前三种能力提高的制度安排的能力。组织核心竞争力构建模型如图1-3所示。

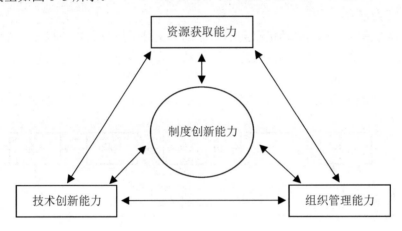

图 1-3　组织核心竞争力构建模型

制度创新能力即架构能力是整个模型的支撑和基石，它支撑并决定着元素能力的存在和发展。制度创新能力也是企业素质的重要体现，是企业获取持续竞争优势的可靠保证。元素能力是组织核心竞争力的表现形态，持续的、有组织的制度创新活动可以提升和加强组织的元素能力，反过来，得到强化的元素能力又进一步促进组织制度创新能力的提升。该模型是一个双向强化的系统，其中任何一项因素的效果必然影响到另一项的状态，任何一项因素都不是单独存在和发展的。架构能力和元素能力相互依赖、相互影响、相互转化，并共同决定着组织核心竞争力的强弱。因此可以说，组织的架构能力和元素能力共同构成了组织的核心竞争力。

三、组织有效性

组织有效性并不是一个新潮的概念，它是在应对当今世界迅速变化的诸多挑战中产生的，这些挑战包括全球竞争加剧、组织变革、战略定位、人力资源市场以及组织的社会责任等。简单地说，组织有效性主要是指组织实现其目标的程度，而组织目标则反映组织存在的原因和它寻求达到的结果。

组织有效性包括三个维度——组织绩效、组织成员满意度以及组织的可持续发展能力。组织绩效主要指组织工作成果是否满足需要，包括满足数量、质量和时效方面的要求；组织成员满意度即组织成员能够在多大程度上从组织中体验到个人的发展和幸福感；组织的可持续发展能力指组织是否有持续不断地稳步发展的能力。还有一些学者从不同的理论视角分别提到了成员态度、成员行为、组织生命力等维度细分要素。

不论是从组织绩效、组织成员满意度、组织的可持续发展能力，还是从组织成员行为等其他方面来探讨组织的有效性，都离不开心理契约、人际信任、权威遵从以及个体与组织关系。这很容易理解，心理契约、人际信任以及个体与组织关系都会影响组织成员满意度及行为，进而影响组织绩效和组织的可持续发展能力。

（一）心理契约对组织有效性的影响

1. 心理契约的概念

20世纪60年代，"心理契约（Psychological Contract）"这一术语被引入管理领域，其目的是强调员工与组织之间的关系除了正式的雇佣合同规定的内容之外，还存在着非正式的、未公开说明的相互期望，这种期望对员工行为的影响至关重要。

最早使用"心理契约"这一术语的是阿吉里斯（Argyris，1960），他用"心理契约"来刻画下属与主管之间的一种关系。这种关系表现为：如果主管采取一种积极的领导方式，雇员就会产生乐观的表现；如果主管保证和尊重雇员的非正式文化规范（如让雇员有自主权，确保雇员有足够的工资、有稳定的工作等），雇员就会减少抱怨而维持较高的生产率。

科特（Kotter，1973）提出，"心理契约"是个人与其组织之间的一份内隐的协议，协议中的内容包括在彼此关系中一方希望为另一方付出什么，同时又该得到什么。沙因（Schein，1980）把"心理契约"定义为组织成员与其组织之间每时每刻都存在的不成文的期望，并指出，心理契约有个体的心理契约和组织的心理契约两个层次。

20世纪80年代末以来，研究者将心理契约定义为在组织与员工互动关系的情境中，员工个体对于相互之间责任与义务的信念系统。

2. 心理契约与组织管理的有效性

柏克（Baker）指出，心理契约在员工愿望（如角色、社会、经济等）与其绩效表现之间起着重要的调节作用。研究表明，心理契约与高水平的知觉化组织支持、职业期望、情感承诺及低水平的离职意向有关。

肖尔和巴克斯代尔（Shore & Barksdale，1998）认为，心理契约从三个方面影响组织管理的有效性：一是可以减少雇佣双方的不安全感，正式协议难以涉及雇佣关系的方方面面，而心理契约恰好可以填补正式协议留下的空白；二是可以规范雇员的行为，雇员以组织对自己所负的责任来衡量自己对待组织的行为，并将其作为调节自己行为的标准；三是可使雇员对发生在组织中的事件产生情感性的反应。

对等的心理契约是员工与组织保持持久和协调关系的前提。员工履行心理契约有利于强化员工对组织支持的感知，强化员工的组织承诺感，促进员工的组织公民行为。

罗宾森（Robinson，1996）认为，心理契约以信任为基础，破坏心理契约会导致员工信任的动摇、对契约关系的重新确定、强烈的情绪反应（如被背叛感和被欺骗感）等。他们研究发现，心理契约破坏会导致雇员责任感降低，并显著影响员工的组织公民行为，同时心理契约的破坏与高离职率呈正相关，与信任、工作满意、留职意愿呈负相关。

3. 心理契约的形成和维护

既然心理契约的地位如此重要，那么组织究竟应该如何促进并积极维系员工与组织间良性的心理契约呢？有研究认为，开放、诚信和自由沟通的组织氛围，全面绩效管理体系的建立与推行实施，组织内部拥有给员工提供讨论、申诉和发表言论的正式和非正式渠道，有效传达组织目标，使员工承担必要的组织变革压力，并提早适应变革的压力传递体系，以及薪酬及奖励制度与组织目标完全契合都是最为有效的策略和措施。

（二）人际信任

1. 人际信任的概念

霍斯莫尔（Hosmer，1995）认为信任是个体面临预期损失大于预期收益的不可预料的情况时，所做的非理性的选择行为。因此，首先，信任是个体的一种预期，而此种预期会反映为一种选择行动；其次，信任产生的先决条件是对未来事件的预期出现了不可预料的情况；最后也是更为重要的一点是，信任是一种非理性的行为，是当个体在做纯理性的选择时不会做出的行为。

杨中芳和彭泗清（1999）对中国人的人际信任进行了研究，认为人际信任并不只局限于预期及信念，还涉及真正的信任行为。同时，中国人的人际关系的概念似乎比西方复杂得多。因此她提出中国本土化的人际信任的概念：人际信任是指在人际交往中，双方对对方能够履行他所被托付之义务及责任的一种保障感，比如"放心""没问题"等。在这一概念中，人际信任被视为存在于两者之间的概念，因此可用人际信任来研究两者之间的关系。

2. 人际信任与组织有效性的关系

克雷默和泰勒（Kramer & Tyler，1996）认为在一定情境下，如果组织成员相互信任程度高，他们就会采取彼此合作行为，比如产生单方面的合作、利他、职务外工作等自发行为，并将更多的时间和精力用于集体目标的实现，自愿服从组织的规章制度、指令和领导，使物流和信息流的传递效率提高，减少失败风险，消除管理过程中的大部分阻力，帮助组织实现其目标。

郑伯壎（1999）对人际信任的研究结果表明：提高人际信任，可以促进人们之间的沟通，有利于人们的协作，增强组织凝聚力，提高工作效率，合理配置资源，从而降低组织运行和管理成本。

克雷默（Kramer，1999）认为，人际信任会对组织管理产生建设性的影响，主要表现在三个方面：一是降低组织内部的管理成本，二是增加组织成员自发的社会行为，三是形成服从组织权威的正确方式。

李宁和严进（2007）研究了组织内信任对任务绩效的影响，结果表明，个体对直接领导、同事和高层管理者的信任都会对个体的工作绩效产生影响，并且彼此间的效应相互独立，彼此互补。

组织有效性的直接标志就是组织绩效以及组织目标的达成。研究已表明，人际信任会直接影响员工的工作绩效，进而会影响组织绩效以及组织目标的达成。积极维护组织现有的人际信任网络，适时开拓并建立新的人际信任关系，是组织管理必不可少的环节。从某种意义上看来，人际信任也可以看作一种心理契约，指的是人与人之间的一种心理契约。

（三）权威遵从

1. 权威的概念和类型

切斯特·巴纳德在其《经理人员的职能》一书中，将权威定义为：权威是正式组织中信息交流（命令）的一种性质，通过它被接受，组织的贡献者或"成员"支配自己所贡献的行为，即支配或决定什么是要对组织做的事，什么是不对组织做的事。也就是说，权威性是在信息交流的过程中产生的，而组织中信息交流的权威性在于接受信息的人同意这一信息的可能性。

因此，无论组织中成员的地位如何，只要他能在信息交流的过程中对其他成员施加影响，并且取得信息接收者的同意和服从，那么我们就说该成员在组织中具有权威。

在知识经济时代，权威分为职位权威和知识权威，前者体现为组织中的某成员由于地位较高，其意见具有某种程度的优越性；而后者是不以职位论英雄，人们对其权威的服从来自他的专业知识及其个人影响力。

2. 权威与组织管理

美国著名经济学与社会科学家赫伯特·西蒙（Herbert Simon）认为，专业权威的重要性越来越高，而职位地位的重要性越来越低。组织成员越来越习惯接受专家的建议，因为他们认为专家是诚实而能干的有权威者。这里所提到的专家权威实质上就是知识权威。

在组织管理中，管理者应该重视知识权威在组织成员中的影响力，充分关注拥有知识权威的员工在团队氛围形成中的影响力。组织也可以适当借用这种非正式的权威来推动组织的发展和变革。当然，如果作为领导者，既拥有职位权威，又拥有知识权威，这两种权威相互补充并为大家所接受，将最有益于组织的长足发展。

（四）个体与组织关系

1. 个体与组织匹配理论

个体行为是由个体的特质和组织环境共同决定的，而特质与环境又是相互影响的，所以其中任何一方都难以单独产生作用，只有二者合力且相互作用才能影响个体的行为，因此勒温（Lewin）提出了个体与组织匹配的观点。

查特曼（Chatman，1989）提出，应该以互动的观点来理解个体与组织匹配。因为个体和组织先通过选择或甄选的方式，找到与自己的价值体系相适合的对象；然后，组织对新员工进行社会化以影响员工的想法，新员工通过这种社会化过程了解组织共同的价值观和行为规范等，当组织价值观与个体价值观之间具有一致性时，个体与组织的匹配度高，这将影响到个体价值观、角色外行为以及留职意向等。不过，在社会化过程中，新员工也可能影响组织共有的价值观与行为规范，使组织产生一定的变化。

2. 个体与组织匹配和组织有效性的关系

在个体与组织匹配的研究中，越来越多的研究者意识到应该通过评估个体与组织之间价值观的相容性，来评估个体与组织的匹配情况。研究者们使用个体与组织价值观匹配或价值观一致性，甚至是工作价值观一致性来代表个体与组织在价值观上的匹配情况。

对于个体与组织匹配度对组织有效性的影响，不同的研究者持有不同的观点。国内一些研究者认为，个体与组织价值匹配能够使组织保持忠诚而具有灵活性的员工队伍，因而对组织的影响是正向的、积极的。但是，施耐德等（Schneider etc.，1995）认为，个体与组织价值观匹配会带来负面的、消极的影响，因为高度匹配会降低人员的流动，导致组织成员同质性更高，组织的创新能力降低，组织绩效因此随之下降。

虽然不同的研究者对个体与组织匹配持不同观点，但有一点是可以肯定的，那就是个体与组织的匹配对组织有效性确实存在影响，至于影响是正面的还是负面的，则在于一个"度"的问题。对于个体与组织来说，维持适当水平的匹配度，不仅可以稳定员工队伍，提高员工的积极性和主动性，同时还可以发挥组织的创新能力，提高组织的绩效。

第三节　当今环境下的管理问题

环境对于企业组织来说，其重要性不亚于企业的组织结构对于企业生产发展的影响，而且在管理理论和实践中，人们常常忽略了环境的作用，这往往都是因为传统的管理理论和管理实践都将企业这个特殊的组织作为一个封闭的系统来对待，但是企业是存在于社会中的，社会的任何组织和个人都有可能会影响到企业的发展。

一、"互联网+"时代的来临导致企业环境的变化

随着互联网与传统产业的融合的加剧，"互联网+"从国家报告上的一个词语变成每个企业的自觉行动，传统企业所面临的一切都在飞速变化。在新的环境下，原有组织想要继续生存下去，就需要具备很强的适应性，而开放运营将是其中最为典型的特征。这种开放运营将表现为以下几个方面。

（一）从"由内向外"到"由外向内"

传统企业组织在产品开发、设计、生产、销售等方面都是"从内向外"的，都是基于现有自身能力体系结构、提供方式、资源状况进行设计。"互联网+"时代是一个个性的世界，是"我"的时代。企业也在发生着改变：对外，企业更多地关注客户的个性化需求，让客户更多地参与到产品设计和开发过程中；对内，组织要更加弹性和扁平，重视员工的个性培养和个体作用。

（二）从封闭走向开放

"互联网+"要求企业不再将自己的优势封闭在组织内部。传统条件下的企业核心优势，即产品、专利，正在受到挑战，甚至成为新兴产业推广的壁垒。因此，相对于传统企业的封闭，未来企业组织将更加积极向外推广，谋求合作。开放合作使得新老企业得以结合，形成围绕该技术的生态网。在这种开放合作的氛围中，高效的组织结构与优秀的资源结构成为企业关注的核心要点，高效合作成为这个时代企业组织关系的关键词。企业秘密需要严格的保护，但同时企业必须善于吸收外部的优点，打破传统的观念，即有价值的内容可以同时从企业内部和外部获得，商业化的路径也可以同时从企业的内部和外部进行。因此企业必须搭建开放的窗口，才能在一个边际成本日益趋于零的经济环境中存活。这种开放意味着付出，企业必须学会分辨自己的能力中不太核心的部分，并将自己的一部分能力与外部能力进行低价甚至免费的交换，来获取外部能力的参与。比如马斯克开放了特斯拉的专利，相对于专利而言，特斯拉更看重企业的生产设计。而通过这种开放，特斯拉可以推动汽车行业生产更多的电动车。

（三）从自我生长到不断并购

外部的快速变化使得企业为了实现目标必须常常从外部汲取能量，这和植物型企业长年通过原料加工生产产品不同，新时代的企业通常是捕食性的，它们对外部具有极强的依赖性，甚至很多组织会圈起一片领地，即打造生态圈。"互联网+"时代要求企业在规划自己目标的时候不是以生产为主，而是以功能为主。这使得新时代的组织跳出了传统组织必须要获取材料、组织生产、提供服务的圈子。举例而言，对一家传统出租汽车公司来说，要想增加一辆出租汽车，就需要以较高的成本获得一辆汽车和牌照。新时代企业则并不考虑汽车本身，比如优步（Uber），它搭建平台吸收私家用车，因此新型的企业甚至不必承担生产的成本，几乎不需要成本就能增加一辆运营车辆，只需通过网络协调使人们分享他们的汽车即可。这种跳出圈子的思考方式给企业带来了很多优势。

（四）企业组织架构的弹性与整合能力成为关键核心能力

收购和吞并是新时代企业成长的重要手段。这种手段通常是针对关键核心的功能和技术，企业组织更加喜欢通过并购的方式直接将这些核心部分纳入体系内部。仅2014年，谷歌就收购了25家公司，平均两周一家。如果算上为了专利和知识产权收购的公司，总数甚至达到79家。这些新并入的公司和企业，如何在原有体系中顺利地运转是考验一个企业组织承受力的关键。

二、环境因素

具体哪些因素会对企业运行产生影响？一般认为，这些因素包括社会、技术、经济、政治和法律等一般因素，以及竞争者、工会、政府、股东、消费者、社会公众、金融机构和供应商等特殊因素。这些因素并非总是影响着企业的运行，但这些因素和任何一个企业都具有千丝万缕的联系。为了使管理者对这些因素有很好的了解，本书大致将这些变量分为教育、社会、经济、政治和法律、技术这几类。

（一）教育因素

在许多发展中经济体和不发达经济体中，传统阻碍着教育机构引进新的教育课程和教学方法，束缚了教育的发展，教育领域中传统方法导致了在技术方面和管理方面严重缺乏各类训练有素的人才。在所有的外部变量中，教育在改变管理者工作态度方面施加的影响是最大的，一些管理者受过高等教育，参加过研究工作，并且在公司内外接受过各种各样的培训，因此他们的管理实践是不同于那些没有受过高等教育和培训的管理人员的。这些受过高等教育的管理者通常比较信任他们的下级，能放权给下级，他们比较具有远见，在挑选和评价下级的时候往往更加具有目的性。仅仅让管理者接受高等教育和职业培训，或仅仅是改变他们的态度，是不能够使管理者改变其管理实践以提高效率的。教育通常是起催化剂的作用，有利于管理实践的改进或改变。

（二）社会因素

一个组织的成员在工作时表现出来的价值观和态度在很大程度上是来自其宗教信仰、家庭和一些社会的惯例。对于成功、变化、工作、风险和风险承担、时间的作用、竞争、成就感和权威等，人们都有着不同的态度。在许多传统社会中，一些传统的价值观正在发生变化，并且让位于现代的价值观。

（三）经济因素

经济变量对于企业的组织结构和功能的影响是巨大的，经济体系的类型、竞争和经济稳定性极大地影响着公司的日常运作。企业在计划活动中要用到经济预测数据，通常货币政策和财政政策是影响企业的两个重要的经济变量。货币政策决定货币的供给，财政政策则决定着价格的稳定性和税率。经济变量经常会引起管理者在管理实践上的差异，在发展中经济体和不发达经济体中更是如此。在这些经济体中，管理者往往忽视了市场和人力资源计划，他们常常处于一个卖方市场，因此，只要其产品能够达到一个最低的质量标准，并且定价合理的话，在大多数情况下，他们能够非常轻松地出售其产品。

（四）政治和法律因素

政治气候、法律尺度和法律环境对于企业组织的管理来说是至关重要的，所谓的法律尺度包括竞争的促进、种族歧视的消除、环境的控制、消费者保护、工会与管理的关系，以及对于某些行业的管制。在不发达国家和地区，政治变量的影响力更大一些，在这些国家和地区引进先进管理方法的主要障碍来自过多的政府控制和干预，取消这些限制则会被社会公众理解为政府偏向于私营企业。

（五）技术因素

技术影响着企业组织的产品、过程、方法和技能。技术上的改变意味着企业在所有这些方面的改变，可以这样说，技术环境或其中生产技术类型的变化决定着企业组织的功能类型和结构类型。

三、管理与环境

管理者为何要了解企业所处的环境？现在以及未来的管理者都应该学会在复杂多变的环境中为企业谋求生存和发展。适应外部环境要求管理者具有许多的技能，主要包括：识别并影响消费者的需求和偏好；与供应商建立良好的关系，以确保可接受的价格和质量，以及能够及时地获得充足的原料；杜绝违反政府法律、法规的行为；了解竞争对手的活动。虽然洞察环境的动态是对每一个管理者的要求，但是公司也该设立相应的部门来应付某些环境因素的变化。这些部门通常是：公共关系部、市场研究部、研究与开发部、公司计划部等。管理者必须尽力去预见未来的变化，并且要自始至终关注它。这样做，管理者就可以使得其组织能够适应环境的变化，以避免组织的利润和生存受到威胁。

拓展阅读

曾几何时，"柯达时刻"所指代的是值得珍藏和回味的记忆。随着柯达公司的淡出，这个词汇已经染上了贬义色彩，成为企业经营的魔咒。一代霸主的陨落总会让人唏嘘不已，这个曾被誉为"美国荣光"的企业到底是怎么走向穷途末路的呢？

在 1930 年，柯达公司成功占据世界摄影器材行业 75% 的市场份额，并成功获取约 90% 的行业利润。在同一年，柯达公司被纳入道琼斯工业平均指数，并在榜单上停留了 74 年之久。在 1935 年，柯达公司推出了柯达克罗姆胶片（Kodachrome），这是全球第一款成功投入商用的彩色胶片，也是柯达公司最为成功的产品之一。在 1959 年，柯达公司推出了 Starmatic 相机，这也是第一款自动化的勃朗宁盒式相机。在接下来 5 年中，这款相机的销量高达 1 千万台。1963 年，柯达公司推出了 Instamatic 系列傻瓜相机，这是又一款具有革命性意义的产品。在接下来的 8 年时间中，柯达公司共出售了超过 5 千万台傻瓜相机。在

1966 年，柯达公司的胶片被带上月球轨道 1 号飞行器，记录了宇航员约翰·格伦的太空之旅。在当时，美国市场有 90% 的拍摄胶卷和 85% 的相机都出自柯达公司之手，公司的利润也迎来了新高，达到 1900 万美元。在 20 世纪 90 年代，柯达公司决定进军数码拍照行业，并代工了苹果公司的消费级数码相机 QuickTake。在 1996 年，柯达公司推出 DC-20 和 DC-25 两款数码产品。尽管如此，柯达公司的转型决心并不彻底。缺乏想象力的公司高层固执地认为数码技术的出现不会对传统的胶片行业造成太大冲击，并没有采取任何彻底的转型措施。柯达公司逐渐跟不上市场的步伐，消费者开始转向以索尼公司为首的数码相机生产商。在 2001 年，胶片的销量出现大幅下跌。糟糕的市场表现恰好证明管理层的想法只是一厢情愿。柯达公司还是低估了数码相机的普及速度。

随着越来越多的竞争对手进入这个行业，柯达公司的利润开始大幅下滑。眼看胶片市场逐渐萎缩，来自亚洲的竞争对手接连向市场推出售价低廉的数码产品，柯达公司陷入了外忧内患的局面。截至 2005 年 4 月份，柯达公司已经亏损 1.42 亿美元，标准普尔直接将其信用等级降低至"垃圾"等级。根据研究机构 IDC 的数据，柯达公司生产的数码相机在 1999 年的市场占有率为 27%，到 2003 年下跌至 15%。在 2007 年，柯达数码相机的市场占有率仅为 9.6%，全美排名第四。到 2010 年，柯达公司在美国数码相机市场的占有率进一步下跌至 7%，排名下跌至第七，排在佳能、索尼和尼康等企业之后。此外，智能手机的快速崛起也为柯达敲响了丧钟。但很可惜，由于缺乏对颠覆性变化的深刻认识，管理层在决策上接连出错，公司的发展步伐明显落后于市场的变化节奏。再加上没有把握住用户拍照的真实目的和社交需求，柯达公司最终还是沦为了科技革命和市场发展的牺牲品。

从以上的案例中可以看出，柯达公司从辉煌到没落，从环境影响的角度看，科技革命因素和市场因素等成为柯达最终破产的直接原因。

第四节　组织管理对管理者提出的要求

人类为了生存和发展，需要有组织（有共同目标的人群集合体），因此，提高组织能力就成为管理中永恒的主题之一。

一、组织管理的理解

了解和关注组织是组织里的每一个人都应当做到的，尤其是对于管理者而言。这是因为大多数在组织里的人们并不了解什么是组织。组织的存在是为了实现目标，组织管理的存在是为了提升效率。组织的属性决定了组织有着自己的特点，作为一个需要对目标和效率做出承诺的人的集合体，组织还需还原自己的特性，因此对于组织的正确理解还是需要回归到组织本身的属性上。当一个人与组织联结的时候，对于这个个体来说，组织和个人的关系如何理解就变得非常重要。本书认为在组织中管理者是用目标、责任、权力来联结，而不是用情感来联结的。

一是组织有正式组织与非正式组织之分。正式组织是指运用权力、责任和目标来联结人群的集合；非正式组织是指用情感、兴趣和爱好来联结人群的集合。当谈到组织管理的时候，应该就是讨论责任、目标和权力，所以，组织理论从简单的意义上来说，就是探讨责任和权力是否匹配的理论，组织结构设计从本质意义上讲就是一个分权、分责的设计。所以当理解组织的时候，也就意味着对于组织而言，不能够谈论情感、爱好和兴趣，不能够希望组织是一个"家"。组织更注重的是责任、权力和目标，当目标无法实现的时候，组织也就没有存在的意义，而组织中的人也就失去了存在的意义。

二是组织必须保证一件事是同一组人在承担。很多管理者都被复杂的组织管理搞得焦头烂额。人们总是从制度建设、激励体系和人员素质方面着手，认为这些措施可以解决组织混乱的问题，但是发现效果也不明显，问题依然存在。为何？一个根本原因就是没有理解到组织需要明确的责任、权力和目标。也就是说，同一个权力、责任和目标必须是同一组人承担。在组织中看到结构臃肿、效率低下、人浮于事、责任不清、互相推诿的情况出现的时候，必须先看看是否存在同一件事有两组人在做、同一个责任有两组人在承担、同一项权力有两组人在使用的情况，如果答案是肯定的，那么这便是出现上述情况的原因所在。这些情况可以用"组织虚设"来形容。虚设的组织在企业中大量存在，比如一家企业既有市场部又有营销部，没有分清市场部和营销部的分工，结果市场部没有研究市场，反而做了很多促销的设计、终端的规划，而这些恰恰是营销部的职能，到了经营结果出来的时候，根本无法分清市场部和营销部应该谁对绩效结果负责任。更可怕的是很多企业设有各个职能部门，但是又专门设一个管理部，通常称之为"综合管理部"。有了这个部门，管理者就会发现企业所有的职能部门都只会做容易做的，不容易做的事情就推给综合管理部，结果综合管理部成为"不管部"，最后职能部门虚设，所有的问题都会集中到综合管理部，责任就根本无法界定，而资源却被耗费光了，因为大家都有责任，也就不需要负责任。因此，组织中最可怕的就是"组织虚设"。

三是在组织中人与人公平而非平等。在社会结构中，人与人之间是以生存为前提的存在，人们受到法律和道德的双重约束，在法律和道德面前，人与人应该是公平而且平等的。但是在一个组织结构中，人与人之间是以实现目标为前提的存在，人与人应该承担各自的责任和目标，从而拥有了不同的权力，因为这些的不同，所以人与人应该是公平的但非平等的。组织的重点是人，在这个前提之下，还必须了解到组织更强调服从而非平等，比如军队这样的组织就是很好的例子。

四是分工是个人和组织联结的根本方法。组织的能力来源于分工带来的协作，没有分工就没有组织结构的活力。对于组织来说，无论是结构设计，还是人员的选择，如果使用得当，可以简化和澄清组织中一个很关键的问题，也就是谁控制什么的问题。在任何一家企业中，清晰的沟通线、控制线、责任线和决策线都是至关重要的，得到这个清晰的脉络，需要分工的设计，不能够依靠人的自觉或管理的制度，组织结构本身就应该做好这件事情。组织的分工主要是分配责任和权力，组织必须保证对于一家企业所要承担的责任有人来负责，同时让负有责任的人拥有相应的权力，因此组织中个人和组织的关系事实上是一种责任的关系，分工使每一个人和组织结合在一起，同时也和组织目标结合在一起。组织分工需要理性设计和明文界定，如果没有人们对于分工权威的认同，事实上是无法实现组织管理的。

二、组织因目标而存在

组织既有人的因素也有资源的因素，但是能够把人们联结在一个系统中的关键因素却是目标。有些人认为人们之所以集合在一起是因为利益，也有些人认为集合在一起是因为共同的理念，也许这两个因素都成立，但这不是真正集合人群的因素，只有共同的目标追求才会把人们联结在一起。不同的目标设计就会导致不同的人群聚集在一起，也决定了人们不同的行为选择和价值判断，因此目标决定组织存在的意义。正因如此，在组织的理解中，对于目标的正确认识就非常重要了，组织的目标应该明确而且单纯，特别要强调的是时间，在一定时间内，只有单纯的组织目标才能够有效地被实现。对于组织目标而言，时间概念尤为重要。如果公司的目标是为顾客创造价值，那么获得盈利之外的任何东西，譬如这个目标只是将公司做大，或是成为技术领导者，都会使公司陷入麻烦之中。这里其实是一种因果关系：企业组织因为超强的持续获利能力而获得了技术领先以及规模，千万不能把因果倒置，当企业追求大、追求技术领先、追求快速成长的时候，必须记得这些不是组织的目标，这些只是过程中的一个个环节、一个个结果，但不是目标。

三、组织内人与人的关系是奉献关系

关于组织内的关系应该是一种什么样的关系，有人认为组织内人与人的关系是管理与被管理的关系，组织内只有管理者和被管理者两种人；有人认为组织内是合作关系，人和人是平等、合作的，每个人根据自己的职责承担着任务和责任，为完成任务而相互合作。我们需要在此明确：组织内人与人之间是奉献关系，不是管理和被管理的关系，甚至也不是合作关系。奉献关系所产生的基本现象是：每个处于流程上的人更关心他能够为下一个工序做什么样的贡献，每个部门都关心自己如何调整才能够与其他部门有和谐的对接；下级会关注自己怎样配合才能够为上级提供支持，而上级会要求自己为下级解决问题并提供帮助。

让组织关系变成奉献关系的方法包括：第一，工作评价来源于工作的相关者。很多组织的人员评价会采用各种方式，但不管使用什么样的方式，共同点都是工作评价会以工作结果为评价的根本对象。如果想要实现奉献的关系，需要改变评价的主体和根本对象。在这个评价体系中，最为关键的评价主体是与工作相关者，只要在流程上相关的人都是工作评价的主体。同时，不仅仅评价工作结果，还要评价工作贡献。第二，"绝不让雷锋吃亏"，这是华为公司企业文化中非常重要的一个准则。一家企业的准则一般会面向每个员工提出企业对员工的要求，然而，在"华为基本法"里我们会看到更多的条例并不是"要求"，而是企业对每一个员工的承诺。华为管理层将"我们绝不让雷锋们、焦裕禄们吃亏，奉献者定当得到合理的回报""我们强调人力资本不断增值的目标优先于财务资本增值的目标"作为对每个员工业绩的承诺，这一点落实到中国的企业中比任何西方管理科学中提及的"关键绩效指标"都更见效果。第三，激励和宣扬组织的成功而不是个人的成功。其实在形成每个人的奉献行为的时候，需要一种氛围，那就是注重团队或者组织的荣誉而非个人的荣誉，注重个人在团队或组织中的角色或所发挥的作用。多年来中国的组织一直存在一个习惯，那就是习惯把所有人的努力最终变成一个人的成就，所以就有了所谓的"精神领袖"之说。在中国组织的习惯里不会存在多个成功人士的说法，成就只能是一个人的成就，结果出现的情况是两个极端：一个极端是组织里只有一个人的绝对权威，其他人只是配角，不能够分享成就和成功；另一个极端就是认为付出之后需要分享成功的人只好自立门户，结果诸侯割据尽显，无法看到长久的成功或大的成功。这些现象值得管理者好好反思。

四、组织管理需要解决的管理方面的问题

（一）管理者需要学会混沌的思维方式

混沌的思维方式是相对于稳定均衡的思维方式而言的。稳定均衡的思维方式是习惯的组织管理思维方式，这种思维方式最在意的是如何确保所有的行动回归到预定的计划上来，管理者所努力的方向是保证结果与计划相符，所以在发挥管理职能的时候会很坚持控制和计划这两个管理的基本职能，比如在计划管理中习惯使用的"例外管理"。但混沌的思维方式刚好相反，它不是不关心计划与结果的吻合，而是更关心目标实现过程中，如何寻找到能够带来超乎寻常的结果的方法。

（二）组织管理构建自己的弹性能力

所谓弹性能力是指不借助任何外力，能够自己加压、自我超越的能力。例如，我们常常看到有些企业似乎永远不会犯错误，似乎总能抓住机会获得竞争的优势地位。支撑这种企业成功的关键因素之一是企业自身的弹性能力。例如，海尔走上质量发展之路后，并未停留在这个方向上，而是在合适的时间率先采取服务战略，而当服务给海尔带来强有力的竞争地位的时候，海尔又要求进行组织流程再造，之后开始全球化的努力。海尔的每一步进步，都抢在市场变化的前端，都能够在行业中领先一步，所以海尔总是可以让自己处在不断竞争的状态并保持竞争优势。在稳定均衡的状态中，企业可以保持自己原有的竞争优势，也可以按照自己对于市场的理解和经验来判断未来，但当企业进入一个混沌状态的环境的时候，其所面对的是全新的问题，没有经验和先例可以借鉴，更可能的情况是以前的优势变成了劣势，所以组织需要自我超越、自己加压、不断改变，这才是正确的选择。

（三）在组织内部打破均衡状态

稳定均衡的思维方式倾向于把发展的过程理解为一个平稳的趋势，混沌状态的思维方式则把发展过程理解为从一种半稳定的临时状态跳跃到下一个半稳定的临时状态，所以在混沌状态的思维方式里，所有的发展都是时断时续的。混沌状态思维方式的理解更接近于实际的市场情况，那么组织就需要打破自己的平衡来获得市场的机会，管理者此时需要关注的是如何保证组织能够迅速地上升到新的变化空间，在时断时续的发展中能够到达持续的阶段而避开停顿的阶段。这就要求管理者必须清醒地认识到，管理上的每一个疏忽所造成的后果很可能是错过了持续发展的阶段，所以组织内部需要不断地打破平衡，不能默许没有能力的人留在岗位上，不能默许老朽的管理者在关键岗位上消磨时间直至退休，不能对市场上的技术采取观望的态度，不能放任服务水平下降并为自己寻找借口，绝不能追求"一团和气"。

（四）实现组织学习

学习型组织的构建在今天已不是时髦的话题，问题的关键不在于是否要建立学习型组织，而在于如何实现组织学习。组织学习最根本的是要解决组织所存在问题的本身，而不是对这些问题产生的后果做出反应。组织处在一个非均衡、混沌的环境中，在这个环境中组织必须是动态的，一旦管理者能够转变自己的思维方式，使自己掌握混沌状态的思维方式，能够实现组织的真正学习，能够自己超越自己，主动打破自己组织内部的平衡，不管出现什么样的突发事件，也不管环境如何改变，组织总是可以让自己凌驾于变化之上，处

于主动的位置。

本章小结

本章分别讲述了组织及组织管理的概念及内涵，并就当今环境下的组织管理相关问题进行了探讨。

本章习题

1. 什么是组织？

2. 什么是组织管理？

3. 企业管理者如何界定组织管理？

第二章 领导学与领导力概述

【引例】

领导力就是影响力。它并非一些有魅力的个体的私人储备，而是一种存在于每一个人身上的活力。每个人都有成为优秀领导者的潜力，释放这种力量可以让我们每个人都取得非凡的成就。我们的社会现在正面临着领导力缺乏的危机，在政府机关、商业机构、社区、学校、家庭等地方，我们都需要优秀的领导者。一个优秀的领导者必须经历五项"修炼"：

第一，学习——善于向所有人学习；

第二，执行——锲而不舍，在失败中总结教训，走向成功；

第三，引导——让团队成员各尽其能；

第四，培养领导者——信任团队成员；

第五，发展型领导——创建能够传承的系统。

丘吉尔、罗斯福、华盛顿……这些时代的伟人都是按照这五个层级成长起来的。

思考：你从上述描述中领悟到什么？

"领导"这个词是大家极其熟悉的，但基于日常称呼的习惯，人们习惯性地认为"领导"是领导者的专称，但这个理解是错的。领导其实是一个管理职能而非领导者，领导者也需要发挥领导职能，同样，管理者也需要发挥领导职能。因此，领导是管理职能而非领导者，这是需要特别说明的。

第一节 领导学概念及其学科属性

一、领导学的概念

探索领导学的概念，需要从其研究缘起与研究内容说起。领导学研究领导系统的整体性以及这个系统本身运动的一般规律，具体包括以下三个方面的内容。

一是以领导的本原和基本要素为逻辑线索，主要研究的问题包括：领导科学的产生与发展、领导科学的基本原理及领导理论的发展与演变、领导的权力与制约、领导环境与文化、领导者的个体素质与群体结构。

二是以领导的结构为逻辑线索，主要研究领导体制与改革、领导关系与角色。

三是以领导的功能与方法为逻辑线索，主要研究的问题包括：领导决策与战略、领导选材与用人、领导艺术与方法、领导思维与创新、领导效能与发展、现代领导与电子政务。

作为探索领导的本质和领导的有效性的学科群，领导学通过一体性的理论阐述杰出的领导者如何通过有效的领导推动组织获得成功，这是一个跨越点、线、面的过程。从个体、组织和环境构成的逻辑框架出发，本书将领导学定义为：领导学是研究个人或组织如何获取相对竞争优势，如何把个人或组织的相对竞争优势成功转化为现实核心竞争力，从而有效增加个人或组织的相对价值存量的知识、技能等积极因素体系的综合性学科。这一定义包括如下两个方面的内涵：一是强调领导者不仅要对个人和组织的现实负责，而且要对身处组织中的个人和他所领导的整个组织的未来负责，因而要求领导者在决策上具有前瞻性；二是领导学研究的目标既包括个体或组织如何获取相对竞争优势，又包括如何将既有的相对竞争优势成功转化为现实的核心竞争力，在组织化推进上具有可操作性。

二、领导学的产生

"领导"作为一种客观存在的社会现象，随着人类社会的产生而产生，并与人类社会的发展和演进相伴。领导学的产生和发展是人类实践水平和认知能力不断发展的必然结果，同时也是领导活动发展的客观要求。归纳起来，领导学的产生源于如下因素的直接或间接推动。

（一）社会化大生产是领导学产生的客观要求

领导活动自古有之。在小生产的自然经济条件下，在农耕时代的社会条件下，领导者基本上依靠个人经验就可以满足社会生产和生活的需要，领导方式停留在传统意义上的"经验型领导"阶段。在现代社会，为适应社会化大生产和日益复杂的社会现象，满足有效管理的需要，领导学的理论体系日渐规范、完整、系统，实现了从"经验型领导"不断向"科学型领导"的转变，所以，领导学的诞生与演进是社会发展的客观要求和必然产物。

（二）社会分工的发展推动了领导学的产生

社会分工主要在两个方向上展开：一是按照劳动部门的不同进行横向分工，二是按照劳动过程的不同阶段进行纵向分工。横向分工是人类历史上最早发生的分工形式，它依次包括：农业与畜牧业的分工、农业与手工业的分工、体力与脑力的分工。现代社会的三大纵向分工包括：决策与执行的分工、决策与咨询的分工、决策与监督的分工。

横向分工通过推动生产的发展和文明的进步，扩展了领导活动的领域和内容，为领导学的产生构建了更为广阔的实践性平台；纵向分工，特别是决策与执行的分工则直接导致了领导与管理的独立，成为领导学产生的客观基础。

（三）领导学是对丰富的领导实践与朴素的领导思想的集成化、系统化和理论化

在长期的领导活动中，人类摸索和积累了丰富的实践经验和朴素的领导思想。领导学产生以前的领导实践及从实践中总结出来的朴素领导思想，没有发展成为完整的理论体系，但它却成为领导学的思想源头，并为领导学在新的历史条件下实现新的发展与创新提供了深厚的历史资源。

三、领导学的分类

依据领导学研究期刊论文和专门著作所提供的研究基础和思考线索，参照某些成熟度相对较高的学科门类、学科群组（如管理科学、决策科学等）的分类，领导学可大体分为如下五类分支学科。①

---

① 常东旭，李培山. 领导学在中国的发展历程和分化态势. 理论探讨，2008（4）：157-160.

第一类为普通领导学或一般领导学，包括领导社会史、领导科学史、领导科学、比较领导学等。普通领导学是领导学的基础学科，其任务是探讨领导活动的各种一般性、普遍性和共同性问题。

第二类为宏观领导学科，包括政党领导学、公共领导学（行政领导学）、政治领导学、军事领导学、经济领导学、文化事业领导学、教育事业领导学、科学技术事业领导学等。这些学科专门研究社会某个领域的领导活动。

第三类为微观领导学科，包括企业领导学、军队领导学、学校领导学、科研机构领导学、医院领导学、社会群团领导学等。这些学科分别研究发生在各种类型的社会组织中的领导活动。

第四类为环节领导学科，包括领导战略谋划学、领导运筹学、领导决策学、领导方法学、领导选才用人学、领导思想政治工作学、领导公共关系学、领导考核评估学、领导监督学等。这些学科对领导活动进行解析式研究，即分别以领导活动的某个环节或侧面作为研究对象。

第五类为交叉领导学科，包括领导思想史（领导学说史）、领导体制史、领导哲学、领导伦理学、领导政治学、领导社会学、领导心理学、领导思维学、领导人才学等。这些学科是介于领导科学与邻近学科门类或学科之间的边缘分支学科。

四、学习领导学的意义

随着经济的全球化和竞争的日趋加剧，以及国内企事业单位体制改革步伐的不断加快，任何个人和组织都正在或将要面临生存和发展的重要问题，这就意味着任何个人和组织既要获取现实的相对竞争优势，又要将可能的相对竞争优势在期望的时间内转化为现实的核心竞争力，否则其将被社会淘汰。所以，学习领导学具有重要的现实意义。学习与研究领导学是社会历史发展的必然要求，是个体或组织有效应对不断变革的外部环境、实现从"必然王国"状态到"自由王国"状态的必由之路；学习与研究领导学是增强综合国力、推动现代化建设和促进民族发展的需要，也是提升领导者以及全民整体素质的有效手段之一。

第二节　领导学的基本要素

什么是领导？这是领导学研究首先要回答的问题。另外，它与管理有什么本质区别？

一、领导与管理

在《现代汉语词典》中，"领导"一词有两种解释：其一，作为动词，"领导"意为"率领并引导"；其二，作为名词，它意为"担任领导工作的人"。这两种解释实际上对应了两个概念，即"领导过程"（或"领导活动"）和"领导者"。广义上的领导概念是指领导者及其领导活动。本书中我们讨论的领导概念是狭义上的领导，即领导过程。

"领导"是一个看似简单却又十分复杂的概念，可以说，有多少人研究领导学，就有多少种领导概念的界定。斯蒂芬·罗宾斯（Stephen Robbins）在《组织行为学》一书中给领导下的定义是："一种能够影响一个群体实现愿景或目标的能力。"除此之外，墨菲（Murphy）、霍兰德和朱利安（Holland & Julian）、摩根（Morgan）以及巴斯（Bass）等人也对领导概念进行了许多有意义的研究和界定。

国内关于领导概念的界定也十分繁复，其中最具有代表性的是孙钱章和王玉森（1987）、王乐夫（2002）等人的观点。孙钱章和王玉森主编的《领导科学知识问答》一书给领导下的定义是："领导者为了实现预定目标，采用一定的组织形式和方法，率领、引导、指挥、协调和控制被领导者完成预定任务的一种活动过程。"王乐夫则认为，"领导是指领导者在一定的环境下，为实现既定目标，对被领导者进行统御和指引的行为过程。它有多方面的特征，在社会组织中居于关键的地位，具有自然属性和社会属性，社会属性占主导地位"①。

本书名为《组织管理与领导力（第二版）》，很显然，研究的是组织管理视角下的领导力问题。与之对应，在综合借鉴中西方学者关于"领导"的定义以及组织管理的研究框架的基础上，本书将领导定义为：个体或组织为了获取相对竞争优势并使其成功转化为核心竞争力而对相关个体与群体的决策及行为所施加的影响。

与"领导"纷繁复杂的概念阐释相比，目前学界对"管理"的定义几近统一。一般的观点认为，管理是指协调工作活动的过程，其目的是能够更有效率和更有效果地同他人一起或通过别人实现组织的目标。管理主要包括计划、组织、领导和控制四项基本职能。细心的读者可能已经发现问题——领导乃管理的四项基本职能之一，那么是不是说，领导就从属于管理呢？的确，这是目前关于管理和领导关系的一个主流观点，这种观点认为领导是管理的一项重要职能，"是管理的一个重要方面"。持这种观点的代表人物有管理大师哈罗德·孔茨（Harold Koontz）以及斯蒂芬·罗宾斯等人。

本书所持的是另外一种观点，即认为领导与管理在逻辑上并列多于从属。这是一个比较新兴的观点，并且正日益被更多的人所接受。持这种观点的代表性人物有哈佛大学的领导学教授约翰·科特（John Kotter）等人。

科特认为，领导和管理的区别体现在许多方面。例如二者的功能不同。领导的主要功能是引领组织变革，做正确的事情，核心职能是要发现变化、管理变化并最终创造变化；而管理的主要功能是保证组织的稳定、秩序和统一，把事情做正确，核心职能是建立标准、维护标准和执行标准。由此可见，领导是为了寻求适应并积极促进建设性的变革，而管理则是为了寻求秩序和组织发展的稳定性，从而保证事态的发展始终朝着组织目标迈进。此外，二者的区别还体现在规划和预算、组织和人事安排、控制和解决问题的行为等诸多方向性或侧重点不同等方面。表2-1为国内学者王益（2003）对两者之间的区别进行的归纳和总结。

---

① 王乐夫. 领导学：理论、实践与方法. 广州：中山大学出版社，2002年.

表 2-1　领导与管理的区别

领导	管理
确定愿景	制订计划
优化组织	管理预算
激励人心	调配人员
引起变革	控制局面
创造需求	满足需求
做正确的事情	正确地做事

二、领导者

从领导者领导行为角度来看，领导学是研究领导活动中各个要素之间相互联系、相互作用的客观规律及其有效运用的综合性科学。根据这种观点，领导活动主要包括领导者、追随者（被领导者）、领导目标和领导环境四个要素。

领导者是领导活动的主体，其与追随者是相辅相成的。彼得·德鲁克（Peter Drucker）曾经说过："一些人是思想家，一些人是预言家，这些人都很重要，而且也很急需，但是，没有追随者，就不会有领导者。"从这个意义上可以看出，领导者的唯一定义就是其后面有追随者。也就是说，如果你有影响他人决策和行动的意愿且成功实施了这种意愿，那你就是事实上的领导者。所以，从这个角度看，人人都是领导者。

对领导者的研究一直是领导学研究的主要方向，其研究分支包括领导者类型研究、领导者职责研究、领导者素质研究、领导者权力来源研究等。

（一）领导者的类型

按照不同的划分标准和划分维度，领导者可以划分为多种不同的类型，例如从权力集中的程度可划分为集权式领导者和民主式领导者，从创新程度可划分为维持型领导者和创新型领导者，而创新型领导者又可分为魅力型领导者、变革型领导者、战略型领导者等。

（二）领导者的职责

领导者的职责是从领导的功能出发概括提炼得出的。对于领导的功能，目前人们较为一致的看法主要包括三个方面：其一，确定组织的远景和前进目标，制订组织变革的战略和规划；其二，凝聚团队成员，通过各种活动，使团队成员知晓并认同远景目标，达成共识并积极投身于这一目标；其三，调动组织成员的工作积极性和创造热情，鼓励他们克服遇到的障碍。与领导的这三大功能相对应，领导者的基本职责主要包括领导决策、领导用人、沟通与协调、激励人员、鼓舞士气和思想政治工作。

（三）领导者的素质

领导者的职责能否成功履行取决于领导者的素质。一直以来，有关领导者是否具备一些特殊的素质以及必须具备哪些特殊素质争论颇多。

拉尔夫·斯托克蒂尔（Ralph Stogdill）认为，成功的领导者一般具备如下（性格）素质：被一种强烈的责任感和完成工作的欲望所驱动，精力充沛且坚持不懈地追求目标，在解决问题的时候具有冒险精神和开创性，在社交活动中能够打开局面，具有自信心和对人的鉴别力，愿意承担决策和行为的后果，愿意承受人际压力，能够承受失败和挫折，能够影响他人的行为，并能够为实现目标建立一种良好的社交互动机制。

柯克帕特里克和洛克（Kirkpatrick & Locke）对能将领导者与非领导者区别开来的素质进行了归纳和总结，主要包括：动力、领导动机、诚实和正直、自信、认知能力以及商业知识。此外，切斯特·巴纳德认为，活力和忍耐力、决断力、说服力、责任感以及智力水平是领导者应该具备的最重要的五项个人素质，并且这五项素质对领导者的重要性也有所不同，它们的重要性随排序而降低。

（四）领导者的权力来源

领导者要有效影响他人的决策和行为，就必须使用权力。领导者的权力可分为职务权力和非职务权力。职务权力简称职权，是领导者为履行自己职责而具有的发号施令的影响力。它来源于法定的职务或职位，是外部（上级、组织、阶级、法律）赋予的权力。职务权力同职务具有不可分性，有职就有权，去职则无权；职务权力的大小同职务的关系呈正相关，职务越高，拥有的权力就越大。非职务权力源于个人的特质如品德、知识、才能、业绩、声望或其他个人因素而获得的影响他人心理和行为的能力，也即个人影响力。个人影响力是一种具有持久性的、可超越时空和地域的影响、支配、控制他人的力量和能力。职务权力的行使往往对应着抵制和服从，而非职务权力则对应着行为承诺，所以，作为一个有效领导者，必须慎用职务权力，尽量多培养并使用自己的非职务权力。

关于组织中领导者权力的来源，加德纳（Gardner）在其著作《论领导力》一书中作了全面的阐述，它们分别是：力量、风俗、组织机构与制度、信仰、公众舆论、象征意义、信息的价值、经济实力。了解领导者权力的来源，意义十分重大：从领导者的角度讲，这有利于其合理利用手中的权力，充分开发自身领导力，为凝聚组织成员、促进组织管理目标的实现提供最大助力；而从追随者（或社会个体）的角度讲，这则有助于监视、限制滥用领导权力的行为，防止权力腐败，共同促进组织的良性发展。

三、追随者

追随者，又称"被领导者""下属""支持者""伙伴"等，其含义目前有多种界定。

罗伯特·凯利（Robert Kelley）认为，追随者是"具有才智、独立、勇气、强烈道德及责任感行为的人"。国内学者朱立言和雷强（2000）认为："所谓追随者（follower），是指在领导活动中与领导者有相同的信仰和利益的人员。"

还有许多学者对追随者进行了分类，其中，最具代表性的是当代领导学家芭芭拉·凯勒曼（Barbara Kellerman）的五类型划分。凯勒曼根据追随者对领导活动的参与程度，将追随者分为孤立者、旁观者、参与者、积极分子和死党五大类。

（一）孤立者

孤立者完全置身事外。这类追随者对周围发生的事情漠不关心，他们不在意、不了解自己的领导者，也不会给予领导者任何明显的反馈。他们的这种漠不关心会造成很大的影响，正因为对周围的情况一无所知也毫无作为，这类追随者消极地维持着现状，让已经占了上风的领导者更加强势，最终拖了团体或组织的后腿。

（二）旁观者

旁观者只在一旁观望，但不参与。这些人坐享其成，刻意袖手旁观，不愿轻易投入。

旁观者故意躲开他们的领导者，脱离他们的团队或组织。如果做某件事迎合了他们的利益，他们也可能被动参加，但不是发自内心地主动参与。他们的这种退缩态度，也相当于默认了当前的人和事。

（三）参与者

参与者在一定程度上参与。参与型追随者无论是明确支持还是明确反对自己的老板或组织，都会表现出深切关注，他们愿意投入一些自己的东西，譬如时间或者金钱，希望能发挥个人影响。

（四）积极分子

积极分子对领导者和组织有一种强烈的情感，并据此行动。这类追随者态度热情、精力充沛、积极主动。他们对公司里的人和流程都有很深的情感投入，所以他们努力工作要么是为自己的领导者卖命，要么是想削弱领导者的力量，甚至将领导者拉下马来。

（五）死党

死党愿意为自己的理想或某个人献身。这类追随者可能对领导者绝对忠心，也可能不惜一切代价要将其扳倒。他们会为了自己认为值得的某个人或某件事而奉献一切。

四、领导目标

人类社会的任何活动都是有目的的活动，领导活动也是如此。领导目标是指领导活动所要完成的任务和达到的目的的总和。领导目标是领导活动不可缺少的基本构成因素，是领导活动的起点和终点，它贯穿于整个领导活动的全过程，是领导活动的内在动力，它吸引和推动着领导活动不断向纵深发展，直接决定着领导活动的成败。归纳起来，领导目标的设立有如下作用。

（一）对领导活动具有定向作用

领导活动的过程是领导主体进行的一种有目的、有意识地改造客体、提升组织核心竞争力并创造价值的过程。领导活动的开展是受到领导目标支配的，领导目标是领导活动的出发点和落脚点，它对领导活动具有内在的定向作用。

（二）对领导主体具有激励作用

领导目标是领导活动的直接动机，它内在地整合了领导主体的理想和志向，因而能够极大地调动领导主体的主观能动性，产生正向激励作用。

（三）对领导成果具有定性作用

领导活动的个体成果丰富多彩，例如经济的增长、政治的进步、文化的发展等。能够取得什么样的领导成果，无疑取决于选择什么样的领导目标。领导目标不同，领导成果肯定会不一样。

（四）对领导手段具有规范作用

领导手段是领导主体在领导活动中所运用的影响追随者的方式、方法、策略、工具的总和。一般而言，领导目标决定了领导手段，领导手段服从于领导目标。主体一旦设定了具体的领导目标，就从根本上要求选用更为有效的领导手段。

（五）对领导决策具有指导作用

一切领导决策从总体上说都是围绕一定的领导目标而展开的，无论是领导者的决策依据、决策程序、决策运筹，还是决策模式、决策认知和决策效果等，都受到领导目标的制约和选择。领导目标是领导决策的基本依据和约束条件。

（六）对领导绩效具有检测作用

领导绩效即领导活动所取得的成绩和效果，它是领导主体工作业绩的客观体现，也是衡量和判断领导工作是非优劣的基本尺度。领导绩效作为领导主体的自觉活动成果，实质上也就是领导目标的对象性外化和显现。对于领导绩效的高低，只有以其对领导目标的实现程度为依据才能得到准确的解答，离开领导目标，领导绩效的检验就根本无从谈起。

五、领导环境

领导环境有广义和狭义之分。狭义的领导环境是指领导者所在组织的内部情境；广义的领导环境则是指组织内部情境和组织赖以存在和发展的外部条件的总和。本书取广义的概念。具体地说，领导环境是指独立于领导者之外并能为领导者所认识的客观存在，包括对领导活动产生直接或潜在制约的各方面因素、条件的总和及其所形成的发展态势。

领导环境具有三个方面的特点：其一，领导环境是一个复杂的系统；其二，领导环境存在诸多不确定的因素；其三，领导环境具有潜在的风险性。这三项特征对领导效能具有重要影响。

六、领导效能及其影响因素

领导效能是领导活动追求的最终目标。所谓领导效能，是指领导者在实施领导过程中的行为能力、工作状态和工作结果，即实现领导目标的领导能力和所获得的领导效率与效益的系统总和。

（一）领导效能的内涵

按照以上定义，领导效能的内涵包含如下三个方面。

一是领导能力。即领导者在领导过程中所表现出来的能力，它通过积极影响他人的行为促进组织目标的达成，从而也体现了领导效能的发挥。

二是领导效率。是指已经实现的领导任务（或目标）与时间之比，即完成一定数量和质量的领导任务（或目标）的速度。它与领导环境、领导者个人的领导能力、针对问题的复杂程度、下属的工作能力及其积极性等密切相关。

三是领导效益。是指领导活动的最终结果，即领导活动投入与领导活动结果之比。它是包括经济效益、政治效益、文化效益、人才效益以及社会效益等的综合性指标。在这里，投入既包括人力、财力、物力等有形资源的投入，也包括时间等无形资源的投入。

（二）领导效能的影响因素

领导效能的影响因素是多方面的，从领导的基本要素方面分析，领导者、追随者、领导目标以及领导环境都会对领导效能产生重要的影响作用。

领导者和追随者作为领导活动的主体，他们的知识背景、工作能力、工作责任心、积极性、工作动机、个性等都会对领导目标的选择、领导方式的选择、组织内外部沟通等产生影响，进而影响领导效能。

领导目标作为领导活动的预定任务、预期效果和理想追求的统一，可以说是领导系统的核心与灵魂。它内在地规定和制约着领导活动的性质、方向、方式，是影响领导效能的重要因素和决定领导效能的首要条件。领导目标的高低以及达成目标的难易程度直接影响着目标的完成情况，从而也直接影响着领导效能的高低。

同样，作为领导活动的客体，领导环境也对领导效能产生重要影响。领导活动总是在一定的领导环境中展开的，积极支持的领导环境不仅对领导活动的投入，也必将对领导活动的产出产生重要影响。

第三节　领导力形成及其表现形式

一、领导力的概念

关于领导力的研究，正如弗莱希曼等（Fleishman etc.）指出的，在过去的 50 年里，大约发展形成了 65 种不同的体系，这些体系都试图解释"领导力"这一概念。

领导学大师本尼斯（Bennis）认为，领导力就是把愿景转化为现实的能力。美国学者库泽斯和庞瑟（Kouzes & Ponser）指出，领导力是领导者激励他人自愿地在组织中作出卓越成就的能力。

美国学者查普曼和奥尼尔（Chapman & O'Neil）认为，所谓领导力，就是影响他人的能力，尤其是要激励他人实现那些极具挑战性目标的能力。美国著名领导力专家约翰·C. 马克斯韦尔（John C. Maxwell）认为，领导力就是影响力。巴斯（Bass）认为，应该在某种程度上把领导力看作群体发展过程的关键。

国内学者吴维库认为，领导力就是关于如何成功领导的学问。诺斯豪斯（Northouse）认为，领导力就是某一个体影响并带动一组个体实现某一个目标的过程。吉尔（Gill）认为，领导力是使用个人能力去团结其他人，从而使其为共同的目标工作。

豪威尔和克斯特利（Howell & Costley）认为，领导力是个人用来影响团体成员，以实现团体目标的一个过程，并且团体的成员认为这种影响是合理的。

此外，哈格斯等（Hughes etc.）认为，领导力是领导者、追随者和情境三者之间复杂的互动作用的结果。加德纳认为领导力的核心就是领导与下属的相互影响。

领导力的概念仍在不断地发展和完善。本书基于以上前人相关研究，基于组织管理的视角，将领导力定义为：领导（力）就是正确规划个人或组织发展方向，有针对性地整合、内化相关资源，并积极影响相关人员决策与行为，从而实现个人价值或组织效益最大化（的能力）。

按照此定义，领导力构成如下。

一是规划个人或组织未来的能力。对于个体发展来说，就是职业生涯规划能力；对于组织管理来说，就是组织的战略规划能力。

二是整合并内化相关资源的能力。规划未来就等于确定发展目标，目标的实现需要资源的配给与合理使用，而资源可分为自有资源和可控资源。从理论上看，任何个体或组织的自有资源都是有限的，比如个人存款和一个国家或地区的石油储量，而可控资源（如以个人信誉为基础的社会金融服务体系的支持等）相对来说就是无限的，所以整合并内化相关资源的能力要求个体或组织不仅要有资源的识别能力，更重要的是还要有将其整合和内化为自身核心竞争力的能力。

三是影响他人或组织决策和行为的能力。有方向，有资源，最后还要有行动，行动首先要有意愿，所以领导力涉及对个体或组织的决策施加有效影响。就个体而言，工作的积极性、主动性和创造性（简称"三性"）是个体行为最重要的定性标志，所以领导者不仅要对个体或组织的决策实施有效影响，还要充分激发并保护组织中个体的三性。个体三性得到了应有的激发和保护，个人就会不断进步，个人发展速度就有望超越组织发展速度，个人行为与组织需求就有偏离。从总体上论，个体发展与组织所提供的空间和平台之间会产生三种关系：第一，个体发展速度超过了组织所提供的空间和平台的发展速度；第二，两者速度趋于同步；第三，个体的发展速度落后于组织所提供的空间和平台的发展速度。所以，领导者需要站在组织发展的角度有效平衡好个体的人生目标与组织发展之间的关系。对于如何处理好这些方面的问题，后续各章将通过案例的形式进行解读，在此不再赘述。

由此看来，领导力本质上就是战略规划（确定目标）、资源整合并内化为个体或组织核心竞争要素、影响他人或组织决策与行为、平衡各种利益关系、确保个人或组织目标能够得到顺利实现的各种能力体系的总和。

二、领导力的影响因素

从个人的角度来说，领导力既然是一种能力，那么领导力的形成就必定同时受到先天遗传和后天环境改造的影响。王益（2003）认为领导力来源于遗传基因、童年影响、自身经历和自我意识四个方面，其中领导力的大多数特质要靠后天培养。影响领导力形成的主要因素详见表 2-2。

表 2-2 影响领导力形成的主要因素

影响领导力形成的主要因素	比重（%）
遗传、童年与家庭	10
自身经历	20
自我意识、信念和意志	40
与时俱进的意识	30

在领导学研究的最初阶段，领导者被认为是天生的，常有类似"天人之相"的说法。后来研究发现，童年经历对领导力的形成也有一定的作用，比如通用电气原 CEO 杰克·韦尔奇（Jack Welch）认为儿时的经历对他的领导力的形成和发展至关重要。

虽然遗传、童年经历和家庭都会对领导力的形成产生重要影响，但这种作用不应当被过分夸大。成年后的经历对领导力的培养至关重要，包括教育经历、工作经历，以及经验丰富、学识渊博的领导者的引导。

信念和意志的重要性也不容忽视。如果一个人拥有求生的信念和坚定的意志，即使是在生死边缘，也有起死回生的可能。任何一项能力都是综合素质的体现，如果这种综合素质没有内化于一个人的意识中，那么这个人是否具备这种能力就值得怀疑。

此外，通过不断学习而保持与时俱进，这对领导力形成的影响也是至关重要的。领导力的形成是一个永无止境的过程，尤其是在 21 世纪这个充满变革的时代，领导力更需要跟着时代的步伐，不断创新、不断实践，"苟日新，日日新，又日新"。

从组织的角度来说，领导力既然是一种影响力，就必须与追随者和情境相联系。

领导力=F（领导者，追随者，情境）

即领导力是领导者、追随者和情境的函数。这个函数关系在领导力定义的基础上进一步阐释了领导力、领导者、追随者以及情境之间的关系。领导者的个人特质不能决定领导者的领导力，因为领导力虽然是一种能力，但并不是一个独立的概念，没有追随者，没有情境，领导者也就不能成为领导者。同样，只有追随者，没有领导者，领导力显然无法体现。领导者影响追随者，是为了使追随者按照他的意愿去完成某个行为。如果没有情境，领导力也无从表现。因此说领导力的形成不仅仅是某一变量变化的结果，更是领导者、追随者以及情境三者在互动过程中相互作用、相互影响的结果。

三、领导力无处不在

领导力就是影响力。美国前参议员乔治·麦戈文（George McGovern）曾经说过："头衔越长，工作越不重要。"本书对这句话的理解是，不管有没有头衔，领导力是影响他人的艺术，而不是凌驾于他人之上的特权。领导力的本质是影响他人决策及行为的能力。一个人只要还活着，必对他人产生影响。从领导力的发展角度来看，不论身份地位高低，任何人都可以也应该是领导者，不管是出于什么样的动机和目的，都必然要自觉或不自觉地去改变或影响身边的世界。以下问题或许能帮助读者理解领导力无处不在、人人都是领导、人人都需要领导力的真实内涵。

请仔细回想一下，你是否有过类似的经历：

- 你经常规划自己的生活或职业生涯吗？
- 你有过影响别人的经历吗？
- 你经常影响或鼓励他人吗？
- 你经常通过与别人合作来实现特定的目标吗？

如果你对以上四个问题中的任一问题的回答是肯定的，那么不管你是否意识到，你已经是一位地地道道的领导者了，并且已经具备了一定的领导力。在知识经济时代，众多组织的员工都以知识型员工为主，几乎每个人每天都直面上述四种经历，所以不管是否意识到，每个人都有成为领导者的渴望。

桑布恩（Sanborn）在其著作《没有头衔的领导者》中提到，如果你想做到以下几件事，就渴望成为一名领导者：

- 掌控自己的生活；
- 让你所在的组织更完美；
- 把握新机会；
- 改善服务品质；
- 引导别人处于最佳状态；
- 解决问题；
- 帮助别人；
- 让世界更美好。

之所以说人人都是领导、人人都需要领导力，是因为：

- 领导力首先是一种生存能力，适用于每个人：

- 领导力训练能帮助个人确定自身发展方向；
- 领导力训练帮助个人有效整合自身资源，三商共进，财智并兴。

三商是指智商、情商和才商。单位时间内信息处理能力强的智商高者一般专注解决点的问题。智商高者，从古到今，多如牛毛。而善于控制情绪（该说的话一定要说，不该说的话一定不要说；该做的事一定要做，不该做的事就一定不要做；同时最重要的一点是，表情要自然）并有出色的人际能力（包括人际沟通能力、人际开拓能力与人际维护能力）的高情商者则能解决线和面上的问题。高情商者与高智商者比较起来，在数量上是少之又少。中国的改革开放在理论和实践上都催生了大批的高情商者；但决定组织发展进程的则是人尽其才、才尽其用（组织层次）的高才商组织氛围，这种组织氛围的最高层次就是国家的治理体制。美国等发达国家的才商明显高于发展中国家，前者的制度成本、对优秀人才的吸纳和激励机制优于后者，因而拥有较高的才商水平。

财智并兴中的"财"和"智"，其本质就是从历史学角度，以组织的历史竞争力、现实竞争力和未来竞争力为切入点，全面系统地对个人与组织的核心竞争力进行考察与评估的一种理论假设。"财"就是保障个人或组织的所有物质或经济基础的总和，包括自有资源和可控资源两大部分。而"智"就是在风险最小或风险可控的前提下，个人或组织所拥有的促使自有资源和可控资源随着时间的推移，其相对价值存量不断上升的核心竞争力。

按照财智论的基本观点，个人或组织可以分为财智俱不兴（绝对弱势群体，既没有自有资源，也没有可控资源，同时整合资源为我所用的意识和能力在体系、意识、能力和行为上都是缺失的）、财兴智不兴（日渐没落的贵族，有自有资源和可控资源，但缺乏资源效用最大化的支撑体系、意识、能力和行为）、智兴财不兴（被剥夺了所有个人财产、处于驱逐状态的人，表面上看几乎没有什么自有资源和可控资源，但一旦有机会，整合资源为我所用的能力极强）、财智并兴（既有自有资源，也有可控资源，同时将其整合并内化为核心竞争力的支撑体系、意识、能力和行为都远远高于同时代的其他国家和地区）四种形态。而在这四种形态中，财智并兴始终是通吃的赢家。任何个人或组织都有成为财智并兴状态的意向和内在的驱动力。可惜，社会发展的规律总是无情地规定只有少数的群体或个人处于财智并兴的这种赢家通吃的形态，这也是领导学百年来日渐兴旺发达的最主要原因之一。

四、学习并研究领导力的现实意义

许多年前，哈佛大学对现在的经济形势作了四个预测：一是未来的商业形式会比以前更充满变数；二是会有更激烈的竞争；三是机遇也会更多；四是不能对市场变化作出迅速反应的个人或机构将会在一到两年内被迫转换领域或退出市场。

为了适应 21 世纪经济、社会的快速变化，无论是管理者，还是从事领导力研究的学者，抑或任何有意愿成为领导者的个体，都必须重视学习、研究并实践领导力，这主要出于以下几点考虑。

（一）了解自己，适应变革

查尔斯·罗伯特·达尔文（Charles Robert Darwin）认为："那些最强壮的物种并不一定能最后存活下来，活下来的往往是那些最善于适应环境变化的。"

"逆水行舟，不进则退"。如果一个人对自己没有充分的了解，那么他就难以作出正确的决定，其结果可想而知。个体思考的质量决定了选择和决策的质量，决策的质量又决定了行动的质量，行动的质量决定了结果的质量，最后结果的质量几乎决定了其他的一切。不论是在商场上还是在政坛上，不论是日常生活中还是在学习中，都是如此。

最优秀的领导者十分了解自己，他们具有完整、平和、健康的人格。当你试图分析和解决一些有针对性的问题时，你会迫使自己去想你想要的到底是什么、怎样做才能达到这个目标。而当你在思考这些问题的时候，你不仅会将自己的精力集中在问题的解决上，还会更多地考虑自己的内心，因此对自我认知的把握是解决问题的重要影响因素。对领导力的研究虽然不能让人人都成为优秀的领导者，但是会帮助领导者和想成为领导者的人首先做到认识自我、了解自我，并能主动适应变革。

（二）吸纳优才，建造团队

在当今社会的任何领域，所有的工作都是通过各式各样的团队来完成的。如果想要在竞争中胜出，就必须致力于提高团队及其团队成员的能力，这是领导者工作的重中之重。博恩·崔西（Brain Tracy）认为，顶尖团队有五大特征：目标统一、价值观统一、计划统一、清晰的领导力以及对工作效果的不断界定和评价。顶尖团队拥有优秀的领导者，他可以带领团队果断行动，正确决策。卓越的领导者往往以榜样的力量来领导员工。一位优秀的团队领导者往往视自己为团队工作和活动的协助者和推进者。

要想成为卓越的领导者，就必须充分发挥自己的领导力，根据团队任务的需要建立合作型的制胜团队，而要做到这一点，就必须积极主动地去根据团队任务的需要吸纳优才。所以，成功领导者最核心的影响因素就是雇用和留住最优秀的人才。

拉里·博西蒂（Lary Bossidy）在《执行力》一书中讲道，企业成功的关键是要拥有执行力强，能够很快、很好地完成工作的人。博恩·崔西讲道："作为领导者，你具有两大责任。第一是要督促管理者谨慎选择员工。除非迫不得已，不要给所雇用的新员工的任务设定最后期限。第二是要参与公司各个级别员工的选拔。你可能不需要参与全部的面试，但是在决定录用某一员工之前，你必须与其见面、进行交流谈话。"

如果没有对领导力的研究，那么卓越的领导者所表现出的领导力及其经验和教训，就难以被有意愿成为领导者和一些致力于成为优秀领导者的个人所分享和学习，因为没有人去研究，就没有人去传播卓越领导力这样的人类智慧的结晶。

（三）直面问题，提升能力

不论是作为领导者还是作为追随者，要想取得成功就必须拥有高效、良好的处理问题的能力。不管你名片上写的职位是什么，其实你真正的工作就是问题解决者。优秀的领导者在面对问题时不会充满怒气和沮丧，他们将解决问题看作自己工作的重中之重。领导者的任务就是要在解决大小问题上变得越来越高效。领导者解决问题和制订决策的能力是领导力研究中的核心问题。

所以，作为领导者，首先必须要学会直面问题，并不断提高自己解决问题的能力。博恩·崔西概括了企业成功的七个决定性因素，这里仅对与领导力和本书观点最为相关的几项作出阐释。

1. 生产力

简单来说，生产力就是花小钱办大事，用最少的投入换取最大的回报，就是要寻找更低成本的方法来提供更高质量和更多数量的产品。

2. 客户满意度

开拓和保留客户是企业获取高额利润的唯一手段，因为客户满意度是衡量客户潜在购买次数的重要指标。客户对产品的再次购买在销售活动中成本最低，利润最高。

3. 组织发展

组织发展是指通过对组织人员和资源的不断整合以获取更好的业绩，把最合适的人放在最恰当的岗位上，充分发挥员工的主动性、积极性和创造性。

4. 人才培养

如果一个领导者不尊重或者不信任自己的员工，忽略对员工的培养，那么这个领导者一定不是卓越的领导者。

在博恩·崔西概括的企业成功的七个决定性因素中，生产力、客户满意度、组织发展和人才培养无一不受领导者行为的影响。对领导力的研究有助于唤醒领导者的领导意识并培养领导者的管理技巧。

（四）有效沟通，影响他人

个人能否成功？个人成功的90%的可能性来源于与他人的有效沟通，沟通的目的就是要影响他人的决策和行为。明茨伯格对五位首席执行官的研究发现，他们78%的时间用在口头交流上，其中与公司外人士接触的时间占47%，与内部下属员工联系的时间占41%，剩下的12%是和内部上级交流。作为领导者，沟通大概占据了他四分之三的时间，而领导者主要是在这些时间里对他人的决策和行为形成影响，体现其领导力。如果领导者不能与他人进行有效的交流，就无法领导别人，也就不会有追随者。

正所谓"前事不忘，后事之师"，对领导力的学习和研究，不仅是研究者探索和传播卓越领导力的手段，更是领导力的实践者们正确认识自己、把握人生方向的良好契机。为了适应21世纪这个不断变化的时代，我们必须研究领导力，学习领导力，实践领导力。

第四节 当今环境下的领导问题

一、互联网时代企业领导模式与领导力开发创新

互联网时代的到来和互联网技术的广泛应用使得组织环境呈现出新的特征，并给企业的领导实践带来了新的挑战。外部环境呈现出的信息开放和用户主导的特征，使得如何快速掌握并满足用户价值诉求成为关系到企业生存和发展的关键问题。对此，企业必须创造条件并充分激发员工积极性和主动性，使得员工和企业一道为用户创造价值。然而，伴随着知识员工的崛起、员工诉求的多样化、管理者和下属间相互依赖性的增强等，传统的以企业和领导者为中心、自上而下驱动的领导模式愈发难以起到激发员工群体活力的作用。在此时代背景下，企业的领导实践必须在打破传统领导模式的基础上进行创新，以适应时代特征和企业环境特征的要求。

二、职场负向行为的出现与应对

在当今的组织中，员工在工作场所中表现出一些负向行为的事例似乎并不稀奇。例如

员工可能会表现出反生产的工作行为，也可能在人际关系上排挤、伤害同事，还有可能在组织中传播谣言或做出其他有损组织与团队发展的事情。到底是什么样的情境或个体的原因刺激了这些职场负向行为的出现？这些不同的职场负向行为会给组织、团队与员工个人带来怎样的影响？作为企业中的领导者或人力资源管理者，又该如何来有效地应对员工的职场负向行为？这些都是目前环境下需要思考的问题。

三、中国文化情境下的领导力

在组织管理过程中，领导力是一个常谈常新的热门话题。几乎任何类型的企业组织都在呼唤更高水平的领导力，而员工职业成长中也离不开领导力的提升。相当长一段时间以来，在如何认识和提升领导力水平这一问题上，我们都是在亦步亦趋地追随着西方学者的脚步。事实上，在我们自己的文化宝藏中，毫无疑问地积累和埋藏着许多有关领导力的智慧与洞见。然而，这一领域长期以来并没有得到充分重视和开发。究竟中国文化中有哪些积淀可以应用到当今组织的领导力发展中？在领导力研究中该如何考虑中国人和中国社会的一些基本文化特征？西方的研究成果在中国文化情境下应用时，又需要进行怎样的调整？在中国社会文化背景下，关于领导力问题，我们又能得到哪些独特和新颖的发现？这些都是目前环境下需要思考的问题。

课后实训：他的授权方式

［形式］8 人一组为最佳

［时间］30 分钟

［材料］眼罩 4 个，20 米长的绳子一条

［适用对象］全体参加领导力训练的成员

［活动目的］体会及学习作为一位主管在分派任务时通常犯的错误以及改善的方法。

［步骤］

1. 选出一位总经理、一位总经理秘书、一位部门经理、一位部门经理秘书、四位操作人员。

2. 把总经理及总经理秘书带到一个看不见的角落，然后给他说明游戏规则（如图 2-1 所示）：

（1）总经理要让秘书给部门经理传达一项任务，该任务就是由操作人员在戴着眼罩的情况下，把一条 20 米长的绳子做成一个正方形，绳子要用尽；

（2）全过程不得直接指挥，一定是通过秘书将指令传给部门经理，由部门经理指挥操作人员完成任务；

（3）部门经理有不明白的地方也可以通过自己的秘书请示总经理；

（4）部门经理在指挥的过程中要与操作人员保持 5 米以上的距离。

［有关讨论］

1. 作为操作人员，你会怎样评价你的部门经理？如果是你，你会怎样分派任务？

2. 作为部门经理，你对总经理的看法如何？你对操作人员在执行过程中的表现看法如何？

3. 作为总经理，你对这项任务的感觉如何？你认为哪些方面是可以改善的？

图 2-1　操作程序示意

第五节　领导力对管理者提出的要求

领导力对管理者提出的要求，宏观层面可以从以下三个方面理解。

一是职位权力。这里的职位权力是指组织所赋予管理者的职位权力，其包含法定权（职位所赋予的法定权力）、惩罚权和奖赏权。

二是威信。这里的威信可以理解为"威望+信誉"，威望即专业特长和成功经历，信誉即品德修养的核心体现。管理者的威信亦称非职位权力，包含管理者的品德修养（尤其是信誉）、知识技能（或称专家权、专长权）、实际业绩（或成功经历、资历）和个性魅力（宽容、豁达、自信和谦虚等）。

三是激励能力。管理者的激励能力可以激发人的内在动机，调动人的积极性，这是领导力的关键所在。

就职位权力这一要素进行分析，领导力对管理者有两方面的要求。一方面是不滥用权力。权力是有限的，而影响力是无穷的。领导不是统治，也不是压制，更不是飞扬跋扈，而是一种凝聚人心的积极力量。滥用权力是管理者黔驴技穷的表现。回归到"领导"的本意，领导就是要做好表率、带好头，领导是在前面冲锋陷阵号召队员"跟我上！"而不是跟在后面踹着队员的屁股高喊"给我上！"，这是领导之所以是领导的根本所在。另一方面是要善于授权。到底哪些工作可以授权呢？具体来讲，以下工作可以授权（如表 2-3 所示）。

表 2-3　管理者可以授权的工作事项一览表

必须授权的工作	应该授权的工作	酌情授权的工作
授权风险低的简单工作	下属已经具备能力	突发事项非常紧急，企业负责人来不及处理，或有其他更重要的事务无法同时解决
重复性的程序工作	有挑战性但风险不大	授权事项虽然重要，但比较细微，与企业的目标和主要业务关系不很紧密但又是必需的
下属完全能够做好的，甚至可以比领导者做得更好的工作	有风险但可以控制	—

　　就威信这一要素进行分析，领导力对管理者有四方面的要求。一是可以提升品德修养。领导无德，何以服众？无德的领导者只能被下属严重鄙视，这里尤其要注重领导者的信誉，"言必信，行必果"。二是可以提高专业技能。专业技能是威信的根本，领导无才，何以驭众？古代的将领多是熟知兵法而又武艺高强者，有战斗力的领导才是最好的领导。三是可以创造实际业绩。实际业绩是威信的保证，百姓爱戴严肃而有作为的领导，胜过爱戴懦弱无能的领导千百倍，从古到今，皆是如此。四是可以提升个人魅力。个性魅力是威信的补充，领导者的最高境界是给人如沐春风的感觉。宽容、豁达、自信和谦虚让领导者笼罩着一层迷人的光环。

　　就激励能力这一要素进行分析，一言以蔽之，领导者要善用激励艺术。激励能力是领导者的核心能力，是成就最卓越领导者的关键所在。

本章小结

本章主要就领导及领导力相关理论及观点进行了陈述，并且给出了相关测试方法。

本章习题

1. 什么是领导力？
2. 就领导力形成的主要影响因素，谈谈你的想法。

第二篇　人际技能篇

　　人际技能是组织管理与领导力的重要组成部分，它关系到组织内部成员之间的沟通、协作和信任。本篇将聚焦于人际技能的培养与提升，探讨如何建立有效的人际关系，促进组织内部的和谐与高效。

　　在现代组织中，人际技能不仅是个体成功的关键，更是组织整体效能的重要保障。通过掌握良好的沟通技巧、倾听能力、同理心等人际技能，我们可以更好地与他人合作，共同解决问题，推动组织的发展。本篇旨在提升个体的人际技能，增强个体在组织中的影响力和领导力。

第三章 个体与组织匹配

【引例：李明的选择】

　　李明是一名刚毕业的大学生，他对组织管理与领导力很感兴趣，所以他报名参加了一家知名管理咨询公司的招聘。他通过了笔试和面试，被录用为一名咨询师。他很高兴，觉得自己找到了理想的工作。

　　然而，当他开始工作后，他发现自己并不适应这家公司的文化和氛围。他发现这家公司的员工都非常有竞争力，经常互相比较业绩和评价，而且工作压力很大，经常要加班和出差。李明觉得自己没有办法跟上这样的节奏，他更喜欢一个合作和谐、平衡生活的工作环境。他开始怀疑自己是否适合做咨询师，甚至想要辞职。

　　李明遇到的问题是个人与组织的匹配问题。个人与组织的匹配是指个人的价值观、目标、能力、性格等特征与组织的文化、目标、需求、气氛等特征之间的一致性或契合度。个人与组织的匹配程度会影响个人在组织中的满意度、承诺度、绩效和离职倾向。一般来说，个人与组织的匹配程度越高，个人在组织中的表现和幸福感越高。

　　那么，如何提高个人与组织的匹配程度呢？有以下几种方法。

　　选择适合自己的组织。在求职时，不仅要考虑工作内容和待遇，还要考虑自己是否能够适应和认同组织的文化和价值观。可以通过查阅资料、咨询前辈、参加实习等方式了解不同组织的特点和风格，然后根据自己的兴趣、能力和期望选择最合适的组织。

　　调整自己的期待和态度。在进入组织后，可能会发现实际情况与自己想象的不一样，或者遇到一些困难和挑战。这时候，不要轻易放弃或抱怨，而要尝试从正面看待问题，寻找解决办法，并且保持积极和乐观的心态。同时，也要对自己有一个合理的定位和期待，不要过分追求完美或者比较自己与他人。

　　学习和适应组织的规则和习惯。每个组织都有自己的规章制度、工作流程、沟通方式等，作为一个新员工，要尽快学习和掌握这些规则和习惯，并且按照要求执行和表现。同时，也要尊重和接纳组织中不同的人和意见，并且积极参与到团队合作中去。

　　寻求支持和反馈。在工作中，如果遇到了困惑或者问题，不要独自承受或者逃避，而要主动寻求上级、同事或者其他相关人员的支持和帮助。同时，也要及时向他们反馈自己的工作进展和成果，以及自己的想法和建议。通过这样的交流，可以提升自己的信心和能力，也可以增强自己与组织的联系和归属感。

第一节　个体与组织匹配的影响因素

一、什么是个体与组织匹配

个体与组织匹配（Person-Organization Fit，P-O Fit）是指个体的需求、目标和价值观与组织的规范、价值观和薪酬体系的匹配程度。个体与组织匹配是一种人与环境之间的兼容性，它可以发生在以下三种情况中：第一，至少有一方的供给满足了另一方的需求；第二，双方具有相似的基本特征；第三，二者皆有。

二、个体特征对个体与组织匹配的影响

个体特征是指个体在生理、心理和行为上的独特属性，它们可以反映个体的需求、目标和价值观，也可以影响个体对环境的感知和适应。个体特征对个体与组织匹配的影响主要有以下几方面。

（一）价值观

价值观是指个体对于什么是重要、正确和有意义的基本信念。价值观是影响个体与组织匹配最重要的因素，因为它们可以决定个体的工作动机、工作满意度和组织承诺。当个体的价值观与组织的价值观一致时，个体会感受到更高的匹配度，从而产生更积极的工作态度和行为。相反，当个体的价值观与组织的价值观冲突时，个体会感受到更低的匹配度，从而产生更消极的工作态度和行为。

拓展：代际价值观

表 3-1　当代劳动力中占主导地位的价值观

人群	进入劳动力队伍时间	目前大概年龄（截至 2025 年）	主导的工作价值观
婴儿潮一代	1965—1985 年	60—80 岁	成功、成就、雄心、藐视权威、对职业忠诚
X 世代	1985—2000 年	40—55 岁	工作与生活的平衡、团队取向、不喜欢规则、对人际关系忠诚
千禧一代	2000 年至今	不足 45 岁	自信、追求经济上的成功、既自我依赖又热衷于团队工作、忠于自我与人际关系

（二）个性

个性是指个体在思想、情感和行为上的稳定特征。个性可以影响个体对环境的适应能力和方式。当个体的个性与组织的氛围和文化相适应时，他们会感受到更高的匹配度，从而提高自己的工作效率和质量。相反，当个体的个性与组织的氛围和文化不相适应时，他们会感受到更低的匹配度，从而降低自己的工作效率和质量。

案例：一家电子商务公司的创始人和 CEO 是一个高度自恋的人，他认为自己是天才，喜欢在媒体上炫耀自己的成就，对员工要求严格，不容忍任何反对意见。他经常对员工进

行辱骂和威胁，导致员工的士气低落，流失率高，创新能力差。这个案例说明了自恋这种"黑暗三特质"之一的个性对个体与组织匹配的负面影响。

拓展：黑暗三特质

三种不受欢迎的特质，也与组织行为相关，每个人或多或少都有，包括马基雅维利主义（Machiavellianism）、自恋（Narcissism）、精神病态（Psychopathy）。由于它们的负面性质，研究人员将其称为黑暗三特质（Dark Triad）。

马基雅维利主义　信奉马基雅维利主义的个体讲求实效，保持情感的距离，并且为达目的不择手段。高马基雅维利主义者比低马基雅维利主义者更愿意操纵别人，赢得更多利益，更难被人说服，且更多地说服别人。马基雅维利主义并不能很好地预测总体的工作表现。高马基雅维利主义的员工通过操纵他人为自己牟利，可以在短期内获得收益，但他们失去了长远的利益，因为他们不招人喜欢。

高马基雅维利主义的求职者在了解一个组织承担着高水平的企业社会责任后，并不会对该组织产生积极的看法。

自恋　在心理学里，自恋是指一个人认为自己极度重要，希望获得更多的称羡，有权利意识，并且自大。一定程度上的以自我为中心是获得成功的前提。自恋者的工作动机、敬业度、生活满意度都要比其他人高。自恋者的适应能力更强，在复杂的情况下能做出更好的商业决策。

但自恋似乎与工作绩效没有什么联系，反而与某些反生产行为联系更紧密，还与其他一些负面结果相关。自恋型 CEO 采取的收购行为更多，溢价收购的情况更严重，对客观的绩效衡量回应模糊，并用通过更多的收购来博取媒体的赞扬。

自恋的人在感觉自己的利益没有得到充分实现的时候特别容易被激怒，也就是说，如果自恋者没有得到自己想要的东西，他们感到的压力要比别人大。

精神病态　在组织行为学的语境中，精神病态的定义是缺乏对他人的关心，并且在自己的行为对他人造成伤害时缺乏愧疚和懊悔。对精神病态的衡量通常要评估以下几个方面：个人是否遵守社会规范；是否愿意利用欺骗来达到目的，以及欺骗行为的有效性；冲动性；漠视，也就是对他人缺乏移情关怀。

关于精神病态或其他异常人格特质对工作行为是否有重要影响，现有文献尚未得出一致结论。

鉴于黑暗三特质的相关研究相对较新，目前在雇用决策中使用精神病理学的风险可能大于回报。

（三）能力

能力是指个体完成工作任务所需要的知识、技能和才能。能力可以影响个体对工作需求和挑战的应对水平。当个体的能力与工作需求相匹配时，他们会感受到更高的匹配度，从而增强自己的工作信心和满足感。相反，当个体的能力与工作需求不匹配时，他们会感受到更低的匹配度，从而导致自己的工作压力和失落感。

案例：一位大学教师在应聘时被告知，她将教授管理学的基础课程，她对此感到很满意，因为她的专业背景和兴趣都与这门课程相符。然而，到岗后她发现自己还要教授一些与管理学无关的课程，如英语、计算机等，她感到很不适应，觉得自己的能力和知识没有得到充分发挥，也没有得到足够的支持和培训。这个案例说明了个人与组织匹配中的需求与能力匹配和需求与供给匹配对员工的工作满意度和绩效的影响。

（四）动机

动机是指驱动个体进行某种行为或达成某种目标的内在或外在因素。动机可以影响个体对工作奖励和反馈的期望和满意度。当个体的动机与组织提供的奖励和反馈相一致时，他们会感受到更高的匹配度，从而激发自己的工作热情和创造力。相反，当个体的动机与组织提供的奖励和反馈不一致时，他们会感受到更低的匹配度，从而抑制自己的工作热情和创造力。

案例：一位软件工程师在一家互联网公司工作，他的动机是通过编写优秀的代码来解决复杂的问题，为用户提供更好的产品和服务。然而，他所在的公司的动机是通过快速推出新功能来吸引更多的用户和广告商，为股东创造更多的利润。他经常感到自己的工作没有得到充分的认可和反馈，他自己也没有得到足够的时间和资源来完善自己的代码质量。这个案例说明了个人与组织匹配中的动机匹配对员工的工作满意度和创新能力的影响。

（五）期望

期望是指个体对于未来发生某个事件或产生某种结果的可能性或信心。期望可以影响个体对环境变化和不确定性的适应程度。当个体对环境有明确且合理的期望时，他们会感受到更高的匹配度，从而增强自己的工作稳定性和安全感。相反，当个体对环境有模糊或不切实际的期望时，他们会感受到更低的匹配度，从而引起自己的工作焦虑和不安。

案例：一位市场营销经理在一家新兴公司工作，他对公司有很高的期望，认为公司能够在短时间内成为行业领导者，并给予他丰厚的奖励和晋升机会。然而，他忽视了市场竞争和客户需求的变化，也没有制订合理的营销策略和目标。当公司遇到困难和危机时，他感到很失望和沮丧，怀疑自己是否选择了正确的公司。这个案例说明了个人与组织匹配中的期望匹配对员工的工作态度和绩效的影响。

（六）角色认同

角色认同是指个体对自己在组织中所扮演的角色的认知和评价。角色认同可以影响个体对组织目标和价值观的接受和支持。当个体对自己的角色有清晰且积极的认同时，他们会感受到更高的匹配度，从而提升自己的工作责任感和忠诚度。相反，当个体对自己的角色有模糊或消极的认同时，他们会感受到更低的匹配度，从而降低自己的工作责任感和忠诚度。

案例：一位人力资源专员在一家制造业公司工作，他的角色是为员工提供各种福利和服务，如培训、咨询、活动等。他对自己的角色有很强的认同，认为自己是员工的朋友和支持者，也是组织与员工之间的桥梁和纽带。他经常与员工沟通和交流，了解他们的需求和困难，为他们提供合适的解决方案和帮助。他也积极参与组织的各项活动和计划，为组织的发展和员工的满意度做出贡献。这个案例说明了个人与组织匹配中的角色认同匹配对员工的工作投入和组织公民行为的影响。

第二节　个体与组织匹配的结果对员工和组织的影响

一、个体与组织匹配的结果

（一）工作满意度

工作满意度是指员工对自己的工作或工作环境的总体评价或态度。工作满意度是员工心理健康和工作效率的重要指标，也是组织管理的重要目标。个体与组织匹配可以提高员工的工作满意度，因为当员工感觉自己的需求、目标和价值观与组织相一致时，他们会更加享受工作，更加认同组织的目标和价值观，更加满足于组织提供的奖励和反馈。相反，当员工感觉自己的需求、目标和价值观与组织不一致时，他们会更加厌恶工作，更加反感组织的目标和价值观，更加不满足于组织提供的奖励和反馈。

案例：一位销售经理在一家跨国公司工作，他的价值观是以客户为中心，注重服务质量和长期关系。然而，他所在的公司的价值观是以利润为导向，注重销售额和市场份额。他经常感到自己与公司的目标和文化不一致，无法认同公司的决策和行为，也不愿意为公司做出额外的贡献。这个案例说明了个人与组织匹配中的价值观匹配对员工的工作满意度的影响。

（二）组织承诺

组织承诺是指员工对组织所表现出来的忠诚、归属、认同和责任感。组织承诺是员工与组织之间关系质量和稳定性的重要指标，也是组织管理的重要目标。个体与组织匹配可以增强员工的组织承诺，因为当员工感觉自己与组织相匹配时，他们会更加忠诚于组织，更加愿意为组织做出额外的贡献，更加不愿意离开组织。相反，当员工感觉自己与组织不匹配时，他们对待组织会更加冷漠，更加倾向于为自己谋求利益，更加容易离开组织。

案例：一位会计师在一家金融公司工作，他对自己的角色有很低的认同，认为自己只是一个数字处理者，没有什么创造性和价值。他对公司的业务和文化不感兴趣，也不关心公司的目标和价值观。他只是按照规定完成自己的工作，没有任何主动性和热情。他也不参与公司的任何活动和计划，对公司的发展和员工的满意度漠不关心。这个案例说明了个人与组织匹配中的角色认同匹配对员工的组织承诺的影响。

（三）工作投入

工作投入是指员工在工作中所表现出来的专注、热情、兴奋和积极性。工作投入是员工心理状态和工作效率的重要指标，也是组织管理的重要目标。个体与组织匹配可以提高员工的工作投入，因为当员工感觉自己与组织相匹配时，他们会更加享受工作，更加认同组织的目标和价值观，更加努力地完成工作任务。相反，当员工感觉自己与组织不匹配时，他们会更加厌恶工作，更加反感组织的目标和价值观，更加懒惰地完成工作任务。

案例：一位教师在一所公立学校教书，他对学校没有任何期望，认为学校只是一个让他谋生的地方，并没有给予他任何奖励和发展机会。他对自己的工作没有任何热情，只是按部就班地教授课程，没有任何创新和改进。他也很少与学生和同事沟通交流，对学生的学习成绩和满意度不关心。这个案例说明了个人与组织匹配中的期望匹配对员工的工作投入的影响。

（四）工作表现

工作表现是指员工在工作中所表现出来的效率、质量、创新和合作等方面的水平。工作表现是员工能力和贡献的重要指标，也是组织管理的重要目标。个体与组织匹配可以提高员工的工作表现，因为当员工感觉自己与组织相匹配时，他们会更加努力地完成工作任务，更加有效地解决问题，更加有创造性地提出建议，更加有协调性地与他人合作。相反，当员工感觉自己与组织不匹配时，他们会更加懒惰地完成工作任务，更加消极地应对问题，更加保守地提出建议，更加有冲突性地与他人合作。

案例：一位市场营销经理在一家新兴公司工作，他对公司有很高的期望，认为公司能够在短时间内成为行业领导者，并给予他丰厚的奖励和晋升机会。他非常热爱自己的工作，不断地学习新知识，探索新方法，制订有效的营销策略和目标。他也非常积极地与客户和同事沟通合作，为公司吸引更多的用户和收入。这个案例说明了个人与组织匹配中的期望匹配对员工的工作表现的影响。

（五）离职倾向

离职倾向是指员工对于离开组织或换岗位的想法或意图。离职倾向是衡量员工流失率和组织稳定性的重要指标，其降低也是组织管理的重要目标。个体与组织匹配可以降低员工的离职倾向，因为当员工感觉自己与组织相匹配时，他们会更加不愿意离开组织，更加珍惜组织提供的机会和资源。相反，当员工感觉自己与组织不匹配时，他们会更加容易离开组织，更加希望寻求其他机会和资源。

二、个体与组织匹配的重要性

个体与组织匹配对于员工和组织的效能和满意度很重要，因为它可以产生以下积极影响。

第一，提高员工的工作满意度、工作投入、工作表现和职业成功可能性。当员工感觉自己与组织相匹配时，他们会更加享受工作，更加认同组织的目标和价值观，更加努力地完成工作任务，从而提升自己的职业发展。

第二，增强员工的组织承诺、组织公民行为和留职意愿。当员工感觉自己与组织相匹配时，他们会更加忠诚于组织，更加愿意为组织做出额外的贡献，更加不愿意离开组织，从而降低员工流失率。

第三，减轻员工的压力和矛盾，降低离职倾向。当员工感觉自己与组织不匹配时，他们会经历更多的心理和生理上的不适、更多的人际和角色上的冲突，有更多的离职想法，从而影响他们的健康和幸福。

第四，提升组织的效率、创新力和竞争力。当员工感觉自己与组织相匹配时，他们会有更高的团队凝聚力、协作能力和学习能力，从而提高组织的运行效率、创新能力和竞争力。

因此，个体与组织匹配是一个对于员工和组织都有利的双赢关系，它可以促进员工和组织之间的互动、互信和互惠。

第三节　提高个体与组织匹配的策略和建议

提高个体与组织匹配是一个对于员工和组织都有利的双赢目标，它需要员工和组织之间的相互努力和配合。为实现这个目标，可以参照以下几个方面的策略和建议。

一、选择适合自己的职业和组织

选择适合自己的职业和组织是个体与组织匹配的第一步，也是最重要的一步。

（一）认识自己

认识自己需要清楚地了解自己的兴趣、能力、价值观、动机、目标等方面的特点，这些特点构成了个体的职业人格，也是个体选择职业和组织的依据。个体可以通过参加职业兴趣测试、职业能力测试、职业价值观测试等方式来认识自己，也可以通过咨询专业人士或者参考成功人士的经历来认识自己。

（二）了解环境

个体需要广泛地收集和分析有关不同职业和组织的信息，包括职业性质、职业前景、职业要求、组织文化、组织价值观、组织薪酬等方面的信息，这些信息可以帮助个体判断哪些职业和组织适合自己，也可以帮助个体准备应聘或者进入这些职业和组织。可以通过阅读书籍、杂志、报纸等方式来了解环境，也可以通过访问网站、参加展会、咨询专家等方式来了解环境。

（三）比较选择

在认识自己和了解环境之后，个体需要将自己的特点与不同职业和组织的特点进行比较，找出最能够满足个体需求、目标和价值观的那些职业和组织，然后根据个体的优先级进行选择。可以通过制作表格、画图等方式来比较选择，也可以通过实习、兼职等方式来比较选择。

二、适应和调整自己的期望和行为以符合组织的要求和文化

即使个体选择了适合自己的职业和组织，也不意味着个体就能够完全与之匹配，因为每个个体都有自己独特的期望和行为，而每个组织都有自己特定的要求和文化。因此，个体需要在进入组织后，适应和调整自己的期望和行为，以便与组织更好地协调和融合。

（一）学习组织

个体需要在进入组织后，尽快地学习和掌握组织的规章制度、政策程序、价值观、目标、文化等方面的内容，这些内容构成了组织的基本框架，也是个体适应和调整自己的期望和行为的依据。可以通过阅读手册、参加培训、观察模仿等方式来学习组织，也可以通过询问同事、上级、导师等方式来学习组织。

（二）沟通交流

个体需要在进入组织后，积极地与组织中的其他人员进行沟通和交流，包括同事、上级、下属、客户等，这些人员构成了个体的工作网络，也是个体适应和调整自己的期望和行为的资源。可以通过参加会议、活动、聚餐等方式来沟通交流，也可以通过发送邮件、打电话、发微信等方式来沟通交流。

（三）反馈改进

个体需要在进入组织后，不断地向组织中的其他人员寻求和接受反馈，包括个体的工作表现、工作态度、工作关系等方面的反馈，这些反馈构成了个体的工作评价，也是个体适应和调整自己的期望和行为的动力。可以通过定期评估、问卷调查、面谈等方式来反馈改进，也可以通过主动询问、虚心听取、诚恳接受等方式来反馈改进。

三、改善和优化自己的能力和技能以提高工作效率和质量

在适应和调整自己的期望和行为之后，个体还需要不断地改善和优化自己的能力和技能，以便与组织更好地匹配，因为每个个体都有自己的优势和劣势，而每个组织都有自己的需求和挑战。因此，个体需要在工作中，改善和优化自己的能力和技能，以便提高工作效率和质量。

（一）分析需求

你需要在工作中，分析自己所承担的工作任务的具体内容、要求、标准等方面的信息，这些信息可以帮助你确定自己需要具备哪些能力和技能，以及自己在哪些方面有所欠缺或者有所优势。你可以通过阅读任务说明、查看任务样例、咨询任务专家等方式来分析需求，也可以通过明确任务目标、评估任务难度、预测任务结果等方式来分析需求。

（二）制订计划

在分析需求之后，个体需要制订一个合理的计划来改善和优化自己的能力和技能，包括个体要学习哪些知识或者技能、如何学习这些知识或者技能、何时学习这些知识或者技能等方面的内容，这些内容可以帮助个体有条不紊地进行学习活动，以及有效地利用时间和资源。可以通过参考教材、课程、网站等方式来制订计划，也可以通过设置学习目标、评估学习进度、调整学习方法等方式来制订计划。

（三）实施行动

在制订计划之后，个体需要按照计划来实施行动，即通过各种方式来获取和掌握所需的知识或者技能，这些方式包括阅读书籍、观看视频、听讲座、参加培训、做练习、求助他人等，这些方式可以帮助个体加深理解和记忆、有机会运用和练习。可以通过选择适合自己的学习方式、安排合理的学习时间、保持良好的学习态度等方式来实施行动。

（四）检验结果

在实施行动之后，个体需要检验自己的学习成果，即通过各种方式来评估和反馈自己的能力和技能的提升程度，这些方式包括做测试、提交作业、展示成果、接受评价等，这些方式可以帮助个体了解自己的优势和劣势，以及存在的问题和改进的空间。可以通过比较自己的预期和实际、分析自己的错误和不足、总结自己的经验和教训等方式来检验结果。

四、建立和维护良好的人际关系以增强团队合作

在改善和优化自己的能力和技能之后，你还需要建立和维护良好的人际关系，以便与组织中的其他人员更好地协作和沟通，因为每个个体都有自己的情感和态度，而每个组织都有自己的氛围和文化。因此，你需要在工作中建立和维护良好的人际关系，以便增强团队合作。你可以做以下几件事。

（一）尊重他人

个体需要在工作中，尊重组织中其他人员的个性、观点、感受等方面的差异，不要对他们有批评、嘲笑、歧视等不礼貌或者不公平的行为，而要对他们采取赞扬、鼓励、支持等礼貌或者公平的行为。可以通过倾听他人、理解他人、赞同他人等方式来尊重他人，也可以通过道歉、感谢他人、帮助他人等方式来尊重他人。

（二）信任他人

个体需要在工作中，信任组织中其他人员的能力、诚信、责任等方面的素质，不要对他们有怀疑、监视、指责等不信任或者不尊重的行为，而要对他们采取信赖、委托、赋权等信任或者尊重的行为。可以通过分享信息、征求意见、协商决策等方式来信任他人，也可以通过承认错误、承担责任、履行承诺等方式来信任他人。

（三）与他人合作

个体需要在工作中，与组织中的其他人员就目标、计划、行动等方面的内容进行合作，不要对他们有不当竞争、抵制、阻碍等不合作或者不协调的行为，而要对他们采取协作、支持、协助等合作或者协调的行为。可以通过明确目标、分配任务、协调资源等方式来与他人合作，也可以通过沟通进度、解决问题、分享成果等方式来与他人合作。

本章小结

人格在组织管理中很重要。它不能解释所有的行为，但它为此奠定了基础。新的理论和研究揭示了为什么人格在某些情境下影响更大。每种特质都可能对工作行为产生积极和消极的影响。没有哪种人格特质组合在任何情境下都是完美无缺的。人格可以帮助你了解人们（包括你自己）为什么会有特定的行为、思考和感受，有智慧的管理者可以利用这一点，把员工安排到最合适的位置。价值观通常是态度、行为和感觉的基础，并对这些内容进行解释。所以，对一个人价值体系的了解能够让我们更深入地认识这个人。

对管理者的启示：作为一名管理者，应给予那些与组织文化相契合的员工以认可、积极的评价和相应的奖励。当员工感受到自己与组织的高度适应性时，往往会对自己的工作产生更高的满意度。因此，基于这一点，管理者需要客观、公正地评价员工的绩效。在招聘过程中，是否选择那些责任心强的求职者，以及是否选择那些符合其他大五特质（开放性、尽责性、外向性、宜人性、神经质）要求的求职者，取决于所在组织最为重视的价值观和标准。此外，其他一些特质，如核心自我评价和自恋倾向，在某些特定情境下，也与员工的工作表现有一定的关联性。为了确定哪种人格特质最适合组织，管理者需要综合评估员工的工作表现、所在工作团队的氛围，以及组织整体的战略目标和文化特点。在进行员工人格特质的评估时，务必要考虑到情境因素的影响。情境因素越轻微，越能够准确地评估员工的人格特征。

此外，在中国情境下，员工在形成自身的个人与组织匹配时关心的可能是如何获得同事和领导的认可，因此，组织可以向满足工作要求的员工提供反馈和认可。中国组织强调工作中的和谐关系，并且将这种和谐关系作为完成任务的基础，组织可以通过设计培训项目提升团队管理、人际交往能力等，提升员工的个人与组织匹配、个人与团队匹配和个人与上级匹配感知，增进组织中的人际和谐。此外，由于家庭因素在中国员工的工作与生活中扮演着重要角色，应强调组织对工作和家庭平衡的支持（如灵活的工作时间、共享工作等），从而提升员工的个人与组织匹配感知。

第四章　激励能力

【引例】
　　纽柯（Nucor）钢铁公司已培养了一批最具活力且非常敬业的劳动力。其扁平化层级组织结构和强调把权力下放给一线员工的做法，使员工接受了所有者－经营者（Owner－Operators）的管理观念。此外，其激励艺术还在于时刻坚持去关注一线业务员工，包括跟他们进行谈话、倾听他们，对他们提出的观点进行鼓励，并且允许偶尔出现失误。
　　这是一个高回报方案：在施行这些政策后的五年里，标准普尔 500 指数中，纽柯钢铁公司给股东的回报率达到 387%。传奇式的领导人肯·艾弗森（Ken Iverson）有着深刻的见解：如果给予员工丰厚的奖赏、尊重他们，并给予他们足够的权力，他们会夜以继日地工作，给你非同寻常的回报。

第一节　激励的含义和作用

一、激励的含义

　　日常工作中我们经常可见以下情形：同一个单位，两个人的能力和客观条件差不多，工作业绩却大不一样，有时甚至出现能力差的人反而比能力强的人干得更出色的情况。这是为什么？原因当然是多方面的，但其中一个重要原因，可能是后者的积极性没有被调动和激发出来。对激励问题的研究并非近期才有。早在 18 世纪末，由威廉·詹姆斯（William James）主持的研究就说明了激励的重要性。詹姆斯发现，计时工在工作中大约只发挥了他们 20% 至 30% 的能力。同时，他还发现一个受到高激励的员工能发挥其能力的 80% 至 90%。图 4-1 显示了激励对绩效的潜在影响。受到高激励的员工能在很大程度上提高工作绩效，同时旷工、人员流动、拖拉、罢工和不满情绪等情况显著减少。

图 4-1　激励对绩效的潜在影响

"激励"一词来源于古代拉丁语"movere"，该词的本义是"使移动"。美国管理学家贝雷尔森（Berelson）和斯坦尼尔（Steiner）给激励下了如下的定义："一切内心要争取的条件、希望、愿望、动力等都构成了对人的激励……它是人类活动的一种内心状态。"

"激励"一词在中文中有两层含义：一是激发、鼓励的意思，如《六韬·王翼》中的"主扬威武，激励三军"；二是斥责、批评的意思，如《后汉书·袁安传》中"司徒桓虞改议从安，太尉郑弘、司空第五伦皆恨之。弘因大言激励虞曰：'诸言当还生口者，皆为不忠。'"从激励的字面含义中可以看出，激励既包括激发、鼓励，以利益来诱发之意，也包括约束和归化之意。

所谓激励，是领导者激发和鼓励组织成员朝着组织所期望的目标采取行动的过程，就是组织通过设计适当的奖酬形式和工作环境，以一定的行为规范和惩罚性措施，来激发、引导、保持和归化组织成员的行为。有效的激励可以成为组织发展的动力保证，实现组织目标。从心理学角度来看，激励实际上是持续激发人们行为动机的心理过程，而当个体产生了行为的驱动力时即产生了动机，因此可以说，需要和动机是激励最基本的心理学基础。要激发人的行为，就要刺激人的需要，在满足个体需要的过程中同时实现组织目标。激励的过程主要包括需要、动机、行为和目标四个要素。

二、激励的过程

激励的过程如图 4-2 所示。

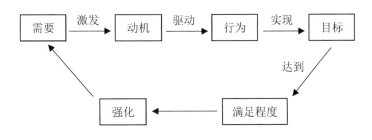

图 4-2　激励的过程

在激励过程中，需要产生动机，动机引导目标的实现。人的行为最初起源于人的需要，所谓需要（Needs）是指个人内部缺乏某种东西的状态。所谓缺乏某种东西，可能是个人体内维持生理作用的物质因素（如水、食物等），也可能是社会环境中的心理因素（如情感、成就感等）。比如一个人连续 48 小时没有睡觉会产生生理需要，而一个没有朋友或同伴的人会产生心理需要。当人缺乏这些东西时，就会形成紧张状态，感到不舒服，如果人们意识到了这种紧张感，就会设法加以消除。一般情况下，任何一个人，在同一时刻，都会存在多种不同的需要，其中强度高的往往是人们优先考虑予以满足的对象。然而需要并不能直接转变为行为，人的行为是由动机所直接驱动的。

所谓动机（Incentive）是指引起个人行为、维持该行为，并将此行为指向某一目标的内部动力。动机不是毫无原因地自发产生的，人总是不断地接受到来自环境的各种因素的刺激，当某种刺激所包含的意义与人体内的某种需要相关时，这种外在的刺激就会和内在的需要相结合，引发动机，最终导致行为的发生。缺少睡眠（需要）带来生理上的变化——

疲惫（动机），进而导致睡觉（有行为或无行为）。行为（Behavior）就是人类日常生活中所表现的一切动作。心理学研究表明，人的行为是个人的内在因素与环境相互作用的结果。这个关系可以用如下被称为勒温模型函数的公式来表示：

$$B=f(P,E)$$

B 表示行为；P 表示个人的内在心理因素；E 表示外界环境（自然、社会）的影响。行为是由满足某种需要的动机引起的，又是达到一定目标、需要得到满足的手段和过程。行为既是某种需要和动机的结果，又是这种需要和动机的反映。管理者要通过员工的行为来把握和了解他们的需要和动机，又要通过有效的激励措施满足员工的需要，激发员工的动机，从而控制其行为。

目标就是人们期望达到的目的或结果。实现目标使需要得到满足，动机削弱。当目标实现时，重新达到平衡。目标在行为过程中具有双重意义：一方面，目标表现为行为结果；另一方面，目标又表现为行为的诱因。在管理实践中利用目标对行为的诱导作用，通过合理选择和设置目标，可以有效地刺激和改善员工的行为。

三、激励的作用

激励是决定人的工作绩效的关键因素。在能力相同的情况下，激励水平越高，人的积极性和主观性越强，工作绩效就越好。激励的作用主要体现在以下几个方面。

（一）强化需要

人的需要不仅复杂，有时还相互矛盾。不仅不同种类的需要之间有矛盾，即使同类需要之间也存在着矛盾。而激励工作要强化那些有利于组织目标实现的需要。

（二）引导动机

强化了的需要不一定就能得到预期行为，因为可能有多种行为都能提供同一种满足。行为的产生依赖于动机与诱因两个因素，所以激励要通过诱因的运用，引导行为的方向。

（三）开发潜能

管理学认为，员工工作绩效是员工能力和受激励程度的函数，即绩效＝f（能力×激励）。如果把激励制度对员工创造性、革新精神和主动提高自身素质的意愿的影响考虑进去的话，激励对工作绩效的影响就更大了。

（四）增强员工的责任感和创造力

人由于受到激励而处于积极状态时，集中表现为思维的灵动性以及求知欲的增强。对履行责任表现良好的员工，要给予相应程度的奖励；对履行责任不好的员工，也要给予责任追究。员工在这种积极的心理状态的催化下，就会产生强烈的求知欲望与责任心，能克服种种困难主动地进行创造性的工作，久而久之，就可能产生新方法、新工艺、新方案。

（五）造就良性的竞争环境

科学的激励制度包含一种竞争精神，它的运行能够创造出一种良性的竞争环境，进而形成良性的竞争机制。在具有竞争性的环境中，组织成员就会受到环境的压力，这种压力将转变为员工努力工作的动力。正如麦克雷戈所说："个人与个人之间的竞争，才是激励的主要来源之一。"在这里，员工工作的动力和积极性成了激励工作的间接结果。

（六）吸引优秀人才到企业，为企业注入新生力量

人才已经成为知识经济时代中最有价值的资源，拥有并且使用好优秀的人才将成为企

业的核心竞争力，使企业在市场竞争中立于不败之地。发达国家的许多大型企业，尤其是那些有着强大竞争力、资金实力雄厚的企业，通常通过各种优厚的政策、丰厚的薪资待遇以及快捷的晋升途径来吸引企业所需要的优秀人才。

四、激励的类型

不同的激励类型对行为过程会产生程度不同的影响，所以激励类型的选择是做好激励工作的一项先决条件。

（一）物质激励与精神激励

虽然二者的目标一致，但是它们的作用对象不同。前者作用于人的生理方面，是对物质需要的满足；后者作用于人的心理方面，是对精神需要的满足。随着物质生活水平的不断提高，人们对精神与情感的需求越来越迫切，比如期望得到爱、得到尊重、得到认可、得到赞美、得到理解等，因此，精神激励的作用应受到管理者越来越多的重视。

（二）正激励与负激励

正激励是指当一个人的行为符合组织需要时，通过奖赏的方式来鼓励这种行为，以达到持续和发扬这种行为的目的。负激励是指当一个人的行为不符合组织需要时，通过制裁的方式来抑制这种行为，以达到减少或消除这种行为的目的。

正激励与负激励作为激励的两种不同类型，目的都是要对人的行为进行强化，不同之处在于二者的取向相反。正激励起正强化作用，是对行为的肯定；负激励起负强化的作用，是对行为的否定。

（三）内激励与外激励

内激励是指由内酬引发的、源自员工内心的激励。内酬是指工作任务本身的刺激，即在工作进行过程中所获的满足感，它与工作任务同步。追求成长、锻炼自己、获得认可、自我实现、乐在其中等内酬所引发的内激励，会产生一种持久性的作用。

外激励是指由外酬引发的、与工作任务本身无直接关系的激励。外酬是指工作任务完成之后或在工作场所以外所获的满足感，它与工作任务不同步。如果一项又脏又累、谁都不愿意干的工作有一个人干了，那可能是因为完成这项任务，将会得到一定的外酬——奖金及其他额外补贴。一旦外酬消失，他的积极性可能就不存在了。所以，由外酬引发的外激励是难以持久的。

课后实训 1：再撑一百步

［目的］理解激励的重要性

［时间］10 分钟

［地点］不限，最好在户外

［形式］集体参与

［步骤］

1. 成员分组，每组 6 人左右。

2. 请大家坐好，尽量采用让他们舒服和放松的姿势。听下面附件中的故事。

3. 听完故事，成员就此故事展开讨论，每组成员在个人分析的基础上确定团队意见，并相互交流，说明理由。

［附件］

美国华盛顿山的一块岩石上，立着一个标牌，告诉后来的登山者，那里曾经是一个女登山者死去的地方。她当时正在寻觅的庇护所"登山小屋"只距离她一百步而已，如果她能够多撑一百步，她就能活下去。

［问题］

1. 从这个故事中，你得到什么启发？

2. 你对"激励"有什么认识？现实中有哪些方法可以激励人们的行为？

课后实训 2：软件公司的激励计划

一家软件公司的经理想要更快地发现和杀灭软件病毒。他设计了一项激励计划，对于质量检验人员，每发现一种病毒就付给其 20 美元；而对于程序员，每杀灭一种病毒也付给其 20 美元。由于制造病毒的程序员同样也是杀灭病毒的人，他们对这一计划做出的反应就是在软件中制造更多的病毒。这种反应使得这项计划的成本迅速上升，因为有了更多的病毒需要发现和杀灭，这一计划只推出了一个星期就被迫取消了，而在这一个星期中，有的员工已经赚到 1700 美元的奖金了。

［问题］

1. 这家软件公司设计的激励计划存在什么问题？

2. 请分析这家软件公司员工的需求、动机、行为，并思考可以采用什么激励方法。

第二节　内容激励

本节的主要内容是介绍内容型激励理论（Content-based Incentive Theory）。内容型激励理论着重探讨什么东西能够使一个人采取某种行为，即着重于研究激励的起点和基础，研究如何从需求入手，通过满足需求来激励、调动人的积极性，主要包括马斯洛的需要层次理论、奥尔德弗（Alderfer）的 ERG（Existence，Relatedness and Growth）理论、麦克利兰（McClelland）的成就激励理论和赫茨伯格的双因素理论等。

一、马斯洛的需要层次理论

案例：一个小伙子和朋友出海旅游。第二天，暴风雨夹着巨浪把船掀翻了，小伙子醒来时发现自己在一个孤岛上。

请思考：这时他需要做什么？请给以下事项排序：

1. 因感觉孤独而想要找到可以交流的人

2. 找到安全的地方以避免被袭击

3. 开发岛屿旅游资源，帮助岛上居民致富

4. 找到水和食物，生存下去

5. 希望展示才华，得到岛上居民的认可

（一）需要层次理论介绍

美国心理学家马斯洛在其 1943 年所著的《人的动机理论》一书中，提出了需要层次理论。

马斯洛认为，激励可以看作对具体的社会系统中未满足的需要进行刺激的行为过程，如果能够找出人未被满足的需要，并对这些需要进行分类、排序，就可以找出对人进行激励的途径。基于以上理论，马斯洛将人的需求分为五个层次，由低到高依次为生理需要、安全需要、社交需要、尊重需要和自我实现需要。

1. 生理需要是一个人对生存所需的衣、食、住、行等最基本生活条件的追求。在一切需求中，生理需要是应优先被满足的。

2. 安全需要是指对人身安全、就业保障、工作和生活环境的安全、经济上的保障等的追求。当一个人生活或工作在惊恐和不安之中时，其积极性是很难调动起来的。

3. 社交需要是指人希望获得友情和爱情、得到关心与爱护的需要。人是生活在社会中的人，他需要与社会交往，希望成为"社会的一员"，否则就会郁郁寡欢。

4. 尊重需要是指希望自己有稳固的地位、得到别人高度的评价或是为他人所尊重的需要。每个人都有一定的自尊心，若得不到满足，人就会产生自卑感，从而失去自信心。

5. 自我实现需要是促使潜在能力得以实现的愿望，即希望成为自己所期望成为的人、完成与自己的能力相称的一切事情的需要。人的其他需要得到基本满足之后，就会产生自我实现的需要，以促使其努力去实现远大的目标。

案例：《西游记》团队的五个角色分别代表了马斯洛需要层次理论中五个层次的需要（如图4-3所示）。西天取经的成功在于针对每个角色的需求予以满足，从而激励大家一路向西。下面就请你来分析一下五个角色的不同需求。

图4-3　《西游记》团队五个角色的不同需求

（二）需要层次理论注意事项

1. 五种需要是按次序逐渐上升的，只有当低层次的需要得到满足以后，高层次的需要才有可能出现。

2. 马斯洛的五个需要层次还可以归纳为两个级别：生理需要和安全需要属于低级需要，这些需要通过外部条件就可以满足；而社交需要、尊重需要和自我实现需要是高级需要，需要通过内部因素才能得以满足。

3. 需要层次结构通常同一个人所处的经济、文化环境直接相关。在较好的经济、文化环境中，以高级需要为主导的人数占比较高；而在相对较差的经济、文化环境中，以低级需要为主导的人数占比较高。

二、奥尔德弗的 ERG 理论

（一）ERG 理论介绍

在需要层次理论的基础上，奥尔德弗进行了更接近实际经验的研究，提出了 ERG 理论。奥尔德弗根据其对工人进行的大量调研，认为人的需要可归结为三种，即生存需要（Existence）、相互关系需要（Relatedness）、成长发展需要（Growth），如图 4-4 所示。

图 4-4　ERG 理论示意图

生存需要大体上类似于马斯洛理论中的生理和安全需要，它是人最基本的需要；相互关系需要相当于马斯洛理论中的社交和尊重需要，当一个人的收入已满足其基本的生存需要后，就希望能与人相处得更好；成长发展需要是指个人在事业、前途方面发展的需要，相当于马斯洛提出的自我实现需要。

（二）ERG 理论注意事项

1. ERG 理论认为三种需要并不是生来就有的，有的是通过后天培养产生的。一个人想当科学家、政治家的念头不可能是生来就有的，管理者可以在一定程度上通过教育影响员工价值观的形成，从而主动地引导员工需要的产生。

2. 奥尔德弗认为人在同一时间可能有不止一种需要起作用。ERG 理论并不认为各类需要层次是刚性结构（即较低层次的需要必须在较高层次需要满足之前得到充分的满足，二者具有不可逆性），奥尔德弗表明即使一个人的生存需要和相互关系需要尚未得到完全满足，他仍然可以为成长发展需要工作，而且这三种需要可以同时起作用。

3. 一般而言，一个人低层次的需要得到的满足越多，其对高层次需要的渴望就越强烈。例如，当一个人各方面的生活条件都比较好时，其对于社会的承认、事业的发展就非常在意。这三种需要一般来说是由低到高逐步发展的，但也可以越级，当低层次的需要得不到满足时，人们会转而寻求更高层次需要的满足。此外，ERG 理论还提出"受挫—回归"的思想，即当更高层次的需要难以得到满足、追求遇到挫折时，人们也会对更低层次的需要提出更高更多的要求，以此作为追求高层次需要受到挫折的补偿。

三、麦克利兰的成就激励理论

自评测试

心理学研究表明，一般来说，一个人认识自己越准确，就越能客观地把握他人。激励技能的提高首先从认识自己开始。请你根据自己的实际情况，对下面 15 个陈述句如实打

分，判断一下你的主导需要是什么。（请用数字 1—5 打分，1 为非常不同意，5 为非常同意）

1. 我非常努力改善我以前的工作以提高工作绩效
2. 我喜欢竞争和获胜
3. 我常常发现自己和周围的人谈论与工作无关的事情
4. 我喜欢有难度的挑战
5. 我喜欢承担责任
6. 我想让其他人喜欢我
7. 我想知道在完成任务时我是如何进步的
8. 我能够面对与我意见不一致的人
9. 我乐意和同事建立亲密的关系
10. 我喜欢设置并实现比较现实的目标
11. 我喜欢影响其他人以形成我自己的方式
12. 我喜欢隶属于一个群体或组织
13. 我喜欢完成一项困难任务之后的满足感
14. 我经常为了获得对周围事情更多的控制权而工作
15. 我更喜欢和其他人一起工作而不是单干

［评分标准］

＊成就	＊权利	＊社交
1（　　）	2（　　）	3（　　）
4（　　）	5（　　）	6（　　）
7（　　）	8（　　）	9（　　）
10（　　）	11（　　）	12（　　）
13（　　）	14（　　）	15（　　）
总分（　　）	总分（　　）	总分（　　）

［说明］

1. 把每一栏的得分汇总，每一项最终得分都会在 5—25 分之间，得分最高的那项便是你的主导需要。

2. 这项测评是根据麦克利兰的成就激励理论设计的，他把人类的需要分为三类：成就需要、权利需要、社交需要。

3. 高成就需要的人工作绩效较高，但却不一定是一个成功的管理者。成功的管理者要有较高的权利需要和较低的社交需要。

美国心理学家麦克利兰经过对成就动机的几十年研究，于 20 世纪 50 年代初期提出了成就激励理论。成就激励理论更侧重于对高层次管理中被管理者的研究。麦克利兰认为，在生存需要基本得到满足的前提下，成就需要、权利需要和社交需要是人的三种最主要的需要。

成就需要是指争取成功并希望做到最好的需要。具有强烈的成就需要的人往往喜欢能够发挥独立解决问题能力的工作环境，倾向于谨慎地确定有限的成就目标，并希望得到对他们工作业绩的不断反馈。

权利需要是指促使别人顺从自己意志的欲望。高权利需要者喜欢支配、影响别人，喜欢对别人"发号施令"。

社交需要是指建立友好亲密的人际关系的需要。社交需要强的人往往重视被别人接受、喜欢，追求友谊、合作，通常在组织中充当被管理者的角色。

不同类型的人对这三种基本需要的排序和重视程度是不同的。追求事业的人一般更重视追求成就需要和权利需要，而对社交需要的追求则相对较弱。管理者对员工实施激励时需要考虑这三种需要的强烈程度，以提供能够满足这些需要的激励措施。

四、赫茨伯格的双因素理论

（一）双因素理论介绍

20 世纪 50 年代末，美国心理学家赫茨伯格对 9 个企业中的 203 名工程师和会计进行了 1844 人次调查，发现使受访者不满意的因素多与他们的工作环境有关，而使他们感到满意的因素通常与工作本身相关。根据调查结果，赫茨伯格提出了双因素理论，又称为激励保健理论。赫茨伯格认为满意的对立面是没有满意，而不是传统意义上的不满意；不满意的对立面则是没有不满意。他认为满意和不满意之间应该有质的差别。基于这一理论，赫茨伯格将影响人的工作动机的种种因素分为两类，一是激励因素，二是保健因素，如图 4-5 所示。

激励因素	保健因素
成就	监督
认可	公司政策
工作本身	与主管的关系
责任	工作条件
进步	薪水
成长	与同伴的关系
	个人生活
	与下属的关系
	地位
	稳定与保障

图 4-5　激励因素和保健因素的划分

激励因素是指能使员工感到满意的因素。因激励因素的改善而使员工感到满意的结果，能够极大地激发员工的工作热情，提高劳动生产效率；但即使管理层未因激励因素使员工感到满意，往往也不会因此使员工感到不满意，所以就激励因素来说，"满意"的对立面应该是"没有满意"。

保健因素是指造成员工不满的因素。保健因素不能得到满足，则易使员工产生不满情绪、消极怠工，甚至引起罢工等对抗行为；但在保健因素得到一定程度改善以后，无论再如何进行改善的努力往往也很难使员工感到满意，因此也就难以再由此激发员工的工作积极性，所以就保健因素来说，"不满意"的对立面应该是"没有不满意"。

（二）双因素理论注意事项

1. 不是所有的需要得到满足就能激励起人们的积极性，只有那些被称为激励因素的需要得到满足才能调动人们的积极性。

2. 保健因素的欠缺将引起强烈的不满，但保健因素的具备并不一定会调动强烈的积极性。

3. 激励因素是以工作为核心的，主要是在员工进行工作时发生作用的。

课后实训：管理技能应用

赵女士是某双一流大学会计学学士，在接受了许多公司的面试后，她选择了一家著名会计公司的职位，并被派到南京办事处。赵女士对所得到的一切很满意，她在大公司中有一份有挑战性的工作，有获得经验的良好机会，还有4800元月薪。但她认为自己是班上最出色的学生，获得满意的报酬是意料之中的事。一年之后，工作仍然像她希望的那样具有挑战性、让人满意，上级对她的工作很满意，她刚刚得到了400元的加薪。但是赵女士最近几周的工作积极性急速下降。原因是办事处刚刚雇用了一名应届毕业生，和赵女士相比，此人缺少实践经验，但工资却是每月5300元，比赵女士现在还多100元。除了愤怒，用其他任何语言都无法描述她现在的心情，她甚至不想干了，威胁要另找一份工作。

思考：赵女士为什么会不满意？管理者应如何进行挽留？请设计出一套激励方案。

第三节　过程激励

前述的内容激励理论主要研究了行为产生的原因，但并未能解释人们的行为形成、发展的过程，以及行为与员工的满意度、工作业绩之间的关系。管理者不但要判断一个人的动机，还需要知道动机是如何转化成组织所希望的行为的，以便通过为这种转化提供相应的条件来引导员工的行为。在本节中，我们将主要研究人从动机产生到采取行动的心理过程，找出对行为起决定作用的某些关键因素，以便预测和控制人的行为。下面我们着重介绍过程激励理论中的弗鲁姆（Vroom）的期望理论和约翰·亚当斯（John Adams）的公平理论。

一、期望理论

思考题： 企业因一客户拖欠贷款而周转不灵，但利用多种方法也没有催回。领导认为"重奖之下必有勇夫"，因此设重奖奖励能催回贷款的人，但反应寥寥无几，为什么？

期望理论，又称作"效价-手段-期望理论"，是美国心理学家弗鲁姆在其1964年出版的《工作与激励》一书中提出的。

期望理论认为：人是理性的人，对于生活与事业的发展，他们有既定的信仰和基本的预测；当个体预期某种行为能带给自己某种特定的结果，而且这种结果对其具有吸引力时，个体就会采取这种行为。也就是动机的激励力量是由某行为所产生结果的可能性和相应奖酬的重要性所决定的。用公式表示为：

$$激励力量（M）= 效价（V） * 期望值（E）$$

激励力量：动机的强度。它表明一个人愿意为达到目标而努力的程度。

效价：人对目标价值的估计。对同一个目标，由于各人的需要不同，所处的环境不同，其对该目标的价值估计也往往不同。效价反映了一个人对某一结果的偏爱程度。某人对某种结果越是向往，那么此结果对于该人而言其效价就越接近于+1；如果这一结果对其无关紧要，那么效价则接近于 0；如果该人害怕出现某结果，那么效价就是负值。

期望值：人们根据过去经验判断自己达到某种目标的可能性，即能够达到目标的概率。期望值一般介于 0 和 1 之间，某目标越有可能实现则期望值越接近于 1。

激励是一个动态的过程，当一个人对期望值、效价的估计发生变化时，其积极性也将随之变化。这种需要与目标之间的关系用过程模式表示时如图 4-6 所示。

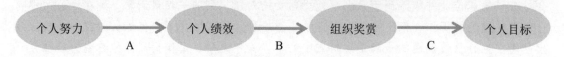

图 4-6　激励过程示意图

A（期望）：员工判断是否可以通过努力完成任务，即努力与绩效之间的关系。

B（手段）：达到一定工作绩效后可获得理想奖励的可信程度，即绩效与奖励之间的关系。人总是希望取得成绩后能够得到奖励，当然这个奖励也是综合的，既包括物质上的，也包括精神上的。如果他认为取得绩效后能得到合理的奖励，就可能产生工作热情，否则就可能没有积极性。

C（效价）：任何结果对个体的激励影响的程度，取决于个体对目标结果的评价，即奖励与满足个人需要的关系。

若想科学合理地应用期望理论，需要把握这三方面的关系：努力与绩效之间的关系、绩效与奖励之间的关系、奖励与满足个人需要之间的关系。

思考题：父亲为了鼓励孩子努力学习，向孩子提出，如果在下学期每门功课都考 90 分以上，就给予其一定的奖励。此时，孩子是否会因此而努力学习呢？请结合期望理论进行分析。

二、公平理论

（一）公平理论介绍

公平理论又称社会比较理论，是美国心理学家亚当斯在《社会交换中的不公平》一书中提出的。该理论侧重于研究利益分配的合理性、公平性对员工的工作积极性和工作态度的影响。

亚当斯认为人是社会人，一个人的工作动机不仅受其所得报酬绝对值的影响，而且受到相对报酬多少的影响。当一个人做出了成绩并取得报酬以后，他不仅关心自己所得报酬的绝对值，还会关心自己所得报酬的相对量。因此，他会进行横向和纵向两种比较来确定自己所得报酬是否合理，比较结果直接影响其今后工作的积极性。

公平理论用公平关系式来表示为：

1. 横向比较：

公平：$O_P/I_P = O_c/I_c$

不公平：$O_P/I_P > O_c/I_c$；$O_P/I_P < O_c/I_c$

O_P，对自己所获报酬的主观感觉；

O_c，对他人所获报酬的主观感觉；

I_P，对自己所作投入的主观感觉；

I_c，对他人所作投入的主观感觉。

2. 纵向比较：

公平：$O_P/I_P=O_h/I_h$

不公平：$O_P/I_P > O_h/I_h$；$O_P/I_P < O_h/I_h$

O_P，对自己所获报酬的主观感觉；

O_h，对自己过去所获报酬的主观感觉；

I_P，对自己所作投入的主观感觉；

I_h，对自己过去所作投入的主观感觉。

（二）公平理论注意事项

1. 不完全信息往往使"比较"脱离客观实际。

公平理论的核心是与他人比较，所以比较的结果是否符合客观实际，取决于人们对比较对象的投入和产出情况是否具有完全信息。人们往往有"看人挑担轻松"的知觉心理，过高地评价自己的成绩，低估他人的成绩，甚至只比拿钱多少，不比贡献大小。

2. "主观评价"易使"比较"失去客观标准。

既然公平感是一种主观感受，那么，主观认识就会极大地受认知主体的价值观念、知识经验、意识形态、世界观等的影响。所以，不同个体对同种报酬的效用、同种投入的价值的评价都有可能不同。

3. "投入"和"产出"形式的多样性使得"比较"难以进行。

按照公平理论，投入和产出均具有很多具体表现形式。在现实生活中，各人投入的具体形式不尽相同，即不同个体在年龄、性别、所受教育、经验、技能、资历、职务、努力程度、对组织的忠诚度等方面不可能完全相同。如我有的是高学历，而你有的是资历，那么是高学历重要还是资历重要呢？

第四节　行为改造激励

行为改造激励理论是指人的行为是作用于一定环境的，企业外部环境对人的行为有着重要的影响，激励的目的是改造和修正人的行为方式。充分认识环境对塑造人的行为的关键作用，正确理解、掌握行为改造理论的基本原理，将有助于提高企业管理的水平。行为改造理论不仅考虑积极行为的引发和保持，更着眼于消极行为的改造和转化。本节中主要介绍行为改造激励理论中斯金纳（Skinner）的强化理论，克里斯蒂安·亚当斯（Christian Adams）的挫折理论和海德、凯利、韦纳（Heider，Kelley & Weiner）的归因理论。

一、强化理论

案例：斯金纳箱

实验 1：将一只很饿的小白鼠放入一个有按钮的箱中，每次小白鼠按下按钮，则掉落

食物。（行为与奖励）

实验 2：将一只小白鼠放入一个有按钮的箱中，每次小白鼠不按下按钮，则箱子通电。（行为与惩罚）

实验 3：将一只很饿的小白鼠放入一个有按钮的箱中，由一开始的一直掉落食物，逐渐降低到每 1 分钟后，按下按钮可概率性地掉落食物。（固定时间奖励）

实验 4：将一只很饿的小白鼠放入一个有按钮的箱中，多次按下按钮，有概率性地掉落食物。（概率型奖励）

实验结果如下。

实验 1：小白鼠自发学会了按按钮。

实验 2：小白鼠学会了按按钮。

实验 3：小白鼠一开始不停按按钮。过一段时间之后，小白鼠学会了间隔 1 分钟按一次按钮。

实验 4：小白鼠学会了不停按按钮。

斯金纳通过实验发现，动物的学习行为是随着一个起强化作用的刺激而发生的。斯金纳把动物的学习行为推而广之到人类的学习行为上，他认为虽然人类学习行为的性质比动物复杂得多，但也要通过操作性条件反射。

心理学家认为，人具有学习能力，通过改变其所处环境，可保持和加强积极行为，减少或消除消极行为，把消极行为转化为积极行为。斯金纳据此提出了强化理论。斯金纳认为，人或动物为了达到某种目的，会采取一定的行为作用于环境。当这种行为的后果对其有利时，这种行为就会在以后重复出现；不利时，这种行为就会减弱或消失。人们可以用这种正强化或负强化的办法来影响行为的后果，从而修正其行为。

强化的具体方式有四种。

（一）正强化

正强化是指对正确的行为及时加以肯定或奖励。正强化可以导致行为的继续，条件是所给予的奖励必须是员工所喜欢的。例如，企业用某种具有吸引力的结果（如提成、奖金、休假、晋级、表扬等）表示对销售人员销售业绩的奖励，这种奖励能使销售人员感到其行为得到肯定或获得收益，从而增强销售人员进一步努力提升销售业绩的行为。

（二）负强化

负强化是指通过人们不希望发生的结果的结束，使行为得以强化。例如，下级努力按时完成任务，就可以避免上级的批评，于是人们就一直努力按时完成任务。负强化可以增加某种预期行为的发生概率，从而使一些不良的行为结束或消退。

（三）不强化

不强化是指对某种行为不采取任何措施，既不奖励也不惩罚。这是一种消除不合理行为的策略，因为倘若一种行为得不到强化，那么这种行为的重复率就会下降。例如，一个人总是抱怨分配给他的工作，但却没人理睬他，也不给他调换工作，也许过一段时间他就不再抱怨了。

（四）惩罚

惩罚就是对不良行为给予批评或处分。惩罚可以减少这种不良行为的重复出现，弱化行为。但一方面惩罚可能会引起怨恨和敌意，另一方面随着时间的推移，惩罚的效果会减弱。因此在采用惩罚策略时，要因人而异，注意方法。

思考题：负强化与惩罚的区别是什么？

二、挫折理论

挫折是指人们在争取成功或实现理想过程中的失利、失败。挫折理论是由美国心理学家亚当斯提出的，挫折理论主要揭示人的动机行为受阻而未能满足需要时的心理状态及由此而导致的行为表现，力求采取措施将消极性行为转化为积极性、建设性行为。管理者应该重视管理中职工的挫折问题，采取措施防止挫折心理给员工本人和企业安全生产带来的不利影响。

挫折是人未能达到目标的结果，从目标的确定到行为的实施，受多种因素的影响。因此，挫折的成因也是多方面的，包括主观因素和客观因素。主观因素分为生理因素和心理因素，如身体素质不佳、认识事物有偏差、性格缺陷等。客观因素主要是社会因素，如组织管理方式引起的冲突、人际关系不协调、工作条件不良等。挫折的作用过程如图4-7所示。

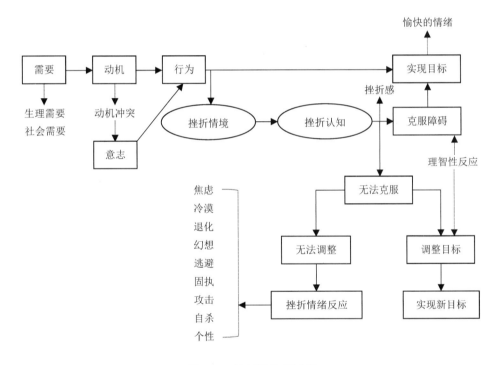

图 4-7 挫折的作用过程

由于目标无法实现，动机和需要不能满足，就会产生挫折心理。使人产生挫折心理有三个必要条件：个人所得期望的目标是重要的、强烈的；个人认为这种目标有可能达成；在目标和现实中存在难以克服的障碍。

挫折对人的影响具有两面性。挫折既可提高个体的心理承受能力，使人猛醒，汲取教训，改变目标或策略，从逆境中重新奋起；也可使人处于不良的心理状态中，出现负向情绪反应，并采取消极的防卫方式来对付挫折情境，从而导致不安全的行为反应，如不安、焦虑、愤怒、攻击、幻想、偏执等。

思考题：管理层应如何应对企业员工的挫折心理？

三、归因理论

归因指个体对自己或他人的行为的原因加以解释和推测的过程。归因是一种非常普遍的现象，例如，上课时有一名学生迟到了，这时，大家都会对这个事件做出解释。有的人会想，他可能是睡过头了；有的人猜测，他可能是遇上堵车了。无论最终将原因归结为什么因素，这种探索原因、寻求解释的过程就是归因。归因理论（Attribution Theory）是人力资源管理和社会心理学的激励理论之一，是探究人们行为的原因与分析因果关系的各种理论和方法的总称。

（一）海德的朴素归因理论

归因理论由德国社会心理学家弗里茨·海德（Fritz Heider）在《人际关系心理》中提出。

海德认为，在日常生活中，人们会像科学家一样对周围的事件进行分析、理解和推断。他还认为，人有一种基本的需要，那就是预测和控制环境，而达到这个目的的最好方式之一就是寻找事件发生的原因。如果掌握了其中的原因，就能更好地控制环境。

海德认为人的行为原因可分为内部原因和外部原因。内部原因包括动机（想做这件事）和能力（能做这件事）；而外部原因是指行为者周围的环境，如他人的期望、奖惩、天气的好坏、工作的难易程度等。

思考题：小华和小东都没有完成老师布置的作业，这种情况为什么会发生呢？请根据海德的归因理论分析。

（二）凯特的三维归因理论

美国社会心理学家哈罗德·凯利（Harold Kelley）认为可以使用三种不同的解释说明行为的原因：归因于从事该行为的行动者；归因于客观的刺激物；归因于行为产生的环境。

这三个原因都是可能的，要找出真正的原因主要使用三种信息：一致性、一贯性和特异性。凯利强调了三种信息的重要性，所以他的理论又称为三度理论。下面我们用例子来解释一下这三种信息。

一致性是指其他人在面对相同的刺激的时候是否和被观察人一样也做出相同的反应。例如，小裕在遇到菲菲时没和菲菲打招呼。是否今天所有遇见菲菲的人都不跟她打招呼？如果是则为高一致性，如果不是则为低一致性。

一贯性是指被观察者是否在任何情景和任何时候对同一刺激物做出相同的反应，即被观察者的行为是否稳定持久。例如，小裕在遇到菲菲时没和菲菲打招呼。那么小裕在遇到菲菲时是否总是不打招呼？如果是则为高一贯性，如果不是则为低一贯性。

特异性是指被观察者是否对同类其他刺激做出相同的反应，即他是在众多场合下都表现出这种行为还是仅在某一特定情景下表现出这一行为。例如，小裕在遇到菲菲时没和菲菲打招呼。那么小裕是否今天跟所有人都不打招呼？如果是则为低特异性，如果不是则为高特异性。

凯利认为，一致性、一贯性、特异性是人们进行归因的基础，三种因素的不同组合能为归因提供特定的信息。

思考题：小裕在遇到菲菲时没和菲菲打招呼，请根据凯利的三维归因理论来分析这个事件的原因。

除此之外，凯利还研究了归因中的错误或偏见。比如，尽管我们在评价他人的行为时有充分的证据支持，我们也总是倾向于低估外部因素的影响而高估内部或个人因素的影响，这称为基本归因错误。它可以解释下面情况：当销售代表的业绩不佳时，销售经理倾向于将其归因于下属的懒惰而不是客观外界条件的影响。个体还有一种倾向是把自己的成功归因于内部因素如能力或努力，而把失败归因于外部因素如运气，这称为自我服务偏见。由此表明，对员工的绩效评估可能会受到归因偏见的影响。

（三）成就归因理论

在学校情境中，学生常提出"我为什么成功（或失败）？""为什么我生物测试总是考不过人家？"等归因问题。美国心理学家伯纳德·韦纳（Bernard Weiner）认为，人们对行为成败原因的分析可归纳为以下四类。

第一，能力，根据自己评估个人对该项工作是否胜任。

第二，努力，个人反省检讨在工作过程中是否曾尽力而为。

第三，工作难度，凭个人经验判定该项工作的困难程度。

第四，运气，个人自认为此次各种成败是否与运气有关。

韦纳按各因素的性质，将其分别纳入以下三个维度之内（如表 4-1 所示）。

第一，来源：指当事人自认影响其成败因素的来源是属于个人条件（内部的）还是来自外在环境（外部的）。在该维度上，能力、努力两项属于内部的，其他各项则属于外部的。

第二，稳定性：指当事人自认影响其成败的因素在性质上是否稳定，是否在类似情境下具有一致性。在该维度上，能力与工作难度两项是比较稳定的，其他各项则均为不稳定的。

第三，可控性：指当事人自认影响其成败的因素在性质上是否由个人意愿所决定。在该维度上，只有努力一项是可控的，其他各项均为不可控的。

表 4-1　韦纳成就归因划分

四因素		能力	努力	工作难度	运气
三维度	来源	内部的		外部的	
	稳定性	稳定的	不稳定的	稳定的	不稳定的
	可控性	不可控的	可控的	不可控的	可控的

韦纳认为，我们对成功和失败的解释会对以后的行为产生重大的影响。如果把考试失败归因为缺乏能力，那么以后的考试还会期望失败；如果把考试失败归因为运气不佳，那么以后的考试就不大可能期望失败。这两种不同的归因会对生活产生重大的影响。

本章小结

在管理实践中，成功的管理者需要给予员工最大限度的激励，满足员工的需要，以激发其工作的积极性、主动性和创造性，为实现组织的目标更加勤奋地工作。成功的管理者需要充分掌握激励理论的原理，针对每一个个体的不同需要采取灵活的激励措施，只有这样，才能达到预期的激励效果。

本章习题

1. 什么是激励？
2. 激励的作用有哪些？
3. 你是如何理解公平理论在薪酬管理中的应用的？
4. 结合弗鲁姆的期望理论谈谈如何调动员工的积极性。
5. 运用韦纳的归因理论对某位学生的考试通过情况进行归因。

第五章　沟通技能

【引例：邱如萍的人格魅力】

邱如萍的同事都说她"外柔内刚"，她自己也承认这一点，说："常常在我与下属的谈话结束很久以后，他们才开始觉察到我是在责备他们。"邱如萍的装束很女性化，说话温柔，语气平和，即使是在批评他人，也从不怒目圆睁。她待人和气，具有一流的倾听技巧。也许正是这种特质打动了员工，他们都很尊重她，说她温柔的外表下蕴藏着坚强的意志。

"有一件事情我永远难忘，至今还历历在目。当时，我必须开除一个员工，她是我最好的朋友，有些事我没有处理好，影响了我们的关系。其实，这对她并非没有好处。后来，她进入另一个行业，做得相当出色。"

邱如萍在工作中逐渐掌握了处理问题的技巧。她的诀窍是，在用人之前事先做好准备。"当你做计划的时候，就要清楚你需要什么样的人才以及你的要求。除了必需的工作技能，我很看重品质、个性、幽默感和责任感。选人时谨慎些，用起来就轻松多了。"

员工一旦被正式录用，邱如萍就会提供锻炼机会，随时纠正他们的错误。"我不希望看到我第一次考核时，对方对自己的工作还一无所知。"

她待人诚实、坦率，有争执时马上解决，绝不拖泥带水。但是，她也从不态度强硬，不给对方造成压力。做了这么多年的主管，邱如萍总结出三类最难打交道的员工以及与他们友好相处的办法。一是满腹牢骚的员工，"我尽量开导他们，让他们往远处想，给他们尝试的机会"；二是桀骜不驯的员工，"他们真令人头疼，我曾被他们气得浑身发抖，但我有原则，绝不纵容不讲道理的人，我会让他们知道，在我们这里，只要有道理，什么都可以商量，否则免谈"；三是能力差的员工，"我并不歧视他们，而是给他们创造锻炼技能的机会，并给予指导，通常有半年时间，多数员工进步很快，我继续鼓励他们"。邱如萍说，与难打交道的员工即"问题员工"相处的诀窍是主动与他们沟通，深入了解他们。通过不断思考和吸取教训，邱如萍对待各类员工的技巧日渐成熟，不仅"读人"的本领大增，处理问题的能力也有所增强。"我从不排斥另类，他们虽然与我个性不同，但都有自己的优点。一个多元化的环境就应该有各类人才，创造力才能增强。只要对公司有用的人，就要充分发挥他们的潜能。"

邱如萍曾与9位上级共事，他们都是控制型的，但她能与这些主管和睦相处。这是她的优势，也是她成功的基础。

这是一个成功的管理沟通案例。它为我们描述了作为一名管理者的邱如萍是如何通过有效管理沟通，成功处理与上级和下级的关系的。生活中处处需要沟通，组织中也不例外。企业的各种经营管理活动必须借助沟通来展开。

第一节　沟通的概论

一、沟通的定义

沟通是人和人之间进行信息传递的一个过程。在这个过程中，信息发送者和信息接收者都是沟通的主体，信息发送者同时也是信息源。信息沟通可以语言、文字或其他形式为媒介，沟通的内容除了信息传递，也包括情感、思想和观点的交流。

在沟通过程中，心理因素无论是对信息发送者还是对信息接收者都会产生重要影响，而沟通的动机与目的也往往直接影响信息发送者和信息接收者的行为方式。沟通过程可能是顺畅的，也可能会遭遇障碍。这些影响沟通效果的障碍既可能产生于心理因素，也可能产生于不良的沟通环境。

人们对于沟通的理解和认识多种多样，但大多缺乏对沟通含义的完整认识。比较典型的有如下观点。

观点 1：沟通不是太难的事，我们不是每天都在进行沟通吗？

观点 2：我告诉他了，所以我已经和他沟通了。

观点 3：只有当我想要沟通时，才会有沟通。

这些观点从不同角度反映出对沟通的片面理解。持观点 1 者认为，我们天天都与人打交道，这是家常便饭，难在何处？然而，这类人正是因为把沟通看得过于简单而忽视了其复杂性和难度，在处理沟通问题时容易简单化，不做充分准备，沟通失败也就在所难免。

持观点 2 者认为，只要我告知对方了，就完成了我的沟通任务，至于对方是否理解我的意思，会产生怎样的结果，都与我无关。正是这种观点导致生活、学习和工作中事与愿违的情况时有发生，与此相关的抱怨随处可闻。殊不知沟通并不是单向的，而是双向的。只有当信息接收者正确理解了信息的含义时，才是真正意义上的沟通。

持观点 3 者认为，只要我默不作声，就没在沟通。事实上，我们知道，沟通除了语言的，还有非语言的。当一位演讲者站在台上时，他并不想传递"我感到紧张"这一信息，但观众从他急促地搓着手、眼睛不时地看天花板等紧张的神态中，就能够清晰地获得这一信息。

简单地说，沟通应该涵盖以下五个方面：想说的、实际说的、听到的、理解的和反馈的，如图 5-1 所示。

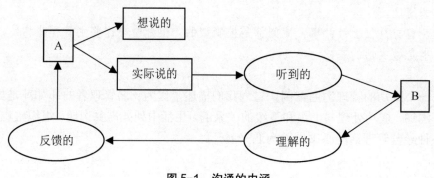

图 5-1　沟通的内涵

A 和 B 分别表示信息发送者和信息接收者，而此处的"说"和"听"具有宽泛的含义，分别指"说、写、做或其他信息传递形式"，以及"听到、看到或接收到的"。事实上，你想说什么与实际说了什么是有差异的。例如，有时人们说自己的表述有些词不达意，就是这种情况。另外，听众听到的与其理解的意思也存在差异，听众会从其自身的角度出发去理解所听到的信息，然后做出反馈。这种差异会从其反馈中表现出来。理想的情况是，听众所反馈的其对该信息的理解恰好是你的初衷或你所期望的，但现实往往会不尽如人意。例如，在某次校长述职大会上，当各位校长发言完毕，进入大会的第二项议题时，主持人以洪亮的声音说道："我们接下来进入第二项议题，请各位校长下台就座。"话音刚落，会场一片哗然，其中的含义不言自明。这正好说明了"说者无意，听者有心"。因此，沟通并不像我们想象的那样轻而易举，相反，它是一门技巧性很强的学问。只有正确认识沟通，不断加强学习和训练，才能真正领略沟通的真谛。

二、沟通的基本模型

从沟通的定义中我们可以了解到，沟通过程中涉及沟通主体（信息发送者和信息接收者）和沟通客体（信息）的关系。沟通的起始点是信息发送者，终结点是信息接收者。当终结点上的信息接收者做出反馈时，信息接收者又转变为信息发送者，最初起始点上的信息发送者就成了信息接收者。沟通就是这样一个轮回反复的过程。如图5-2所示，一个完整的沟通过程包括六个环节，即发送者（信息源）、编码、渠道、接收者、解码和反馈，另有一个干扰源（噪声）。

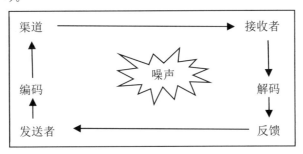

图 5-2 沟通过程模型

（一）发送者（信息源）

信息产生于信息发送者，它是由信息发送者经过思考或事先酝酿策划后才进入沟通过程的，是沟通的起始点。

（二）编码

将信息以相应的语言、文字、符号、图形或其他形式表达出来的过程就是编码。虽然我们很少能意识到编码过程的存在，但是编码过程的确十分重要。当幼儿牙牙学语时，你会看到幼儿在表达意思的过程中常常表现出努力思索的表情，其实他正在努力选择合适的词语，即编码。通常，信息发送者会根据沟通的实际需要选择合适的编码形式向信息接收者发出信息，以便其接收和理解。

（三）渠道

随着通信技术的不断发展，信息发送的方式越来越多样化。人们除了通过语言进行面对面的直接交流，还可以借助电话、传真、电子邮件和微信等发送信息。在发送信息时，信息发送者不仅要考虑选择合适的方式传递信息，而且要注重选择恰当的时间与合适的环境。

（四）接收者

信息接收者是信息发送的对象，信息接收者不同的接收方式和态度会直接影响到其对信息的接收效果。常见的接收方式有听觉、视觉、触觉以及其他感觉等。如果是面对面的口头交流，那么信息接收者就应该做一个好的倾听者。掌握良好的倾听技巧是有效倾听的基础。积极地倾听有助于有效地接收信息。

（五）解码

信息接收者理解所获信息的过程称为解码。信息接收者的文化背景及主观意识对解码过程有显著的影响，这意味着信息发送者所表达的意思并不一定能使信息接收者完全理解。沟通的目的就是要使信息接收者尽可能理解信息发送者真正的意图。信息发送者和信息接收者用同一种语言进行沟通，是正确解码的重要基础。完全理解当然是一种理想状态，因为每个人都拥有自己独特的个性视角，这些个体的差异必然会反映在编码和解码过程中。但是，只要沟通双方以诚相待、精诚合作，沟通就会接近理想状态。

（六）反馈

信息接收者对所获信息做出的反应就是反馈。当信息接收者确认信息已收到并对信息发送者做出反馈以表达自己对所获信息的理解时，沟通过程便形成了一个完整的闭合回路。反馈可以折射出沟通的效果，使信息发送者了解信息是否被接收和正确理解。反馈使人与人之间的沟通成为双向互动的过程。在沟通过程中，信息接收者应该积极做出反馈；同时，信息发送者也可以主动获取反馈。例如，发送者可以直接向信息接收者发问，或通过察言观色来捕捉信息接收者对所获信息的反应。

（七）噪声

对信息传递过程产生干扰的一切因素都可以称为噪声。噪声对信息传递的干扰会导致信息失真。常见的噪声来自以下方面。

1. 个性差异如性格、受教育程度、气质等；
2. 价值观、伦理道德观、认知水平的差异；
3. 健康状态、情绪波动以及交流环境；
4. 身份地位的差异；
5. 编码与解码所采用的信息代码差异；
6. 信息传递媒介的物理性障碍；
7. 模棱两可的语言；
8. 难以辨认的字迹；
9. 不同的文化背景。

在沟通过程中，噪声是一种干扰源，它可能有意或无意地交织，影响编码或解码的正确性，并导致信息在传递与接收过程中变得模糊和失真，从而影响正常交流与沟通。噪声是妨碍信息沟通的所有因素，贯穿整个沟通过程。因此，为了确保有效沟通，通常要有意识地避开或弱化噪声，或者重复传递信息以强化信息。

应该指出，图 5-2 描述的沟通过程模型只反映有两个人参与的信息交流过程，它是对实际情况的一种抽象，是对人际沟通中最简单、最具代表性的一对一沟通过程的描述。

在管理过程中，沟通常常发生在组织或团队中，需要借助开会、研讨、报告等形式，沟通模式更为复杂，常常表现为一对多或多对多沟通，而且涉及组织网络和系统。由于一对一沟通是所有沟通的基础，因此深入探讨一对一沟通过程模型对于研究管理沟通理论是非常重要的。

三、沟通的要素

从沟通过程模型不难看出，由于一个完整的沟通过程要经过许多环节，并且受到各种噪声的干扰，因此，要实现有效沟通，必须充分考虑以下七个基本要素：信息发送者、听众、目的、信息、渠道、环境及反馈。

（一）信息发送者

信息源于信息发送者，信息的可靠性、沟通的有效性与信息发送者的可信度密切相关。一般来讲，影响信息发送者可信度的重要因素有身份地位、良好意愿、专业知识、外表形象及共同的价值观。例如，通过强调自己的头衔、地位或与某个地位更显赫的知名人士联系在一起，有助于提高你的可信度；通过向听众表达良好意愿，并指出听众的利益所在，有助于听众对你产生信任与认同感；显示出自己的专业技术背景，或向听众叙述相关的经历，有助于你在听众中树立起专业或权威的形象；注重外表形象设计与展示，或运用诙谐幽默的语言吸引听众，有助于拉近沟通的距离。应该指出，在沟通的初始阶段就应该注重与听众达成共识，将信息与共同的利益和价值观联系起来，这将大大增强听众对你的信任感，提高你的可信度，从而为有效沟通奠定基础。

（二）听众

听众也即信息接收者。为了确保有效沟通，了解你的听众及其需求非常重要。在沟通前应该了解你的听众究竟是哪些人：他们是积极的听众还是被动的听众？是主要听众还是次要听众？另外，还应该了解你的听众的背景材料：他们对于沟通的主题了解多少？他们需要了解哪些新的信息？掌握了这些信息，你就明确了该对听众说些什么，知道在什么情况下可以运用一些专业术语，在什么情况下叙述应该更通俗易懂。此外，听众对你的信息是否感兴趣、感兴趣的程度如何，这些也是你把握沟通过程的风向标。如果听众对沟通主题兴趣浓厚，你就不必费心考虑如何唤起他们的热情与兴趣，可以开门见山、直奔主题。对于那些对沟通主题兴趣不大的听众，你就应该设法激发他们的热情。征求意见并诱导听众参与讨论是激发其兴趣的有效方法之一。当然，通过强调信息中可能使听众受益的内容，可能会更有效地提升听众的关注度和热情。

（三）目的

信息发送者应该明确其信息传递的目的。由于信息传递的目的是基于工作目标及相应举措的，因此，一旦明确了工作目标和相应举措，就应该确定沟通的目的。例如，某空调制造企业销售部门 2022 年度的工作目标是继续保持上一年度的市场份额。销售部经理针对工作目标向各主管提交了一份市场计划，其目的就是希望各主管能够同意并支持这个计划，同时利用会议和演讲等方式，使各地销售代表了解目前的市场形势、企业的工作目标以及相应的营销策略。

（四）信息

为了使信息顺畅地传递至听众并使其易于接收，策略性地组织信息模块是至关重要的。从生理角度来看，人们因感受新鲜事物而产生的记忆水平与信息的传递过程密切相关。根据有关记忆曲线的研究，在信息传递过程的初始阶段及终止阶段，听众的记忆最深刻，如图 5-3 所示。

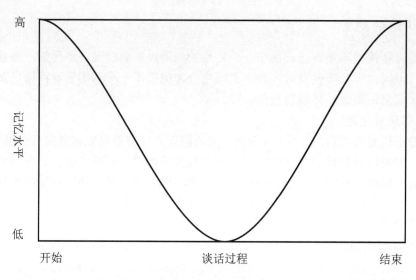

图 5-3　听众的记忆曲线

显然，我们不能期待听众对一个长达两小时的报告会自始至终保持满腔的热情和高度的兴趣。因此，在组织信息内容的时候，应该特别注重开头与结尾，把最重要的内容注入开场白中或融入结尾部分，切忌将主要观点和内容淹没在漫无边际的中间阶段。

至于什么时候应该把重要内容放在开场白阶段，什么时候应该将重要内容置于结尾处，则需要仔细斟酌一番。在开场白阶段采用开门见山、直奔主题的方法具有简明扼要、重点突出、直截了当、节省时间等优点，它有利于听众在接收信息的初始阶段就清楚了解重点和结论，从而便于听众理解和掌握下文。通常，这种方法适用于与那些更关注结论、比较理性的听众沟通。

如果面对那些更关注过程分析或具有排斥心理的听众，就需要采用循序渐进、逐条分析、最后推出结论的方法。采用这种方法虽然可能会增加听众对信息理解的难度，并且很费时，但是有利于缓解具有排斥心理者的抵触情绪，达到激发其兴趣、转变其态度的目的。

（五）渠道

沟通渠道通常指的是沟通媒介，信息都是通过一定的媒介来传播的。一般来讲，沟通渠道主要有三种：口头、书面和非语言。随着信息技术的发展，沟通渠道渐趋多样化，出现了电话、传真、电子邮件、电子公告板、电话会议、视频会议等渠道。沟通渠道的多样化给信息传播带来了不可忽视的影响，不同情况应采用不同的沟通渠道。口头沟通渠道主要用于即时互动性沟通，沟通内容具有一定的伸缩性，无须严格记录，沟通形式活泼，富有感情色彩。书面沟通渠道主要用于要求严谨、需要记录备案的沟通。无论是口头沟通还是书面沟通，都可以作为正式或非正式的沟通渠道。正式的沟通渠道主要用于涉及法律问题的谈判、合同契约的签订等情形，如签订合同、标书、意向书，发表报告、演讲及召开新闻发布会等，非正式的沟通渠道主要用于获取新信息、互动性较强的情形，如发送电子邮件、打电话、组织讨论会和会谈等。

（六）环境

沟通总是在一定的环境中发生的，任何形式的沟通都会受到各种环境因素的影响。如上级与下属的谈话是在上级的办公室还是在厂区的花园里进行，其效果和双方的感受都会不同。从某种意义上讲，沟通的效果与其说是由沟通双方把握的，不如说是由环境控制的。

具有不同文化背景的人在进行相互沟通时，文化背景的差异会对沟通过程和沟通效果产生显著的影响。例如，有的人生性豪放，交流时喜欢开门见山、直来直去，而有的人在沟通时多倾向于采取迂回策略。人们在社会中所处的不同地位也会对沟通过程和沟通效果产生直接的影响。一般地位高者在沟通过程中显得自信而主动，地位低者则显得卑微而被动。不同的心理对沟通过程和沟通效果的影响更大。在日常生活中我们不难发现，心情好则情绪好，情绪好则别人说话也觉悦耳。沟通环境对沟通过程和沟通效果的影响也不可忽视，比如，很难想象在闷热的夏天经理们坐在没有空调的房间里无休止地讨论毫无结果的问题。具体而言，沟通环境包括心理背景、物理背景、社会背景和文化背景。

1. 心理背景

心理背景指的是沟通双方在沟通时的情绪和态度，如激动、兴奋、愤怒、热情、冷淡等。

2. 物理背景

物理背景指的是沟通发生的场所，如家里、办公室、学校等。

3. 社会背景

社会背景指的是沟通双方的社会角色关系，涉及对沟通方式的预期。如果双方对沟通方式的预期相符，就能彼此接纳；反之，就无法进行有效沟通。

4. 文化背景

文化背景指的是沟通双方所代表的文化。沟通者长期的文化积淀决定了沟通者较稳定的价值取向、思维模式、心理结构及行为依据。文化背景可以细分为国家的、地区的、行业的、企业的、部门的及个体的。比如西方国家，其文化重视和强调个人，其沟通方式也是个体取向的，往往直言不讳，对于组织内部的协商一般喜欢通过备忘录、布告等正式的沟通渠道来表明观点和看法；在中国等东方国家，人与人的相互接触相当频繁，而且更多采用的是非正式沟通的方式。

可见，不同的背景对沟通过程和沟通效果会产生不同的影响。

（七）反馈

反馈是指给信息发送者的提示，使其了解信息接收者是如何接收并理解信息的，从而使信息发送者根据需要进行调整。

在面对面的沟通中，连续不断的反馈是必要的，因为不论对一个人还是对一群人讲话，都不可能完全了解听众的瞬间反应，如果不断跟踪信息接收者的反应，就能根据所接收到的反馈对所要传递的信息、意向，甚至原先想要达到的目的进行修正。

反馈的形式可以是多样的，包括口头的或书面的、语言的或非语言的、有意的或无意的、直接的或间接的、即刻的或延缓的、内在的或外在的。

反馈从本质上讲分为两种——正反馈和负反馈。信息接收者可能在无意中运用反馈作为影响行为的方法。例如，听众对一位演讲者的反应能在很大程度上影响演讲者的行为。如果演讲者听到喝彩或看到点头示意，就会继续使用当时的沟通方式；反之，如果他得到的反应充斥了嘘声、蹙眉、打哈欠或不专心，而他对这些行为又较为敏感，就会及时修正其沟通方式以符合听众的期望。这就是"在沟通过程中备受关注的是被接收和理解的信息，而非发出的信息"的原因。

四、沟通的方式

人们会根据不同的沟通目的、听众及沟通内容等，选择不同的方式与他人沟通。沟通方式的选择往往取决于两个方面的因素，即信息发送者对内容控制的程度和听众参与的程度。两者的关系如图 5-4 所示。

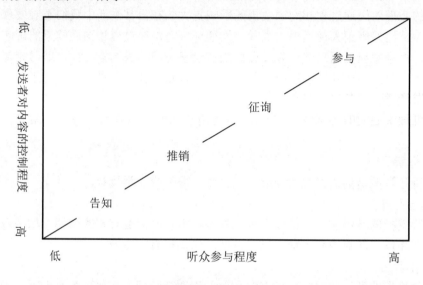

图 5-4　沟通方式

（一）告知

告知是指听众参与程度低、发送者对内容的控制程度高的方式，如传达有关法律、政策方面的信息，做报告，举办讲座等。

（二）推销

推销是指有一定的听众参与程度，发送者对内容的控制带有一定的开放性的方式，如推销产品、提供服务、推销自己、提出建议和观点等。

（三）征询

征询是指听众参与程度较高，发送者对内容的控制带有更多的开放性的方式，如咨询征求意见会、问卷调查、民意测验等。

（四）参与

参与是四种沟通方式中听众参与程度最高、发送者对内容的控制程度最低的一种方式，如团队的头脑风暴、董事会会议等。

很难评定上述各种沟通方式孰优孰劣。沟通方式的选择完全取决于沟通目的、听众和信息内容。有时可以选择单一的方式，有时也可结合多种方式。

如果你希望听众接收你所传递的信息，则可以采用告知或推销的沟通方式，此时，你掌握并控制着足够的信息，在沟通过程中听众主要听你叙述或解释而不需要听取其他人的意见。当你希望从听众那里了解和获取信息时，则应该运用征询或参与的沟通方式。征询的方式具有一定的合作特征，表现出一定的互动性。参与的沟通方式则具有更明显的合作互动性，如团队头脑风暴式讨论会，此时，你并不掌握足够的信息，而是希望在沟通过程中听取听众的意见，期待他们参与并提供有关信息。

五、沟通中的障碍

在实际生活和工作中，从信息发送者到信息接收者的沟通过程并不都是畅通无阻的，其结果也并不总是如人所愿。上述诸多沟通要素的存在以及各种干扰源的存在，导致沟通过程中会出现各种障碍，以至于沟通失败或无法实现沟通目的。信息沟通中的障碍是指导致信息在传递过程中出现噪声、失真或中止的因素，主要包括如下方面。

（一）源于信息发送者方面的障碍

1. 目的不明

信息发送者不清楚自己要说什么，对自己将要传递的信息内容、交流的目的不明确，这是沟通过程中遇到的第一障碍，将导致沟通的其他环节无法正常进行。信息发送者喋喋不休，却不知所云，怎能使听众驻足聆听呢？因此，信息发送者在沟通之前必须明确目的，即"我要通过什么渠道向谁传递什么信息并达到什么目的"。

2. 思路不清

无论是口头演讲还是书面报告，都要求思路清晰、条理分明，使人一目了然、心领神会。若信息发送者口齿不清、语无伦次、闪烁其词或词不达意、文理不通、字迹模糊，就会产生噪声并造成传递失真，使信息接收者无法了解其所要传递的真实信息。

3. 选择失误

对传递信息的时机把握不准、缺乏审时度势的能力，会大大降低信息交流的价值；若信息沟通渠道选择失误，将导致信息传递受阻，或延误传递的恰当时机；若信息沟通对象选择错误，则会要么对牛弹琴，要么自讨没趣，直接影响信息交流的效果。

4. 形式不当

使用语言（书面或口头）和非语言（肢体语言，如手势、表情、体态等）表达同样的信息时，一定要相互协调，否则会使人"丈二和尚摸不着头脑"。如果我们要传递一些十万火急的信息，不是采用电话、传真或互联网等现代化的快速方式，而是使用邮寄信件的方式，那么信息接收者收到的信息往往会由于时过境迁而失去其应有的价值。

（二）源于信息接收者方面的障碍

1. 过度加工

信息接收者在信息交流过程中，有时会按照自己的主观意愿，对信息进行"过滤"和"加工"。如在组织中，由下属向上级进行的上行沟通中，由于某些下属投其所好，报喜不报忧，因此所传递的信息往往在经过层层"过滤"后或变得支离破碎，或变得完美无缺；由决策层向管理层和执行层进行的下行沟通中，由于经过逐级领会而"添枝加叶"，因此所传递的信息或被断章取义，或面目全非，从而导致信息的模糊或失真。

2. 知觉偏差

信息接收者的个人特征，诸如个性特点、认知水平、价值标准、权力地位、社会阶层、文化修养、智商、情商等将直接影响到其对所传递信息的正确认识。人们在信息交流或人际沟通中，往往习惯于以自己为准则，对不利于自己的信息可能会视而不见甚至颠倒黑白，以达到防御的目的。

3. 心理障碍

信息接收者在人际沟通或信息交流过程中受到过伤害或有过不快的情感体验，造成"一朝被蛇咬，十年怕井绳"的心理定式，对信息发送者心存疑惑、怀有戒备，或者由于内心恐惧、忐忑不安，会拒绝接收所传递的信息，甚至抵制参与信息交流。

六、有效沟通的策略

虽然在沟通过程中存在各种各样的障碍，但在现实中仍然可以通过主观努力有效地扫除这些障碍。沟通不仅仅是一门科学，更是一门艺术。因此，学习和掌握有效沟通的方法和技巧就显得格外重要。

（一）使用恰当的沟通节奏

面对不同的沟通对象，或面临不同的情境，应该采取不同的沟通节奏，这样方能事半功倍，否则可能造成严重的后果。如在一个刚组建的项目团队中，团队成员彼此会小心翼翼，相互独立，若此时采取快速沟通和参与决策的方式，可能会导致失败。一旦一个团队或组织营造了学习的文化氛围，即构建了学习型组织，就可以导入深度会谈、头脑风暴等开放性沟通方式。

（二）考虑信息接收者的观点和立场

有效的沟通者必须具有同理心，能够感同身受、换位思考，站在信息接收者的立场、以信息接收者的观点和视野来考虑问题。若信息接收者拒绝其观点与意见，那么信息发送者必须耐心、持续地做工作来改变信息接收者的想法，信息发送者甚至可以反思自己的观点是否正确。

（三）充分利用反馈机制

在沟通时要避免出现"只传递而没有反馈"的状况。一个完整的沟通过程必须包括信息接收者对信息所做出的反应，只有确认信息接收者接收并理解了信息发送者所发送的信息，沟通才算完整与完成。信息发送者只有通过获得信息接收者的反馈，才能检验沟通是否达到目的。信息发送者可采用提问、倾听、观察、感受等方式来获得信息接收者的反馈。

（四）以行动强化语言

中国人历来倡导"言行一致"。用语言说明意图仅仅是沟通的开始。只有将语言转化为行动，才能真正提高沟通的效果，达到沟通的目的。如果说的是一套，做的又是一套，言行不一致，这种所谓的沟通的结果是可怕的。在企业中，传达政策、命令、规范之前，管理者最好先确定自己能否身体力行。唯有如此，管理沟通才能在企业内部营造一种良好的相互信任的文化氛围，并使企业的愿景、价值观、使命、战略目标付诸实施。人们常说的"说你能做的，做你所说的"所表达的正是这个道理。

（五）避免一味说教

有效沟通是彼此的人际交往与心灵交流。信息发送者如果一味地为传递信息而传递信息，全然不顾信息接收者的感受和反响，试图用说教的方式与人交往，那么就违背了这个原则。信息发送者越投入，越专注于自己要表达的意思，越会忽略信息接收者暗示的动作或情绪、情感方面的反应，其结果必然是引发信息接收者对其产生反感，进而产生抵触情绪。

第二节　管理沟通

一、管理沟通的定义

管理沟通是指为实现组织目标而进行的组织内部和组织外部的知识、信息传递和交流活动。可以看到，管理沟通不同于一般意义上的沟通。换言之，管理沟通是围绕企业经营目标所进行的信息、知识传递和理解的过程，是实现管理目的的媒介，也是企业有效运作的润滑剂。

从本质上讲，管理沟通涵盖组织沟通的方方面面，包括组织内部沟通和组织外部沟通。由于组织目标最终是靠人来实现的，因此，组织中的人际沟通是管理沟通的基础。正如著名管理沟通专家查尔斯·贝克（Charles Beck）在其《管理沟通——理论与实践的交融》一书中所阐述的，组织中任何形式的沟通都基于个体，作为人际沟通中基本单元的个体则成为管理沟通基础中的基础。

由此可见，管理沟通可以宽泛地包括组织环境下的个体沟通、人际沟通和组织沟通三个方面的内容。个体沟通强调自知之明，培养自我沟通、战胜自我的能力；人际沟通强调掌握人与人之间沟通的技巧，其中包括倾听技巧、非语言沟通技巧、冲突处理技巧、口头沟通技巧、书面沟通技巧、压力沟通技巧和跨文化沟通技巧等；组织沟通则是自我沟通能力和人际沟通技能在组织特定沟通形式中的综合体现，这些特定沟通形式包括纵向沟通、横向沟通、群体和团队沟通、会议沟通、面谈以及危机沟通等。

二、管理与沟通的关系

如前所述，管理与沟通密切相关，即良好的沟通会促进有效的管理，而成功的管理必定要依赖有效的沟通。下面从三个方面来研究管理与沟通的关系：管理职能与沟通、管理角色与沟通、管理者类型与沟通。

（一）管理职能与沟通

通常，管理职能被传统地划分为以下四大类。

1. 计划

计划就是设置目标并确定由起始点到达预期目标的最佳路径的过程。这个过程包含一系列决策，即确定任务、在各种方案中选择未来的行动路径以及确定如何配置现有的资源，如员工、资金、设备、渠道或时间等。

计划是企业有效运作的基础。有效的计划不仅指计划本身，而且包括如何使组织成员充分了解计划、明确组织目标、理解行动方案，否则实施计划、实现目标就无从谈起，再完美的计划也只能成为一纸空文。显然，为了完成计划、实现预设目标，必须依靠有效的管理沟通活动，尤其是与下属的沟通。因此，就计划职能而言，其中所发生的管理沟通基本上包括计划制订之前向下属收集信息、意见和想法，以及计划制订之后向员工传达和布置任务，如表 5-1 所示。从现代管理的观点来看，上级必须不断对下属授权，让下属更多地参与目标实施的过程和方案的选择。唯有如此，才能增进组织成员上下级间的相互信任，使其彼此精诚合作，携手努力，实现组织目标。这里，授权、参与都可以从提高沟通效率的角度增加实现目标的机会。从一定意义上讲，沟通就是组织的生命线，它传递着组织的发展方向、期望、过程和目标。

表 5-1　四项管理职能中涉及的沟通类型

计划	组织	领导	控制
阐明目标	发布命令	授予职权	绩效评估
分担计划	分配工作量	培训	控制生产进度
实施计划	安排职位	激励	撰写进展报告

2. 组织

管理者为实现目标而进行资源配置，设立一个正式的权责分明的职位结构或职务结构，这是组织工作的主要职能。换言之，组织工作就是精心策划组织内部的角色结构，并将每一个角色分配给每一位能够胜任的成员。具体来说，在进行组织工作时，管理者设定职位框架，并从权力、责任和要求等方面描述其中每一个角色，同时根据人员特点，进行人员与工作的匹配，使人员之间形成一定的工作关系。因此，组织工作的过程就是全面调动和充分利用人力资源的过程。好的组织工作可以确保人们在完成工作的过程中相互配合并协调一致，更有效、更顺利地完成工作。好的组织工作同时也为领导和激励工作设置了一个宽广的平台，清除了结构上的障碍。组织是一个系统，组织中任何一个部分的变化都会对整个系统产生连带影响。组织成员之间的协调互动过程本质上就是沟通过程。显然，管理沟通又一次为人员与工作的协调一致提供了"润滑剂"。事实上，组织成员之间不可能不进行沟通，即使是沉默，也会传达出一种态度。

3. 领导

管理者通过自身的行为对员工施加影响，使其为实现组织目标而努力工作，这是作为领导者的重要职能。作为管理者，既要有权威，又要有对事物发展的前瞻性眼光，同时还要具备一定的感召力。作为领导者，应能引导其追随者同步前进，正确领悟上级管理者的意图或提出的目标，并千方百计努力完成任务。越来越多的研究和实践表明，建立在职位基础上的权威对追随者的行为所施加的影响极为有限。因敬畏而产生的服从是被动的，现代人更愿意追随那些能够满足大家需要、实现共同愿景的领导者。因此，管理者必须借助管理沟通来展示自身的人格魅力、知识才华和远见卓识，淡化地位与权威的作用，唯有如此，才能赢得追随与支持。许多事实表明，卓越的领导者同时必定是出色的管理沟通者。

4. 控制

评估和纠正员工行为并促进计划完成的各种活动是控制的基本职能。控制是否有效与计划实施的成败密切相关。要使员工的行为符合计划实施的规范要求就要对管理加以有效控制，也就是不断地防错、查错与纠错。要根据计划设定规范，定期开展绩效评估，及时发现、纠正并消除偏差，保证行动的方向与质量，最终完成计划。从实质上讲，控制就是不断获得反馈，并根据反馈制订对策，确保计划得以实现的过程。毫无疑问，这个过程也有赖于管理沟通的正常开展。没有有效沟通提供的准确信息，就无法进行有效的监控和及时的纠错，也就不能如期实现预定的目标。

从表 5-1 中不难看出，计划提出管理者追求的目标；组织提供完成这些目标的机构设置、人员配备，并明确个体的责任；领导提供激励员工的氛围，包括员工的自我激励与互动激励；控制对实现目标的进程进行精心评估与校正干预。显然，上述四项职能的执行都与管理沟通密切相关。而且，由于计划、组织、领导和控制等职能是互相关联的，因此四项职能的相互衔接和相互协调也离不开管理沟通。正如著名管理大师彼得·德鲁克所指出的，沟通是管理的一项基本职能。他强调了沟通在所有管理职能中的中心位置。图 5-5 可以比较直观地体现他的这一观点。

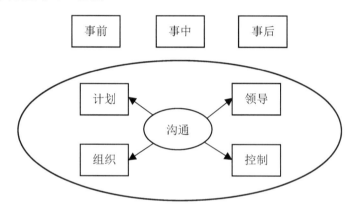

图 5-5　沟通与管理职能的关联

（二）管理角色与沟通

一个组织或其中一个部门的负责人就是不同层面的管理者。管理的职能比较简要地概括了管理工作的职责，但还不足以全面反映管理工作的具体内容和工作特点。当代管理大师明茨伯格从管理者扮演的角色入手，考察了各项管理工作。他认为，管理者扮演了 10 种类型的管理角色，管理者在扮演不同管理角色时应该意识到，每种角色对如何进行管理沟通都提出了相应的要求。

1. 挂名领袖

作为挂名领袖，管理者常常需要出席许多法律性和社交性的活动或仪式。例如，为企业资助的活动剪彩、致辞或代表企业签署法律合同文件等。在扮演挂名领袖的角色时，管理者成为观众瞩目的焦点，其举手投足、一言一行都代表着企业的形象。这种角色对管理者的口头沟通能力和非语言沟通能力都有很高的要求。通常，挂名领袖要通过微笑、额首致意等肢体语言，以及铿锵有力的声音、言简意赅的表达来显示企业的自信和实力。

2. 领导者

作为领导者，管理者主要负责率领和激励下属为实现组织目标而工作。管理者要负责组织人员配备、培训等，并统筹和协调所有下属参与的活动。这个角色要求管理者擅长面谈等口头和非语言沟通形式。当然，领导者可以通过发布倡议书等书面指令等来影响和改变员工的行为，但仅有书面沟通是不够的，优秀的领导者一定要通过口头和肢体语言来激励和鼓舞员工，因为面对面的口头沟通加上相应的肢体语言能够更快、更直接有效地传达管理者的意图。

3. 联络员

作为联络员，管理者需要设置不同职能部门以满足企业内部分工的需要、组织和协调各部门的工作。作为联络员的管理者要及时向相关部门提供各种信息，使之相互协调。同时，管理者也要着力拓展和维护与企业发展相关联的外部关系网络，担起企业公共关系负责人的重任。通常，管理者通过召开跨部门的会议来分配和协调各部门的工作，通过与外部联络人洽谈等方式来协调企业与外部环境的沟通活动。显然，作为联络员的管理者必须具备良好的口头和非语言沟通能力，尤其要善于主持会议和与人面谈等。

4. 监听者

作为监听者，管理者需要获取各种特定的、即时的信息，以便比较透彻地了解组织内部的经营管理现状以及外部环境，如经常阅读各种报纸杂志、政府工作报告、财务报表等，并与有关人员如政府官员、客户、骨干员工等保持私人接触。换言之，管理者充当了组织内部、外部信息的神经中枢。这就要求管理者具备良好的书面沟通和口头沟通能力，特别是理解和倾听能力。

5. 传播者

作为传播者，管理者需要将与员工工作相关或有助于员工更好地工作的信息传递给有关人员。有些是有关事实的信息，有些则涉及对组织有影响的各种人的不同观点的解释和整合。管理者几乎可以采用所有的沟通形式传播信息，如通过面谈、电话交谈、书面报告、备忘录、书面通知等形式，将相关的信息传递给有关人员。正因为如此，管理者必须懂得如何通过多种途径完成沟通，或针对信息内容选择恰当的沟通方式。

6. 发言人

作为发言人，管理者通过董事会、新闻发布会等形式，向外界发布有关组织的计划、政策、行动、结果等的信息。这要求管理者掌握和运用正式沟通的技巧，包括书面沟通和口头沟通技巧等。

7. 企业家

作为企业家，管理者必须积极探寻组织发展的机会，制订战略与可持续发展的方案，督导决策的执行进程，不断开发新的项目。换言之，管理者要充当企业变革的发起者和设计者。这在一定程度上要求管理者具有良好的人际沟通能力，善于通过与他人沟通来获取信息，帮助决策，同时能与他人就新思想、新发展等观点进行交流。

8. 危机驾驭者

作为危机驾驭者，当组织面临重大危机时，管理者负责开展危机公关，采取补救措施，并建立相应的预警系统，防患于未然，消除出现混乱的可能性。主要措施包括召开处理危机的协调会议以及定期检查会议。因此，管理者需要具备娴熟的会议沟通技能。

9. 资源配置者

作为资源配置者，管理者负责分配组织的各种资源，如人力、财务、信息和物质资源等，即管理者要负责组织决策和组织实施，如编制预算、安排岗位等。在实施资源分配时，通常需要使用书面沟通形式，如批示、指令、授权书、委任状等。

10. 谈判者

作为谈判者，管理者在重要的劳资谈判和商务谈判中经常作为组织的代表参与谈判。例如，代表资方与劳方进行合同谈判，或为采购设备、购买专利、引进生产线等与供应商洽谈。这都要求管理者掌握谈判沟通技巧。

上述 10 种管理者角色可以分为三大类，即人际关系角色（包括挂名领袖、领导者、联络员）、信息传播角色（包括监听者、传播者、发言人）和决策制订角色（包括企业家、危机驾驭者、资源配置者和谈判者）。这些角色各有特色，但又密切关联。

由此可见，管理者无论履行什么管理职能，或扮演什么管理者角色，都离不开管理沟通。为了提升管理效率，管理者必须不断与企业内外的人员如上级、下属、政府官员、供应商、经销商、顾客等进行有效的沟通。

（三）管理者类型与沟通

根据约哈瑞窗（Johari's Window）的分析维度（见图 5-6），管理者大致可分为四种类型。

1. 双盲型 不暴露不反馈	2. 被动型 只反馈不暴露
3. 强制型 只暴露不反馈	4. 平衡型 有暴露有反馈

图 5-6　约哈瑞窗对管理者的分类

1. 双盲型

这种类型的特点是既不暴露也不反馈，占据双盲的位置，自我充满焦虑与敌意。这种类型的管理者往往采取专横独断的管理方式，在他所领导的群体、团队或组织中，人际交往效率低，缺乏有效的管理沟通，下属缺乏创造性。

2. 被动型

这种类型的特点是仅仅依靠反馈，缺乏自我暴露，是一种"面具式"的沟通，开始下属与上级互相比较满意，但长此以往，如果上级不愿打开心扉与下属坦诚交流，下属就可能对其产生信任危机。

3. 强制型

这种类型的特点是一味以自我暴露取代反馈，认为自我至高无上，他人一无是处。管理者在与员工的沟通中，常常自己滔滔不绝，言过其实，以此巩固自己的地位与威信。由于这种类型的管理者采取的是强制灌输的管理方式，因此下属会对其充满戒心，时常感到忐忑不安，甚至怨愤。

4. 平衡型

这种类型的特点是合理使用暴露与反馈，达到最佳沟通状态。这种类型的管理者会自由而适度地暴露自己的情感，及时收集他人的反馈，注重自我与他人的互动，采取平衡有效的管理方式。下属会感到心情舒畅，与上级坦诚交流，因而这种管理者的管理效率最高。

三、管理沟通的作用

如果把组织比喻成一个完整的有机体，那么管理沟通就是保持其良性循环的血液。构成该有机体的要素包括个体、角色、工作群体、组织和外部环境，如图5-7所示。换言之，处于组织这个系统中的个体会扮演一个个特定的角色，然后由这些扮演相同或不同角色的个体按工作需要组成一个个工作群体，多个工作群体就形成了组织。由于组织不仅需要集聚内部力量，而且需要获得外部力量以实现组织目标，因此组织必须与外部环境建立一种互动、协调的关系。这些要素是紧密相连的，而连接各要素的正是管理沟通这个组织有机体的血液。试想，在这种生命血液循环的过程中，一旦发生故障，或堵塞，或缺损，会导致什么后果？

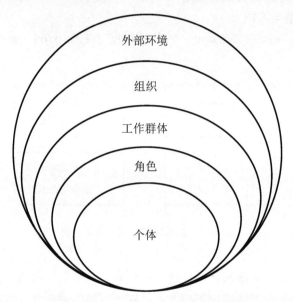

图 5-7　管理沟通——组织有机体的血液

显然，管理沟通是任何组织有效运作所不可或缺的，其主要作用可归纳为以下三个方面。

（一）管理沟通是润滑剂

不同的员工具有不同的个性、价值观、生活经历等，这些个体间的差异必然会导致出现一些矛盾，产生一些冲突。管理沟通可以使员工懂得尊重对方和自己，不仅了解自己的需要和愿望，也能通过换位思考理解他人，使组织内的成员建立信任和融洽的工作关系。

（二）管理沟通是黏合剂

管理沟通可以将组织中的个体聚集在一起，将个体与组织黏合在一起，使其在组织的发展蓝图中实现自己的理想，或在构建自身的人生道路上促进组织的发展，同时与其他个体紧密协调合作，在实现组织愿景的努力和工作中，追求个人的理想和人生价值。

（三）管理沟通是催化剂

管理沟通可以激发员工的士气，引导员工发挥潜能，施展才华。研究表明，对于一些规模中等、制度健全的组织，其员工平均只将15%的潜力施展在工作之中。主要原因是员工不清楚组织的发展目标，也不明白组织的发展目标与个体之间的关系。良好的管理沟通可以通过上级与下属以及员工间的沟通和交流，增进员工对组织发展目标及愿景的了解和理解，从而激发员工内在的潜力和潜能，使大家团结一心，众志成城，实现组织目标。

四、影响管理沟通的主要因素

从本质上讲，管理沟通基于人际沟通。本章第一节描述的沟通过程模型中涉及的基本要素和过程同样也是管理沟通中的基本要素和过程。但是，管理沟通又不同于一般的人际沟通，它具有特殊的影响因素。下面就从组织内部环境、组织外部环境、管理者的管理模式等方面来考察影响管理沟通的主要因素。

（一）组织内部环境

我们主要从组织结构、组织文化和组织沟通氛围这三个方面讨论组织内部环境对管理沟通的影响。

1. 组织结构

组织结构是指一个正式的、有目的地勾画而成的职位结构或职务结构。根据不同的工作需要，进行精心的设计与描述，确定一系列的职务（职位），然后根据这些职务（职位）的要求确定任职的人员，建立人与工作、工作与工作（人与人）的相互关系，这就是组织结构的实质。人们在完成工作的过程中需要根据工作关系相互配合并进行协调，自然离不开管理沟通这一"润滑剂"。但同时组织结构本身又为管理沟通设定了一些必须遵守的规范和工作程序，因此，不同的组织结构会对管理沟通产生不同的影响。组织结构的形式有很多种，我们在此讨论四种具有代表性的形式：直线职能型、矩阵型、团队型和无边界型。

（1）直线职能型。这是最传统的也最常见的组织结构形式，如图5-8所示，直线权力由最高管理者开始，经过中层管理者直至基层管理者和员工。同时，在每个层面上横向展开的是围绕一种专门领域（如营销、财务或生产等）建立的职能部门。每一个职能部门都由一个该领域的管理专家主管。在这种组织结构中，每个管理者在其工作范围内对所有员工拥有直线管理的权力。这种上下级权责关系贯穿组织的所有层面，形成了所谓的命令链。在命令链中的每个链环处，拥有直线职权的管理者均有权直接指挥下属的工作。

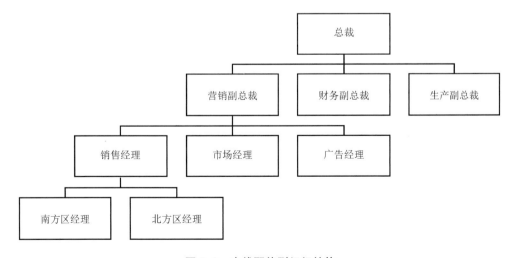

图 5-8　直线职能型组织结构

　　在这种组织结构中，存在明确的正式沟通路径，所有的人都明了组织关系与职责。这种组织结构的弱点是直线管理者必须在特定范围内履行职责。一旦组织的规模扩大，结构变得更复杂，管理者就会发现自己没有足够的时间、技能和方法去进行管理沟通并提高管理效率。同时，不同职能部门之间的矛盾可能会导致整个组织的目标被肢解得支离破碎，从而使总体目标的实现成为泡影。

　　（2）矩阵型。这种组织类型采用双重指令系统来应对复杂项目，如图 5-9 所示。具有一技之长的成员被临时从组织的各职能部门借调、聚集在一起，以全职或兼职的方式参与某个项目。矩阵型组织结构利用职能部门化来实现专业化分工和经济效益。该结构在部门中设立了项目经理，打破了传统的命令原则，建立了双重命令链。矩阵中的每个成员必须向两位上级（职能部门的管理者和项目经理）汇报。这种组织结构的显著优势在于它既能确保一系列复杂而独立的项目保持协调，又能让专家们集结在一起，发挥集约经济的优势，体现了高度的灵活性、专业化和经济性。

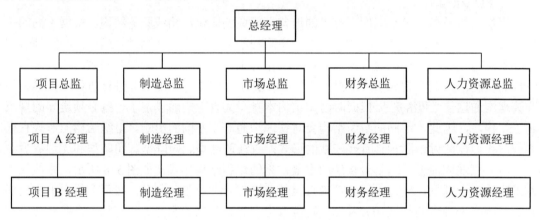

图 5-9　矩阵型组织结构

　　由于矩阵型组织结构会引发新的沟通问题，因此它要求项目经理和部门管理者对共管资源的使用进行调配，并就任务和目标达成一致。显然，矩阵型组织结构对管理沟通提出了更高的要求，也使管理者面临更大的挑战。

　　（3）团队型。这是由工作团队或工作小组构成的一种组织结构形式，如图 5-10 所示。团队型组织结构是一种高效的组织结构形式，它缩短甚至消除了从组织最高层延展至最基层的管理职权链，从而减少了传统组织结构中存在于多层级、多部门之间的壁垒和障碍，团队成员可以按照自己的思路设计和实施最优化的方案来实现组织的目标。其运作形式十分精干，灵活机动，反应及应变能力强，团队成员参与程度高。通常，对于大型组织而言，团队型组织结构可作为直线职能型组织结构的一种补充，使组织既具有科层制组织结构的理性与规范性，又拥有工作团队的灵活机动性。显然，在团队型组织结构中，应具有良好的沟通与协调氛围，团队成员必须具备较强的沟通意识以及沟通能力。

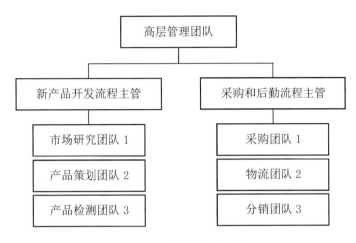

图 5-10　团队型组织结构

（4）无边界型。这是一种不受任何预先设定的边界限制的组织结构形式，如图 5-11 所示。它是通用电气原首席执行官杰克·韦尔奇首先提出的。这种组织结构既消除了组织内部自身的横向和纵向边界，又打破了组织与客户、供应商以及其他利益相关者群体之间的外部边界，使其运作的各个环节如工程、生产、营销和其他职能部门以及外部相关群体之间没有边界障碍与壁垒，能够自由沟通，由此形成一种具有极高灵活性和快速应对能力的组织形式，如虚拟组织和网络组织。虚拟组织通常由少数全职员工作为组织核心成员，根据工作项目实际临时聘用专业人员。在虚拟组织中，虽然管理人员很少，却可以拥有一个广泛的由虚拟的自由职业者组成的全球人才网络。网络组织也是由少数全职员工组成的，它主要从事自身最擅长的工作，并将其他工作外包给那些最善于从事这些工作的组织，即利用外部供应商网络来提供产品或服务。这类组织的无边界特征决定了其对管理沟通有更高的要求与挑战。

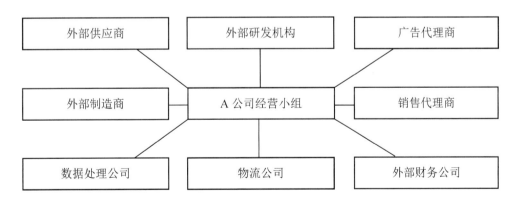

图 5-11　无边界型组织结构

在现代企业中，组织结构形式是根据其规模、运营特征等需要而确定的。若要克服因企业规模扩张而产生的弊病和混乱状况，就需要有新的组织形式与结构，而新的组织结构又对管理沟通提出了新的命题和新的挑战。根据以人为本的原则和科学高效运作的原理，顺应组织发展和变化，创造出全新的适合新型组织结构的管理沟通方式，是处于转型变革时期的组织必须考虑的问题。

2. 组织文化

一般来说，组织是指在共同目标下人员的集合。组织因为人与人之间无意识表现出来的不同交流方式、不同处事风格甚至不同生活习惯而各显不同。例如，与下属谈话或在上级面前表现出的语言和非语言行为、与朋友寒暄或与陌生人打招呼的方式、各自的饮食习惯等。这些无意识的行为方式所表现出来的差异即可显现出不同的文化。通常，人们只有在自己的行为与其他文化下的行为发生冲突时才会意识到自己的文化。当然，组织文化范畴不仅限于此，组织文化是一个组织内共有的理念、信仰、价值观和习惯体系，该体系与正式组织结构相互作用形成行为规范，是用来解决问题以及实现组织目标的行为标准。组织文化统领诸多方面，如组织倡导什么、如何进行资源配置、如何设计组织结构、雇用什么人员、如何进行绩效评估、执行何种薪酬体系等。显然，组织文化将会影响组织成员包括沟通方式在内的未来行为。事实上，当人们刚进入一个新组织时，就会敏感地意识到新的组织文化的差异。不过随着时间的流逝，人们对这些差异的感受将会日渐淡化，甚至不再意识到。组织规模越大，多重文化存在的可能性就越大。因此，注重组织文化建设，促进跨文化交融，是保持有效管理沟通的基本保障。组织文化的建设与推广离不开管理沟通，管理沟通的开展也与开明、积极、向上的组织文化息息相关。管理沟通是传播与倡导组织文化的重要工具，但是，如果一个组织没有一种良好的学习与合作的文化氛围，管理沟通就难以开展。

3. 组织沟通氛围

在任何一个组织中，沟通氛围是最能揭示其组织文化的行为模式，它对组织内部的管理沟通具有深刻影响。组织中的沟通氛围主要包括封闭式沟通氛围和开放式沟通氛围。封闭式沟通氛围即在沟通过程中，人们带防御意识进行交流，言语间处处表现得谨小慎微。当言者使听者感到不安时，听者就会表现出一种防御或反唇相讥的态度，并极力为自己辩解。在这种封闭式沟通氛围中，沟通容易为情绪所左右，情绪容易使人丧失理性。尤其当遇到威胁时，人们会为了自保而退缩。因而信息常被误读，动机常被歪曲。显然，封闭式沟通氛围会削弱人们的判断力，并使人们总以防御性的警觉意识去寻找周边环境中可能存在危险的蛛丝马迹。对方的语言、手势、眼神、声调甚至是沉默或物理上的距离都会使听者做出不安的解读。在这种封闭式沟通氛围中，因为人们总担心不期而遇的威胁，组织成员无法进行坦诚、轻松的交流。

在充满开放式沟通氛围的组织中，组织成员受到鼓励，相互之间进行广泛而坦诚的沟通，组织内部从上到下充满包容与激励的气氛，容许出错，鼓励创新，人们可知无不言、言无不尽。组织成员不必担忧因自己说错话而受到惩罚，在陈述自己的观点时感到非常安全，并感受到与大家分享自己的观点而体现自身价值的快乐。在这样的沟通氛围中，人们愿意去尝试新事物，踊跃提出新问题或讨论一些不确定的事物，即便犯错误，也会觉得这是自己学习和提高的机会。显然，开放式沟通氛围有助于在组织内部释放正能量，因为人们不必为了保护自己免受来自内部的威胁而费尽心思去揣摩、耗费精力去回避。

（二）组织外部环境

组织外部环境通常包括两个层面：第一，具体环境，由顾客、竞争者、供应商、投资与融资机构、行业协会和政府部门等构成；第二，一般环境，由经济、技术、政治、社会、法律、文化和自然资源等要素构成。

外部环境最大的特点是具有不确定性，这种不确定性包括两个方面，即环境的复杂性与环境的多变性。

1. 复杂性

环境的复杂性取决于环境的构成要素，它对组织的影响表现在组织结构的复杂性和集权化程度等方面。随着所处的环境日益复杂，组织会设置更多的职位与部门，并且配备更多的管理者来加强和协调组织对外的沟通和工作，导致组织结构越来越复杂，同时组织的集权化程度反而有所下降。

2. 多变性

环境的多变性不仅取决于环境中各构成要素是否发生变化，而且与这种变化的可预见性密切相关。若可预见性高，组织可以制定各种规章制度来规范、约束成员的行为；若可预见性低，则要求组织具有弹性机制和柔性管理的模式，以适应不断变化的外部环境。环境的多变性对组织的影响比环境的复杂性更大。

（三）管理者的管理模式

管理者的管理模式也会对管理沟通产生影响。根据任务的性质，员工完成任务所需要的知识和能力，以及管理者对任务性质、员工所掌握的知识和能力的判断，管理者常采用以下四种管理模式。

1. 命令型

假设你必须按时完成一项极其复杂的工作，而下属经验不足，缺乏主动性，由于时间紧迫，此时最适合的方式就是采用命令型的管理模式。当然，你需要向下属做一些必要的解释，但是，切忌陷入过度沟通的陷阱，因为过多的解释可能会浪费时间，降低效率。这时沟通的特点是自上而下。如果采用命令型的管理模式，作为管理者，你要毫不犹豫地将有关决策迅速、准确地传达下去，并督促实施。管理者应目标明确，控制整个进程，并且对最终的结果承担所有责任。

2. 指导型

若下属比较主动且具有工作热情与较丰富的经验，可以选择指导型的管理模式。你可以花时间与下属进行沟通，以友好的方式向他们详细说明工作性质，并激励他们努力工作。指导型的管理模式最大的作用是帮助下属热爱其工作。要为提高其能力给予持续的指导，为避免热情下降而多加鼓励和支持。同时，上级有义务帮助员工实现个人愿景，注重对员工的鼓励和赞赏。这时沟通的特点是自上而下为主，其他沟通方式为辅。这种管理模式的特点是：上级大权在握，但是非常重视收集、分析并整合下属的建议或意见，在此基础上审慎做出决策。采用这种管理模式，管理者必须充分发挥下属的聪明才智，调动下属的积极性，同时又能控制过程与结果。

3. 支持型

若下属具有丰富的工作经验，而你与下属的关系又较为密切，此时，最适合的是支持型的管理模式。作为上级，你需要经常对下属良好的工作表现表示赞赏，明确他的绩效，与他一起讨论问题，倾听他的心声，共同进行头脑风暴、寻求改进方案。应该指出，倾力支持的行为对于增进彼此的信任与信心、保持旺盛的工作热情极为有益。这时沟通的特点是自下而上。

支持型的管理模式与上述两种管理模式的不同之处在于权力与责任的转移。下属与上级分担责任，下属视上级为教练，上级基本上以培养下属解决问题的能力为己任，积极倾听，适时提供援助，共同分享成功的喜悦。

4. 授权型

如果你与下属的关系非常密切，而且他们能够独立、有效地工作，此时，你就可以放心大胆地让员工自己去做。也就是说，你可以选择授权型的管理模式。对于具有一定成熟度的员工，你应该让他们承担重任，培训其他员工，共同讨论组织愿景，参与上层决策，与其他同事共享成功。

这种管理模式的特点是尊重并欣赏下属的能力与观点，上级应该寻找合适的下属，向他们授权。不仅要给予他们权力，更要给予他们充分的能力培养，即所谓的既授权又灌能。只给予下属权力而不进行能力的培养，其实是一种资源浪费。如果作为管理者，你能真正做到既授权又灌能，那么不仅可以提高管理效率、提升下属的能力，更可以为组织创造人力财富。

五、有效管理沟通的策略

有效的管理沟通不仅能够促使组织成员就组织愿景达成共识，了解组织成员在物质与精神方面的需求，提升组织管理效能与成员工作效率，促使组织成员积极参与管理，而且能激发全体成员的潜能和团队精神。同样，有效的管理沟通能够鼓励成员发现问题、主动解决问题，快速实现组织目标，进而促进上级与下属之间、部门之间、组织内外人员之间的相互沟通，使组织适应外部环境变化，组织成员形成对变化与风险的正确认知，并做出快速反应。

为了达到有效管理沟通的目的，针对上述影响因素，组织和管理者有必要着眼于以下几个方面。

（一）重建组织结构

在激烈的市场竞争中，对于外部环境变化以及内部规模扩张导致的弊端和混乱状况，传统的组织结构显得无能为力。

管理大师彼得·德鲁克早在 1970 年就指出，知识型组织的思想交流与传播并不遵从等级制的直线型组织结构的渠道，直线型组织结构已经不能适应以知识为背景的组织的需要。因此，为了跟上时代的步伐、在激烈的市场竞争中立于不败之地，组织必须进行结构重组。

（二）营造新型的组织文化氛围

随着新技术和新设备的应用，组织的员工队伍结构发生了很大的变化，白领员工的数量已大大超过蓝领员工。广大知识型员工的出现对组织固有的文化提出了挑战，员工的激励与沟通会随着他们的工作性质、技术水平和物质生活条件的变化而发生变化。因此，组织应该营造一种开放式的、学习型的、合作互助式的文化氛围，以满足员工对受尊重和实现自我的需要。

（三）健全完备、高效的沟通网络

企业经营的原动力是追求盈利。有效管理是企业不断发展壮大的保证，而有效管理需要完善、高效的沟通网络体系来保障。有太多的因素（如稍纵即逝的信息、突如其来的变化、变幻莫测的环境等）可能会导致企业在一个极其不确定的状况下做出决策。这种不确定性是不可避免的，健全完备、高效的沟通网络可以为应对这种不确定性做好准备，以顺应多变的环境。

（四）提升管理者自身的管理沟通能力

具备出色的沟通能力是管理者成功实施管理的关键，所有重要的管理职能的履行均依赖于管理者与下属间的有效沟通。这就要求管理者导入新的管理理念、运用新的管理模式，并从以下四个方面随时调整自己的沟通风格。

1. 感同身受：站在员工或他人的立场来考虑问题，具有同理心，即将心比心、换位思考，同时不断降低习惯性防卫意识。

2. 高瞻远瞩：具有前瞻性与创造性，为了提高沟通的有效性不断学习，持续进步。

3. 随机应变：根据不同的沟通情境和沟通对象，采取不同的对策。

4. 自我超越：对自己的沟通风格及行为有清楚的认知，不断反思、评估、调整并超越自我。

只有这样，管理者才能真正从传统的计划与预算、组织与人事以及管理与控制，转向确立企业愿景、开发人力资源和激励员工参与，从"正确地做事"转向"做正确的事"，从而真正实现有效的管理。

第三节　组织沟通

一、组织沟通的含义及类型

（一）组织沟通的含义

组织沟通就是在组织结构环境下知识、信息以及情感的交流过程，它涉及战略控制以及如何在创造力和约束力之间达到一种平衡。

组织沟通具有明确的目的，即影响组织中每个人的行为，使之与实现组织的整体目标相适应，并最终实现组织目标。作为日常管理活动，组织沟通按照预先设定的方式，沿着既定的轨道、方向和顺序进行。

组织沟通往往与组织规模有关，即如果组织规模大，组织沟通可能会比较规范，沟通过程也就会较长；如果组织规模较小，组织沟通可能会不那么规范，沟通过程也就会较短。从某种意义上讲，后者的沟通结果容易控制，而前者则不太容易控制。由于组织沟通是管理的日常功能，因此组织对信息传递者具有一定的约束力。

（二）组织沟通的类型

组织沟通一般分为两大类：内部沟通和外部沟通。根据不同的沟通路径（见图5-12）、形式和载体，组织内部沟通又包括纵向沟通、横向沟通和斜向沟通。

如图5-12所示，竖线表示的是纵向沟通，其中包括上行沟通和下行沟通两种形式。横线表示的是横向沟通。斜向沟通是沿着组织结构内的斜线进行的沟通，它包括不同部门、不同层级管理者和员工之间的沟通。外部沟通则是沿着组织结构外的斜线进行的沟通，它涵盖了一个组织与其他相关组织的沟通和联系。

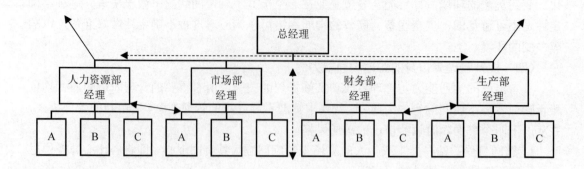

图 5-12　组织内部沟通的路径

1. 正式沟通和非正式沟通

正式沟通是通过组织正式结构或层级系统进行的，一般指在组织系统中，依据组织明文规定的原则或规章制度进行的信息传递与交流，如组织内传达文件、召开会议、上下级之间定期交流信息等。非正式沟通则是通过正式系统以外的途径进行的。一般而言，在非正式沟通中，无论是沟通对象、时间还是内容，均存在很大的不确定性和偶然性。

2. 书面沟通和口头沟通

书面沟通是通过有形展示、可长期保存并可作为法律依据的书面载体进行的信息传递，多见于正式沟通情境；口头沟通是通过快速传递和即时反馈的口头载体进行的信息传递，多见于非正式沟通情境。

二、纵向沟通

（一）纵向沟通的定义和下行沟通的目的

纵向沟通指的是沿着组织结构中的直线等级进行的信息传递，包括下行沟通和上行沟通。在纵向沟通中，自上而下进行的下行沟通是主体，而自下而上的上行沟通则是关键。

从本质上讲，下行沟通就是指上级作为信息发送者与下属进行沟通。传统上下行沟通一直是组织沟通的主体，企业管理所涉及的各种职能的运作，如计划实施、控制、授权和激励等，基本都依赖下行沟通来实现。下行沟通的目的主要包括以下方面。

1. 让员工知晓企业重大活动的情况，如扩大再生产、市场兼并、劳资关系利润状况、销售状况、市场份额、新产品计划、技术革新等。

2. 突出企业对员工的创造力、努力和忠诚度的重视态度。

3. 探讨员工在企业里的职责、成就和地位。

4. 介绍员工所享受的各种福利待遇。

5. 了解有关社会活动、政府活动和政治事件对企业的影响。

6. 了解企业对社会福利、社会文化发展和教育进步所做出的贡献。

7. 让员工的家属了解企业，致力于营造凝聚力。

8. 让新员工看到企业发展的生动足迹。

9. 让员工了解不同部门的各种活动。

10. 鼓励员工将企业出版物作为各抒己见的论坛。

11. 将沟通作为外界了解企业发展的窗口。

显然，下行沟通在组织沟通中起着十分重要的作用。此外，为了达到沟通的目的，还要注重沟通媒介和沟通时机的选择。当有重大事件和重要信息需要让员工知道时，必须采用较为正规的渠道。今天，越来越多的管理者采用相对高效的计算机信息服务体系来协助实施下行沟通。

（二）下行沟通的主要形式

按沟通的载体进行分类，下行沟通主要有以下三种形式。

1. 书面形式，如指南、声明、企业政策、公告、报告、信函、备忘录等。

2. 面谈形式，如口头指示、谈话、电话指示、广播、各种会议（评估会、信息发布会、咨询会、批评会）、小组演示乃至口口相传的小道消息等。

3. 电子形式，如闭路电视系统新闻广播、电话会议、视频会议、传真、电子邮箱和微信等。

这是一种简单的传统分类方式。另外，根据时间序列对组织下行沟通进行划分，可以得到三类形式（见图 5-13），即按照传递的信息所涵盖的时间跨度、长度来划分，可以得到组织中传递的三类信息，对这三类信息的沟通则形成三种不同的下行沟通。

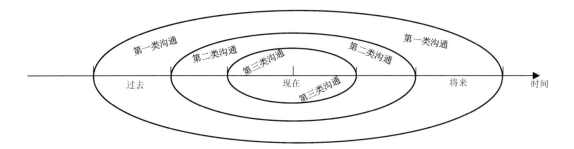

图 5-13　三类下行沟通形式

具体来讲，反映长期（包括过去或将来）的事实、意见、想法或打算，比如企业简介、企业中长期计划、企业多年沿袭的员工福利政策等信息，被视为第一类信息，交流传递此类信息的沟通称为第一类沟通。第一类沟通多采用书面形式，如员工手册、企业白皮书、企业年报等。跨度为几个星期至几个月（不超过一年）、时间概念上包括过去或将来的信息，譬如企业内部近期发生的重大事件、企业每个季度的销售业绩、企业未来半年实施的计划等，被视为第二类信息，传递此类信息的沟通称为第二类沟通。第二类沟通多采用书面形式和会议形式，如企业内部期刊、企业内部通讯、企业全体员工会议、企业中层干部周会和月会等。第三类信息的时间跨度最小，基本上仅涵盖每日例行工作的信息，比如每日工作任务的布置、每日工作情况的反馈、临时出现问题的解决、刚收到的顾客请求、现场服务任务的下达等。这类信息包括组织运作中碰到的由不确定性因素带来的突变和紧急情况，此类信息的一大特点是更新很快，具有很大的不可预测性。第三类信息的沟通形式多为简短的书面和非书面的形式，如口头沟通、电子邮件和备忘录等。

这种分类便于我们理解沟通技巧与沟通形式的关系。一般来讲，对于长期类信息的传播，因为其信息稳定的特性，故对沟通技巧的要求较低；对于短期类信息的传播，因为其不可预测性，故对沟通技巧的要求较高。从管理理论上讲，第三类信息的沟通表现为管理者与下属进行的一对一、面对面的接触，也正是管理者使用和发挥其管理沟通技能最多的地方。下行沟通类型与沟通手段的对应关系可由表 5-2 反映。

表 5-2　下行沟通类型与沟通手段的对应关系

下行沟通类型	沟通技巧要求	媒介
第一类沟通：信息跨度大于一年	低	书面、会议
第二类沟通：信息跨度大于一周、小于一年	中低	书面、会议
第三类沟通：信息跨度小于一周	高	口头、面谈

（三）下行沟通的障碍

下行沟通在组织沟通中扮演着举足轻重的角色，是组织沟通的主体。但组织中下行沟通的现状又是怎样的呢？管理大师彼得·德鲁克曾尖锐地指出："数百年来，管理者只注重向下发号施令，尽管他们表现得十分出色，但这种沟通常常无济于事。究其原因，首先是因为这种沟通仅仅关注管理者想传达的，所有传达的内容都是指令。"显然，这是一种单向沟通。而且，这种形式的沟通无一例外地将信息接收者即员工视为不犯错误的全能机器人，认为他们不仅完全接收了信息，而且准确无误地理解了下行的信息。单纯采用这种沟通形式的管理者不希望从下属那里得到任何反馈，这时沟通的效果是不尽如人意的。

美国管理协会（American Management Association，AMA）做过一项统计调查，研究上下级对下属特定的工作职责的认识能否达成共识。调查对象是 5 家不同公司中的 58 对上下级员工，调查内容包括工作职责（下属在其职位上应该做的事）、工作要求（该职位所需的技能、背景、经历、正规培训和个性）、未来工作中的变化（可预见的在将来几年中可能发生的工作职责或要求的变化）和工作中的障碍（上级和下属对完成工作的干扰和障碍问题的认识）。

调查结果如表 5-3 所示，从中可以看出，85.1%的上下级对"工作职责"达成几乎一半及以上的共识，对"工作要求"达成几乎一半及以上共识的上下级减少到 63.7%，仅有 53.3%的上下级对"未来工作中的变化"达成几乎一半及以上的共识，而仅有 31.7%的上下级对"工作中的障碍"达成几乎一半及以上的共识。

表 5-3　上下级对下属工作认知的调查结果

项目	几乎无共识的命题	共识少于一半的命题	共识几乎一半的命题	共识超过一半的命题	几乎全部达成共识的命题
工作职责	3.3%	11.6%	39.1%	37.8%	8.2%
工作要求	7.0%	29.3%	40.9%	20.5%	2.3%
未来工作中的变化	32.4%	14.3%	18.3%	16.3%	18.7%
工作中的障碍	38.5%	29.8%	23.6%	6.4%	1.7%

当下行沟通涉及若干个管理层级时，会引起信息的丢失和扭曲。如图 5-14 所示，信息在下行沟通中运行，如同经过一个漏斗一样，被层层过滤。信息经过 5 层后到达最后一个信息接收者时，只剩下 20%，其余 80%的信息由于这样或那样的原因被过滤或丢失了。由

此可见，下行沟通的结果是不尽如人意的。一般情况下，第二类、第三类沟通的效果可以达到预期水平。真正令管理者头痛的下行沟通是第一类沟通，因为这类信息基本上是命令或指示。产生这些问题的原因在于下行沟通中存在以下障碍。

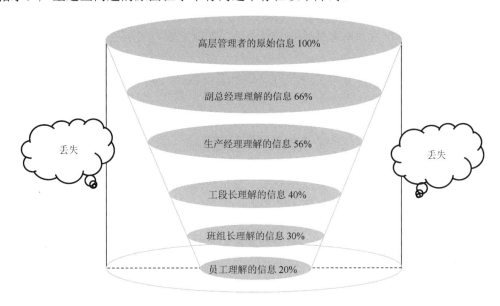

图 5-14　信息理解漏斗

1. 管理者的沟通风格与情境不一致。管理沟通的风格多种多样，如前所述，通常我们将之分为四类——命令型、指导型、支持型、授权型，而任务的性质因时间要求、复杂程度的不同而表现得不尽相同。如果对一项十分重要而又时间要求紧迫的任务采用支持式沟通，势必不能及时、准确、完全地传递信息，以致任务不能如期完成。

2. 信息接收者沟通技能方面的差异。对员工来讲，沟通技能之一是理解力。但员工在组织内部所处的时间长短不一、员工自身的理解能力不同等因素，造成了员工沟通技能的差异。对一名新员工采用简单的命令式沟通，可能导致员工误解信息或对信息一知半解，造成沟通失效。

3. 沟通各方心理活动的制约。研究表明，下行沟通中容易出现信息膨胀或扭曲。之所以出现信息膨胀，主要是因为信息发送者对沟通效果的顾虑。

4. 不善倾听。普遍的情况是，在组织中员工和管理者都急于表现自己，以达到邀功请赏的目的。于是，更多的人学会了口若悬河，而非侧耳聆听；在他人说话时，听众甚至会粗暴地用毫不相干的话题打断，并发表一通议论。要做一个好的倾听者，首先必须做到自我克制，全神贯注地听。

5. 草率评判。很多时候，信息接收者在与对方交谈时，不是试图理解对方的意思，而是企图进行评判，或进行推论和引申。有时，信息接收者会在没有充分理解信息的情况下就妄下结论，在内心表示赞同或否定。这样的沟通结果可想而知。

6. 编码环节的语言歧义。有这么一个希腊神话：一个人向神许愿，希望长生，却对神说成"不死"，结果，一般人生老病死，他却是"病而不死"，永远也解脱不了。在管理沟通中，类似这种由语言歧义而引起误解和沟通失败的例子比比皆是。

（四）下行沟通的策略

为了确保下行沟通畅通无阻，管理者有必要掌握一定的沟通策略。下行沟通策略包括以下 9 个方面的内容。

1. 制订沟通计划

为了保证每个管理者及时有效地传递信息，必须制定相应的沟通政策，明确沟通目标。这些政策包括以下内容。

（1）必须将相关事宜及时通知有关方，如员工、客户、供应商、分销商等。

（2）必须将企业计划、指令和目标告知员工。

（3）必须鼓励、培育和建立稳定的双向沟通渠道。

（4）必须就有关重大事件的信息及时与员工沟通。

（5）留出足够的资金和工作时间用于实施企业的沟通政策。

除了上述企业总体沟通政策，还应制定具体的细则来规范具体的沟通活动，如面谈、开会和组织出版物的制作等。

同时，还应该注意：一方面，企业需要通过下行沟通来传递信息；另一方面，并非所有的信息都可以向下传递，有些是有关企业战略发展的机密，有些信息传递的时机还未成熟，没有到可以公开的程度。然而，这并不是说管理者可以因此采取不闻不问的态度。即使在这种情形下，组织管理层也必须表示出对员工关注信息的理解，同时对员工以诚相待。不诚实或操纵信息都可能降低员工的忠诚度。事实上，当管理者还在迟疑、不愿就某事实进行公开说明时，歪曲的事实早已顺着"葡萄藤"散布到企业的各个角落了。

2. "精兵简政"，减少沟通环节

复杂的系统和庞大的机构是企业为了应对规模的扩大做出的自然反应，然而，优秀的企业力求用简单的机构和精练的系统来回应扩张发展的策略。许多企业通过分权来抑制企业管理队伍的臃肿，减少整个管理的中间层，并通过建立临时的项目小组或产品小组来防止组织结构的复杂化。因此，提高组织沟通效果的最佳做法是"精兵简政"，用简单的机构和精练的系统来保证沟通的顺利进行。

3. "去繁从简"，减少沟通任务

管理者需要有效地控制信息流。对信息流加以有效管理或控制能够极大地提高沟通的效率，具体可以采用以下方法。

（1）例外原则。只有在命令、计划和政策执行过程出现偏差时，才进行沟通。

（2）排队原则。管理者应该按轻重缓急来处理信息沟通，不太重要的会议、约见、信件、电话和报告都可以延后或改期。

（3）关键时间原则。管理者应该在恰当的时间向员工传递信息，比如，不要在 3 个月前将会议通知告知员工，这样会让员工觉得会议不太重要，或者容易忘记。

4. 引入授权

下行沟通的一个致命缺点是具有单向性、自上而下，而授权为下行沟通带来了双向交流的可能性。

随着授权对管理工作的重要性日益突出，并越来越多地为管理者所采用，下行沟通又具有了另一项管理职能——授权。这无疑给有点先天不足的单调的下行沟通增添了色彩。授权所能产生的激励作用缓和了下行沟通冷冰冰的纯粹命令的气氛，极大地改善了沟通低效的状态。

5. 言简意赅，提倡简约的沟通

沟通中应力求避免含糊其词。除了沟通中的其他因素会引起误解，信息本身也会产生歧义，如果信息本身模糊不清，信息接收者就无法理解并记住信息。为了避免这一点，管理者可以采用简单、直接的措辞和对方易理解的措辞，而非从自己的层面出发进行沟通。

6. 启用反馈

可以肯定的是，让下行沟通真正发挥作用的办法不是关闭这条渠道，而是开掘上行沟通的渠道——鼓励信息接收者对信息进行评价，这就是反馈。从理论上讲，实施下行沟通的管理者并不打算让员工对信息进行评价，这种沟通形式本身也没有创造反馈发生的条件。然而，如前所述，信息接收者或多或少会做出一定程度、一定数量的反馈，大多通过信息接收者的面部表情、动作姿态等肢体语言（如听者一脸错愕、听众交头接耳）来表现，可以作为管理者判断沟通信息效果的参考依据，从而在信息被错误地执行前及时发现问题并采取补救措施，从一开始就确保执行工作正确到位。

另外，管理者应该尽可能采用面对面沟通的途径。面对面沟通相对于书面沟通在很多方面都表现出优势，尤其在获得反馈方面。

7. 多介质组合

减少下行沟通的信息在接收和理解时的丢失或错误，提高下行沟通的效率，最主要、最简单易行的方法是采用多种沟通介质。换言之，通过采用多种沟通介质，达到重复和强调的目的，从而提高沟通的效率，增强沟通的效果。比如，书面请求之后采用备忘录跟进，或者报告之后采用电话跟进。甚至在一个信息沟通过程中也可以采用多种方式。比如在与员工进行口头沟通时，管理者可以在开场白里陈述主要观点，然后举例解释说明该主要观点，最后在结论中重复该观点。

8. 头脑风暴式会议

头脑风暴式会议的目的主要是集思广益，激荡大家的脑力，迸射智慧的火花，寻求最佳的解决之道。英特尔公司经常召开头脑风暴式会议，与会者不分职位高低，畅所欲言，针对观点、方法，直言不讳，提出怀疑，直到得出最佳的问题解决方案。

9. 减少抵触、怨恨的沟通五法则

在下行沟通中，最令管理者头痛的沟通莫过于向下属传递负面的信息，或者向员工传递一些他们不希望接收的信息。比如管理者手下的员工在工作中出现了差错，按照规章制度必须给予批评，即指出下属行为中不当的表现，有时甚至要训诫下属，以杜绝此类现象；或者是企业出现经济危机，某些岗位的薪酬可能下调，管理者必须向其下属传递该信息等。在进行此类信息沟通时，容易出现的情况是员工产生抵触情绪，或者导致更为严重的后果，即员工对管理者产生怨恨。而且，当信息接收者认为某个信息对个体具有威胁性或与实际情况不相符时，往往会扭曲信息，甚至努力忘却该信息。那么，这时管理者应该怎么办呢？首先，管理者应该正面处理否定和反对意见。其次，选择恰当的沟通时间和介质很重要。最后，沟通的措辞也要经过慎重考虑：太过含蓄，尽管会避免冲突，但或许起不到警戒作用；太过直接，虽然可以引起对方的注意，但也可能制造不必要的矛盾和抵触情绪。

具体来讲，为了在减少抵触和怨恨的同时准确地传递信息，不妨采取下面的策略。

（1）提前掌握事实。在与员工正面交谈之前，要尽可能多地了解事实情况，越具体、越准确，则越有利于面谈。道听途说是十分危险的，也是不明智的。

（2）了解当事人的想法。让员工有时间和机会仔细说明事情的经过是十分有益的，借此可以缓和气氛，或了解当事人对问题的看法，以及他的自我认识。

（3）私下处罚员工。当众批评、指正或训斥是员工难以接受的，此类沟通选择私下场合比较好，但切不可滞后，不要在员工已将此事遗忘之后再提及。

（4）对事不对人。对员工进行批评时，应尽量就事论事，不要涉及其个性，而要说明你对其行为改变的具体期待。如果不注意措辞而伤及员工的自尊心，就为以后的有效沟通设置了障碍，埋下了隐患。

（5）不要意气用事。人们在怒不可遏时很少能保持理智、公正和客观，因此，在正面接触员工之前，一定要头脑冷静、心平气和。当然，如果员工处于发怒状态，马上批评训斥也是不合适的。

（五）上行沟通的目的

从本质上讲，上行沟通就是下属主动作为信息发送者而上级作为信息接收者的沟通。

上行沟通的目的就是开辟一条让管理者听取员工意见、想法和建议的渠道。同时，上行沟通可以达到有效管理的目的。上级管理部门特别需要了解生产的业绩、市场营销信息、财务数据，以及基层员工在做什么、想什么，因此，客观地传递信息至关重要。

上行沟通的目的主要包括：

1. 为员工提供参与管理的机会；

2. 减少员工因不能理解所下达的信息而造成的失误；

3. 营造民主式管理文化，提高组织的创新能力；

4. 缓解工作压力。

显然，这些积极的动机使上行沟通比下行沟通更具优势。然而，多年来一直困扰着管理者的一个问题是：如何创造成功、有效的上行沟通。虽然有很多途径，诸如意见箱、小组会议、反馈表等，但这些途径真正发挥作用的关键在于建立上下级之间良好的信任关系。显然，完成这项任务是颇费力气和时间的。从本质上讲，上下级之间的信任关系是很脆弱的，无论这些关系具体表现在总经理与其他高层管理者之间、中层管理者与本部门的员工之间，还是高层管理者与一般员工之间，培养、建立相互之间的信任都需要长期的努力，而偶尔一次无意的破坏却可能导致通过长时间努力才建立的信任顷刻间化为乌有。

有效的上行沟通与组织环境、组织氛围直接相关。在参与式管理和民主式管理的组织中通常会设置专门的上行沟通渠道，让高层能够听到来自基层的声音。

（六）上行沟通的主要形式

各类组织中上行沟通的形式主要包括以下几种。

1. 意见反馈系统

意见箱是最常见的保障上行沟通的途径之一。设置意见箱的最初动机是提高产品的质量、提高生产效率，管理者相信一线员工对此有独到且有效的见解。渐渐地，收集生产建议的意见箱演变成了收集员工反馈的渠道。至此，倾听员工心声的上行渠道渐具雏形。为了鼓励那些敢于提出创新见解的人不断开动脑筋，让组织分享群众无穷的智慧，还可设立相应的激励机制。当然，真正奖励员工的其实不仅是奖金，还有员工得到的心理上的回馈——参与感、成就感。

一个好的建议必然带来皆大欢喜的结局，但倘若建议被否决，就难免会产生问题，员工可能会心存怨恨，士气受挫。另外一个可能的问题是，提出好建议的员工可能受到其上级的排挤，双方关系可能出现危机。

虽然问题不可避免，但大多数实践证明，管理者认为上行沟通利大于弊，很有必要建立这么一个渠道。

2. 员工座谈会

每个部门选派若干名代表与各部门领导者、高层领导者一起召开员工座谈会，也是一种效果颇佳的上行沟通途径。在座谈会上，员工可以就自己部门存在的某些问题畅所欲言，提出意见和建议。这种座谈会应定期举行，比如每个月一次或每季度一次。同时，为确保座谈会的气氛轻松、愉快，与会者畅所欲言，要注意以下几点。

（1）最好在一种非正式的气氛下举行会议，因此，应选在工作时间之余，并辅以茶点、饮料。

（2）由一个能说会道、会活跃气氛的人主持会议，以起到调节气氛的作用。

（3）虽然会议并不限制员工就何种问题发表意见，但仍有必要引导员工就某些话题展开讨论，以激励士气，并避免会议变成恶意的声讨会。

3. 巡视员制度

巡视员的概念源于瑞典，在那里，公民可以向国家公务员提出调查有关政府机构的官僚主义的申诉。当今，在许多组织中也设置了类似的职位，专司调查员工所关心的问题，然后向上级或管理层汇报。

（七）上行沟通的障碍

导致上行沟通障碍的原因可能是多方面的，主要如下。

1. 封闭式企业文化

虽然管理界一直以来积极倡导参与式和民主式管理，但一家管理咨询公司的调查结果显示，一般企业中多数员工是没有机会发出大量信息的。

2. 内部沟通机制不健全

员工发出的信息要么须费很大的周折才能到达上级管理者，要么石沉大海、无声无息。

3. 信息失真

管理者由于官僚作风，片面相信一些经过精心设计、不符合实际情况的信息。

此外，下行沟通中的六个障碍也时常会出现在上行沟通中。

（八）上行沟通的策略

上行沟通的策略主要包括以下两个方面。

1. 建立信任

从组织行为学角度看，连接员工和管理者的是权力和责任；从沟通的角度看，维系员工和管理者关系的是信任。

从本质上看，信任是主体对客体未来采取行动的能力的正面预期。换言之，如果上级对下属充满信任，表示他对下属下一步将采取的行动很有把握。然而，信任是双向的，不会从天而降，管理者必须投入时间、精力和资源建立信任。

2. 采用走动管理，鼓励非正式的上行沟通

从不离开办公室一步、仅依赖正式沟通渠道的管理者得到的可能是失真的信息。为了

避免这种状况的发生，管理者需要通过非正式沟通弥补正式沟通的不足。

试问，如果管理者不离开自己的办公室，如何获得关于员工和工作的真正信息？如何在第一时间获得企业经营的动态信息？又如何赢得员工对自己的信任？使上行沟通有效的第一步是走出办公室，深入员工的工作场所，缩短与员工的物理距离，从而减少心理差距。因此，管理者需要偶尔走出办公室，到员工工作的场所察访员工的工作状况。

彼得斯和沃特曼（Peters & Waterman）在对经营卓越的企业的研究中，介绍了美国航空公司的管理者实行的"走动管理"。在惠普公司中也存在相似的做法，其被称为"巡回管理"。这种做法的目的是通过漫步整个车间来拓宽非正式沟通渠道。然而，《财富》杂志对世界 500 强企业的首席执行官所做的调查表明，低层级的员工与首席执行官相处的时间少得可怜。

走动管理比其他正式沟通方式更加有利于企业文化的建设，有利于传达企业的价值观。各层级的管理者都应积极行动，通过四处走走，经常出现在员工的工作场所，与员工进行正式或非正式的交流，建立比较融洽的氛围，提高员工对管理者的信任度，最终帮助员工更好地完成工作。

走动管理鼓励根据企业经营管理的特点，在任何时间采用任何形式的非正式沟通方式。下面是一些开放式上行沟通的有效方式。

（1）共同进餐。很多企业有自己的食堂或餐厅，这就天然地为管理者走近员工提供了一个好途径。许多国际知名企业的总裁或首席执行官总是定期去企业餐厅用餐，随意与员工、经理、秘书坐在一起，进行聊天式谈话。其实，很久以来，领导们去全球各地的分支机构视察，都要安排自己与部门经理和其他管理者共进午餐或晚餐。将这种传统引入本地区、本部门的管理，对提高企业整体沟通效果具有积极的作用。

（2）四处走动。除了固定的用餐时间，管理者增加与员工接触的另一个好主意是：有时不通过秘书而是自己将备忘录或文件交给下属。许多员工可以趁此机会与管理者谈及一些潜在问题或想法。

（3）深入工作现场。真正与员工打成一片的方法是深入工作现场。总裁或总经理可以经常随机地出现在工作现场，有时甚至在晚班或周末时间去工作现场看看。一方面，管理者可以在工作现场解决一些问题，可能正赶上员工遇到难题，不能通过正式渠道解决；也可能赶上员工有个好主意，但苦于不知道该向谁汇报。另一方面，通过深入工作现场这种形式，管理者还可以获得许多员工临时想起、事后可能忘记提交的好的建议和想法，以及其他员工不愿意花费力气通过正式渠道提交的意见或建议。

三、横向沟通

（一）横向沟通的定义和作用

横向沟通指的是沿着组织结构中的横线进行的信息传递，它包括同一层级的管理者或员工进行的跨部门、跨职能沟通。其与纵向沟通的实质性区别是：横向沟通中不存在上下级关系，沟通双方均为同一层级的同事。

进行横向沟通是为了增强部门间的合作，减少部门间的摩擦，最终实现组织的总体目标，这对组织的整体利益具有重要的作用。从理论上讲，一个组织是一个有机的整体，每个部门都是整个组织大系统中相互影响、相互依存的子系统，协调各个子系统之间的关系是为了更好地创造整体效益。组织中的各部门不是一个个孤立作战的个体，而是作为整体的一部分而存在的。认识到这一点，就能清楚各个部门有效合作的必要性以及分享信息的需要。横向沟通正是为了满足不同部门间的信息共享而产生的。

因此，横向沟通担当了组织内部同一层级成员沟通的重任。随着组织结构趋于扁平化，这种跨职能、跨部门的沟通正受到绝大多数组织的关注，因为它已成为组织成功的关键。

概括地说，横向沟通具有以下主要作用。

1. 确保组织总目标的实现

基于劳动分工原理诞生的部门化便于组织提高劳动生产率，进行有效管理，但部门化势必导致员工在追求提高实际工作中的效率、力求完成本职工作的同时，忽略组织全局的整体利益。横向沟通可以增加对其他部门的了解，便于本部门从宏观层面上认识本职工作，并自觉与其他相关部门协同，最终实现组织的总体目标。

2. 弥补纵向沟通的不足

无论组织多么努力地创建沟通渠道，由于沟通场合、时间、形式等因素的限制，误解、信息遗漏、信息不解等情况仍不可避免。从某种程度上讲，员工间相互传递信息，其沟通氛围比纵向沟通更轻松，有利于员工达成共识。因此，横向沟通无疑可以起到相互确认信息、强化纵向沟通信息的作用。

（二）横向沟通的类型和形式

根据沟通涉及的主体是否来自同一部门，横向沟通可以分为同一部门内的横向沟通和不同部门间的横向沟通两种。前者可分为部门内管理者之间的沟通以及部门内员工之间的沟通，后者又可分为不同部门管理者之间的沟通以及不同部门员工之间的沟通。

根据沟通主体是否来自同一管理层级，横向沟通又可分为同一层级成员之间的横向沟通，以及处于不同层级、没有隶属关系的成员之间的交叉沟通。

简单地说，横向沟通包括：部门内管理者之间的沟通；部门内员工之间的沟通；一部门员工与其他部门员工之间的沟通；一部门管理者与其他部门管理者之间的沟通。

不同类型的横向沟通采用的沟通形式不同。不同部门管理者之间的横向沟通通常采用会议、备忘录、报告等沟通形式，其中会议是最常用的沟通形式。这种跨部门会议根据目的不同，可分为决策性会议、咨询性会议和信息传递性会议。

部门内员工的横向沟通则更多地采用面谈、备忘录等沟通形式。由于沟通双方相互熟知，并且有相同的业务背景，此类沟通的效果通常比较理想。对于一部门员工与其他部门员工间的沟通，面谈、信函和备忘录等可能更适用。

（三）横向沟通的障碍

正如本章引例中所描述的，横向沟通的现状也是令人担忧的。当每个部门经理置身于触手可及的四墙之内时，仿佛置身于戒备森严的城堡之中，坚硬冰冷的四壁把组织部门割裂开来，阻断了相互的视线，使管理者认识不到沟通的必要性，有时甚至会引起误解和冲突。因此，横向沟通成为组织沟通中最难以控制、效果最不理想的沟通渠道。从表面上看，这种沟通的组织管理压力最小，没有一个部门的人会认为有必要去了解其他部门正在发生的事情，然而事实并非如此。

横向沟通大多表现为跨部门沟通。部门之间的沟通主要是由部门经理或主要负责人实施的。但糟糕的是，每个经理几乎每天都在为办公桌上堆积如山的文件、批示等着过目而发愁，他们或奔波于若干个会议之间，或忙于向上级汇报进展，或正在向下属布置任务、解答疑难问题。而且，现在这种窘迫的状况并没有因为现代通信工具的出现和普及而有所好转，相反，现代通信工具制造了更大的麻烦，正因为它十分快捷，所以信箱里的邮件以更大的规模向管理者压来，高新技术使生成信息、传递信息的速度加快。

不存在直线权力关系的跨部门成员之间的沟通是否会理想一些呢？从理论上讲，他们之间不存在等级权力关系，这种沟通应该很容易进行，但事实是，不同部门员工之间、管理者之间的沟通状况也不理想。正因为没有权力关系的约束，在许多场合沟通双方相互间不能很好地配合，而是采取"事不关己，高高挂起"的态度，沟通不畅的情况时有发生。

现在，许多企业将生产部门放在市郊乡村，而将市场营销部门置于市中心商业区。对于跨国公司来讲，这种公司某些部门与其他部门在地理位置上存在空间距离的问题更加突出。由于面对面的机会比较少，横向沟通变得更加困难，横向沟通的效果更难控制。

归纳起来，横向沟通的障碍包括以下几个方面。

1. 部门的本位主义和员工的短视倾向

工作业绩评估体系的存在是造成部门本位主义泛滥、部门员工趋于短视行为的主要原因。对各部门经理来讲，为获得晋升和嘉奖机会，他们往往会不自觉地维护本部门的利益，强调本部门的业绩，而不是从企业、本部门、其他部门三个角度立体地看待本部门在整个企业中的地位，以及相应的利益。

2. "一叶障目"，对企业组织结构抱有偏见

有些部门对其他部门先入为主的偏见会影响部门沟通的顺利进行。例如，营销部门认为本部门天生比其他部门重要。这种认为组织部门有贵贱等级之分的偏见，显然会降低正常横向沟通的效果。

3. 个性冲突

造成横向沟通失败或低效的另一个主要原因是沟通各方性格以及思维方式、习惯的冲突。每个人因为其独特的工作领域、成长经历和生活体验，会形成独特的思维方式和沟通方式。如果缺乏对沟通对象特定沟通方式的了解，就会导致沟通失败。

4. 猜疑、威胁和恐惧

缺乏信任的后果不一定是猜疑、威胁和恐惧，但引发猜疑、威胁和恐惧的原因一定是缺乏信任。过去经历的负面沟通会使人产生猜疑心理或感觉到威胁。当然，这也与沟通双方的个人性格有关。

（四）横向沟通的策略

对横向沟通中出现的问题和存在的障碍，可以采取以下策略加以克服。

1. 树立内部顾客的理念

内部顾客的理念认为，工作服务的下一个环节就是本职工作的顾客，要用对待外部顾客、最终顾客的态度、思想和热情为内部顾客服务。

2. 倾听而不是叙述

在横向沟通中，每个部门的参与者最常见的就是描述本部门的困难和麻烦，同时指责其他部门如何不合拍、不协同，却很少花时间倾听。当沟通的各方仅仅关注如何强调本部门、本岗位遇到的阻碍和困难时，就不会去倾听他人的发言。

3. 换位思考

试着站在他人的立场和角度，设身处地替他人着想，并理解他人的看法，是很有益的。跳出自我的圈子，进入他人的心境，未必是同意他人，但能理解他人看待事实和认识事物的方式，才能找到合适的沟通方式并取得效果。倘若能与他人一起感受、一起思考，则会有更大的收获。

4. 选择正确的沟通方式

如前所述，横向沟通由于沟通目的的不同而有所不同，因此需要对症下药。对于决策性会议，与会者应少而精，减少因人多导致的意见纷杂，以提高集中度；对于咨询性会议，其目的就是集思广益，开展头脑风暴，因此应该增加与会人数，拓展与会者的社交范围，以扩大覆盖面；对于告知性会议，只要让所有需要知晓信息者接收到信息即可，同时要注意反馈，以确保信息接收者准确无误地理解信息。

5. 设立沟通官员

针对横向沟通中经常出现的互相推诿、讨论裹足不前的现象，应该设立专门的部门或职位，负责召集和协调部门或员工间的沟通，这尤其适合跨部门沟通的需求。沟通官员负责定期召开促进部门间沟通的会议，或要求各部门的员工定期相互提交报告，从而让不同部门的员工了解各自正在进行的活动，并鼓励提出具有建设性的建议。

有意思的是，在日本企业的管理工作中很注重不同部门人员的接触和沟通，每个工人定期参加某个小组，讨论与工作相关的事宜。这种小组是跨部门的，小组会议召开的目的主要是增强员工间的沟通，而非解决问题或制订计划。在会议上，一个员工可能会谈及他所在部门正在研制的新产品，一个员工可能会谈及他的本职工作，而另一个员工可能会介绍他们部门正在采用的新的计划表。这种性质的会议无疑可以帮助员工拓展其对工作的认知，给他们带来更多本职工作以外但同时又与工作相关的知识，其结果是将组织有机地结合成一个整体。

上述纵向沟通和横向沟通是组织沟通中最常见的方式。另外，组织中还有一种很常见的沟通方式，即组织中的沟通网络。

四、组织中的沟通网络

组织中的沟通网络是组织内成员之间交流信息的真实模式。组织中的沟通网络分为正式沟通网络和非正式沟通网络。正式沟通网络通过组织正式结构或层级系统运行，并包含于纵向沟通与横向沟通之中；非正式沟通网络则通过正式系统以外的途径来运行。

（一）正式沟通网络及其特点

正式沟通一般指在组织系统内，依据组织明文规定的原则进行的信息传递与交流。正式沟通网络主要有以下五种形态（见图5-15）。

1. 链式沟通网络

链式沟通网络是一种平行网络形态，其中居于两端的人只能与内侧的一个成员联系，网络中的其他人则可分别与其他两个人沟通信息。在一个组织系统中，它相当于一个纵向沟通网络，具有五个层级，信息可自上而下或自下而上逐级传递。此外，这种网络还可以表示组织中主管人员和下属之间的组织关系，属于控制型结构。在管理中，如果组织系统过于庞大，需要实行授权管理，链式沟通网络是一种行之有效的方法。

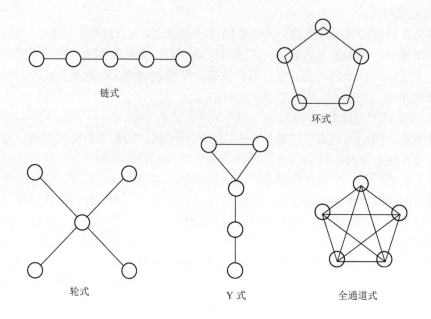

图 5-15　五种正式沟通网络形态

2. 环式沟通网络

环式沟通网络可以看作链式形态的一个封闭式控制结构，表示五个人之间依次联络和沟通的关系。其中，每个人都可以同时与两侧的人沟通信息。在这种网络中，组织成员具有比较一致的满意度，士气高昂，但集中化程度和领导者预测程度都较低。如果在组织中需要营造一种高昂的士气来实现组织目标，环式沟通网络是一种行之有效的方法。

3. 轮式沟通网络

轮式沟通网络从本质上讲是一种纵向沟通网络形态，其中只有一个成员位于沟通的中心，成为沟通的媒介，即各种信息的汇集点与传递中心。在组织中，这种网络大体相当于一个主管领导直接管理几个部门的权威控制系统。这种网络属于控制型结构，集中化程度高，解决问题速度快；但沟通的渠道很有限，组织成员的满意度较低，士气比较低落。轮式沟通网络是加强组织控制、争时间、抢速度的一种行之有效的方法。如果组织接受紧急任务，要求进行严密控制，则可采用轮式沟通网络。

4. Y 式沟通网络

Y 式沟通网络也属于一种纵向沟通网络形态，其中只有一个成员位于沟通网络的中心，成为沟通的媒介。在组织中，这种网络大体相当于从上层领导到中层机构，再到基层主管部门，最后到基层工作单位的四级纵向系统，它适用于企业规模较大而管理水平不高的大中型企业。这种网络集中化程度高，解决问题速度快，组织中领导者预测程度高；除中心人员外，组织成员的满意度较低。这种网络适用于管理者在工作任务十分繁重时既需要有人选择信息、提供决策依据，以节省时间，又需要对组织实行有效的控制的情况。但这种网络容易导致信息曲解或失真，影响组织成员的士气，降低组织工作效率。

5. 全通道式沟通网络

全通道式沟通网络是一种开放型沟通网络形态，它在数字化建设程度较高的团队组织中广为应用。处于这种网络中的每个成员之间都保持一定的联系，彼此了解。这种网络集中化程度低，沟通渠道多，组织成员的满意度较高且差异小，士气高昂，合作气氛浓厚。这种网络有利于增强组织合作精神，特别适用于集中解决研发过程中遇到的复杂问题。学习型组织及自治型团队常常采用这种网络。但是，由于这种网络沟通渠道太多，易造成混乱，且费时，在某种程度上会影响工作效率。

这五种正式沟通网络形态的对比如表 5-4 所示。

表 5-4　五种正式沟通网络形态比较

项目	链式	环式	轮式	Y 式	全通道式
开放程度	适中	适中	低	低	高
信息传递速度	适中	慢	快	快	快
信息精确度	适中	低	高	低	较高
控制力	较强	弱	强	强	弱
员工满意度	适中	高	低	低	高

（二）非正式沟通网络及其特点

尽管正式沟通网络在组织中占据重要地位，但它并不是组织沟通形式的全部，组织内的非正式沟通网络也起着不容忽视的作用。非正式沟通与正式沟通的不同之处在于，其沟通目的、对象、形式、时间及内容等都是未经计划或难以预料的。

组织中非正式沟通网络的形成涉及各种因素，但组织的工作性质是构成非正式沟通网络的主要因素，即从事相同工作或工作上有关联的人们倾向于组成同一群体。非正式沟通网络具有以下共同特点：不受管理层控制，被大多数员工视为可信的，信息传播迅速，关系到人们的切身利益。

非正式沟通不是根据组织结构、按组织规定程序进行的，其沟通途径繁多，且无固定形式。因此，非正式沟通网络也因其无规律性而被形象地比喻为"葡萄藤"（见图 5-16）。正是由于非正式沟通网络这一特点，它才能够及时、快捷地获得一般正式沟通渠道难以提供的"小道消息"。

小道消息或办公室传闻是非正式沟通网络的重要组成部分，这是因为小道消息的传播有助于缓解员工的焦虑情绪，传达员工潜在的愿望和期待。当组织成员无法从正式渠道获得他们渴望的信息，或者由于对与自己切身利益有关的组织重大事件（如结构重组、高层领导者人事变动、人员或工资福利调整等）不知情而感到茫然时，就会求助于非正式渠道。但是，如果组织成员的焦虑或期望得不到及时的缓解或满足，那么，小道消息便会失控而四处蔓延，谣言四起，从而导致组织中人心涣散，缺乏凝聚力，成员士气低落。

因此，在非正式沟通网络客观存在的情况下，组织各级管理者应该将小道消息的范围和影响限定在一定区域内，并使消极影响减少到最低限度。下面是管理者可以采取的几项措施。

1. 公布进行重大决策的时间安排。

2. 公开解释那些看起来不一致或隐秘的决策行为。

3. 对目前的决策和未来的计划，在强调其积极一面的同时，也指出其不利的一面。

4. 公开讨论事情可能的最差结果，减少由猜测引起的焦虑。

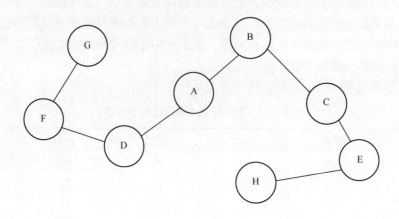

图 5-16　非正式沟通的"葡萄藤"形态

在上海康桥的均瑶基地食堂里，你会看到这样一块小黑板，上面写着正在公司流传的小道消息，后面是公司管理层或员工的答复和想法。小道消息一旦公开，对组织的负面影响就会大大降低，公司的管理者就能察觉到并及时处理，透明的组织文化使大家可以畅所欲言。

公司管理者十分重视小道消息，努力使小道消息明朗化。对不同的小道消息，依事情的轻重缓急，分别由不同层级的管理者进行解释。一些比较大的小道消息，诸如与谣言有关的重大人事任免、兼并重组等，甚至会由董事长亲自向大家做解释；一些比较小的，就由基层经理来澄清。

均瑶集团由于倡导透明、平等的企业文化，在消除小道消息对企业产生的负面影响方面下了很大的功夫，也找到了一些很好的办法。

五、组织的外部沟通

组织外部沟通构成了组织有机的外部社会关系（见图 5-17），它与组织内部沟通紧密相连。如果我们将组织的外部社会关系加以扩展，不难看出，一个企业要生存和发展，离不开与外界的沟通和联系，只有与组织外部其他相关组织如顾客、股东、社区及媒体等进行相互沟通与信息交流，才能树立良好的企业形象。组织外部沟通不仅有助于企业获得充分的外部支持，提高经济效益，而且是企业回馈社会的重要途径。

（一）与上下游企业的沟通

企业的生产运营环节一定存在原材料的采购与产品的销售，必然涉及上下游企业，即供应商和经销商。供应商和经销商作为企业外部的其他相关组织，处于与顾客同等重要的地位。"服务第一，顾客至上"是许多企业的座右铭，它反映了当今企业竞争的焦点是顾客满意度。一件合格商品的形成要经过许多环节，也可能要由多家企业提供零部件，最后才能组装为成品送达消费者手中。因此，"消费者满意"远不是某一家企业单独能做到的，"顾客至上"已成为每一家企业至高无上的宗旨和信条。这里的"顾客"不仅指终端产品的消费者，而且指每一家相关企业。试想，如果供应商不能及时地提供质量合格的原材料，企业怎能维持正常生产？如果经销商不能充分发挥其在企业与顾客之间的桥梁作用，再精致的产品也只能积压在仓库里。显然，企业与原材料供应商、产品经销商保持良好的关系和企业在消费者心目中保持良好的形象同等重要。如果说让顾客满意是企业存在的意义，让供应商、经销商满意则是让顾客满意的一个重要环节。

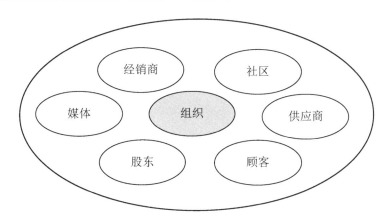

图 5-17　组织的外部社会关系

　　在与上下游企业沟通时必须遵循顾客至上、合作双赢的原则，将本企业与上下游企业看作利益共同体。可以建立通信网络，互派人员参与彼此的重大决策，深入对方工作实际了解需要，发现问题并提出对策，从而加强与上下游企业之间的沟通。

（二）与顾客的沟通

　　研究表明，人们在消费商品的同时也会有意或无意地向周围的人直接或间接地传递市场信息。商家如果赢得了一名顾客，就相当于赢得了一批顾客，因为这位顾客会免费向 300 个人做正面宣传；反之，其也会向 300 个人做反面宣传。顾客是企业最重要的外部公众，以优质的产品和服务赢得顾客的满意是企业生存和发展的基础，也是企业价值得以体现的根本所在。

　　通常，顾客与企业之间的联系主要是通过企业提供的产品或服务进行的。毫无疑问，产品和服务是反映企业形象的重要载体。为了满足顾客日益增长的需求，企业必须通过各种渠道与顾客保持沟通，了解他们的需求。例如，顾客问卷调查是企业与顾客沟通的一种基本方式，通过调查了解顾客需求的现状及趋势，采取相应的措施，以达到提高顾客满意度的目标。与顾客直接接触、倾听顾客的意见，不仅是留住顾客的良方，而且是企业不断创新的源泉。微笑服务、人性化服务等都可以创造企业与顾客沟通的奇迹。例如，产品销售没几天，咨询服务电话就打到用户家中；产品运行中出现故障，服务人员上门检修；时逢服务质量月，邀请顾客参加联谊会……凡此种种，都有助于巩固企业与顾客之间的关系，疏通企业与顾客之间的交流渠道，在顾客中树立企业的信誉。

（三）与股东的沟通

　　股东是企业的特殊公众。与股东沟通的目的主要是获得广大股东的信赖与支持，股东的信赖与支持表现为企业期望的行为——购买或持有企业的股票，使企业获得强有力的资金支持。

企业可以通过中报、年报、股东大会等形式，向股东通报企业的有关近况，树立股东对企业投资的信心。

当企业暂时遇到困难时，与股东的良好沟通有助于企业走出困境。

（四）与社区的沟通

企业不是建立在真空之中的，而总是与周边环境发生各种联系，社区是企业最直接的外部环境。社区的许多工作都是公益性的，需要资金支持，更需要全社会的支持。企业管理者应该秉持相互依赖、同舟共济的理念，主动保持与社区的沟通，积极参加社区讨论，赞助慈善活动，组织志愿者活动等，这样可以帮助企业从社区中获得资源和支持，使社区成为塑造企业形象的可靠依托。

（五）与媒体的沟通

媒体是企业与一般公众进行沟通的最广泛、最有效的沟通渠道之一。媒体是一把双刃剑：当它对企业做正面宣传时，无异于做一次免费的广告；当它对企业做负面报道时，就如同雪上加霜。面对媒体，一方面，企业应遵循诚信为本、顾客至上的原则，遵守商业伦理；另一方面，企业应尊重媒体，以人为本，配合媒体，满足社会民众的知情期望。现在，许多企业已经认识到媒体、舆论的重要性，纷纷由企业的高层管理者面对面回答记者提出的问题，这样不仅增强了信息的权威性，同时也能使媒体产生受尊重的感觉，最终有利于企业树立良好的公众形象。尤其是在企业遭遇危机时，与媒体保持良好的沟通是化解危机、渡过难关的重要途径。

第四节　领导力与沟通

【引例】

有媒体曾报道，每次飞机的重大失事，都会引起世界大小媒体的讨论。在 1988 年到 1998 年，韩国大韩航空的飞机损失率为每百万次 4.79 架飞机，相当于美国运联的 17 倍多。此事引起美国国家交通安全委员会的警觉，他们将大韩航空后续发生的所有失事事件都记录备案并做了分析。

分析的结果却让人惊诧不已：大韩航空事故频发，跟飞机性能关系不大，该航空公司所采用飞机的性能跟世界上其他大航空公司并无不同；实际原因是大韩航空飞机上工作人员之间的沟通机制莫名地失灵了——在他们的一次坠机事故前，黑匣子记录飞机曾发出了 14 次警铃，但是无人理睬。而问题的症结是，韩国人的高权力距离指数导致了大韩航空飞机上的沟通不畅。

什么是权力距离指数？它是指一种特定文化中重视和尊重权威的程度。在高权力距离指数的国家，下属往往因为害怕权威而不敢表达自己的意见，或者习惯于婉转地表达意见；同时，下属不大敢怀疑比自己拥有更多权力的领导。上下级的沟通需要有足够的时间来揣测对方背后的意思。但在紧急的情况下，他们不可能有时间去揣测。

成为一个高效的沟通者能够对生活中要完成的每一项事情都有所帮助。沟通技巧绝非只是如何提高交谈的说服力和写作的技巧。正如有人所说："上帝赋予了我们两个耳朵和一张嘴巴，我想这就是告诉我们要多听少说。"

管理者必须能够与他人进行有效的沟通。如果你想知道一位商学院毕业的研究生应该掌握哪些最重要的技能，各位 CEO、高级管理人员都会提到一点——高明的沟通技巧。管理人员一天的大部分时间都在与人进行着沟通。实际上，有人调查过管理人员在各项活动中花费的时间，结果显示，在他们每天的生活中，沟通占据了 70%至 90%的时间。这便是你花费在或是将要花费在沟通上的时间，这一比重强调了沟通技巧在你的职业生涯中的重要性。

管理者，即对他人进行管理、指导、激励和鼓舞的人，可以是男性也可以是女性，在一家机构或是一个团体中，管理者对他人施加影响，左右他人的注意力。管理者能让其他人跟随他们，或是追求他们所定下的目标。

有效的管理建立在有效的沟通之上。管理者正是通过有效的沟通来实现管理、指导、激励和鼓舞的。高明的沟通技巧能创造出必要的理解和信任，从而使其他员工受到鼓励，愿意跟随。如果失去了有效的沟通，管理者将一无所获；如果失去了有效的沟通，管理者将无法成为有力的管理者。事实上，拥有有效沟通的能力，是管理者得以晋升的敲门砖。早期哈佛商学院曾做过一项调查，研究在一家机构中需要具备哪些条件才可升职并获得成功，结果显示，业内的领军人士所具有的特质包括"能够沟通""能够作出可靠的决定""能与他人合作完成任务"。

沟通是指信息的传递，可以从一个人到另一个人，也可以从一个人到其他许多人，可能是口头的，也可能是非口头的。两人之间的沟通常常被称为"修辞语境"，人们一般将其描述为由发送者、接收者及信息三者所组成的简单语境。

沟通的复杂源于信息传递过程中受到的中断或干扰，其有可能来自发送者，也有可能来自接收者。信息传递的语境、周围的干扰、传递媒介的选择、传达信息所用的词汇以及说话者的形象——所有这一切都影响着信息的传递，关系到它是否能被成功地、按照说话者的原意传达到另一个人。

要进行有效的商业沟通，最基本的就是要学会预测修辞情境中所受到的干扰，选择正确的传递媒介，生成明确的信息，使其能被特定的接收者接收且不被曲解，也就是与理想的修辞情境尽可能地接近。因此，领导沟通要求人们在分析听众的过程中必须要预测到所有的中断和干扰，并制订出足以控制整个修辞情境的沟通策略，以提高信息的传递效率。

因此，在沟通的过程中，要关注以下几个阶段。

第一阶段：承认不同点。

沟通有一个极为重要的前提，就是承认"沟"的存在，承认差异的存在，承认不同点的存在。比如，管理者与组织内外的成员之间由于地位不同，存在着无法否认的"位沟"；部门行业不同，存在着显而易见的"行沟"；由于年龄不同、看问题的角度不同、文化风俗不同，存在着颇有争议的"文化之沟"；而男人和女人之间则存在着不可忽视的"性别之沟"。

承认组织成员各自的不同点、承认这种差异的合理性、承认对方的价值，这是沟通的起点。比如有的管理者总是站在自己的角度看人、看问题，认为自己的观点是绝对正确的，然后千方百计地去教训员工、引导员工，结果却总是事与愿违，常常是员工不买他的账。这是为什么呢？原因很简单，这位管理者没有去认识员工、理解员工，没有设身处地地站在员工的角度去看人、看事，更没有去承认员工想法的合理性。

承认"沟"的存在、承认对方存在的合理性、承认对方的价值所在，就是对对方的尊重、对对方的认同。

第二阶段：寻求共同点。

在茫茫大海中有一艘客轮在慢慢航行。突然，客轮不知什么原因开始快速下沉，情况十分紧急，船长让客运经理立刻通知旅客穿起救生衣跳海逃命。可是由于这位客运经理不善言辞，不懂沟通艺术，三番五次通知也无济于事。各个客舱的旅客一是有害怕心理，怕跳到海里溺亡；二是有侥幸心理，认为拖延时间就可能有人搭救，所以迟迟不愿跳海。

轮船下沉得更快了。在这紧要关头，船长从容不迫地亲自到各个舱动员不同国籍的旅客跳海。他首先见到的是意大利的旅客，一想他们可能是教徒，于是就很认真地说："女士们，先生们！请你们侧耳静听，大海的深处主在呼唤，呼唤我们跳海！"话音没落，这群意大利旅客就虔诚地跳到海里去了。

接着，船长来到了另一个客舱。一看都是英国年轻人——大家知道英国人，尤其是年轻的英国人非常喜欢体育运动——船长就面带诡秘的笑容说道："年轻人，你们怎么这么孤陋寡闻啊？现在跳板跳水、跳台跳水都过时了，没刺激性了，近来最流行也最刺激的水上项目是甲板跳海了……"没等船长把话说完，这群性急的爱好体育的英国年轻人就向海里跳去。

一个客舱接一个客舱的旅客很快都在船长的说服下自愿地跳到海里去了，船长松了一口气，可是他一回头却发现还有一群德国老人躲在客舱里不愿跳海。船长让他们跳，他们跑向船的二层；再让他们跳，老人们则急忙向三层跑。怎么办呢？这时船长急中生智，加重语气，大声说道："跳！这是命令！"这群七八十岁的老头一听是命令，还来不及反应就跳下去了。为什么出现这种情况？原来第二次世界大战期间，这群老头都在军队服役，对于军人来说，服从命令就是天职，所以他们来不及多想，下意识地就服从了船长的"命令"。

因此，管理者在与人沟通时，一定要让每一人都感觉到与你有共同点。共同点包括共同的信仰、共同的价值、共同的利益、共同的认识、共同的兴趣、共同的背景、共同的心情等，这些共同点寻找得越多，双方的沟通就会越充分，效果也会更好。

第三阶段：加强共鸣感。

一般来说，共同点找到得越多，沟通双方在思想、认识、感情、心理上产生的共鸣感就越强。这种共鸣感在沟通的过程中发挥着极为重要的作用。在共鸣共振的同时，管理者与组织成员、与沟通对象之间的心理距离会越来越近，感情距离会越来越近，认识距离也会越来越近。慢慢地，双方的思维、双方的情绪就会"同步"运动，于是双方也就很容易想到一起，很容易走到一起。就好像收音机接收广播一样，其频率与电台的频率越接近，收听的声音就越清晰。收音机通过"调频"来达到沟通的目的。实际上，"调频"就是寻找和增强思维、感情和心理上的共鸣和共振。

增强共鸣感要注意以下四点：一是沟通者要真诚，沟通的双方要互相尊重、互相理解、互相认同；二是沟通双方要十分敏感，找准兴奋点、关注点；三是沟通要围绕具体的事、具体的观点、具体的人进行，泛泛沟通是共鸣不起来的；四是沟通不是瞬间能够完成的，要不停地"听"，不停地强化沟通效果。所谓共鸣共振，它一定是由一连串的沟通行为引起的。沟通是一个过程，是一个不断"互动"的过程。

第四阶段：强化认同感。

认同的过程是一个由外向内、不断深化、不断强化的过程。从承认"沟"的存在开始，先是寻找共同点，这是浅层次的、外在的、一般的沟通；然后是造成共鸣感，这是深层次的、内在的、双向的沟通；最后是实质性的沟通，即追求并强化认同感的沟通。就一般规律而言，寻求的共同点越多，得到的共鸣感也就越强，得到的共鸣越强，则双方的认同感也就越强。这里有一些具有规律性的东西需要我们去把握。认同是互相的，而且需要主动。管理者主动认同别人，也就会赢得别人对自己的认同。此外，认同人与认同事也是密不可分的。一般来说，被管理者会先认同管理者的人格，然后认同管理者交办的事情。

本章小结

本章主要就沟通、管理沟通、组织沟通进行了陈述，并说明了领导力与沟通的关系。

本章习题

1. 什么是管理沟通？
2. 管理沟通的类型有哪些？
3. 影响组织沟通的因素有哪些？

第六章　冲突管理

【引例1】

　　在通用电气，韦尔奇经常参与员工面对面的沟通，与员工进行辩论，通过真诚的沟通直接诱发同员工的良性冲突，从而不断发现问题，改进管理，使通用电气成为市场价值最高的企业之一，也使他成为最有号召力的企业家之一。美国著名组织行为学家罗宾斯（Robbins）认为："冲突是一个过程，这种过程始于一方感觉到另一方对自己关心的事情产生消极影响或将要产生消极影响。"管理决策学派的代表人物西蒙（Simon）把冲突定义为"组织的标准决策机制遭到破坏，导致个人和团体陷入难以选择的困难"。曾任国际冲突管理协会主席的谢霍坚（Tjosvold）认为"冲突是指个体或组织由于互不相容的目标认知或情感而引起的相互作用的一种紧张状态"，他认为一个人的行为给他人造成了阻碍和干扰就会产生冲突，冲突和暴力、争吵是两码事。

【引例2】

　　亚通网络公司是一家专门从事通信产品生产和电脑网络服务的中日合资企业。公司自1991年7月成立以来发展迅速，销售额每年增长50%以上。与此同时，公司内部存在着不少冲突，影响着公司绩效的继续提高。因为是合资企业，尽管日方管理人员带来了许多先进的管理方法，但是日本式的管理模式未必完全适合中国员工。例如，在日本，加班加点曾经不仅司空见惯，而且没有报酬。亚通公司经常让中国员工长时间加班，引起了大家的不满，一些优秀员工还因此离开了亚通公司。亚通公司的组织结构由于是职能制，部门之间的协调非常困难。例如，销售部经常抱怨研发部开发的产品偏离顾客的需求，生产部的效率太低，使自己错过了销售时机；生产部则抱怨研发部开发的产品不符合生产标准，销售部门的订单无法达到成本要求；研发部经理虽然技术水平首屈一指，但是心胸狭窄，总怕他人超越自己，因此常常压制其他工程师，这使得部门内人心涣散，士气低落。

　　思考：亚通公司的冲突有哪些？原因是什么？如何解决这些冲突？

第一节　冲突概述

一、冲突的含义

　　"冲突"一词意为"冲撞或对立"。可以说，世界上每天都存在着形式各异的冲突。冲突是指两个或两个以上相关联的人、群体或组织之间的目标、认知、情感等方面存在的不和谐状态。组织中的冲突经常被看作不正常的和不被希望发生的，是无论如何都要避免的。冲突会导致系统僵化、事实被歪曲，削弱冲突当事人的精力。然而，冲突是非常正常的，应当预期到其会发生。管理者必须知道如何避免冲突，何时产生冲突。今天的管理者必须接受冲突的存在，意识到企图阻止所有的冲突是一种错误。

二、冲突的特征

冲突具有客观性、二重性和程度性三个特征。

冲突的客观性，是指冲突是客观存在的、不可避免的社会现象，并且是组织的本质之一。任何组织都存在冲突，不同的只有冲突程度和性质的区别，而不可能不存在冲突。

冲突的二重性，是指冲突对于组织具有破坏性、阻滞性这类消极影响，但是也存在建设性、推动性等正面属性的积极影响。其中建设性冲突主要关心目标、对事不对人和促进沟通；而破坏性冲突关心冲突双方的胜负、针对人（人身攻击）并阻碍沟通。

冲突的程度性，是指冲突程度有高低的差异，与达成组织目标的功效和能力存在对应的相关关系。冲突程度过高或过低都意味着关系失调，导致组织效能低下；而适度的冲突水平对应的组织绩效才高。

三、冲突的类型

冲突按照不同的划分标准可以划分为不同的类型，如表 6-1 所示。

表 6-1 冲突的类型

分类标准	冲突类型
按冲突对组织的作用	建设性冲突、破坏性冲突
按冲突呈现的基本形式	认知冲突、情感冲突、目标冲突、程序冲突
按冲突表现的激励程度	战斗性冲突、辩论式冲突、竞争性冲突
按冲突的层次	员工内心冲突，员工间的冲突，群体间的冲突，个人、群体与组织间的冲突

四、冲突产生的原因

（一）法约尔的四基因冲突说

著名管理学家法约尔从心理学的角度认识冲突的原因，提出了"四基因冲突说"，如图 6-1 所示。

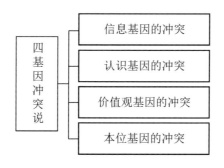

图 6-1 法约尔的四基因冲突说

信息基因的冲突是指由于信息沟通渠道不同，掌握信息的内容不同，信息不对称的个体、群体、组织之间就不可避免地产生冲突。

认识基因的冲突是指由于认识分歧的存在，不可避免地会产生冲突。

价值观基因的冲突是指由于个人的价值观不同，对同一事物的看法及评价也就不同，因而容易产生分歧，进而引起冲突。

本位基因的冲突是指由于人们的本位思想（本人、本部门、本组织利益至上）的存在，不可避免地会产生冲突。

（二）杜布林的冲突的系统分析模式

著名行为学家杜布林（DuBrin）运用系统的观点来观察和分析冲突问题，构建了由输入、干涉变量和输出三类要素组成的冲突的系统分析模式。输入指的是冲突的根源，杜布林列举了冲突产生的八种原因。输出部分指的是冲突的结果：有益的冲突能够增加激励、提高能力，而有害的冲突可能导致组织绩效不佳、组织目标被歪曲。干涉变量指的是处理冲突的手段：恰当的处理手段将产生有益的结果，不恰当的处理将产生有害的结果。冲突的结果又可能产生进一步的冲突，在图 6-2 中用箭头表示。

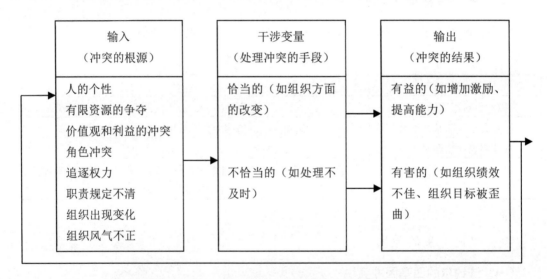

图 6-2 杜布林的冲突的系统分析模式[①]

（三）现代学派的观点

现代学派认为冲突产生的根源是利益、权利和文化，如图 6-3 所示。

冲突产生的最本质、最根本的原因是文化，具体地说主要是价值观的冲突。无论是国家间的冲突、民族间的冲突、地区间的冲突、组织之间的冲突还是人与人之间的冲突，最难以调和的就是价值观的不同所产生的冲突。

权利通常由职位权利和个人权利构成。职位权利包括合法权、强制权和奖赏权，个人权利包括专长权和参照性权利。争夺权利最基本的途径就是争夺职位，因为职位赋予人合法权、强制权和奖赏权。因此，在许多组织的高、中、低三个层级的领导和管理职位人员遴选过程中，冲突几乎或多或少地存在。专家的权威性固然毋庸置疑，但如果过度使用或

① 资料来源：［美］安德鲁·J. 杜布林. 组织行为基础——应用的前景. 北京：机械工业出版社，1985 年.

不合理使用专长权，也必然会产生冲突。参照性权利也称典范权，即人格魅力等影响力。这种影响力理论上不应该产生冲突，但由于人的性格、心理等因素的影响，会产生嫉妒、怀疑等，因此也会产生冲突。

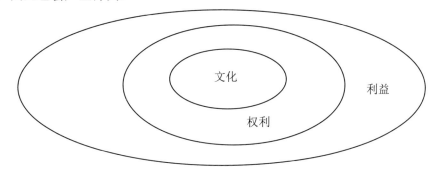

图 6-3 现代学派认为的冲突的根源

利益是最容易引发冲突的根源。基于不同的利益需求，如政治利益、经济利益、个人利益、部门利益等，有可能产生不同的冲突。因此，基于利益产生的冲突是最广泛的。但是这种基于利益所产生的冲突常常是由权利、文化因素所致。

本节小结

对本节的学习可以使同学们了解到关于冲突的一些基本知识，包括冲突的含义、特征、类型以及冲突产生的原因，为接下来冲突管理的学习奠定理论基础。

课后练习

你目睹过朋友、同学或是同事之间糟糕的争吵吗？列出一系列能够平息这种争吵的建议。

课后小测

请根据自己的实际情况，对下面 10 个问题如实回答，然后对照后面的计分方法计算分数，再看相应分数段的分析，判断自己是否善于冲突管理。

1. 你认为对企业内部的冲突:（　　　）

    A. 都有必要进行管理

    B. 无法全部管理，只要看到就会处理

    C. 大多数可以忽视，只管理重要的冲突

2. 你对冲突的态度是:（　　　）

    A. 冲突是负面的，因此要严加控制

    B. 该处理的处理，多一事不如少一事

    C. 合理保持冲突水平，鼓励建设性冲突

3. 在冲突预防中,你对员工的个人处事风格、员工间搭配和员工与岗位的搭配:（　　　）

    A. 没有注意

    B. 有所注意

    C. 十分注意

4. 在处理与别人的冲突时,你会:（　　　）

    A. 直接而紧急地处理

B. 先弄清楚对方的想法

C. 先反省自己，再弄清楚对方的思路，发现解决的方法

5. 对于内部价值观的统一问题，你会：（　　）

A. 觉得束手无策

B. 尽量统一价值观来减少冲突

C. 用文化来统一价值观，也鼓励不同意见的创新

6. 对于一些无法解决或者问题严重的冲突，你会：（　　）

A. 暂且搁置，等待时间的缓冲

B. 采取相应的隔离措施

C. 如果冲突无法解决，只能严肃处理冲突主体

7. 当同一部门的两个成员发生激烈冲突时，你的处理方式为：（　　）

A. 回避

B. 找这两个人谈话

C. 将这两个人调开，将其中的一人安排到其他部门

8. 面对一触即发的紧张局面，你的协调方式为：（　　）

A. 马上着手解决矛盾

B. 分别进行单个沟通

C. 着眼于冲突的感情层面，先不急于解决问题

9. 当冲突发生时，如果自己有错，你会：（　　）

A. 保全自己的颜面

B. 淡化自己的错误

C. 有原则地迁就对方，化解冲突

10. 在制定激励政策、福利政策与绩效考评政策时，你是否关注公平、平等：（　　）

A. 没有刻意关注

B. 有所关注

C. 十分关注，因为员工的不公平待遇往往是冲突的根源

［计分方法］选 A 得 1 分，选 B 得 2 分，选 C 得 3 分，最后将分数相加。

［各分数段分析］

24—30 分：你善于冲突管理，善于做思想工作，可以针对不同的冲突状况灵活处理，同时也注意保持冲突的良性水平，这一点正是现代冲突管理方式有别于传统冲突管理的地方。

18—23 分：你有一定的冲突管理能力，作为管理者，你既要洞察冲突发生的可能性，又要正确对待已经发生的冲突，尽量缓和破坏性冲突并避免其发生，积极引导和发展建设性冲突，合理地解决问题，使冲突结果向好的方向发展。

10—17 分：你还需要提高冲突管理意识，加强在实际工作中处理冲突的能力，研究企业冲突的产生原因及其控制方法是企业管理中一个十分重要的课题，作为管理者，你应对这个课题给予充分重视。

第二节　冲突管理的内涵和原则

一、冲突管理的内涵

冲突管理是一门研究冲突形成机理和内在规律、应对策略和方法技巧的科学。冲突管理理论和实践受到许多专家学者的关注。传统的冲突管理观是基于有了"冲突"就要"化解或消除"冲突，因此其隐含的前提假设是"冲突是具有破坏性的""冲突管理是冲突事件发生以后的工作"，这显然是片面的。现代的冲突管理观认为冲突具有双重性，即有效冲突的建设性和有害冲突的破坏性。冲突管理的任务自然也有两个方面，即要管理好冲突，就必须两手抓，一方面要防止破坏性冲突的产生，一旦其产生就要利用各种有效的方法化解或消除破坏性冲突；另一方面要善于抓住有利机会，通过激励或制度等引发和促进建设性冲突，刺激能够产生积极作用的冲突，充分利用和发挥冲突的积极影响并控制其消极作用。

现代冲突管理包括激发冲突、预防冲突、转化冲突、解决冲突等功能。具体而言，冲突管理的基本内容如下：避免不必要的冲突（如过于激烈的情绪、沟通不畅、以偏概全等）；减少破坏性冲突的影响；利用一定的策略方式达成冲突各方可以接受的协议；采用适当的方法技巧控制或转化冲突的方向、水平和属性等。

二、冲突管理的原则

（一）"无为而治"原则

"无为而治"原则，源自道家思想，老子主张"无为而无不为"，强调顺应自然和事物发展的内在规律，而不是过度干预。在现代组织和项目管理中，这一原则可以应用于处理冲突和矛盾，尤其是那些有益的或程度较低的冲突。在对待有益冲突或激烈程度较低的冲突时，可以"无为而治"，任其发展。主要方法如下。

1. 不干涉法。在组织中，很多时候冲突和问题会在内部自然地得到解决，无需外部强制干预。这是因为组织都有一定的自我调节力。组织内部的调节机制能够在矛盾发展到一定程度时自动启动，以解决问题，从而避免冲突。因此，作为管理者，在面对非关键性或低强度的冲突时，采取不干涉的态度，让团队成员自行解决问题，有时是一种高效的管理策略。

2. 避开法。当组织中出现的矛盾尚未升级为严重冲突时，有时最佳策略是暂时避开这些矛盾，给予团队时间和空间来自然调整和解决问题。这种方法避免了冲突的直接对抗，有助于维持组织的稳定和团队的和谐。但需要注意的是，避开并不意味着忽视问题，而是一种策略性的缓和手段。

3. 预防法。预防法强调在冲突尚未完全形成之时采取措施，以避免其发展成更严重的问题。这包括对潜在矛盾的早期识别和及时干预，例如通过加强内部沟通、调整工作流程或提供必要的团队建设活动。预防法要求管理者具备高度的洞察力和预见性，能够在问题发展成严重冲突之前采取有效的预防措施。

（二）"贵和持中"原则

所谓"贵和持中"就是指在冲突管理中要注重和谐局面的保持，处理冲突时，不可以极端而为，应当采取适当的措施，求大同存小异，追求"共赢"，维护整体利益，从而降低冲突的恶性发展风险和冲突管理的成本。主要方法如下。

1. 协议法。这是一种通过双方协商达成共识的方法。当冲突双方的力量相当，且各自的立场都有一定合理性时，通过协议法可以找到双方都能接受的解决方案。这要求双方都展现出一定的灵活性和妥协精神，通过对话和协商，寻求在保留各自核心利益的同时，实现双赢或多赢的结果。

2. 缓冲法。当组织内部的冲突难以直接调节时，可以采用缓冲法，即通过设立中介人或中介部门来进行调节。这种方法通过引入第三方作为沟通的桥梁，帮助缓和双方的冲突，为冲突双方提供一个更中立的平台进行交流。中介人或部门在这里扮演着调解者的角色，帮助双方理解对方的立场，寻找共同点，从而减轻冲突的程度。

3. 仲裁法。在冲突激化，且其中一方的行为明显不合理或不合情理的情况下，采用仲裁法来处理冲突是较为合适的。这种方法涉及引入第三方仲裁者来进行客观的裁决。仲裁者通常是双方都认可的、具有一定权威和公信力的个人或机构。他们基于事实和合理性对冲突进行判断，提出解决方案，以期做出公平合理的决定。

（三）竞争原则

竞争原则在冲突管理中强调主动面对问题，并运用策略和智慧来解决冲突。这种原则认为，通过积极的方法和策略可以有效地处理并解决冲突，而不是回避或被动应对。主要方法如下。

1. 比较法。"知己知彼，百战不殆；不知彼而知己，一胜一负；不知彼不知己，每战必殆。"这句话强调了了解自己和对手的重要性。在冲突管理中，通过比较法可以分析和理解冲突双方的优势、劣势、目标和动机。这种深入的了解有助于预测对方可能的行为和反应，从而制订更有效的策略来处理冲突。例如，一个项目团队在与另一个部门有冲突时，了解对方的需求和担忧可以帮助找到更符合双方利益的解决方案。

2. 同心法。"上下同欲者胜"强调了统一思想和目标的重要性。在组织中，通过建立共同的价值观和目标，可以增强团队的凝聚力和向心力。当团队成员共享相同的愿景和目标时，内部的矛盾和冲突更容易得到解决。这要求管理者在团队建设和文化塑造上下功夫，确保所有成员都对组织的目标有清晰的认识并致力于实现它。

3. 出奇制胜法。讲究战略和战术、运用智慧解决冲突的这一方法强调了创新和策略性的思考。在处理冲突时，出奇制胜法主要指采取非传统的、创新的方法来解决问题。这可能意味着改变通常的处理方式，或者在解决冲突时采取意想不到的策略。例如，面对一个棘手的项目障碍，项目经理可能会采取一种全新的方法，如引入新的技术或调整团队结构，以打破僵局。

本节小结

对本节的学习可以使同学们认识到冲突管理的内涵以及冲突管理的三项原则，即"无为而治"原则、"贵和持中"原则和竞争原则，为之后更好地学习和实践冲突管理做好铺垫。

课后练习

1. 什么是冲突管理？

2. 现代冲突管理包括哪几方面？

3. 冲突管理所坚持的原则有哪些？

4. "无为而治"原则所采取的方法是什么？

第三节　冲突管理的策略

根据美国管理协会的一项调研，一位职业经理人至少会有 24% 的工作时间是花在冲突管理上的。

孔子曰："君子和而不同，小人同而不和。"孟子云："入则无法家拂士，出则无敌国外患者，国恒亡。"冲突只是发展、变化或创新带来的副产品。没有人喜欢冲突，但有人的地方就有冲突。冲突不全是坏事，它能暴露组织中存在的问题，促进问题的公开讨论，增强企业活力，刺激良性竞争。

冲突管理是一门学问，无论是企业管理者还是家庭成员都必须掌握，否则组织会内耗，家人会受折磨。出现冲突并不可怕，关键是如何有效化解冲突。办法总比问题多，任何冲突都有完美解决的方案。当冲突出现时，如何化冲突为共赢、化干戈为玉帛？

一、托马斯冲突管理模式

美国行为学家托马斯（Thomas）的冲突管理模式，是一种着力解决人际冲突的模式。托马斯认为处理冲突的模式是二维的，以沟通者潜在意向为基础，冲突发生后，参与者有两种可能的策略可选择：关心自己和关心他人。其中，"关心自己"表示在追求个人利益过程中的武断程度，为纵坐标，"关心他人"表示在追求个人利益过程中与他人合作的程度，为横坐标，从而定义冲突行为的二维空间。于是，产生了五种不同的冲突处理的策略：竞争、合作、回避、迁就和妥协。如图 6-4 所示。

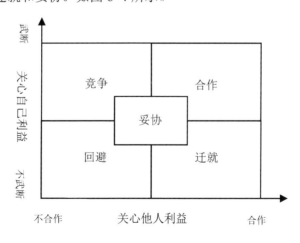

图 6-4　托马斯的冲突管理模式

1. 竞争式策略又称强制式策略，是一种"我赢你输"、武断而不合作的冲突管理策略。奉行这种策略者，往往只图自身目标和利益却无视他人的目标和利益，强调维护自己的权益而不愿合作，以别人的利益换取自己的利益；以权力（职位、说服力、威逼利诱等）为中心，为实现自己的主张，认为可以动用一切权力。

2. 合作式策略是一种高度合作和武断的行为，是一种双赢的冲突管理策略。运用合作式策略的个体想使共同的利益最大化，这种个体倾向于：（1）把冲突看作自然的、有益的，如果处理得当会带来一个更有创意的方案；（2）对他人信任和真诚；（3）当人们认识到冲突的解决方案能让所有人都满意时，所有人也会对这个方案予以认可和践行。运用合作式策略的个体通常被视为有能力的，并会得到他人的积极评价。

3. 回避式策略是指既不合作又不武断，既不满足自身利益又不满足对方利益的冲突管理策略。奉行这一策略者无视双方之间的差异和矛盾对立，或保持中立姿态，试图将自己置身事外，任凭冲突事态自然发展，回避冲突的紧张和挫折局面，以"退避三舍""难得糊涂"的方式来处理冲突问题。

4. 迁就式策略又称通融式策略，是一种高度合作且不武断的行为，是一种当事者主要考虑对方的利益、要求，或屈从对方意愿、压抑或牺牲自己的利益及意愿的冲突管理策略。通常的迁就式策略奉行者要么旨在从长远角度出发换取对方的合作，要么不得不屈从于对手的势力和意愿。

5. 妥协式策略实质上是一种交易，也有人称之为谈判策略。妥协式策略指的是一种合作性和武断性均处于中间状态，通过一系列的谈判、让步，适度地满足双方要求和利益的冲突管理策略。

这五种策略分别适用于各种不同的情况，如表 6-2 所示。

表 6-2　五种冲突处理策略的适用情景

冲突处理策略	适用情景
竞争	（1）当情况紧急出现，需要采取快速、决定性的行动时； （2）在需要采取非同寻常行动的问题上； （3）在公司利益至关重要的问题上，并且你知道是正确的； （4）对手拥有非竞争性优势时。
合作	（1）为共同的利益谋求一致的方案时； （2）需要集思广益、依赖他人时； （3）出于感情关系的考虑时； （4）需要向对方学习时。
回避	（1）有更重要的问题需要解决时； （2）别人能够更有效地解决问题时； （3）当问题不相干或总是出现时； （4）当冲突的解决弊大于利时。
迁就	（1）发现自己错了时； （2）为建立社会声誉、减少损失时； （3）所要解决的问题对别人更重要时； （4）当和谐和稳定特别重要时。
妥协	（1）双方力量旗鼓相当时； （2）需要暂时化解冲突以防止问题复杂化时； （3）时间紧迫，需要采取权宜之计时。

二、冲突管理中的沟通策略

沟通专家总结出处理冲突的九种策略，如表 6-3 所示。

所谓"论点的弹性"，实际上就是你应不应该表现出你的立场；而所谓"互动的强度"，则要看个人希望建立一种什么样的人际关系。这些考虑的不同组合，就形成了九种处理冲突的策略。

表 6-3　九种处理冲突的策略

互动的强度	论点的弹性		
	低	中	高
低	策略一 按兵不动 避免面对不同的意见或是延长调整的时间	策略四 制定规则 以客观的规则作为消除歧见的基础	策略七 弃子投降 放弃自己的想法，完全以对方的意见为意见
中	策略二 粉饰太平 强调想法的共通之处，而忽略相异的部分	策略五 和平共存 在彼此协议下，维持各存己见的状态	策略八 全力支持 在可容忍的范围内，给予对方最大的支持
高	策略三 铁令如山 运用权势，强迫别人听从命令	策略六 讨价还价 以协议、交易的方式消除彼此的冲突	策略九 携手合作 将大家的意见整合在一起

本节小结

对本节的学习可以使同学们掌握冲突管理的基本技巧，一系列的策略为我们提供了化解冲突的良方，有利于帮助同学们在以后的工作、学习、生活中有效地解决冲突和矛盾。

课后小测：你的冲突风格是哪一种？

[说明] 对于下面的 14 个陈述句，请根据自己的实际情况（如果你是学生，请换成学习情境），在每一个陈述句之后，选择一个数字来表示你对这项策略的依赖程度。1 表示"几乎不"，5 表示"总是"。

1. 我与同事讨论我的工作，以表明我的立场的价值。1-2-3-4-5
2. 我与同事通过谈判来达成妥协。1-2-3-4-5
3. 我努力满足同事的期望。1-2-3-4-5
4. 我与同事一起调查某个问题，寻找一个我们都能接受的解决方案。1-2-3-4-5
5. 在坚持我的观点方面，我非常坚定。1-2-3-4-5
6. 我会尽量避免处于关注的焦点，不把与同事的冲突公开。1-2-3-4-5
7. 我坚持自己提出的解决问题的方法。1-2-3-4-5
8. 我坚持等价交换原则，做出妥协。1-2-3-4-5
9. 为了共同解决某一个问题，我与同事交换准确的信息。1-2-3-4-5

10. 我会调和同事的希望。1-2-3-4-5

11. 为了以最佳的方式解决问题，我会公开我们关心的所有事情。1-2-3-4-5

12. 为了打破僵局，我会提出一个折中方案。1-2-3-4-5

13. 我附和同事的建议。1-2-3-4-5

14. 为避免感情上的痛苦，我会保留不同意的意见。1-2-3-4-5

［分析］不同类型的冲突风格

1. 竞争型：比较倾向于竞争的人可能在1、5、7这些题目中选择较大的数字，这类人在冲突中更注重维护自己的立场和观点，努力让自己的想法占据主导地位。

2. 合作型：倾向合作的人可能在4、9、11这些题目中选择较大的数字，他们注重与他人共同解决问题，追求双方都能满意的结果。

3. 妥协型：这类人可能在2、8、12这些题目中选较大的数字，说明其在面对冲突时，习惯通过互相让步来达成协议。

4. 回避型：这类人可能在6、14这些题目中选择较大的数字，这体现出其避免冲突、不主动面对问题的特点。

5. 适应型：这类人可能在3、10、13这些题目中选择较大的数字，这表现出其以满足他人需求、顺应他人意见为主的风格。

课后实训

［目的］熟悉冲突产生的原因以及冲突管理的流程，掌握不同情景中的冲突管理技巧。

［时间］30分钟

［地点］室内

［形式］集体参加

［程序和要求］

1. 成员分组，每组6人左右。

2. 各小组阅读附件中的案例并思考其后的三个问题。

3. 每组成员在个人分析的基础上确定团体意见，并相互交流，说明理由。

［附件］

　　小明和小强住在同一宿舍。小明是一个勤奋好学的学生，性格内向，平时与同学之间不经常交流沟通，他喜欢早睡早起，作息时间比较有规律。但是，小强却不怎么爱读书，在校大部分时间以玩电脑为主，而且经常玩到深夜才睡，然后第二天早上睡到很晚才起床的。小强的性格也比较内向，平时话不多。由于小强和小明的作息时间存在很大的差异，所以他们心里其实都觉得对方影响了自己休息。因为这事他们之间一直存在着矛盾，但由于他们性格的原因，在最初出现矛盾的时候，他们也没有把对对方的不满直接告诉对方。但是时间久了，他们的情绪开始变得有点暴躁，最后他们之间的冲突爆发了，结果，他们经常互相指责对方。小明指责小强玩游戏到太晚，而且在玩游戏的同时，小强还特别兴奋，时常发出声音，因此，小强时常影响到他休息。同时，小强却反驳说，小明每天早上太早起床以至于自己早上经常被他吵醒。由于他们一直因此争吵，迟迟不能找出一个让双方满意的解决方法，结果矛盾升级，他们发生了肢体冲突，打起来了。最终，辅导员了解情况后给他们调换了宿舍，才解决了上述问题。

［问题］

1. 双方产生冲突的根源以及产生冲突的过程是什么？

2. 案例中冲突双方采用了哪种冲突管理策略？效果如何？

3. 作为第三方的你认为该如何解决这个问题？请提出解决的建议。

第四节 以协作方式来解决人际冲突

协作是指冲突双方愿意共同了解冲突的内在原因，分享双方的信息，共同寻求对双方都有利的方案。采用这一管理方式可以使相关人员公开地面对冲突和认识冲突，讨论冲突的原因和寻求各种有效的解决途径。在下述情况下适于采取协作的方式来解决人际冲突：相关人员具有共同的目标并愿意达成协议，一致的协议对各方有利，高质量的决策必须以专业知识和充分的信息为基础。

在冲突管理中尽管协作性策略可以达到双赢的结果，但由于协作性策略难以有效实施，因此有必要了解协作性策略应遵守的行为准则。

第一，为双方建立长远目标。

第二，将人和问题分开（解决问题是核心）。

第三，集中于利益而不是观点。

第四，为相互的利益创造机会。

第五，应用客观标准来评估备选方案。

第六，确保双向沟通与反馈。

同时要注意，用真正的所得，而不是假设的损失来定义成功协作需经历四个阶段。

第一阶段，定义问题（冲突处理前）。

第二阶段，产生解决方案（冲突处理中）。

第三阶段，制订和通过行动方案（冲突处理中）。

第四阶段，实施和追踪（冲突处理后）。

人际冲突中涉及至少两个角色，即发起人和回应人，还有可能有调停人，这三个角色都必须完成协作性策略四阶段中的各项任务，如表 6-4 所示。

表 6-4 协作性策略中三个角色需要完成的任务

发起人	回应人	调停人
(1) 要保持问题的个人属性，描述给你带来问题的具体行为，列出这些行为的详细、可见后果，描述你对问题的感受。	(1) 在确认问题时，建立共同解决方案的气氛，适当地照顾发起人的情绪。	(1) 确认冲突的存在，将协作的方式作为解决问题的方法。
(2) 描述的时候坚持事实，避免给回应人评价和赋予动机，以避免引发防御而不利于解决问题。	(2) 查找其余相关信息。通过提问使发起人的评论从泛化到具体，从评价性到描述性。	(2) 保持中立者的姿态，做一名协助者，而非一名裁判。公平对待争论双方和问题，如果必须纠正，私下里进行。
(3) 鼓励双向讨论，直到被了解。	(3) 对抱怨的某些方面表示赞同。通过对事实、观点、感受的同意来	(3) 保证讨论公平，保持讨论的问题导向，而不是个人导向，使问题

续表

发起人	回应人	调停人
（4）问题确认过程中既要注意问题的难易度也要注意不执着于单一的内容。如面临僵局，扩大讨论范围，以增加综合性结果出现的可能性。	显示你的改正诚意。 备注：可以用头脑风暴的方式采用多个备选方案来解决问题。	集中于冲突对工作表现的影响和持续冲突的有害结果，不允许某一方支配讨论。 备注：帮助争论双方看清他们的目标、价值观和原则中的共同点，利用共同点生成备选方案。

本节小结

对本节的学习使同学们学习到如何利用协作的方式来解决冲突，培养合作学习的能力。

课后练习

［练习目的］学会用 XYZ 或 CPR 模式陈述生活中的冲突事件。

［XYZ 模式］当你做 X 时（行为），导致了 Y 的结果（结果），而使我感到 Z（感觉）。

［CPR 模式］

1. Content 问题首次出现时，你要和对方谈论的是内容。（何时何地发生了什么）

2. Pattern 问题再次发生的时候，你要和对方讨论的是模式、形态。（不要陷入对问题内容的争吵）

3. Relationship 问题继续发生时需要和对方讨论的是关系。（即这种情况对我们的关系的影响）

［举例说明］

1. XYZ 模式陈述冲突行为。

例：我必须告诉你，当你在别人面前拿我的坏记性开玩笑时（行为），我是多么难堪（感觉）。事实上，我气愤极了，甚至想要把你的缺点也摆出来作为报复（结果）。

2. CPR 模式也是帮助定义冲突问题的工具。

例：午餐时，你喝了太多酒，醉了，开始大声说话，取笑我们的客户，使公司尴尬难堪（内容，首次发生时）。这是第二次发生这种情形了，你答应不会再发生的，现在，你使我不能信任你会信守承诺（形态，一再发生的事）。这种情况已经开始对我们之间的工作关系造成影响，我觉得我必须不断地担心及唠叨你，才能确保你不出问题，我不喜欢这样，我想，我担心的是我无法信任你遵守你的承诺（关系，问题持续发生时）。

［练习］学生选择一个自己所熟悉的冲突，用以上模式陈述定义。

［思考］你对这样定义冲突有何感想？小组成员互相交流看法，讨论听完对方的陈述有何感想。

课后实训

［目的］学会使用回应人的协作性策略。

［时间］30 分钟

［地点］室内

［形式］个人与团体结合

［程序和要求］

1. 确定一个情形，有一个人犯了错误需要纠正，使用回应人的协作性问题解决方式，为你与这个人的讨论构想一个计划。（方法见表6-4）

2. 计划包括如何才能在不引发对方防御的前提下表明自己的观点以及如何遣词造句。

3. 和朋友用角色扮演的方式演绎这次谈话，并接受建议进行改进。

4. 与当事人进行实际交谈，并报告结果。

［分析］

1. 他有什么样的反应？

2. 在此次讨论中，你有哪些地方需要改进？

本章小结

识别冲突，调解争执，是管理最需要的能力之一。在人们的共同生活中，冲突是一种正常现象，长期没有冲突的关系根本不存在。凡是人们共同活动的领域，总会产生不同意见、不同需求和不同利益的碰撞，或在个人之间，或在小团体之间，或在大组织之间。冲突管理成功的关键是不出现输方，长远的解决办法是建立共同遵守的游戏规则。对本章的学习可以使同学们更好地了解冲突管理的相关内容，同时学会利用一些技巧、策略，以协作的方式解决冲突。

本章习题

1. 冲突产生的原因是什么？

2. 冲突管理的内涵是什么？

3. 冲突管理的原则有哪些？

4. 请解释一下托马斯的冲突管理模式。

5. 请分析为什么采取协作方式解决冲突明显有效，但这种方式却不被广泛采用。

第三篇　团队技能篇

　　团队是现代组织的基本工作单元，团队技能的高低直接影响着组织的绩效和创新能力。本篇将围绕团队技能展开深入探讨，在团队建设中，我们需要关注团队成员的角色定位、任务分配、沟通协作等方面的问题。通过合理的团队设计和科学的团队管理，我们可以打造出一支高效协作、富有创造力的团队，为组织的长期发展提供有力支撑。本篇旨在深刻理解团队技能的重要性，并掌握提升团队效能的有效方法。

第七章　群体管理

【引例：华为的群体管理与领导力】

华为是一家全球领先的信息与通信技术（ICT）解决方案提供商，拥有 19 万多名员工（截至 2022 年），业务遍及 170 多个国家和地区。华为的成功不仅仅依靠其先进的技术和产品，更依靠其有效的群体管理与领导力。本案例将从几个方面介绍华为的群体管理与领导力的特点和实践。

群体的形成和发展：华为的群体是基于共同的使命、愿景和价值观而形成的，其使命是"让通信更容易"，其愿景是"成为数字世界和智能社会的建设者"，其价值观是"客户为中心，奋斗为本"。华为的群体经历了从创业期到成长期再到成熟期的发展过程，不断适应市场变化和客户需求，实现了从产品驱动到解决方案驱动再到平台驱动的转型。

群体的结构和特性：华为的群体结构是基于业务板块和地域分布而设计的，其业务板块包括运营商网络、企业业务、消费者业务和云服务等，其地域分布包括中国区、欧洲区、亚太区、美洲区等。华为的群体特性是基于创新、协作和效率而塑造的，其创新体现在不断推出新技术、新产品和新服务，其协作体现在内部团队之间和外部合作伙伴之间的紧密配合，其效率体现在快速响应市场需求和客户反馈。

群体的心理过程和效应：华为的群体心理过程是基于学习、思维、决策和情绪而进行的，其学习体现在持续投入研发资源和培养人才，其思维体现在以问题为导向和以结果为导向，其决策体现在民主集中制和权责一致制，其情绪体现在奋斗精神和团队荣誉。华为的群体效应是基于绩效、创新、合作和影响而展现的，其绩效体现在连续多年保持高速增长和高利润率，其创新体现在多次获得国际专利和行业奖项，其合作体现在与全球多个运营商、企业和机构建立战略伙伴关系，其影响体现在对全球信息与通信技术行业的引领作用。

群体与个人的互动与影响：华为的群体与个人之间存在着双向的互动与影响关系，即群体对个人有正向激励作用，个人对群体有贡献价值作用。群体对个人的影响主要表现在提供发展机会、设定挑战目标、给予公平评价、分享成功成果等方面；个人对群体的影响主要表现在承担责任、发挥专长、展示创意、促进进步等方面。

群体与组织的互动与影响：华为的群体与组织之间也存在着双向的互动与影响关系，即组织对群体有规范和支持作用，群体对组织有创新和变革作用。组织对群体的影响主要表现在制订战略规划、构建组织结构、建立管理制度、提供资源保障等方面；群体对组织的影响主要表现在推动技术进步、拓展市场空间、增强竞争优势、提升品牌形象等方面。

人是高度社会化的生物，因此人们在组织中会和不同的群体相联系。如果群体只是个体的简单叠加，那么没有必要专门学习如何理解群体。研究和实践发现，群体心理和行为有不同于个体的特点。

第一节　群体的概念和分类

　　人的生活无法逃避所隶属的群体。无论在家里、工作场所还是游戏中，人本质上都是群体存在物。"物以类聚，人以群分"。群体与个体相对，是个体的共同体。不同个体按某种特征结合在一起，进行共同活动、相互交往，就形成了群体。那么什么是群体？其发展阶段是怎样的？群体有着怎样的类型和特征呢？

　　思考题：俗话说，两人成对，三五成群。一群人在一起活动（如在演唱会现场出现的人们），他们是一个群体吗？

一、什么是群体

　　群体（Group）是指由共同的利益、观念、目标、关心等因素相互联结，存在着相互影响作用关系的个人的社会集合体。

　　群体是社会的基本组成部分，是社会结构的重要单元，是社会活动的主要载体。群体不同于单纯的个人聚集，它具有以下特征：群体成员之间有一定的稳定性和持久性，不是随意或偶然地聚在一起；群体成员之间有一定的互动和交流，通过语言、行为、情感等方式进行信息传递和影响；群体成员之间有一定的共同目标和利益，这是群体形成和维持的动力和基础；群体成员之间有一定的规范和准则，这是群体内部协调和整合的保障和依据。

　　所以，在演唱会现场的人，或者在电影院里观看电影的人，即使有观看同一场演出或同一部电影的共同目标，但是因为通常情况下他们之间并没有互动，所以他们只是个体意义上的简单叠加，可以称为人群。

　　正因为他们之间能够相互作用、相互影响，所以个体的行为会受到群体当中其他人的影响。那么，管理者为了更好地去管理员工的行为，就不仅仅要知道员工自身的个体特征对他们行为的影响，还需要了解群体的特征对员工行为的影响，这样才能够更准确地对员工的行为进行解释、预测、控制和引导。

二、群体的特征和功能

（一）群体的特征

　　1. 多样性。不同的群体有不同的性质、目标、结构、规模、氛围等，反映了社会的复杂性和多元性。

　　2. 动态性。群体不是固定不变的，而是随着环境、成员、任务等因素的变化而变化，表现出生长、发展、衰退等过程。

　　3. 相对性。群体与个人、其他群体、组织等之间存在着相互依赖、相互影响、相互制约的关系，没有绝对独立或孤立的群体。

（二）群体的功能

　　群体之所以形成、存在和发展，主要在于它有一定的影响。概括地说，群体的影响有两大方面：一是群体对个人的功能；二是群体对组织、社会的功能。

　　1. 对个人的功能。群体可以满足个人的各种需要，如安全需要、归属需要、尊重需要等；群体可以促进个人的学习和成长，如提供知识、技能、经验等；群体可以影响个人的态度和行为，如塑造价值观、信念、习惯等。

2. 对社会的功能。俗话说，"众人拾柴火焰高"，群体是一个由若干人组织起来的有机组合体，它具有单个人进行活动时所没有的优越性，成员之间为了共同的奋斗目标，互相协作，互发所长，互补不足，可以产生巨大的动力，促使活动顺利进行，圆满地完成任务；群体可以维持社会的稳定和秩序，如遵守法律、规范行为等；群体可以推动社会的变革和进步，如创新思想、改善制度等；群体可以传承社会的文化和传统，如保存习俗、弘扬精神等。

三、群体的分类和类型

在一个组织当中，群体有不同的类型。根据不同的划分标准有不同的分类。

（一）初级群体和次级群体

根据群体在个人社会化过程中所起作用的直接和间接程度，可以将群体分为初级群体（Primary Group）和次级群体（Secondary Group）。

初级群体是指以面对面交往为基础，以情感联系为纽带，以满足个人情感需要为目标的小型群体，如家庭、朋友圈等。初级群体对个人社会化起着重要作用，它影响着个人的价值观、信念、态度等。

次级群体是指以目标导向为基础，以利益关系为纽带，以完成某种任务为目标的大型群体，如工作团队、社团组织等。次级群体对个人社会化起着辅助作用，它影响着个人的技能、知识、经验等。

（二）团体和一般群体

根据群体是否存在管理主体或机构，可以将群体分为团体（Verband）和一般群体。

团体是指拥有管理组织系统的群体，如政党、企业、协会等。团体具有明确的目标、结构、规则、领导等，是社会的正式群体。

一般群体是指没有管理组织系统的群体，如人群、观众、读者等。一般群体具有随意性、临时性、非正式性等特点，是社会的非正式群体。

（三）正式群体和非正式群体

根据群体是否由组织设立，可以分为正式群体和非正式群体。

正式群体是由组织建立的工作群体，它有着明确的工作分工、具体的工作任务、统一的群体规范、清晰的信息沟通路线和权力控制机制以及明确的任务目标，如某个部门、某个车间或者某个项目的团队。在一个正式的群体当中，员工有正式的结构。正式群体主要靠工作维系彼此之间的关系，成员会按照组织的规章制度、岗位的角色要求去行动。

非正式群体是指组织成员之间由于共同的价值标准而自然形成的无固定形式的社会组织。它不是组织所正式建立的，没有正式的结构，也没有明确的岗位角色的要求，主要是根据群体成员的爱好、兴趣、价值观，或者是共同的利益而形成的群体。

举个例子，在一个单位里面，几个喜欢打篮球的人经常一起打篮球，关系亲密，这种以共同的兴趣爱好为基础建立的非正式群体可称为友谊型的群体。还有一些是为了某个共同关心的目的走到一起的，比如说，相互进行工作上的支持，这种以共同利益为基础的群体可称为利益型的群体。非正式群体中人与人之间的关系是靠感情来进行维系的。

以下就非正式群体的相关内容进行详细介绍。

在非正式群体里，人们之间具有基于共同的价值标准而产生的共同的情感和态度，并且正是这种情感和态度把他们组合到一起。人们在工作中自发形成了一些共同遵守的准则，如干活不能过于积极，也不能过于偷懒。这些约定俗成的准则对非正式群体中的成员具有普遍约束力。如果有人违反了这些准则，就会遭到其他人的指责和讽刺、冷淡和疏远，甚至武力报复。在非正式群体中，起支配作用的价值标准是感情逻辑，要求每个成员都必须遵守基于成员之间共同感情而产生的行为规范。

1. 非正式群体的成因

非正式群体完全是由人们自发结合而产生的，没有严格规章制度的约束，但其成员由于有相似的兴趣、爱好和价值观念，所以常会产生相似的"团体意识"，从而缩小人们彼此之间由于地位、身份不同所产生的距离感。一般来说非正式群体的形成主要有以下几种因素。

（1）共同的兴趣、相似的背景，如同校毕业、住附近、下班后常有机会一起返家、牌桌上的朋友等。

（2）出于工作的需要，相互帮助。

（3）工作量不足，以至于员工靠着成群结党打发上班时间，或者公司纪律松弛，员工自由度高，容易明目张胆三五成群闲聊培养感情。

（4）公司制度与管理的不公平、有争议，也易使权益受损的员工因为认知相同而互相支持。

如果是前两种原因，管理者大可不必大张旗鼓地反对，而可给予充分的理解。如果是后两种原因，管理者应该首先检讨自己工作的不足，通过制度的完善、管理的加强，使这个非正式群体因为没有滋生的土壤而自然消亡。无论非正式群体形成的原因属于哪种具体的类型，非正式群体形成的基础都是成员间的共同兴趣爱好，以及他们由于无法单独实现目标而必须进行联合。正式群体的管理者有必要了解其组织内部非正式群体的成因，进而在相关的问题上避免与之对立，以免引起不必要的组织冲突，同时可以在领导或指挥下级人员时加以利用。切记，不要强制拆散任何一个非正式群体。

2. 非正式群体的特征

（1）没有明确的共同目标，也没有固定的交往程序，个人之间的交往按个人的意愿来进行。组织内没有明文规定，成员是受风俗习惯、伦理道德自觉地遵守一些不成文的规则。

（2）建立在个人基础上的一种人际关系，成员之间的交往比正式群体成员间的交往更广泛和深入，在非正式群体中，人们可以自由地表现自己的个性、兴趣、能力、情感与追求。

（3）有自己的权威领袖，这个领袖不是任命的，而是由于个人的能力、品质、威望等因素得到组织内成员的共赏而推举产生的。他虽没有行政权力，但个人的威望对其成员影响很大。

（4）非正式群体具有不稳定因素，既可以是长久的，也可以是暂时的。其成员的关系可以是很密切的，也可以是较淡薄的。

3. 非正式群体的分类

关于非正式群体类型的划分，可以从"安全性"和"紧密度"两方面来考察。

　　所谓"安全性"是与破坏性相对立的，凡是积极的、正面的、有益的活动都是"安全"的，比如满足成员归属感、安全感的需要，增强组织的凝聚力，有益于组织成员的沟通，有助于组织目标的实现等；凡是消极的、反面的、有害的都是"危险"的，比如抵制变革，滋生谣言，操纵群众，阻碍努力使高素质、高绩效员工流失等。

　　所谓"紧密度"是与松散性相对立的，凡是有固定成员、有活动计划、有固定领导而小道消息又特别多的，都是"紧密度"高的；相反则是"紧密度"低的。在具体评价中，我们可以分别以"安全性"和"紧密度"这两项指标为横轴和纵轴，作出如图7-1所示的有四个区间的分类图。

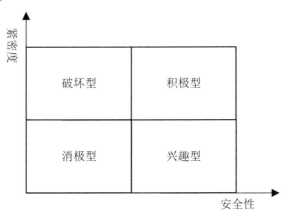

图7-1　非正式群体的划分

　　图7-1中，横轴表示"安全性"，纵轴表示"紧密度"。每项指标分为两段表示其程度，从左下角的原点向右和向上递增，可以把非正式群体分为四种类型。

　　（1）消极型：既不安全，也不紧密。这种非正式群体内部没有一个得到全部成员认可的领袖，分为好几个非正式群体，每一个团体都有一个领袖，同时某些领袖并不认同组织，存在个人利益高于组织利益的思想。

　　（2）兴趣型：很安全，但不紧密。由于具有共同的兴趣、爱好而自发形成的团体，成员之间自娱自乐。

　　（3）破坏型：很紧密，但不安全。这种非正式群体形成一股足以和组织抗衡的力量，而且抗衡的目的是出于自身利益，为谋求团体利益而不惜损害组织利益。同时，团体内部成员不接受正式群体的领导，而听从团体内领袖的命令。

　　（4）积极型：既安全，又很紧密。这种非正式群体一般出现在企业文化良好的企业，员工和企业的命运紧密地联系在一起。比如日本本田公司的QC小组，完全是自发成立，员工下班后聚到一起，一边喝咖啡，一边针对今天生产车间出现的生产问题和产品瑕疵畅所欲言，最后通过讨论找出解决问题的方法。

　　对于企业来讲，虽然一般的非正式群体中很少存在破坏型的，但是如果出现一定的内外部诱因，那么消极型、兴趣型和积极型非正式群体都有可能迅速地转化为破坏型非正式群体。作为组织的管理者需要对组织内存在的诸多非正式群体有一个清晰的界定——它们属于哪种类型？它们的领袖是否具备良好的道德素养和职业素质？这些非正式群体中的核心成员有没有属于企业高层领导的？他们是否可以准确地强化自身正式群体的角色？考虑到这些问题就可以比较好地为监控和处理好非正式群体的"紧密化"和"危险化"奠定基础。

4. 非正式群体的影响

非正式群体种类繁多，但它具有两面性，既能起到积极作用，成为正式群体的有力帮手，又能起到消极作用，干扰正式群体的工作，个别的甚至会起破坏作用。

（1）非正式群体的积极作用

首先，非正式群体较重感情、讲情义，因而能使成员获得较多的心理满足。而在正式群体中，一切都带有规定的色彩，制度具有至高无上的权威，因而对个人需要的满足十分有限。如能通过非正式群体加强各单位和各层次之间的联系协调，则可有效而及时地处理紧急性或牵扯范围较广的问题。

其次，非正式群体的存在可以完善正式群体的沟通渠道。正式群体中的意见沟通渠道有限，并且沟通时多遵循一定程序；而非正式群体的沟通渠道则遍布组织的每个角落，且不受程序的限制，因而能使组织的沟通渠道更为完善。

再次，非正式群体可以补救正式命令的不足。一项正式命令在下达之后，由于时间仓促或考虑不周，容易发生缺失。此时非正式群体会迅速做出反应，迫使管理层改善措施，消除成员的不满情绪，促进组织的稳定。

最后，在正式群体中，部分成员尤其是底层人员常常有被忽视的感觉，因此缺乏归属感，而非正式群体的存在则可使组织成员的心理得到适度的满足。

（2）非正式群体的消极作用

首先，当组织进行管理或改革的时候，如触及非正式群体的利益，会受到非正式群体无形力量的抗拒。

其次，非正式群体对成员具有相当的约束力与控制力，如果成员对非正式群体的某种规范未能遵守，则会招致其他成员的不满与唾弃，从而影响组织成员才能的发挥。

最后，非正式群体可以协助正式群体传播政令，但也可以促使谣言迅速传播，从而对正式群体推行政令产生不良的后果。

总之，若能在组织工作中充分发挥正式群体功能的同时，重视非正式群体的作用，有效地驾驭好这些"隐形的"但又无处不在的"民间"组织，"两个轮子走路"，就能政令畅通，收到事半功倍的管理效果。

在组织中，非正式群体就像灯塔和航标一样指引着人们的行动。对组织中的非正式群体，如果否认、限制其形成和发展，就会引起对立情绪；如果放任其盲目发展，就有可能导致其势力范围扩大，使其与正式群体分庭抗礼，阻碍组织的正常活动和目标的实现。非正式群体对个体的影响是积极的还是消极的，主要取决于非正式群体的性质以及其与正式群体的目标一致程度。因此，对于非正式群体既不能采取高压政策，又不能对其放任自流，要正确地引导使其发挥积极作用，避免其消极作用。正确认识和引导非正式群体，将其纳入正式群体的管理轨道，是管理者的一项重要职责；而认识和引导非正式群体的具体方式，则直接考验着管理者的管理水平。

四、群体与组织的关系

群体和组织是两个不同但相关的概念。群体是指由共同的利益、观念、目标、关心等因素相互联结，存在着相互影响作用关系的个人的社会集合体。组织是指为了实现某种共同目标而建立起来的具有一定结构和规则的人类活动系统。群体和组织之间有以下关系。

第一，组织是一种特殊的群体，但不是所有的群体都是组织。组织具有明确的目标、结构、规则、领导等特征，而一般群体则没有这些特征。

第二，组织由多个群体构成，而群体也可以存在于组织之外。组织内部通常有正式群体和非正式群体，它们对组织的运行和效能有不同的影响。群体也可以脱离组织而形成，如兴趣小组、志愿者团队等。

第三，组织和群体之间存在着相互作用和相互影响。组织对群体的影响主要表现在规范和控制方面，如制定政策、分配资源、评估绩效等；群体对组织的影响主要表现在创新和变革方面，如提出建议、解决问题、推动改进等。

第二节　群体的形成和发展

一、群体形成的动机和条件

（一）群体形成的动机

群体形成的动机是指个人加入或创建群体的心理驱力，它可以分为以下几种。

1. 安全动机。个人加入群体可以获得保护和支持，减少风险和威胁，增强自信和安全感。

2. 归属动机。个人加入群体可以满足社交和情感的需要，获得友谊和爱情，增进亲密和归属感。

3. 权力动机。个人加入群体可以获得影响和控制的机会，实现自己的利益和目标，增强自尊和地位感。

4. 认同动机。个人加入群体可以获得认可和尊重，表达自己的价值和观点，增强自我和社会认同感。

5. 学习动机。个人加入群体可以获得知识和技能的提升，参与创新和解决问题的过程，增进智力和能力感。

（二）群体形成的条件

群体形成的条件是指影响群体产生和维持的外部因素，它可以分为以下几种。

1. 环境条件。环境条件是指群体所处的物理、社会、文化等环境因素，如空间、时间、气候、资源、规则等。环境条件影响了群体形成的可能性、便利性、必要性等。

2. 互动条件。互动条件是指群体内部或外部的交流、协作、竞争等行为因素，如语言、行为、情感等。互动条件影响了群体形成的频率、强度、质量等。

3. 目标条件。目标条件是指群体所追求的共同或个别的目的、利益、价值等心理因素，如愿望、信念、态度等。目标条件影响了群体形成的动力、方向、意义等。

二、群体发展的阶段和特点

群体的发展是一个动态过程，大多数群体都处于不断变化的状态下。虽然群体可能永远也达不到彻底稳定的状态，但我们依然可以用一个一般模式来描述大多数群体的发展历程。群体发展的阶段是指群体从产生到消亡经历的不同阶段，不同阶段具有不同的特点和任务。根据五阶段模型，群体发展可以分为形成阶段、震荡阶段、规范阶段、执行阶段及解散阶段五个阶段，如图 7-2 所示。

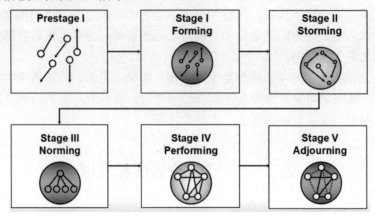

图 7-2　群体发展的阶段（Tuckman，1965）

形成阶段（Forming Stage）。这是群体发展的起始阶段，以群体在目的、结构、领导方面存在大量不确定性为特征。在这一阶段，群体成员相互认识、沟通信息、探索规范。这一阶段结束时，群体成员开始把自己视为群体的一分子。

震荡阶段（Storming Stage）。这是群体发展的冲突阶段，以群体内部出现矛盾和对抗为特征。在这一阶段，群体成员表达观点、竞争地位、抵制约束。这一阶段结束时，群体内部出现明确的领导层级，群体成员在发展方向上达成共识。

规范阶段（Norming Stage）。这是群体发展的稳定阶段，以群体形成密切的关系和凝聚力为特征。在这一阶段，群体成员建立规则、协调行动、增进信任。这一阶段结束时，群体结构比较稳固，群体成员对那些正确的成员行为达成共识。

执行阶段（Performing Stage）。这是群体发展的高效阶段，以群体实现既定目标和任务为特征。在这一阶段，群体成员发挥优势、解决问题、创造价值。这一阶段结束时，群体的绩效达到最高水平，群体成员对群体的贡献感到满意。

解散阶段（Adjourning Stage）。这是群体发展的终止阶段，以群体完成使命和解散为特征。在这一阶段，群体成员总结经验、评估结果、告别同伴。这一阶段结束时，群体的存在意义消失，群体成员对群体的经历感到怀念。

大多数学生都有在课堂上参加小组活动的经验，也都经历过群体发展的每一个阶段。首先，小组成员被选定之后，他们就有了第一次碰面。这个时期人们都在"揣摩和试探"小组要做什么以及如何去做。接下来通常是一场控制权的争夺战：谁将统率群体？一旦这个问题得到解决，小组内部的权力等级达成了共识，小组成员就开始确定工作任务的具体内容是什么、谁来完成它们以及什么时间完成。此时在小组里形成了总体的期望水平，并得到每个成员的认可。这些决策构成了你所希望的一个合作的群体努力的基础，并最终促成项目的成功完成。一旦小组的工作项目完成并上交给老师，小组也就宣告解散了。当然，也有一些小组一直未能走出第一个阶段或第二个阶段,通常这些小组的工作水平令人失望,成绩不会太好。

那么，根据前面的讨论能否这样推断：当群体一路经历了四个阶段后，它就会更为有效？是否可以认为工作群体所在的阶段越高，它们的效率也会越高？

尽管这种假设从总体上说可能是对的，但是，群体的效率由哪些因素决定这一问题十分复杂。在某些条件下，高冲突的特点反而有助于群体业绩达到更高水平。我们都可能看到过这样的情境，处在第二个阶段的群体的工作成绩却超过了处于第三个阶段或第四个阶段的工作群体。另外，群体的各个发展阶段之间也并非泾渭分明，有时几个阶段还会同时并存。例如，一方面群体正处于震荡和调整之中，另一方面它又在执行任务。甚至偶尔一些群体还会倒退回先前的发展阶段中。因此，不应该想当然地认为所有群体都精确无疑地顺着这一发展历程向前发展或者认为群体的第五个阶段总是效益最好的，而是应该把这一模式视为一个总体框架，它提醒我们记住群体是一个动态发展的实体，它帮助我们更好地理解在群体发展过程中经常出现的一些现象和问题。即使是虚拟群体，它们在完成任务时也经历着群体发展的各个阶段。也就是说，真实的群体可能并不总是这样按顺序发展。

三、群体发展的影响因素和评价

（一）群体发展的影响因素

群体发展的影响因素是指影响群体发展速度、方向、质量等方面的因素，它可以分为以下几种。

1. 群体性质。群体性质是指群体的类型、目标、任务等基本特征，如正式或非正式、临时或永久、简单或复杂等。不同性质的群体有不同的发展模式和需求。

2. 群体成员。群体成员是指群体内部的个人特征、能力、态度等因素，如年龄、性别、教育、技能、动机等。不同成员的组合会影响群体的内部互动和外部适应。

3. 群体领导。群体领导是指群体中担任领导角色的个人或个人集合，他们对群体有着重要的影响和责任。不同风格和水平的领导会影响群体的目标设定和任务完成。

4. 群体环境。群体环境是指群体所处的物理、社会、文化等外部因素，如空间、时间、气候、资源、规则等。不同环境的变化会影响群体的形成和发展。

（二）群体发展的评价

群体发展的评价是指对群体发展过程和结果进行分析和判断的过程，它可以分为以下几种。

1. 绩效评价。绩效评价是指对群体完成目标和任务的效果和效率进行量化或定性的评价，如产量、质量、速度、满意度等。绩效评价可以反馈信息，提高水平。

2. 过程评价。过程评价是指对群体内部互动和外部适应的方式和方法进行描述和分析的评价，如沟通、协作、创新、变革等。过程评价可以诊断问题，改进方法。

3. 满意度评价。满意度评价是指对群体成员对自己和他人在群体中的感受和态度进行测量和统计的评价，如快乐、自豪、信任、归属等。满意度评价可以增进情感，增强凝聚力。

第三节　群体的特性和解构

一、群体的结构和特性

（一）群体的结构

群体的结构是指群体成员的组成成分及这些成分的有机组合。群体成员的结构可根据不同维度进行划分，如年龄结构、能力结构、知识结构、专业结构、性格结构以及观点、信念的结构等。群体结构对于群体成员的工作效率、协作方式、创新能力等方面有重要影响。

（二）群体的特性

群体的特性是指群体所具有的独特的心理和行为特征，它反映了群体与个人和组织之间的差异和联系。群体的特性可分为以下几种。

1. 规范性。规范性是指群体所遵循的一套行为准则和价值标准，它规范了群体成员的思想和行为，维持了群体的稳定和秩序。规范性可以分为正式规范和非正式规范，前者是由组织或社会制定并强制执行的，如法律、政策、制度等；后者是由群体自发形成并自我执行的，如习惯、风俗、传统等。

2. 凝聚力。凝聚力是指群体成员之间相互吸引和紧密联系的程度，它反映了群体的内部团结和向心力。凝聚力可以分为情感凝聚力和任务凝聚力，前者基于群体成员之间的友谊、爱情、归属等情感因素；后者基于群体成员之间的目标、利益、责任等任务因素。

3. 影响力。影响力是指群体对其成员或其他个人或组织施加影响或控制的能力，它反映了群体的权力和地位。影响力可以分为内部影响力和外部影响力，前者是指群体对其成员施加影响或控制，如服从、遵守、模仿等；后者是指群体对其他个人或组织施加影响或控制，如说服、合作、竞争等。

4. 适应性。适应性是指群体对外部环境变化或内部需求变化做出调整或改变的能力，它反映了群体的灵活性和创造性。适应性可以分为主动适应和被动适应，前者是指群体主动寻求或创造新的环境或需求，如创新、变革、领先等；后者是指群体被动应对或适应既有的环境或需求，如学习、模仿、跟随等。

案例：阿里巴巴集团

阿里巴巴集团是一家全球领先的电子商务平台和科技创新公司，拥有超过 19 万名员工（截至 2024 年），业务涵盖电子商务、云计算、数字媒体、智能技术等多个领域。

阿里巴巴集团的群体结构具有以下特点。

年龄结构：阿里巴巴集团的员工年龄分布比较均衡，平均年龄为 31 岁，其中 30 岁以下的占比为 38%，30—40 岁的占比为 48%，40 岁以上的占比为 14%。这种年龄结构有利于保持群体的活力和稳定，同时也有利于培养年轻人的潜力和经验。

能力结构：阿里巴巴集团的员工能力水平较高，其中本科以上学历的占比约为 80%，硕士以上学历的占比约为 20%。此外，阿里巴巴集团还注重员工的综合能力和专业能力的培养和提升，通过内部培训、外部交流、项目实践等方式，不断增强员工的创新能力、协作能力、领导能力等。

知识结构：阿里巴巴集团的员工知识结构比较多元，涵盖了电子商务、云计算、数字媒体、智能技术等多个领域。这种知识结构有利于促进群体的跨界融合和创新发展，同时也有利于满足不同客户和市场的需求和期待。

专业结构：阿里巴巴集团的员工专业结构比较合理，根据其业务板块划分，可以分为电子商务专业群体、云计算专业群体、数字媒体专业群体、智能技术专业群体等几个专业群体。这种专业结构有利于提高群体的专业水平和服务质量，同时也有利于实现群体之间的互补和协同。

性格结构：阿里巴巴集团的员工性格结构比较开放，具有较强的奋斗精神、创新精神、合作精神和责任精神。这种性格结构有利于形成群体的积极氛围和文化气质，同时也有利于应对群体面临的各种挑战和机遇。

观点、信念的结构：阿里巴巴集团的员工观点、信念的结构比较一致，共同认同并践行阿里巴巴集团的使命、愿景和价值观。阿里巴巴集团的使命是"让天下没有难做的生意"，其愿景是"成为全球最受尊敬的互联网公司"，其价值观是"客户第一，员工第二，股东第三"。这种观点、信念的结构有利于增强群体的凝聚力和影响力，同时也有利于实现群体的长远发展和社会责任。

阿里巴巴集团的群体特性具有以下特点。

规范性：阿里巴巴集团有着较强的规范性，其正式规范包括了公司章程、管理制度、行为准则等方面，其非正式规范包括了企业文化、核心价值观等方面。这些规范旨在保证阿里巴巴集团的合法合规经营。

凝聚力：阿里巴巴集团有着较高的凝聚力，其情感凝聚力表现在员工之间的友谊、互助、信任等方面，其任务凝聚力表现在员工之间的目标、责任、合作等方面。这些凝聚力旨在增强阿里巴巴集团的内部团结和向心力，同时也旨在提高阿里巴巴集团的业绩和效率。

影响力：阿里巴巴集团有着较强的影响力，其内部影响力表现在对员工的激励、培养、管理等方面，其外部影响力表现在对客户、合作伙伴、竞争对手等方面。这些影响力旨在提升阿里巴巴集团的权力和地位，同时也旨在实现阿里巴巴集团的使命和愿景。

适应性：阿里巴巴集团有着较好的适应性，其主动适应表现在不断推出新的技术、产品和服务，以满足市场和客户的需求和期待，其被动适应表现在不断应对和适应外部环境的变化和挑战。这些适应性旨在保持阿里巴巴集团的灵活性和创造性，同时也旨在促进阿里巴巴集团的创新和变革。

二、角色：群体成员的行为期待和规范

（一）角色的类型

角色是指人们对于某一社会单元中占据特定位置的个体所期待的一套行为模式。角色可以分为以下几种类型。

1. 分配角色（Assigned Role）

分配角色是由组织或群体指定或委派给个体的角色，如职位、职责、任务等。分配角色通常与个体的能力、经验、兴趣等因素有关，也受到组织或群体的目标、结构、文化等因素的影响。

举例说明，一家软件公司要开发一款新的移动应用，该应用需要具备用户管理、数据分析、界面设计等功能。公司为了完成这个项目，组建了一个跨部门的项目团队，由以下几个角色组成。

项目经理：负责制订项目计划、分配资源、协调沟通、监控进度、解决问题等。项目经理是团队的领导者和决策者，需要具备项目管理、团队管理、沟通协作等能力。

技术人员：负责开发应用的后端功能，如用户管理、数据分析等。技术人员是团队的执行者和创新者，需要具备编程、数据库、算法等能力。

设计人员：负责设计应用的前端界面，如图标、颜色、布局等。设计人员是团队的创造者和美化者，需要具备美术、视觉、交互等能力。

市场人员：负责推广应用的市场策略，如定位、目标、渠道等。市场人员是团队的传播者和促进者，需要具备营销、分析、沟通等能力。

这些角色都是由公司根据项目的需求和成员的条件进行分配的，目的是让每个成员发挥自己的优势，同时也促进团队成员之间的协作和学习。

2. 采纳角色（Adopted Role）

采纳角色是由个体自愿或主动选择或承担的角色，如领导、发言人、协调员等。采纳角色通常与个体的动机、态度、价值等因素有关，也受到组织或群体的氛围、规范、期望等因素的影响。

举例说明，一家高科技公司推出了一款新的智能手机，该手机具有创新的功能和设计，但也面临着市场的不确定性和竞争压力。为了促进该产品的创新扩散，公司需要在目标市场中寻找并培养一些采纳角色，即那些愿意尝试、推荐、宣传该产品的消费者。

公司通过分析消费者的行为数据和社交网络，发现了一些具有较高影响力和声望的消费者，他们对新技术感兴趣，有探索和创新的精神，也有一定的风险承受能力。公司主动联系这些消费者，邀请他们参加产品的试用活动，并提供一些优惠和奖励，以激发他们对产品的好奇和兴趣。

这些消费者在试用了产品后，对其给予了积极的评价，并在自己的社交媒体上分享了自己的使用体验和感受，同时也回答了其他消费者对产品的疑问和关注。这些消费者就成为该产品的采纳角色，他们通过自己的行为和言论，影响了其他消费者对产品的认知和态度，促进了产品在市场中的扩散。

3. 形成角色（Emergent Role）

形成角色是由个体在群体中自然形成或展现的角色，如幽默者、支持者、反对者等。形成角色通常与个体的性格、风格、情绪等因素有关，也受到组织或群体的互动、冲突、变化等因素的影响。

举例说明，一家公司组织了一次团建活动，让员工分成几个小组，进行一些有趣的游戏和竞赛。在这个过程中，每个小组都出现了一些形成角色，他们通过自己的行为和言语，影响了小组的氛围和表现。例如：

小组 A 中有一个员工，他总是能说出一些幽默的话语，让其他人笑得前仰后合，他就是小组的幽默者。他通过自己的幽默感，缓解了小组的紧张和压力，增加了小组的乐趣和凝聚力。

小组 B 中有一个员工，他总是能给出一些合理的建议和意见，让其他人觉得有道理，他就是小组的支持者。他通过自己的支持性，提高了小组的信心和效率，促进了小组的合作和协调。

小组 C 中有一个员工，他总是对一些规则和安排表示不满或反对，让其他人觉得麻烦，他就是小组的反对者。他通过自己的反对性，降低了小组的积极性和动力，增加了小组的冲突和分歧。

（二）角色认知与角色期望

案例： 有一个小和尚在寺院担任撞钟之职。按照寺院的规定，他每天必须在早上和黄昏各撞钟一次。如此半年下来，小和尚感觉撞钟的工作极其简单，倍感无聊。后来，干脆"做一天和尚撞一天钟"了。一天寺院住持忽然宣布要将他调到后院劈柴挑水，原因是他不能胜任撞钟之职。小和尚觉得奇怪，就问住持："难道我撞的钟不准时、不响亮？"住持告诉他："你的钟撞得很响，但钟声空泛、疲软，因为你心中没有理解撞钟的意义。钟声不仅仅是寺里作息的准绳，更为重要的是还要唤醒沉迷众生。因此，钟声不仅要洪亮，还要圆润、浑厚、深沉、悠远。"

请思考： 在这个小故事中，为什么小和尚没有很好地承担撞钟这个岗位角色呢？从管理的角度看，这是小和尚的问题还是老和尚的问题？

为什么小和尚没有很好地承担起撞钟的这个岗位角色呢？很重要的原因是这个小和尚不太清楚他应该要做到什么程度，也就是说他对撞钟的这个角色认知不清晰。

所谓角色认知指的是一个人对于自己在特定的情境中应该如何表现的一种认知和了解，小和尚因为不太了解撞钟要撞到什么程度，所以对自己的角色认知不清晰，导致他没有很好地完成这个岗位的角色。

究其原因，这件事是因为老和尚没有把这个岗位的角色期望明确地传递给小和尚，老和尚在小和尚工作之初，就应该明确地告知小和尚这个岗位的职责、要求、绩效标准等。如果员工不能很好地了解组织或者是上司对他所承担岗位的角色期望，他就没有办法对这个岗位应该扮演的角色有正确的、清晰的认知，或者他的认知跟上司的角色期望是不一样的。所以，角色期望指的是群体或者他人对个体所扮演角色的期望行为模式，简单地说，就是他人希望你怎么做。

但是，员工了解了岗位职责、绩效标准、操作流程，一定就能够按照要求把这个岗位角色扮演好吗？其实，员工清楚知道对方的期望，而且有了准确的认知，但是，他也不一定能够按照这个要求来做，为什么呢？其中一个很重要的原因是他们对相关规定并没有在内心真正认同。所谓角色认同指的是个体认同所需要扮演角色的行为要求。在现实生活中，员工在工作上出现问题很多时候是因为其内心不认同某种要求而影响到了其工作态度和行为。那么作为管理者，如何让员工认同任务要求、绩效标准以及相关的制度规范，就是一个需要认真思考的问题。

（三）角色的作用

角色对于群体管理有以下几种作用。

1. 角色可以明确和协调群体成员的工作内容和方式，提高群体的效率和生产力。例如，在一个项目团队中，每个成员都有明确的分工和职责，如项目经理、技术人员、市场人员等，他们需要按照既定的计划和标准完成自己的任务，并与其他成员进行有效的沟通和协作，以保证项目的顺利进行。

2. 角色可以激发和满足群体成员的不同需求，提高群体的动力和满意度。例如，在一个志愿者组织中，每个成员都可以根据自己的兴趣和能力选择或承担不同的角色，如领导者、发言人、协调员等，他们可以通过这些角色实现自己的价值和目标，并获得他人的认可和尊重。

3. 角色可以塑造和反映群体成员的身份和地位，提高群体的凝聚力和影响力。例如，在一个运动队中，每个成员都有自己在队伍中的位置或层次，如主力、替补、教练等，他们通过这些角色表现出自己的能力和贡献，并受到队友和对手的赞赏或敬畏。

4. 角色可以适应和引导群体成员的变化和创新，提高群体的灵活性和创造性。例如，在一个创业团队中，每个成员都可能在不同的阶段或情境中扮演不同的角色，如创始人、合伙人、顾问等，他们通过这些角色应对和适应外部环境的变化和挑战，并推动团队的创新和变革。

三、规范：群体成员的行为标准和约束

每个单位有每个单位的风气，每个群体有每个群体的氛围。我们把群体成员共同接受的行为标准称为群体规范。群体规范让成员知道自己在特定的情境下应该做什么、不应该做什么，它规定了群体中成员行为可以接受和不能容忍的范围。群体规范与规章制度是有差异的，群体规范可能来自明文规定的规章制度，也可能没有明文规定，而是大家共同默认、约定俗成的。

（一）规范的类型

群体规范是指群体成员共同接受和认可的标准或期望，它规范了群体成员的思想和行为，维持了群体的稳定和秩序。群体规范可以分为绩效规范、过程规范和满意度规范，分别是指群体对其成员在完成目标和任务、进行内部互动和外部适应、表达情感和态度方面所设定的标准或期望。

1. 绩效规范（Performance Norm）

绩效规范是指群体对其成员在完成目标和任务方面所设定的标准或期望，如产量、质量、速度、满意度等。绩效规范可以反馈信息，提高水平。

2. 过程规范（Process Norm）

过程规范是指群体对其成员在进行内部互动和外部适应方面所设定的标准或期望，如沟通、协作、创新、变革等。过程规范可以诊断问题，改进方法。

3. 满意度规范（Satisfaction Norm）

满意度规范是指群体对其成员在表达情感和态度方面所设定的标准或期望，如快乐、自豪、信任、归属等。满意度规范可以增进情感，增强凝聚力。

举例说明，一家酒店为了提高客户满意度和服务质量，制定了一套规范，包括以下几个方面。

绩效规范：酒店对每个岗位的员工设定了具体的业绩指标，如客房清洁率、客房入住率、客房收入等。员工需要按照这些指标完成自己的工作，并定期接受考核和评价，以反馈业绩情况和接受相应奖惩。

过程规范：酒店对每个岗位的员工设定了具体的服务流程，如接待客人、办理入住、提供服务等。员工需要按照这些流程执行自己的工作，并定期接受监督和检查，以保证服

务质量和效率。

满意度规范：酒店对每个岗位的员工设定了具体的服务态度，如微笑、礼貌、热情等。员工需要按照这些态度开展自己的工作，并定期进行调查和获取反馈，以提高客户满意度和忠诚度。

（二）规范的作用

群体规范对于群体管理有以下几种作用。

1. 规范可以统一和调节群体成员的行为模式和价值取向，减少冲突和偏差。例如，在一个学习小组中，每个成员都需要遵守一些学习规范，如按时完成作业、积极参与讨论、尊重他人观点等。这些规范可以使小组成员形成一致的学习目标和方法，避免出现拖延、消极、不合作等问题。

2. 规范可以激励和约束群体成员的行为表现和结果评价，提高绩效和质量。例如，在一个销售团队中，每个成员都需要遵守一些绩效规范，如达到销售指标、提高客户满意度、保持良好形象等。这些规范可以促进团队成员提高自己的工作水平、改善自己的工作效果，同时也可以通过奖励或惩罚来调整他们的工作态度和行为。

3. 规范可以传递和维护群体的文化特征和氛围气质，增强认同和影响。例如，在一个志愿者组织中，每个成员都需要遵守一些社会规范，如奉献爱心、尊重他人、诚实守信等。这些规范可以反映出组织的价值观念和理念，同时也可以通过宣传或示范来影响更多的人加入或支持组织的活动。

4. 规范可以适应和引导群体的变化和创新，提高灵活性和创造性。例如，在一个创业团队中，每个成员都需要遵守一些过程规范，如沟通协作、创新变革、持续学习等。这些规范可以帮助团队成员应对和适应外部环境的变化和挑战，同时也可以激发团队成员的创造力和创新力。

四、地位：群体成员的社会排序和层次

（一）地位的类型

群体地位是指群体成员在群体中所占有的相对位置或层次，它反映了群体成员的重要性、受尊重度和影响力。地位可以分为以下两种类型。

1. 正式地位（Formal Status）

正式地位是由组织或群体根据成员的职务、职责、贡献等因素授予或分配的地位，如职称、级别、奖励等。正式地位通常与成员的权力、收入、福利等有关，也受到组织或群体的目标、结构、文化等因素的影响。

2. 非正式地位（Informal Status）

非正式地位是由群体或组织内部成员根据成员的能力、性格、声望等因素认可或赋予的地位，如领导者、专家、明星等。非正式地位通常与成员的影响力、被尊重、被信任等有关，也受到群体或组织内部的氛围、规范、期望等因素的影响。

（二）地位的影响因素

群体地位通常由以下几个因素决定：驾驭他人的权力、对群体目标做出贡献的能力、个人特征等。

1. 驾驭他人的权力。权力是指个体或群体对他人行为的影响或控制能力。权力可以分

为正式权力和非正式权力，前者是由组织或群体授予或分配的，如职位、职责、奖惩等；后者是由个体自身获得或被赋予的，如知识、技能、声望等。一般来说，拥有更多权力的成员在群体中具有更高的地位，因为他们可以影响或决定群体的目标、资源、规则等。

2. 对群体目标做出贡献的能力。能力是指个体或群体完成某项任务或达到某种目标所需要的技术或心理素质。能力可以分为专业能力和通用能力，前者是指与特定领域或岗位相关的，如编程、设计、销售等；后者是指与多个领域或岗位相关的，如沟通、协作、创新等。一般来说，拥有更高能力的成员在群体中具有更高的地位，因为他们可以提高或保证群体的效率、质量、创新等。

3. 个人特征。个人特征是指个体所具有的独特的心理和行为特征。个人特征可以分为内在特征和外在特征，前者是指与个体的本质或内心相关的，如性格、价值、信念等；后者是指与个体的表现或外在相关的，如外貌、服饰、礼仪等。一般来说，拥有更吸引人或更符合群体期望的个人特征的成员在群体中具有更高的地位，因为他们可以获得更多的尊重、信任、喜爱等。

（三）地位的作用

地位对于群体管理有以下几种作用。

1. 地位可以激发和满足群体成员的不同需求，提高群体的动力和满意度。例如，在一个学习小组中，每个成员都有不同的地位，如组长、秘书、财务等，他们可以通过这些地位实现自己的价值和目标，并获得他人的认可和尊重。

2. 地位可以塑造和反映群体成员的身份和角色，提高群体的凝聚力和影响力。

3. 地位可以调节和协调群体成员的行为模式和价值取向，减少冲突和偏差。

4. 地位可以适应和引导群体成员的变化和创新，提高灵活性和创造性。

五、规模：群体成员的数量和分布

（一）群体规模的类型

群体规模是指群体中成员的数量，它影响了群体的结构、功能和效果。按照规模划分，群体可以分为小规模群体和大规模群体。

1. 小规模（Small Size）群体

小规模群体成员数量较少，一般在 2—9 人。小规模群体的特点是：沟通更顺畅，协作更紧密，决策更迅速，创新更容易，凝聚力更强。

2. 大规模（Large Size）群体

大规模群体成员数量较多，一般在 10 人以上。大规模群体的特点是：沟通更困难，协作更松散，决策更缓慢，创新更困难，凝聚力更弱。

（二）规模对群体管理的影响

群体规模对于群体管理有以下几方面影响。

1. 规模影响了群体的沟通和协作。一般来说，小规模群体的沟通和协作更加顺畅、有效和密切，因为小规模群体的成员之间有更多的接触机会、更高的参与度和更强的凝聚力。而大规模群体的沟通和协作则更加困难、低效和疏远，因为大规模群体的成员之间有更少的接触机会、更低的参与度和更弱的凝聚力。例如，在一个学习小组中，如果小组成员只有 4—5 人，那么他们可以更容易地交流、讨论、分工、合作，完成学习任务；而如果小组成员有 20—30 人，那么他们就会面临沟通障碍、冲突纠纷、责任推诿、合作困难等问题，影响学习效果。

2. 规模影响了群体的决策和创新。一般来说，大规模群体的决策和创新更加优秀、多样和有影响力，因为大规模群体的成员有更多的信息、知识、观点和资源，可以提高决策的质量和创新的水平。而小规模群体的决策和创新则更加有限、单一和无力，因为小规模群体的成员有更少的信息、知识、观点和资源，可能导致决策的偏差和创新的缺乏。例如，在一个创业团队中，如果团队成员有 50—60 人，那么他们可以利用各自的专业技能、经验背景、市场洞察等，进行有效的头脑风暴、方案评估、产品开发等，创造出具有竞争力和价值的创新项目；而如果团队成员只有 2—3 人，那么他们就会受到自身能力、经验、视野等方面的局限，难以做出具有突破性和影响力的创新项目。

3. 规模影响了群体的稳定和适应。一般来说，小规模群体的稳定和适应更加强劲、快速和灵活，因为小规模群体的成员有更高的相互依赖性、忠诚度和满意度，可以增强群体的凝聚力和抵御力。而大规模群体的稳定和适应则更加脆弱、缓慢和僵化，因为大规模群体的成员有更低的相互依赖性、忠诚度和满意度，可能导致群体的分化和崩溃。例如，在一个志愿者组织中，如果组织成员只有 10—15 人，那么他们可以更容易地建立信任、友谊、共识，维持组织的稳定和团结；而如果组织成员有 100—150 人，那么他们就会面临利益冲突、价值分歧、目标模糊等问题，影响组织的稳定和适应。

（三）规模对群体行为的影响

1. 规模影响了群体的社会惰化（Social Loafing）现象。社会惰化是指个体在群体中工作时不如单独工作时努力的倾向。规模越大，社会惰化越严重，群体的效率越低。

社会惰化的原因主要有两个方面：一是责任分散，即个体认为自己的贡献无法被衡量或评价，因此缺乏动力和责任感；二是公平感，即个体认为其他成员没有公平付出，因此减少自己的努力以重建公平感。一个典型的案例是拔河比赛，研究发现随着参与者人数的增加，每个人平均使出的力量减少了。

2. 规模影响了群体的社会促进（Social Facilitation）现象。社会促进是指个体在群体中工作时，由于受到他人观察或评价的影响，而改善了工作表现的倾向。规模越小，社会促进越明显，群体的效率越高。

社会促进的原因主要有两个方面：一是驱力水平理论，即他人在场时，可以提高个体的驱动力水平，从而使优势反应更易于表现出来；二是分心－冲突模型，即他人在场时，可以引起个体两种基本倾向之间的冲突，即注意周围的观众或一起活动的人与注意自己的工作之间的冲突，从而增加了难度和挑战性。一个典型的案例是跑步比赛，研究发现运动员在有观众或对手的情况下跑得更快。

3. 规模影响了群体的社会抑制（Social Inhibition）现象。社会抑制是指个体在群体中工作时，由于担心他人的批评或拒绝，而降低了工作表现的倾向。规模越大，社会抑制越严重，群体的创新性越低。

社会抑制的原因主要有两个方面：一是驱力水平理论，即他人在场时，可以提高个体的驱动力水平，从而使劣势反应更易于表现出来；二是分心－冲突模型，即他人在场时，可以引起个体两种基本倾向之间的冲突，即注意周围的观众或一起活动的人与注意自己的工作之间的冲突，从而降低了专注度和信心。一个典型的案例是演讲比赛，研究发现演讲者在有观众或评委的情况下，更容易紧张、结巴或忘词。

六、凝聚力：群体成员的相互吸引和依赖

（一）凝聚力的类型

群体凝聚力是指群体成员之间相互吸引、相互依赖和相互认同的程度，它反映了群体的内部一致性和稳定性。凝聚力可以分为以下几种类型。

1. 情感凝聚力（Affective Cohesion）

情感凝聚力是指群体成员之间的情感联系和友谊，它反映了群体成员彼此喜欢和彼此愉快地交往的程度。情感凝聚力可以增强群体成员的满意度、忠诚度和凝聚力，同时也可以缓解群体成员的压力、焦虑和孤独。一个典型的案例是，在一个运动队中，如果队员之间有强烈的情感凝聚力，他们就会更容易建立信任、友谊、共识，维持队伍的稳定和团结。

2. 任务凝聚力（Task Cohesion）

任务凝聚力是指群体成员对群体目标和任务的共同承诺，它反映了群体成员为了达到特定的任务而在一起工作所做出的努力程度。任务凝聚力可以提高群体成员的积极性、协作性、负责性，同时也可以提高群体的效率、质量、创新性。一个典型的案例是，在一个创业团队中，如果团队成员有强烈的任务凝聚力，他们就会为了团队的目标而努力工作，相互协调和配合，同时也会分享信息和经验，激发创造力和创新力。

3. 社会凝聚力（Social Cohesion）

社会凝聚力是指把人们紧密聚合在一起的某种社会吸引力，它反映了群体成员之间的相互认同、相互尊重和相互支持。社会凝聚力可以增强群体成员的公民意识、社会责任感和社会公益意识，同时也可以增强群体的稳定性、适应性和影响力。一个典型的案例是，在一个志愿者组织中，如果组织成员有强烈的社会凝聚力，他们就会长期坚持和参与组织的活动，不受外界的干扰和诱惑，同时也会积极地适应和响应社会的需求和变化，推动组织的发展和创新。

（二）凝聚力的影响

凝聚力对于群体管理有以下几方面影响。

1. 凝聚力影响了群体的绩效和创新。一般来说，凝聚力高的群体会比凝聚力低的群体表现更好，因为凝聚力高的群体成员会更加积极、协作、负责，同时也会更加信任、支持、鼓励他人。而凝聚力低的群体成员会更加消极、产生冲突、相互推诿，同时也会更加怀疑、抵制、压抑他人。例如，在一个创业团队中，如果团队成员之间有强烈的凝聚力，他们就会为了团队的目标而努力工作，相互协调和配合，同时也会分享信息和经验，激发创造力和创新力；而如果团队成员之间缺乏凝聚力，他们就会为了个人的利益而工作，相互竞争和产生矛盾，同时也会隐藏信息和经验，抑制创造力和创新力。

2. 凝聚力影响了群体的规范和服从。一般来说，凝聚力高的群体会比凝聚力低的群体更加遵守和接受群体的规范和期望，因为凝聚力高的群体成员会更加认同和尊重群体的价值观和理念，同时也会更加担心失去群体的认可和支持。而凝聚力低的群体成员会更加违反和抵制群体的规范和期望，因为凝聚力低的群体成员会更加坚持和表达个人的观点和需求，同时也会更加不在乎失去群体的认可和支持。例如，在一个销售团队中，如果团队成员之间有强烈的凝聚力，他们就会遵循团队的销售策略和流程，按时完成销售指标和报告，

同时也会听从团队领导者或其他成员的建议和指示；而如果团队成员之间缺乏凝聚力，他们就会自行其是地进行销售活动，忽视销售指标和报告，同时也会反对或忽略团队领导者或其他成员的建议和指示。

3. 凝聚力影响了群体的稳定和适应。一般来说，凝聚力高的群体会比凝聚力低的群体更加稳定和适应外部环境的变化，因为凝聚力高的群体成员会更加满意和忠诚于群体，不易离开或转换。同时，凝聚力高的群体也会更加灵活和创新地应对外部环境的挑战和机遇，因为凝聚力高的群体成员会更加信任和支持群体的变革和创新。而凝聚力低的群体成员会更加对群体不满和背叛群体，容易离开或转换。同时，凝聚力低的群体也会更加僵化和保守地应对外部环境的挑战和机遇，因为凝聚力低的群体成员会更加怀疑和抵制群体的变革和创新。例如，在一个志愿者组织中，如果组织成员之间有强烈的凝聚力，他们就会长期坚持和参与组织的活动，不受外界的干扰和诱惑，同时也会积极地适应和响应社会的需求和变化，推动组织的发展和创新；而如果组织成员之间缺乏凝聚力，他们就会短期参与或退出组织的活动，受外界的干扰和诱惑，同时也会消极地抵触和拒绝社会的需求和变化，阻碍组织的发展和创新。

第四节　群体的心理过程和效应

群体的心理过程是指群体在与外部环境或内部成员进行交互时，所发生的一系列心理活动，包括知觉、学习、思维、决策和情绪等。群体的心理过程与个体的心理过程有相似之处，但也有其独特之处，主要体现在以下几个方面。

一、知觉：群体对外部信息的选择和解释

（一）知觉与群体知觉

知觉是指个体或群体对外部刺激的感知、识别和理解的过程。群体知觉是群体成员共同形成的对外部信息的选择和解释，它受到群体特征、目标、信念、态度、价值观等因素的影响。群体知觉对群体行为和绩效有重要的影响，因为它决定了群体如何定义问题、评估机会和威胁、选择策略和行动方案等。

（二）群体知觉的误区

群体知觉可能存在一些偏差和误区。

1. 群体极化：指群体讨论后，群体成员倾向于做出比个人更极端的判断或决策。例如，一个倾向于保守的群体可能在讨论后变得更加保守，而一个倾向于冒险的群体可能在讨论后变得更加冒险。

2. 群体迷思：指群体成员过分相信自己的正确性和优越性，忽视或排斥与自己不一致或不利的信息，导致决策失误或失败。例如，美国肯尼迪政府在1961年发动对古巴的猪湾入侵时，就受到了群体迷思的影响，没有充分考虑古巴人民和苏联的反应，结果遭到了惨败。

3. 群体偏见性：即群体倾向于用有利于自己或不利于他人的方式来解释相同的事实，而忽视或曲解其中的客观性或公正性。例如，一个球队或运动员会更倾向于用自己的努力

或对方的失误来解释自己的胜利，而用对方的作弊或自己的不幸来解释自己的失败。

二、学习：群体对外部信息的记忆和应用

（一）学习与群体学习

学习是指个体或群体通过经验或教育而发生的相对稳定的行为或能力的改变。群体学习是指群体通过共享信息、交流意见、协调行动等方式，提高自身的知识、技能、态度、价值观等方面的能力。群体学习受到群体的目标、动机、态度、信念、价值观等因素以及他人在场、社会规范、社会影响等因素的影响。

（二）群体学习的特点

1. 群体学习具有模仿性，即群体倾向于通过模仿他人来获取和掌握新信息或新技能，而不是通过自主探索或创造性思维。例如，一个企业或组织会更倾向于通过模仿竞争对手或行业领导者来改进自己的产品或服务，而不是通过自主研发或创新思维。

2. 群体学习具有传播性，即群体倾向于通过交流和分享来传递和扩散已有信息或技能，而不是通过保密和独占。例如，一个社区或团体会更倾向于通过交流和分享来传递和扩散自己的文化或经验，而不是通过保密和独占。

3. 群体学习具有稳定性，即群体倾向于坚持和维护已有信息或技能。例如，一个宗教或信仰会更倾向于坚持和维护自己的教义或仪式，而不是积极寻求更新和变革。

（三）促进群体学习的条件和方法

群体学习有助于提升群体创新、适应、竞争等方面的优势。促进群体学习的条件和方法包括以下几方面。

1. 建立共同愿景：指明群体存在的目标和意义，激发群体成员的共同价值观和信念。例如，谷歌公司就以"整合全球信息，使人人都能访问并从中受益"为其共同愿景，引导其员工不断学习和创新。

2. 创造开放氛围：鼓励群体成员表达自己的想法和意见，尊重和倾听他人的观点和反馈，促进信息的交流和共享。例如，宝洁公司就通过建立多种内部和外部的沟通渠道，如员工论坛、客户调查、合作伙伴咨询等，创造了一个开放的学习氛围。

3. 实施反馈机制：定期评估群体的学习效果和绩效，及时发现和解决问题，不断改进和完善。例如，丰田公司就通过实施"计划—执行—检查—行动"（PDCA）循环，实现了持续的群体学习和改进。

三、思维：群体对外部信息的分析和判断

（一）思维与群体思维

思维是指个体或群体对外部信息进行加工、组织、整合、推理、创造等活动的过程。群体思维是指群体成员通过协作或竞争的方式，对外部信息进行分析和判断，形成共同或相互影响的认知结构。

（二）群体思维的特点

1. 群体的思维具有一致性，即群体倾向于形成和保持与群体共识相一致的思维，而不是与群体共识相冲突的思维。例如，一个政党或团体会更倾向于形成和保持与自己的政治或理念相一致的思维，而不是与自己的政治或理念相冲突的思维。

2. 群体的思维具有极化性，即群体倾向于在讨论和交流中使自己的思维变得更加极端或偏激，而不是更加温和或平衡。例如，一个社会运动或抗议活动会更倾向于在讨论和交流中使自己的思维变得更加激进或激昂，而不是更加理性或冷静。

3. 群体的思维具有惯性，即群体倾向于沿用和重复已有的思维方式和模式，而不是尝试和采用新的思维方式和模式。例如，一个传统或习惯会更倾向于沿用和重复已有的思维方式和模式，而不是尝试和采用新的思维方式和模式。

（三）提高群体思维能力的技巧

群体思维影响了群体的问题解决、创新、决策等能力。提高群体思维的质量和效率的策略和技巧包括以下几方面。

1. 利用多元化：充分利用群体成员多样化的知识、经验、观点、风格等，增加群体思维的广度和深度。例如，苹果公司就通过招聘不同领域、不同背景、不同文化的人才，形成了一个多元化的思维团队。

2. 采用结构化：采用一些有序、规范、系统的方法或工具，提高群体思维的逻辑性和有效性。例如，微软公司就通过使用"六项思考帽"法等结构化思维技巧，提高了其员工的思维质量和效率。

3. 鼓励创造性：激发群体成员的想象力和创造力，鼓励他们提出新颖、有价值、有意义的想法或解决方案。例如，亚马逊公司就通过设立"双子星计划"等创新平台，鼓励其员工提出并实现自己的创造性想法。

四、决策：群体对外部信息的选择和执行

（一）决策与群体决策

决策是指个体或群体在面对多种可选方案时，根据一定的目标和标准，选择并执行最佳或最优方案的过程。群体决策是指群体成员通过协商或投票等方式，达成一致或多数意见，并将其付诸行动。

（二）群体决策的特点

1. 群体的决策具有合作性，即群体倾向于通过协商和协作来达成和实施决策，而不是通过竞争和对抗。例如，一个家庭或一对夫妻会更倾向于通过协商和协作来达成和实施关于孩子教育或家庭支出等方面的决策，而不是通过竞争和对抗。

2. 群体的决策具有参与性，即群体倾向于让所有成员都参与到决策过程中来，而不是让少数人或某个人来决定。例如，一个班级或学校会更倾向于让所有学生都参与到关于课程安排或活动组织等方面的决策过程中来，而不是让少数学生或老师来决定。

3. 群体的决策具有责任性，即群体倾向于对自己所做出和执行的决策承担责任，而不是推卸责任。例如，一个公司或团队会更倾向于对自己所做出和执行的关于产品开发或项目管理等方面的决策承担责任，而不是推卸责任。

（三）优化群体决策的方法和原则

群体决策关系到组织的战略方向、资源配置、竞争优势等方面。优化群体决策的效果和结果的方法和原则包括以下几方面。

1. 明确目标：明确群体决策的目标是什么，为什么要做这个决策，以及如何衡量决策的成功与否。例如，在制订新产品开发计划时，群体决策的目标是选择最有市场潜力和竞

争力的产品方案，决策的依据是市场调研、成本分析、技术评估等数据，决策的评价是产品的销量、利润、满意度等指标。

2. 收集信息：收集与决策相关的各种信息，包括事实、数据、意见、建议等，尽量确保信息的充分性、准确性、可靠性和时效性。例如，在制订新产品开发计划时，群体成员可以从不同的渠道和角度收集信息，如客户需求、竞争对手动态、技术发展趋势等。

3. 生成方案：根据收集到的信息，生成多种可行的方案，并对每个方案进行优缺点分析，比较各个方案的可行性、有效性和风险性。例如，在制订新产品开发计划时，群体成员可以提出不同类型、功能、设计、价格等方面的产品方案，并进行比较和评估。

4. 选择方案：根据优缺点分析和目标标准，选择最佳或最优的方案，并对其进行确认和修改，使其符合群体的期望和要求。例如，在制订新产品开发计划时，群体成员可以通过协商或投票等方式，选择最有市场潜力和竞争力的产品方案，并对其进行细化和完善。

5. 执行方案：将选择好的方案付诸行动，并制订相应的执行计划、分工方案、监控机制等，确保决策的顺利实施。例如，在制订新产品开发计划后，群体成员可以按照执行计划进行产品研发、测试、推广等工作，并通过监控机制跟踪产品的进展和效果。

五、情绪：群体对外部信息的反应和表达

（一）情绪与群体情绪

情绪是指个体或群体在面对外部信息时产生的一种主观的心理状态或感受，通常伴随着生理变化和行为表现。群体情绪是指群体成员共同或相互影响地产生和表达的情绪状态或感受，它受到群体氛围、文化、领导风格等因素的影响。

（二）群体情绪的特点

1. 群体的情绪具有传染性，即群体倾向于通过相互影响和模仿来产生和扩散相同或相似的情绪，而不是保持或表达不同或独特的情绪。例如，一个观众或粉丝会更倾向于通过相互影响和模仿来产生和扩散欢乐或悲伤的情绪，而不是保持或表达冷漠或反感的情绪。

2. 群体的情绪具有强化性，即群体倾向于通过相互支持和鼓励来增强和持续自己的情绪，而不是减弱或消除自己的情绪。例如，一个抗议者或示威者会更倾向于通过相互支持和鼓励来增强和持续自己的愤怒或热情的情绪，而不是减弱或消除自己的愤怒或热情的情绪。

3. 群体的情绪具有表达性，即群体倾向于通过各种方式来表达和释放自己的情绪，而不是压抑或隐藏自己的情绪。例如，一个球迷或歌迷会更倾向于通过各种方式来表达和释放自己的喜爱或崇拜的情绪，如欢呼、鼓掌、唱歌等，而不是压抑或隐藏自己的喜爱或崇拜的情绪。

（三）管理群体情绪的技巧

群体情绪影响了群体成员的积极性、合作性、忠诚度等方面。管理和引导群体情绪的方法和技巧如下。

1. 识别情绪：观察和了解群体成员在不同情境下表现出来的情绪状态或感受，如高兴、悲伤、愤怒、恐惧等，并分析其产生的原因和影响。例如，在完成一个重要项目后，管理者可以通过观察群体成员的面部表情、语气、肢体动作等，识别他们的情绪状态，如满意、自豪、紧张、疲惫等，并分析其与项目的难度、结果、奖励等因素的关系。

2. 表达情绪：适当地表达自己和群体的情绪状态或感受，以及对群体成员的情绪状态或感受的理解和关心，增强群体成员的情感交流和信任。例如，在完成一个重要项目后，管理者可以通过语言、肢体动作、赠送礼物等方式，表达自己和群体的满意和自豪，以及对群体成员的紧张和疲惫的理解和关心，增强群体成员的归属感和认同感。

3. 调节情绪：根据不同的情绪状态或感受，采取不同的方法或措施，调节自己和群体的情绪状态或感受，使其适应当前的任务和目标。例如，在完成一个重要项目后，管理者可以通过组织庆祝活动、休息调整、反馈评价等方式，调节自己和群体的情绪状态，如释放压力、恢复精力、提高信心等，使其为下一个项目做好准备。

第五节　群体与个人的互动与影响

华为公司是一个以群体为基础的组织，它的成功很大程度上依赖于个人对群体的影响。华为公司的创始人任正非曾说过："华为的核心竞争力就是我们不断培养出优秀的人才，让他们在团队中发挥出最大的价值。"华为公司注重选拔和培养具有高能力、高动机、高态度、高行为的员工，让他们在各个群体中发挥出领导力和创造力，提高群体的效能、氛围、凝聚力等，从而推动组织的发展和创新。

在组织中，群体是一种常见的工作形式，群体成员之间不仅有协作和交流，还有互相影响和塑造。本节将从两个方面分析群体与个人的互动与影响：一是个人对群体的影响，二是群体对个人的影响。

一、个人对群体的影响

个人对群体的影响主要指个人特征、动机、态度、行为等因素对群体效能、氛围、凝聚力等方面的影响。具体来说，有以下几个方面。

（一）个人特征

个人特征包括个人的能力、性格、价值观、信念等，这些特征会影响个人在群体中的角色定位、地位分配、信任建立等，从而影响群体的功能和效果。例如，一个具有高智商和高情商的成员，可能会在群体中扮演领导者或核心成员的角色，提高群体的决策质量和协调能力；而一个具有创新性和开放性的成员，可能会在群体中引入新思路和新方法，促进群体创造力和适应力的提升。

（二）个人动机

个人动机是指个人参与群体活动的内在或外在驱动力，它会影响个人在群体中的投入程度、目标导向、奖惩感受等，从而影响群体的绩效和满意度。例如，一个具有高成就动机的成员，可能会在群体中积极主动地完成任务，追求优异的结果，提高群体的工作效率和质量；而一个具有高归属动机的成员，可能会在群体中关注他人的需求和感受，增强群体的凝聚力和忠诚度。

（三）个人态度

个人态度是指个人对群体及其活动的评价和倾向，它会影响个人在群体中的情绪状态、信心水平、合作意愿等，从而影响群体的氛围和稳定性。例如，一个具有积极态度的成员，可能会在群体中传播正能量，激发他人的积极情绪和行为；而一个具有消极态度的成员，可能会在群体中散播负能量，引发他人的消极情绪和行为。

（四）个人行为

个人行为是指个人在群体中实际表现出来的言语和行动，它是个人特征、动机、态度等因素的外在表现，也是对群体最直接和最明显的影响。例如，一个具有高责任感和高执行力的成员，可能会在群体中按时高质量地完成分配给自己的任务，并帮助他人解决问题；而一个具有低责任感和低执行力的成员，可能会在群体中拖延或逃避自己的任务，并给他人造成麻烦。

二、群体对个人的影响

苹果公司是一个以群体为基础的组织，它的成功很大程度上依赖于群体对个人的影响。苹果公司的创始人乔布斯曾说过："我们不是在雇用智能人才，我们是在雇用智能人才来告诉我们他们想要做什么。"苹果公司注重建立和维持高规范、高地位、高凝聚力、高压力的群体，让其成员在各个群体中受到激励和挑战，促进其在知觉、学习、思维、决策、情绪等方面有所进步，从而推动组织的创新和变革。

群体对个人的影响主要指群体规范、地位、凝聚力、压力等因素对个人知觉、学习、思维、决策、情绪等方面的影响。具体来说，有以下几个方面。

（一）群体规范

群体规范是指群体成员共同认可和遵守的行为准则和价值标准，它会影响个人对自己和他人的期望和评价，从而影响个人的知觉和行为。例如，一个群体如果有高效率和高质量的规范，那么它的成员可能会对自己和他人有更高的要求和标准，从而提高自己的工作水平和贡献度；而一个群体如果有低效率和低质量的规范，那么它的成员可能会对自己和他人有更低的要求和标准，从而降低自己的工作水平和贡献度。

（二）群体地位

群体地位是指个人在群体中所占有的相对位置和权力，它会影响个人在群体中所享有的资源和待遇，从而影响个人的学习和发展。例如，一个具有高地位的成员，可能会在群体中获得更多的信息、支持、奖励等，从而提高自己的知识、技能、信心等方面的水平；而一个具有低地位的成员，可能会在群体中获得更少的信息、支持、奖励等，从而降低自己的知识、技能、信心等方面的水平。

（三）群体凝聚力

群体凝聚力是指群体成员之间相互吸引和紧密联系的程度，它会影响个人对群体的认同和归属感，从而影响个人的情绪和态度。例如，一个具有高凝聚力的群体，可能会让其成员感受到更多的友谊、信任、尊重等，从而提升自己的满意度、忠诚度、责任感等；而一个具有低凝聚力的群体，可能会让其成员感受到更多的冲突、猜忌、排斥等，从而降低自己的满意度、忠诚度、责任感等。

（四）群体压力

群体压力是指群体对个人施加的影响或要求，它会影响个人在群体中所做出的选择或决策，从而影响个人的思维和行为。例如，一个具有高压力的群体，可能会让其成员感受到更多的竞争、挑战、风险等，从而促进或抑制自己的创新和变革；而一个具有低压力的群体，可能会让其成员感受到更多的安逸、惰性、保守等，从而促进或抑制自己的稳定和维持现状。

第六节 群体与组织的互动与影响

在组织中，群体不仅与个人有互动与影响，还与组织有互动与影响。本节将从两个方面分析群体与组织的互动与影响：一是组织对群体的影响，二是群体对组织的影响。

一、组织对群体的影响

阿里巴巴集团是一个以群体为基础的组织，它的成功很大程度上依赖于组织对群体的影响。阿里巴巴集团的创始人马云曾说过："我们不是在做电子商务，我们是在做社会化商务。"阿里巴巴集团注重建立和维持明确和具体的目标、扁平化和灵活化的结构、开放和包容的文化、积极和鼓励的氛围等，让其成员在各个群体中感受到存在意义、地位定位、认同感受、激励感受等，提高自己在类型、数量、规模、形式、功能、效果、氛围、凝聚力、稳定性、绩效、创新、合作等方面的能力。

组织对群体的影响主要指组织目标、结构、文化、氛围等因素对群体形成、发展、结构、特性等方面的影响。具体来说，有以下几个方面。

（一）组织目标

组织目标是指组织所追求的愿景、使命、战略等，它会影响群体的存在意义、方向导向、任务分配等，从而影响群体的类型、数量、规模等。例如，一个具有明确和具体的目标的组织，可能会形成更多的目标导向型和任务导向型的群体，这些群体通常数量较少，规模较小，类型较单一；而一个具有模糊和抽象的目标的组织，可能会形成更多的关系导向型和过程导向型的群体，这些群体通常数量较多，规模较大，类型较多样。

（二）组织结构

组织结构是指组织内部各部分之间的关系和配置，它会影响群体的地位定位、权力分配、沟通协调等，从而影响群体的形式、功能、效果等。例如，一个具有扁平化和灵活化的结构的组织，可能会形成更多的自主型和创新型的群体，这些群体通常形式较非正式，功能较多元，效果较高效；而一个具有层级化和僵化的结构的组织，可能会形成更多的从属型和保守型的群体，这些群体通常形式较正式，功能较单一，效果较低效。

（三）组织文化

组织文化是指组织内部共享和传承的价值观、信念、规范等，它会影响群体的认同感受、价值取向、行为准则等，从而影响群体的氛围、凝聚力、稳定性等。例如，一个具有开放和包容的文化的组织，可能会形成更多的多元化和协作化的群体，这些群体通常氛围较和谐，凝聚力较强，稳定性较高；而一个具有封闭和排他的文化的组织，可能会形成更多的同质化和竞争化的群体，这些群体通常氛围较紧张，凝聚力较弱，稳定性较低。

（四）组织氛围

组织氛围是指组织内部的情绪、气氛、风格等，它会影响群体的激励感受、满意度、忠诚度等，从而影响群体的绩效、创新、合作等。例如，一个具有积极和鼓励的氛围的组织，可能会形成更多的高绩效和高创新的群体，这些群体通常激励感受较强，满意度较高，忠诚度较高；而一个具有消极和压抑的氛围的组织，可能会形成更多的低绩效和低创新的群体，这些群体通常激励感受较弱，满意度较低，忠诚度较低。

二、群体对组织的影响

谷歌公司是一个以群体为基础的组织，它的成功很大程度上依赖于群体对组织的影响。谷歌公司的创始人之一拉里·佩奇（Larry Page）曾说过："我们不是在做搜索引擎，我们是在做人类知识的组织。"谷歌公司注重培养和激励具有高效能、高创新、高合作、高竞争的群体，让其成员在各个群体中展现出能力和水平、创造力和变革力、协调性和互助性、比较性和争夺性等，提高组织在生产力、质量、效率、适应力、学习力、领先力、协同效应、资源共享、信任建立、激励机制、绩效评估、奖惩分配等方面的综合能力。

群体对组织的影响主要指群体效能、创新、合作、竞争等因素对组织目标、结构、文化、氛围等方面的影响。具体来说，有以下几个方面。

（一）群体效能

群体效能是指群体在完成组织分配的任务或目标时所表现出来的能力和水平，它会影响组织的生产力、质量、效率等，从而影响组织的竞争力和发展力。例如，一个具有高效能的群体，可能会为组织带来更多的产出、收入、利润等，从而提升组织的市场地位和品牌形象；而一个具有低效能的群体，可能会为组织带来更多的浪费、损失、风险等，从而降低组织的市场地位和品牌形象。

（二）群体创新

群体创新是指群体在应对组织所面临的变化或挑战时所展现出来的创造力和变革力，它会影响组织的适应力、学习力、领先力等，从而影响组织的生存力和发展力。例如，一个具有高创新力的群体，可能会为组织带来更多的新思路、新方法、新产品等，从而增强组织的应对能力和领导能力；而一个具有低创新力的群体，可能会为组织带来更多的旧观念、旧方式、旧产品等，从而削弱组织的应对能力和领导能力。

（三）群体合作

群体合作是指群体之间在实现组织共同的目标或利益时所表现出来的协调性和互助性，它会影响组织的协同效应、资源共享、信任建立等，从而影响组织的凝聚力和稳定性。例如，一个具有高合作度的群体，可能会与其他群体保持良好的沟通和协作，实现资源和信息的有效流动和利用，增加彼此之间的信任和支持；而一个具有低合作度的群体，可能会与其他群体产生隔阂和冲突，造成资源和信息的阻塞和浪费，减少彼此之间的信任和支持。

（四）群体竞争

群体竞争是指群体之间在获取组织有限的资源或奖励时所表现出来的比较性和争夺性，它会影响组织的激励机制、绩效评估、奖惩分配等，从而影响组织的动力和效率。例如，一个具有高竞争性的群体，可能会与其他群体进行积极的比较和竞争，提高自己的工作水平和质量，获得更多的资源和奖励；而一个具有低竞争性的群体，可能会与其他群体进行消极的比较和竞争，降低自己的工作水平和质量，失去更多的资源和奖励。

本章小结

群体管理是组织管理和领导力的重要内容，它涉及如何有效地组织、协调和激励群体成员，以实现组织的目标和使命。本章主要介绍了以下几个方面的内容。

群体的定义、特征和类型。群体由两个或多个相互依赖的人组成，他们共同追求某个共同的目标或满足自己的某种需要。群体可以根据其形成的方式、目的、结构和功能等不同维度进行分类。

群体的发展阶段和模型。群体的发展是一个动态的过程，一般可以分为五个阶段：形成、震荡、规范、执行和解散。不同的群体发展模型强调了不同的影响因素，如任务、关系、领导、环境等。

群体的效能和影响因素。群体效能是指群体在完成任务或实现目标时所表现出的水平或质量。影响群体效能的因素有很多，如群体规模、多样性、凝聚力、沟通、冲突、决策等。

群体与个人之间的关系和影响。群体对个人有着重要的影响，如塑造个人的认同感、归属感、价值观和行为规范等。同时，个人也会对群体产生影响，如提供资源、信息、支持和反馈等。

群体管理的策略和技巧。作为组织管理者和领导者，要有效地管理群体，需要掌握一些策略和技巧，如明确群体的目标和角色、建立良好的沟通和信任、鼓励创新和合作、处理好冲突和分歧、评估和奖励群体的绩效等。

第八章 团队管理

【引例】

　　《西游记》是我们耳熟能详的小说，唐僧师徒四人历经九九八十一难去西天取经的故事妇孺皆知。从现代管理学角度来看，它为我们提供了一个绝佳的团队管理案例。按照现代组织理论，唐僧就是部门总监，孙悟空是项目经理，猪八戒是项目成员，沙和尚是项目后勤人员。这师徒四人能力参差不齐，性格相差迥异，可谓多元化的团队。那么，如何利用不同员工的不同性格特质和本领，建立一支高效的团队呢？

　　唐僧，团队灵魂和精神支柱。他具有强烈的愿景与使命感，性格坚韧，百折不挠，历经万难仍不改初衷。他把师徒四人整治成一个有凝聚力的团队，历经各种艰难险阻，终于成功实现团队目标。唐僧的优点在于信仰坚定、坚忍不拔、心地善良、仁慈宽厚；另外，他"人脉"很广。这样的人做部门总监，项目开展起来，想不成功都难。同时，唐僧的能力在师徒四人中又是最弱的，但这不影响他的领导地位。领导者在团队中的角色是搭舞台，而非抢镜头。唐僧要做的事就是把握前进的方向，并激励每个员工充分发挥出自己的优势，为整个团队顺利完成目标奉献自己的力量。

　　孙悟空，西天取经举足轻重的人物。他承担了保护唐僧、斩妖除魔的主要任务。武功高强、有勇有谋的孙悟空，每每在危急关头发挥本领，拯救团队于水火之中，使团队能够继续前进，显示其高度的执行力、独立性和不可替代性。孙悟空的优点在于能力出众、神通广大，有斩妖除魔的好本领，能独立作战、独当一面，乐于和敢于承担重大责任，执行力强。在三个徒弟中，孙悟空是最难管的，也是最让唐僧头疼的。孙悟空这样的明星员工，少了他绝对不行，但如果不好好管束，他对团队的伤害甚至可能会大于贡献。一方面，孙悟空是一个工作狂，用工作激励法很奏效；另一方面，孙悟空性格刚烈，吃软不吃硬，要用感情来软化他。

　　猪八戒，团队的开心果。少了八戒，整个西游旅途会变得枯燥乏味。一个团队中总需要有开心果，让一群严肃的人在工作中多些乐趣。猪八戒的优点是性格亲和，他是典型的社交导向型人格，活泼开朗，善于交际，喜欢沟通，易兴奋，惯于随声附和和过度承诺，不喜欢无聊和严格。八戒善于察言观色、奉承领导，对于明星员工孙悟空的错误和毛躁，他敢于指出，避免团队陷入集体思维，从某种程度上也巩固了唐僧的协调和管理核心地位。对于八戒这样的员工，应鼓励其坚定立场，尤其在团队遇到困难时，应极力避免他们的动摇对团队的士气造成毁灭性的打击。

　　沙和尚，团队的黏合剂。沙和尚担任的是难度不高但一定要有人执行的行政后勤工作。没有了沙和尚，取经日常的行路都会成为困难。沙和尚由于性格沉稳，不与人争锋，也成为团队的稳定剂和黏合剂。他的优点是做事细心认真，脚踏实地、任劳任怨、不爱出风头、甘于默默付出；缺点是不善表达，过于低调，在实际工作中，容易被人忽视。对于沙和尚这样默默奉献的员工，老板应主动给予更多的关注和鼓励。

唐僧师徒之所以能成功取得真经，关键在于这是一个优势互补、凝聚力强的多元化的团队。在唐僧的领导下，每位团队成员都能发挥自己的优势，扮演好各自的角色，发挥自己的效用。

在现代社会中，社会分工越来越细，最专业的事就要交给最专业的人去做。即使是一个再小的公司也需要管理、技术、财务、销售、法律多方面的人才。一个团队要想和谐稳定，需要挑选出性格互补的团队成员，才能减少内耗发生的可能性。[①]

面对日趋激烈的市场，产品质量和生产效率的要求不断提高，面对复杂多变的竞争环境，个人的力量非常有限。只有运用团队的力量，互相协作，共同面对挑战，才能促进企业的发展。那么，了解如何管理团队，理解团队与群体有什么区别以及如何构建和开发高效团队就成为我们急需解决的问题。

在当代动态的全球化环境中，对团队的管理已经成为一种现实，但同时也意味着一种挑战。成千上万的组织进行结构重组，使工作在团队基础上进行而不是在个体基础上进行。为什么？这些工作团队表现出哪些特点？管理者如何做才能建立高效的工作团队？本章中我们要回答这些问题。

第一节 团队的概念和特征

一、团队的定义和类型

（一）团队的定义

团队（Team）是指一种为了实现某一目标而由相互协作的个体所组成的正式群体。它是由员工和管理层组成的一个共同体，合理利用每一个成员的知识和技能协同工作，解决问题，达到共同的目标。

团队有几个重要的构成要素，可总结为 5P。

1. 目标（Purpose）

团队应该有一个既定的目标，为团队成员导航，使其知道要向何处去，没有目标这个团队就没有存在的价值。

自然界中有一种昆虫很喜欢吃三叶草，这种昆虫在吃食物的时候都是成群结队的，第一个趴在第二个的身上，第二个趴在第三个的身上，由一只昆虫带队去寻找食物，这些昆虫连接起来就像一节一节的火车车厢。管理学家做了一个实验，把这些像火车车厢一样的昆虫连在一起，组成一个圆圈，然后在圆圈中放了它们喜欢吃的三叶草。结果它们爬得精疲力竭也吃不到这些草。这个例子说明在团队失去目标后，团队成员就不知道向何处去，最后的结果可能是饿死，这个团队存在的价值可能也就要打折扣。

团队的目标必须跟组织的目标一致，此外还可以把大目标分成小目标，具体分到各个团队成员身上，大家合力实现这个共同的目标。同时，目标还应该有效地向大众传播，让

---

① 资料来源：文玲娜. 从西游记看多元化团队管理. 人力资源管理，2010（6）：90.

团队内外的成员都知道这些目标，有时甚至可以把目标贴在团队成员的办公桌上、会议室里，以此激励所有的人为这个目标去工作。

2. 人（People）

人是构成团队最核心的力量。两个及以上的人就可以构成团队。目标是通过人员具体实现的，所以人员的选择是团队工作中非常重要的一个部分。

3. 团队的定位（Place）

团队的定位包含两层意思：第一，团队的定位，团队在企业中处于什么位置，由谁选择和决定团队的成员，团队最终应对谁负责，团队采取什么方式激励下属；第二，个体的定位，即个体作为成员在团队中扮演什么角色，是负责制订计划还是具体实施或评估。

4. 权限（Power）

团队当中领导人的权力大小跟团队的发展阶段相关，一般来说，团队越成熟领导者所拥有的权力相应越小，在团队发展的初期阶段领导权相对比较集中。

团队权限关系体现在两个方面：第一，整个团队在组织中拥有什么样的决定权，比方说财务决定权、人事决定权、信息决定权；第二，组织的基本特征，比方说组织的规模多大、团队的数量是否足够多、组织对于团队的授权有多大、它的业务是什么类型。

5. 计划（Plan）

目标最终的实现，需要一系列具体的行动方案，可以把计划理解成目标的具体工作的程序。此外，提前按计划进行可以保证团队工作进度的顺利。只有在有计划的操作下团队才会一步一步地贴近目标，从而最终实现目标。

（二）团队的类型

团队的分类有很多方法，目前组织中最常见的团队分类方法是根据团队存在的目的和拥有自主权的大小分为问题解决型团队（Problem-solving Team）、自我管理型团队（Self-managed Team）、跨职能团队（Cross-function Team）、虚拟团队（Virtual Team）和知识团队（Knowledge Team）。

1. 问题解决型团队：是由同一部门或职能领域的员工组成的工作团队，主要负责讨论和提出提高工作质量和效率的建议，如图 8-1 所示。这类团队通常没有实施决策的权力，只能向上级领导提供意见或建议，例如客户服务团队的工作就是解决客户的抱怨。

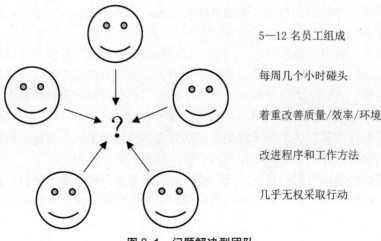

5—12 名员工组成

每周几个小时碰头

着重改善质量/效率/环境

改进程序和工作方法

几乎无权采取行动

图 8-1 问题解决型团队

2. 自我管理型团队：是由员工组成的、不包含管理者的一种正式群体，单独负责一个完整的工作程序或部门，如图 8-2 所示。传统的工作群体通常是由管理者来决策，群体成员遵循管理者的指令。而在自我管理型团队中，没有一个管理者负责整个的或局部的工作流程。自我管理型团队负责完成工作，并进行自我管理。这类团队具有较高的自主权，可以自行安排工作计划、分配任务、监督进度、解决问题、评估绩效等。

例如通用电气公司、百事可乐公司、惠普公司、联邦快递公司等都采用自我管理型团队方式，它们自己确定如何最佳地完成工作。自我管理型团队的效果如何？大多数采用它的组织认为这种方式是成功的，自我管理型团队能够很好地提高员工的满意度。

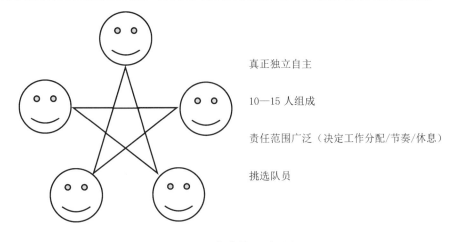

真正独立自主

10—15 人组成

责任范围广泛（决定工作分配/节奏/休息）

挑选队员

图 8-2　自我管理型团队

3. 跨职能团队：也称多功能团队，指来自不同职能领域的个体组成的工作团队，例如来自研发、生产、销售、财务等部门的员工组成的团队，如图 8-3 所示。多功能团队打破了部门之间的界限，使得来自不同领域的员工能够交流，有利于激发出新观点，协调解决复杂的问题。这类团队通常负责开发新产品、改进现有产品或服务、设计新流程或系统等创新性或复杂性较高的任务。

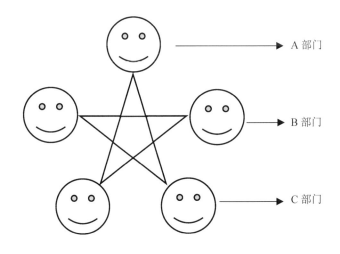

A 部门

B 部门

C 部门

图 8-3　跨职能团队

　　例如，位于美国密苏里州堪萨斯城的豪马克贺卡公司，它的编辑、作家、画家以及产品专家与来自生产、制图、销售与分销部门的员工共同工作——从一种新产品思路的开发，至客户服务渠道的改进。位于新泽西州桥水市的惠普公司北美分销部中，也建立了一支跨职能团队，负责重新设计不够有效的工作流程。

　　4. 虚拟团队：这是一种特殊的团队形式。虚拟团队指的是利用信息技术把分散在各地的成员连接起来，以实现某个共同目标的工作团队。虚拟团队可以跨越地域、时区、组织甚至国家界限，利用电子邮件、视频会议、在线聊天等方式进行沟通和协作。

　　虚拟团队可以完成其他团队能够完成的所有工作——分享信息、做出决策、完成任务，但是，他们缺少了通常面对面进行的"说与听的互换式"讨论。正因为这种缺失，虚拟团队更倾向于任务取向，尤其是当团队成员素未谋面时。

　　5. 知识团队：知识团队一般指运用高智力资本从事创新型工作的团队。目前的学术界对于知识团队并没有明确的定义，但是综合目前的研究成果，知识团队是团队概念的延伸，主要特征表现为：承担超常规创新性复杂任务，成员拥有独特的专业技术，团队知识需要进行共享、整合和重组。

表 8-1　团队的类型

团队类型	成员特点	团队特点
问题解决型团队	同一部门，一般 5—12 人	定期开会提出解决问题的建议，但无决策权
自我管理型团队	同一部门，一般 10—15 人	拥有获得所需资源和决策的权力，对工作结果承担全部责任
跨职能团队	同一等级，跨部门和技能，人数灵活	成员相互交流，合作解决面临的问题，完成比较复杂的项目
虚拟团队	不同等级，跨部门和技能，人数灵活	充分使用网络、电话或视频通信工具进行沟通、协调，突破时间和空间的限制
知识团队	用高智力资本从事创新型工作	承担超常规创新性复杂任务，成员拥有独特的专业技术，团队知识需要进行共享、整合和重组

二、群体和团队的关系

（一）群体和团队的区别

　　群体和团队经常容易被混为一谈，但它们之间有根本性的区别。团队不同于群体。团队是群体的一种，但群体不一定是团队。其差异主要体现在以下 6 个方面，亦如图 8-4 和表 8-2 所示。

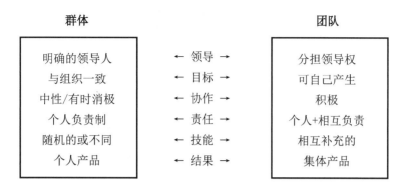

图 8-4　群体和团队的比较

表 8-2　群体和团队的比较

对比维度	群体与团队的区别
领导方面	作为群体应该有明确的领导人；团队可能就不一样，尤其团队发展到成熟阶段，成员共享决策权。
目标方面	群体的目标必须跟组织保持一致；但团队中除了这点之外，还可以产生自己的目标。
协作方面	协作性是群体和团队最根本的差异，群体的协作性可能是中等程度的，有时成员还有些消极、有些对立；但团队中是一种齐心协力的气氛。
责任方面	群体的领导者要负很大责任；团队中除了领导者要负责之外，每一个团队的成员也要负责，甚至要一起相互作用，共同负责。
技能方面	群体成员的技能可能是不同的，也可能是相同的；团队成员的技能是相互补充的，团队把不同知识、技能和经验的人综合在一起，形成角色互补，从而达到整个团队的有效组合。
结果方面	群体的绩效是每一个个体的绩效相加之和；团队的结果或绩效是由大家合作完成的产品。

第一，群体中要有一个强有力的领导，团队中则分享领导角色。这意味着群体中的成员会依赖于一个权威或专家来做决定和指导，而团队中的成员则会根据自己的优势和专长来承担不同的领导职责。例如，一个群体可能会服从于一个老板或教授的命令和意见，而一个团队可能会根据不同的项目或阶段来轮换领导者或小组长。

第二，团队成员看重集体目标，群体成员则重视完成自己的工作。这意味着团队成员会为了实现团队的愿景和使命而付出努力，而群体成员则只关注自己的任务和利益。例如，一个团队可能会为了开发一个创新的产品而共同协作，而一个群体可能只是为了完成一项分配的工作而各自行事。

第三，团队成果是合作来的，而群体中的成员依赖某个人的作用。这意味着团队的成绩是由所有成员的贡献和协同效应所决定的，而群体的成绩则是由某个个人或少数人的能力或努力所决定的。例如，一个团队可能会通过集思广益和分工合作来完成一个复杂的项目，而一个群体可能会由某个优秀或勤奋的成员来拯救（或拖累）整个群体。

第四，团队中既有个体的责任，大家也乐意共同承担责任，群体中则强调个人责任。这意味着团队成员会相互支持和帮助，而不会将错误归咎于他人或推卸责任，而群体成员则会把成功归因于自己而把失败归因于他人。例如，一个团队可能会在遇到困难时一起寻找解决方案，而一个群体可能会在出现问题时互相指责或抱怨。

第五，团队的成员通常会具备多样化和互补的技能，这样可以提高团队的创新力和适应力，而群体的成员则可能会具备相似或重复的技能，这样可能会导致群体的思维和行动缺乏多元性和灵活性。例如，一个团队可能会由不同专业或背景的人组成，如设计师、工程师、市场人员等，他们可以利用各自的技能来协作解决问题，而一个群体可能只由同一专业或领域的人组成，如数学家、物理学家等，他们可能只能用同样的方法或理论来分析问题。

第六，团队的成果通常会超越个人的能力和贡献，这是因为团队有更强的协作和沟通能力，而群体的成果则可能会低于个人的能力和贡献，这是因为群体有更多的冲突和隔阂。例如，一个团队可能会通过有效地分享信息和反馈来提高工作效率和质量，而一个群体可能会由于信息不对称或缺乏信任而降低工作效率和质量。

总之，团队有"形而上"的追求，群体只有"形而下"的利益。这意味着团队不仅有一致的方向和期望，还有一种超越物质和功利的目标和价值观，而群体只是因为某种外在或内在的因素而聚集在一起，只关注具体和实际的收益和利益。例如，一个团队可能是由一群志同道合或信仰相同的人组成的，可能会为了改变世界或实现梦想而工作，而一个群体可能是由一些随机或被动地分配到一起的人组成的，只为了赚钱或得到奖励而工作。

（二）群体向团队的过渡

美国职业篮球联赛（NBA）在每赛季中期都要组成两支全明星队（东部和西部各一支），挑选东部和西部各个队伍中不同的球员组成球队，这样的全明星队是团队还是群体？

全明星队是团队还是群体，有一些争议。但可以肯定的是全明星队至少不是真正意义上的团队，只能说是一个潜在的团队，因为最关键的是成员之间的协作还没有那么熟练，还没有形成一个整体的合力，当然从个人技能上来说也许全明星队的个人技能要高一些，所以有人认为它是一个潜在的团队，也有人叫它伪团队。

从群体发展到真正的团队需要一个过程，这个过程分为五个阶段，如图 8-5 所示。

1. 工作群体（Working Group）：这是一种最基本的团队形式，成员之间没有强烈的相互依赖，只是为了完成各自的工作而聚集在一起。工作群体的成员通常只关注自己的任务和利益，不需要协调或合作，也没有共同的目标或愿景。工作群体的领导者通常是指挥型的，负责分配工作和监督进度。工作群体的优点是可以提高个人的效率和专业性，缺点是缺乏创新和协同效应。一个工作群体的例子是一个由不同部门或专业的人员组成的委员会，他们只是为了处理一些例行事务而定期开会，而不需要进行深入的讨论或协商。

2. 伪团队（Pseudo Team）：这是一种表面上看起来像团队，但实际上并不是真正团队的组织形式。伪团队的成员之间有一定程度的相互依赖，但没有明确的团队目标或规范，也没有有效的沟通或协作。伪团队的成员通常对团队的工作不感兴趣或不满意，容易产生冲突和分化，也没有团队精神或归属感。伪团队的领导者通常是辅导型的，试图解决团队内部的问题和矛盾，但往往无济于事。伪团队的优点是可以避免直接决策或承担责任，缺点是浪费时间和资源，降低绩效和士气。一个伪团队的例子是一个由不同利益或观点的人员组成的项目小组，他们只是为了应付上级或客户而勉强合作，而不是为了实现共同的目标或价值。

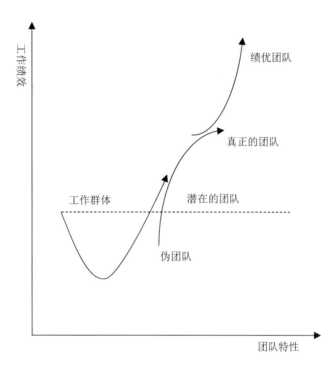

图 8-5　群体向团队的过渡

3. 潜在的团队（Potential Team）：这是一种有可能成为真正团队的组织形式，成员之间有较强的相互依赖，也有明确的团队目标和规范，但还没有形成有效的沟通和协作。潜在的团队的成员通常对团队的工作有一定程度的兴趣和承诺，但还没有建立起信任和尊重，也没有充分发挥各自的优势和专长。潜在的团队的领导者通常是参与型的，鼓励团队成员参与决策和规划，但还需要提供更多的指导和支持。潜在的团队的优点是可以提高团队的凝聚力和动力，缺点是还需要更多的时间和努力来提高团队的效率和质量。一个潜在的团队的例子是一个由有能力和经验的人员组成的创业团队，他们有一个共同的愿景和使命，但还没有建立起稳定和顺畅的工作流程。

4. 真正的团队（Real Team）：这是一种最理想和最高效的团队形式，成员之间有非常强烈的相互依赖，也有明确且具有挑战性的团队目标和规范，而且已经形成了高效和协调的沟通和协作。真正的团队的成员通常对团队的工作有很高的兴趣和承诺，也已经建立起信任和尊重，而且能够充分发挥各自的优势和专长。真正的团队的领导者通常是授权型的，赋予团队成员更多的自主和责任，同时提供必要的资源和支持。真正的团队的优点是可以提高团队的创新和协同效应，也可以提高团队的绩效和士气。一个真正的团队的例子是一个由有激情和才华的人员组成的研发团队，他们有一个清晰且具有挑战性的目标和计划，而且能够通过有效地分享信息和反馈来完成一个高质量的产品。

5. 绩优团队（High-performance Team）：这是一种超越真正团队的团队形式，成员之间不仅有非常强烈的相互依赖，也有明确且具有挑战性的团队目标和规范，而且已经形成了高效和协调的沟通和协作，更重要的是，他们还有一种对组织或社会有积极影响的愿景和使命。绩优团队的成员通常对团队的工作有极高的兴趣和承诺，也已经建立起信任和尊重，而且能够充分发挥各自的优势和专长，同时还能够不断学习和改进。绩优团队的领导者通常是激励型的，激发团队成员产生更高的目标和更强的动力，同时提供必要的资源和支持。绩优团队的优点是可以提高团队的创新和协同效应，也可以提高团队的绩效和士气，同时还能够为组织或社会带来价值和变革。一个绩优团队的例子是一个由有理想和能力的人员组成的社会创业团队，他们不仅有一个清晰且具有挑战性的目标和计划，而且能够通过有效地分享信息和反馈来完成一个高质量的产品或服务，同时还能够为解决社会问题或改善人类生活质量做出贡献。

三、团队的优势和挑战

（一）团队的优势

团队工作相比个人工作有以下几点优势。

1. 提高生产力：通过合理地分配工作任务，提高工作效率和质量，减少重复劳动和浪费。

2. 增强创新力：通过集思广益，产生更多的创意和方案，提高解决问题和应对变化的能力。

3. 提升满意度：通过参与决策和目标设定，增强工作的主动性和责任感，提高工作的满意度和忠诚度。

4. 培养学习能力：通过相互交流和分享，促进知识和技能的传播和学习，提高个人和团队的竞争力。

（二）团队的挑战

团队工作也面临以下一些挑战。

1. 协调困难：由于团队成员之间可能存在不同的背景、观点、利益等，沟通和协调的难度增加，甚至出现冲突和矛盾，要成为一名优秀的团队成员，个体必须学会与别人进行开放而坦诚的沟通，学会面对差异并解决冲突，学会把个人的目标升华为团队的利益。通常组织可以通过选拔、培训与奖励等方式来塑造团队成员的合作性，降低个性化与团队合作的冲突。

2. 社会性懒惰：由于团队成员之间可能存在不公平的贡献或奖励分配，个人的动机降低，甚至出现逃避责任或推卸工作的现象，从而降低群体凝聚力，影响工作效率，甚至会阻碍群体目标的实现。

3. 集体思维：由于团队成员之间可能存在过强的同一性或从属性，个人的独立思考能力下降，甚至出现盲目服从或迎合他人的现象。

4. 员工多元化：团队成员间存在多样化的个人特征，包括性别、种族、民族、年龄及身体状况等，有时还包括婚姻状况、家庭背景（如父母情况）和宗教信仰等其他差异化因素。当前，全球范围内员工多元化的趋势日益显著，为团队工作带来了新的考验。

5. 团队职责不明：在团队建设的过程中，经常会出现各职能部门和成员分工不清、职责不明的情况，这在传统团队中体现得十分明显，而随着移动互联网时代的到来，团队建设也出现了很大的不同，各种新型团队不断相继出现，比如创业型团队、创新型团队、虚拟团队、自我组织型团队等，这些新型团队的出现给团队分工和职责明晰带来了新的冲击和挑战。

（三）团队需要建立的机制

为了应对这些挑战，团队需要建立以下几个方面的机制。

1. 目标机制：明确团队的目标和任务，并与组织的目标保持一致，使团队成员有一个共同的方向和愿景。

2. 角色机制：明确团队中每个成员的角色和责任，并与个人的能力和兴趣相匹配，使团队成员有一个清晰的定位和期待。

3. 激励机制：明确团队的奖励和惩罚标准，使成员所受奖惩与其绩效和其对团队的贡献相符，使团队成员有合理的收益和成就感。

4. 反馈机制：明确团队的评估和反馈方式，并及时地给予团队和个人正面和负面的反馈，使团队成员有一个有效的学习和改进的机会。

5. 冲突机制：明确团队的冲突识别和解决方法，并积极地处理和化解团队内部和外部的冲突，使团队成员有一个和谐的工作氛围。

为了说明团队管理的重要性和实践方法，我们可以参考以下两个案例。

案例 1：谷歌（Google）是一家全球知名的互联网公司，其成功的秘诀之一就是建立了高效的跨职能团队。谷歌认为，跨职能团队可以推动不同领域的人才相互合作，产生更多的创新思维和解决方案。因此，谷歌在组建团队时，会根据项目的需求，从不同部门或地区挑选合适的人选，组成一个临时性的项目团队。这些项目团队通常由5—10人组成，每个人都有自己独特的专长和角色，但也需要具备跨领域的知识和技能。谷歌还为这些项目团队提供了充分的自主权和资源，让他们可以自行安排工作计划、分配任务、监督进度、解决问题等。同时，谷歌也会定期对这些项目团队进行评估和反馈，给予他们适当的奖励和支持。通过这种方式，谷歌成功地打造了一批又一批优秀的跨职能团队，为公司提供了无数的产品和服务，例如 Gmail、Google Maps、Google Translate 等。

案例 2：星巴克（Starbucks）是一家全球知名的咖啡连锁店，其成功的秘诀之一就是建立了高效的自我管理型团队。星巴克认为，自我管理型团队可以提高员工的主动性和责任感，提高工作质量和效率。因此，星巴克在每个门店都设立了一个由店长领导、由 5—10 名员工组成的自我管理型团队。这些团队负责门店的所有事务，包括接待顾客、制作咖啡、清洁卫生、库存管理等。星巴克还为这些团队提供了充分的培训和指导，让他们可以掌握各种技能和知识，并鼓励他们参与决策和目标设定。同时，星巴克也会定期对这些团队进行评估和反馈，给予他们适当的奖励和认可。通过这种方式，星巴克成功地打造了一批又一批优秀的自我管理型团队，为公司创造了良好的品牌形象和顾客忠诚度。

课后游戏：团队中成员的表现会影响整个团队的表现

［准备材料］报纸若干

［目的］测定团队成员的表现

［人员］5—8 人

［步骤］

1. 地上铺两张全开的报纸，所有人的一只脚都要踩在报纸上。

2. 完成后，把报纸对折，请各组成员再踩在报纸上。各组若有成员被挤出报纸外，则该成员将被淘汰，不得再参加下一回合。

3. 多次把报纸对折，缩小面积，不断将被挤出的成员淘汰，直到最后看哪组剩余的人多。

［讨论］在游戏过程中，你学到了什么？在以后工作中，你将如何与团队其他成员相互配合？

课后小测：团队对你的吸引力有多大？

我们大多数人都有写学期论文的经验，其中有一些需要个人去独自完成，也就是说老师期望单个学生独立完成一篇论文，你的分数完全取决于你的努力和能力。但有时，老师会安排小组论文，学生必须合作撰写。回想一下你最近写小组论文的经验，想象你正处于完成任务的中期阶段，现在结合你的实际情况对以下 20 个陈述打分，5 代表非常同意，1 代表非常不同意。

1. 我想继续成为该小组的成员。
2. 我喜欢我们这个小组。
3. 我盼望到这个小组中来。
4. 我不在乎这个小组发生什么事情。
5. 我感到自己参与了小组的一切活动。
6. 如果现在可以退出这个小组，我就会退出。
7. 我害怕到这个小组中。
8. 我希望这个小组现在就结束。
9. 我对这个小组不满意。
10. 如果现在可以转入其他小组，我就会这样做。
11. 我感觉自己真正参与到小组活动中了。
12. 尽管存在个体差异，我们这个小组还是很团结。
13. 与我所了解的其他小组相比，我觉得我们这个小组比其他大多数小组都好。
14. 我觉得自己不属于小组活动的一分子。
15. 我觉得如果我不在这里，小组会是另外一个样子。
16. 如果有人告诉我，小组今天不碰面，我会很难过。
17. 我觉得自己和小组有一定的距离。
18. 这个小组的活动对我来说很重要。
19. 我觉得自己的缺席对小组没多大影响。
20. 如果漏掉一次小组会议，我不会感到难过。

［评分标准］累加第 4、6、7、8、9、10、14、17、19、20 项的得分；对其余各项用 6 减去你所得的分数，得到一个校正后的分数。把上述 10 个直接得分和所有校正后的分数相加，分数越高代表你对这个团队的感情就越强。

第二节　团队的创建和组织

【引例】

某高校教师张老师带领一支由四名学生组成的创新创业项目团队，参加了全国大学生创新创业大赛。他们的项目是开发一套基于人工智能技术的智能家居系统。在明确项目目标时，张老师参考了大赛的评审标准和要求，与学生们进行了充分的沟通和讨论，最终确定了以下几个方面的项目目标。

技术创新性：项目要展示出人工智能技术在智能家居领域中的新颖性、先进性和实用性，能够解决用户在家庭生活中遇到的问题或需求。

商业可行性：项目要展示出智能家居系统在市场中的潜在需求、竞争优势、盈利模式和发展策略，能够吸引投资者或合作伙伴。

社会责任感：项目要展示出智能家居系统对社会和环境的积极影响，能够提高人们的生活质量和幸福感，减少能源消耗和污染排放。

团队协作能力：项目要展示出团队成员之间的分工合理、沟通有效、协作紧密，能够充分发挥各自的专长和优势，共同完成项目任务。

为了实现这些项目目标，张老师将项目分解为以下几个工作任务，并根据学生们的兴趣和能力进行了分配。

市场调研：由李同学负责，主要是通过问卷、访谈、网上搜索等方式收集用户对智能家居系统的需求、期望、满意度等信息，分析市场的规模、特点、趋势等情况。

技术开发：由王同学和赵同学负责，主要是通过编程、测试、调试等方式开发智能家居系统的软件和硬件部分，实现人工智能技术在智能家居领域中的应用。

商业计划：由刘同学负责，主要是通过数据分析、财务预测、风险评估等方式制订智能家居系统的商业计划书，包括市场分析、竞争策略、盈利模式、发展规划等内容。

项目展示：由张老师和四名学生共同负责，主要是通过幻灯片、视频、演示等方式展示智能家居系统的技术创新性、商业可行性、社会责任感及其所体现的团队协作能力，赢得评委和观众的注意和认可。

为了保证项目目标的实现，张老师还明确了以下几个方面的时间安排。市场调研：从项目开始到第一个月结束，共计一个月。技术开发：从项目开始到第三个月结束，共计三个月。商业计划：从第二个月开始到第四个月结束，共计三个月。项目展示：在第五个月进行，共计一个月。

在项目进行过程中，张老师定期与学生们进行沟通和协调，监督和评估项目目标的执行情况，并根据实际情况进行反馈和改进。最终，他们的项目在全国大学生创新创业大赛中获得了一等奖的优异成绩。

团队管理是组织管理和领导力的重要内容之一，它涉及如何组建、激励、管理、培养和评估一个有效的团队，以实现组织的目标和使命。团队管理的核心是团队精神，即团队成员之间的信任、协作、互补和共赢。

一、团队的目标和任务

团队的目标和任务是团队创建和组织的出发点和基础，对于团队的创建和组织具有重要的影响。它可以提供团队的方向和动力，激发团队成员的积极性和创造性；帮助团队明确工作范围和优先级，规划工作流程和进度；促进团队成员之间的沟通和协作，增强团队的凝聚力和执行力；作为评价团队绩效和效果的标准，促进团队的持续改进和发展；决定了团队的存在意义、工作方向和评价标准。

团队的目标是指团队成员共同追求的结果或状态，它反映了团队存在的意义和价值。

团队的任务是指团队为实现目标而需要完成的具体工作，它反映了团队的职责和要求。因此，为了创建和组织一个高效的团队，需要制订清晰、具体、可衡量、可实现、有挑战性、有时限性的目标（SMART 原则），并分解为具体的任务，分配给合适的团队成员，并定期跟进和反馈。

一个好的团队目标应该具备以下特征。

第一，明确：团队目标应该清晰地表达出团队要实现什么，避免模糊的表述。

第二，具体：团队目标应该具体地描述出团队要完成什么样的任务，避免过于抽象或笼统的表述。

第三，可衡量：团队目标应该可衡量地定义出团队要达到什么样的水平或标准，避免无法量化或评估的表述。

第四，可实现：团队目标应该可实现地设定出团队能够完成或超越的挑战，避免过于容易或过于困难的表述。

第五，有时限：团队目标应该有时限地规定出团队要在什么时候完成或实现目标，避免没有截止日期或时间安排的表述。

案例：阿里巴巴是一个以目标为导向的组织，它通过制订年度战略目标（Annual Strategic Objectives，ASO），并将其分解为季度战略目标（Quarterly Strategic Objectives，QSO）和关键绩效指标（Key Performance Indicators，KPI），来指导各个业务部门和项目团队的工作。阿里巴巴还采用了 OKR（Objectives and Key Results）管理法，将每个季度的目标和关键结果公开透明地展示给全员，以提高目标的一致性和全员的执行力。

为了制订有效的团队目标，需要实施以下步骤。

第一，分析组织或项目的总体目标，了解团队所处的环境和背景。

第二，确定团队对组织或项目总体目标的贡献，明确团队所承担的责任范围。

第三，制订具体、可衡量、可实现、有时限的团队目标，并与组织或项目总体目标保持一致。

第四，与团队成员沟通和协商，获取他们对团队目标的认同和支持，并根据需要进行调整或修改。

第五，将团队目标分解为具体的工作任务，并分配给相应的团队成员，明确他们对任务的期望和要求。

第六，定期监督和评估团队目标的执行情况，并根据实际情况进行反馈和改进。

二、团队的规模和结构

团队的规模和结构是指团队的成员数量和分工方式，它们会影响团队的效率和效果。一般来说，团队的规模和结构应该根据团队的目标和任务、团队的环境和资源、团队的沟通和协作等因素来确定。

（一）团队的规模

团队的规模是指团队中参与工作的成员的数量，它会影响团队的决策速度、创新能力、凝聚力等。一般来说，团队的规模应该保持在一个适中的水平，既不要太大，也不要太小。团队太大可能会导致沟通和协调的难度增加，产生冲突和分歧的可能性增加，个人的责任感和动机降低；团队太小可能会导致知识和技能的缺乏，创新和变革的能力不足，个人的压力和负担增加。根据不同的研究和实践，团队的理想规模一般在 5—12 人。

（二）团队的结构

团队的结构是指团队中成员的分工、协作、角色、职能等安排，它决定了团队内部的分工方式、协作模式、权力分配等。它会影响团队的灵活性、稳定性、适应性等。一般来说，团队的结构应该根据团队的目标和任务、成员的能力和特点、组织的文化和制度等因素来确定。根据不同的分类标准，团队的结构可以有以下类型。

1. 按照分工方式，可以分为功能型结构、项目型结构和混合型结构。功能型结构是指按照成员的专业或职能来划分工作任务，例如财务部、市场部、研发部等。这种结构有利于提高专业水平和效率，但可能导致跨部门沟通协调不畅。项目型结构是指按照成员所参与的项目或产品来划分工作任务，例如某个新产品开发团队、某个市场推广团队等。这种结构有利于提高沟通协作和创新能力，但可能导致资源重复或浪费。混合型结构是指同时采用功能型结构和项目型结构来划分工作任务，例如某个财务部下设多个项目小组，每个小组负责不同项目或产品的财务管理等。因此，为了创建和组织一个高效的团队，需要根据团队的目标和任务来选择合适的团队结构，或者采用混合型结构，即在功能型结构的基础上，根据项目或任务的需要，组建临时的项目型子团队。

2. 按照协作方式，可以分为直线型结构、职能型结构和矩阵型结构。直线型结构是指按照上下级关系来确定协作关系，例如某个部门经理下属有若干员工，每个员工只向部门经理汇报工作。职能型结构是指按照专业或职能来确定协作关系，例如某个项目经理下属有若干专家或顾问，每个专家或顾问只对项目经理提供专业意见或建议。矩阵型结构是指同时采用直线型结构和职能型结构来确定协作关系，例如某个项目经理下属有若干员工和专家或顾问，每个员工既要向项目经理汇报工作进度，又要向专家或顾问请教专业问题等。

案例：华为是一个以项目为导向的组织，它通过建立项目型子团队来响应客户需求和市场变化。每个项目型子团队由不同职能部门的成员组成，由一名项目经理负责统筹协调，以实现项目目标。项目型子团队在项目完成后解散，成员返回原职能部门。

三、团队的成员选择和分工

团队的成员选择是指根据团队的目标和任务来确定团队所需的人才类型、数量、水平等，并从候选人中挑选合适的人员加入团队。团队的成员分工是指根据团队的结构和规模来确定团队内部各个成员的角色、职责、权力等，并将任务合理地分配给各个成员。

团队的成员选择和分工对于团队的创建和组织具有重要的影响，可以帮助团队形成多元化和互补性的人才搭配，提高团队的创新能力和适应能力；帮助团队明确各个成员的期望和要求，提高团队的协调能力和执行能力；帮助团队激发各个成员的潜能和动力，提高团队的学习能力和发展能力。因此，为了创建和组织一个高效的团队，在团队的成员选择和分工上应该考虑以下几个方面。

（一）成员的能力和特点

选择成员时，应该根据成员的专业知识、技能、经验、兴趣等因素，匹配团队需要的角色和职责。例如，如果团队需要一个创新者，就应该选择一个有创造力、敢于尝试、善于提出新思路的人；如果团队需要一个执行者，就应该选择一个有责任心、有纪律性、善于落实、注重细节的人。分配工作时，应该充分发挥成员的优势和潜能，同时也要考虑成员的成长和发展。

（二）成员的协作和沟通

选择成员时，应该考虑成员之间的相互关系、沟通方式、协作风格等因素，避免出现不合群、不信任、不理解等问题。例如，如果团队需要一个协调者，就应该选择一个有领导力、有影响力、善于沟通、能够调解冲突的人；如果团队需要一个凝聚者，就应该选择一个有同理心、有包容心、善于倾听、能够关心他人的人。分配工作时，应该促进成员之间的交流和协作，同时也要尊重成员的个性和差异。

（三）成员的数量和结构

选择成员时，应该考虑团队的规模和结构，保持一个适中的水平，人数既不要太多也不要太少。例如，如果团队规模太大，可能会导致沟通和协调的难度增加，冲突和分歧的可能性增加，个人的责任感和动机降低；如果团队规模太小，可能会导致知识和技能的缺乏，创新和变革的能力不足，个人的压力和负担增加。分配工作时，应该根据团队的目标和任务，确定合理的工作量和标准，并平衡好每个成员的工作负担。

案例：谷歌是一个以人才为核心的组织，它通过一系列严格而科学的流程来选择和分配团队成员。谷歌不仅考察候选人的智商（IQ）和技术能力（Tech），还考察他们的学习能力（Learning）、领导力（Leadership）、适应性（Adaptability）和谷歌性（Googleness），即是否符合谷歌的文化和价值观。

四、团队的成员规范和文化

团队的成员规范和文化是指团队的成员在工作中应该遵守的行为规则和共同认同的价值观，它们是团队文化的重要组成部分，也是团队凝聚力和执行力的体现。一般来说，团队的成员规范和文化应该根据团队的目标和任务、团队的环境和资源、团队的特色和风格等因素来确定。

（一）团队的成员规范

团队的成员规范指团队的成员在工作中应该遵守的行为规则，包括工作态度、工作效率、工作质量、工作沟通、工作合作等方面，它反映了团队对于什么是正确或错误、合适或不合适、重要或不重要等问题的共识。一个好的团队成员规范应该具备以下特征。

第一，明确：团队成员规范应该清晰地表达出团队对成员的期望和要求，避免模糊的表述。

第二，公正：团队成员规范应该公正地适用于所有成员，避免偏袒或歧视某些成员的情况。

第三，可执行：团队成员规范应该可执行地制定出团队对成员的奖励和惩罚措施，避免无法落实或执行的情况。

第四，可改进：团队成员规范应该可改进地根据团队的实际情况和发展需要进行调整或修改，避免僵化或落后的情况。

为了制定有效的团队成员规范，需要实施以下步骤。

第一，分析团队的目标和任务，了解团队所要完成的工作内容和标准。

第二，确定团队的价值观和理念，明确团队所追求的工作方向和意义。

第三，制定具体、公正、可执行、可改进的团队成员规范，并与团队的目标和价值保持一致。

第四，与团队成员沟通和协商，获取他们对团队成员规范的认同和支持，并根据需要进行调整或修改。

第五，定期监督和评估团队成员规范的执行情况，并根据实际情况进行反馈和改进。

（二）团队的成员文化

团队的成员文化指团队的成员在工作中共同认同的价值观，包括工作信念、工作理念、工作风格、工作氛围等方面，它反映了团队对于自身存在意义、发展方向、成功标准的理解。一个好的团队成员文化应该具备以下特征。

第一，独特：团队成员文化应该独特地反映出团队的特色和风格，避免与其他团队雷同或模仿的情况。

第二，积极：团队成员文化应该积极地激发出团队的创造力、执行力和凝聚力，避免消极或压抑的情绪。

第三，开放：团队成员文化应该开放地接受外界的变化和创新，避免封闭或保守的态度。

第四，持续：团队成员文化应该持续地传承和发展，避免流于形式或停滞不前。

为了建设有效的团队成员文化，需要实施以下步骤。

第一，塑造团队的形象和标识，打造团队的文化IP，形象视觉化、立体化。

第二，培养团队的精神和氛围，打造团队的文化基因，精神内化、氛围外化。

第三，弘扬团队的优势和特色，打造团队的文化品牌，优势突出、特色鲜明。

第四，传播团队的故事和案例，打造团队的文化传承，故事感人、案例有启迪性。

案例： 星巴克是一个以文化为核心的组织，它通过建立一套完整而独特的文化体系来创建和组织其全球范围内的团队。星巴克的使命是"激发并孕育人文精神——每人、每杯、每个社区"的体验。星巴克的价值观是"以人为本、服务至上、追求卓越"。星巴克的规则是"每天都要做一些有意义的事情"。星巴克的礼仪是"每个人都是星巴克家庭的一员"。

（三）团队文化建设

团队文化建设指通过塑造和传承一种团队的价值观、行为规范、工作风格等，提高团队的凝聚力、创新力和执行力的过程。不同的团队可以有不同的文化特色，但一般都需要与企业文化保持一致和协调。

案例1： 阿里巴巴是一家全球知名的电子商务公司，其团队文化建设的核心是"六脉神剑"，即客户第一、团队合作、拥抱变化、诚信、激情和敬业。这六个方面体现了阿里巴巴对团队的期望和要求，也是阿里巴巴在不断发展和创新中所遵循的原则。为了落实这种团队文化，阿里巴巴采取了以下措施。

客户第一：阿里巴巴始终以满足客户的需求和期望为工作的出发点和落脚点，不断提供优质的产品和服务，创造客户价值。阿里巴巴还通过各种渠道收集客户的反馈和建议，及时改进和优化自己的业务流程和系统。

团队合作：阿里巴巴鼓励团队成员之间相互信任、支持、协作，形成一个有凝聚力和战斗力的集体。阿里巴巴还通过各种活动和培训加强团队成员之间的交流和学习，培养团队精神和共同目标。

拥抱变化：阿里巴巴认为变化是机遇，是进步的动力。阿里巴巴鼓励团队成员敢于尝试、敢于创新、敢于失败，不断适应和引领市场的变化，寻求突破和发展。

诚信：阿里巴巴要求团队成员对自己、对客户、对合作伙伴、对社会都要诚实、正直、负责。阿里巴巴还通过各种制度和规范保障团队成员的合法权益，维护团队的公平和正义。

激情：阿里巴巴认为激情是工作的动力，是成功的源泉。阿里巴巴鼓励团队成员对工作有热情、有干劲、有乐趣，享受工作带来的挑战和成就。

敬业：阿里巴巴要求团队成员完成工作有专业性、有水平、有质量，不断提高自己的知识和技能水平，追求卓越和完美。

案例2：华为是一家全球知名的通信设备公司，其团队文化建设的核心是"狼性文化"，即具有敏锐的市场洞察力、强烈的竞争意识、顽强的执行力和忠诚的奉献精神。这种狼性文化体现了华为对团队的期望和要求，也是华为在激烈的市场竞争中所遵循的原则。为了落实这种团队文化，华为采取了以下措施。

敏锐的市场洞察力：华为注重团队成员对市场的敏感度和洞察力，要求团队成员不断关注市场的动态和变化，把握客户的需求和期望，发现商机和机遇。华为还通过各种渠道收集市场的信息和数据，进行分析和研究，制订合理的市场策略和方案。

强烈的竞争意识：华为重视团队成员对竞争的意识和态度，要求团队成员不断提高自己的竞争力和优势，敢于挑战和超越竞争对手，争取市场的领先地位。华为还通过各种方式激发团队成员的斗志和信心，鼓励团队成员追求更高的目标和标准。

顽强的执行力：华为重视团队成员对执行的能力和效果，要求团队成员不断落实和执行团队的目标和任务，按时按质按量完成工作，解决工作中遇到的问题和困难。华为还通过各种制度和规范保证团队成员的执行质量和效率，进行监督和评估，给予奖励和反馈。

忠诚的奉献精神：华为重视团队成员对公司的忠诚度和奉献度，要求团队成员以公司的利益为重，以公司的荣誉为荣，以公司的发展为责。华为还通过各种活动和培训增强团队成员对公司的认同感和归属感，培养团队精神和共同目标。

第三节　高效团队的设置

对于团队而言，如果管理不善，其效果可能不及群体工作模式。在这种情况下，团队成员可能无法发挥出"一加一大于二"的效果，甚至可能产生小于二的结果。这是因为在团队形式中，个体责任难以界定，因此可能会导致某些成员出现搭便车的社会惰化行为。此外，团队的高效协作和配合需要投入大量的时间和精力来建立。因此，如果团队管理不当，不仅无法发挥团队的优越性，还可能产生反效果。

心理学家马斯洛说，杰出团队的显著特征，便是具有共同的愿景与目标。共同愿景是团队和组织的旗帜与灵魂。团队不仅仅是在一起工作的一群人。它是由具备互补技能、共享同一目标、追求一致绩效目标以及共同承担责任的个体所组成的小规模团体。企业组织会因为不同的目的创建不同的团队。

一、高绩效团队的特征

高绩效团队是指能够有效地完成组织目标、创造卓越业绩、具有强大凝聚力和竞争力的团队。高绩效团队不仅能够适应复杂多变的环境，而且能够不断学习和创新，提升团队的核心竞争力。作为管理者，如何发挥团队优势并打造高绩效团队是一个至关重要的问题，需要我们认真思考才能找到答案。在实现这一目标的过程中，首先需要了解高绩效团队的特征和形态。

《西游记》是中国古典名著之一，讲述了唐僧带领孙悟空、猪八戒、沙和尚和白龙马从东土大唐出发，历经九九八十一难，到西天取回真经的故事。这个取经团队可以说是一个成功的高绩效团队，他们具备了高绩效团队的几个特点。接下来，我们将以中国古典名著《西游记》中的取经团队为例，详细阐述高绩效团队应具备的特点。

（一）目标明确，价值观统一

高绩效团队拥有明确的目标，同时成员愿意为团队目标作出承诺，他们清晰地知道自己所做的每一项工作都是为了目标更好地实现。当然，高绩效团队能够实现目标的关键在于成员有着统一的价值观，它是解决团队中的矛盾、争论和冲突的关键，没有共同的价值观，就难以凝聚成一个团队，整体运作的效力也会因此下降。

取经团队有着非常明确的目标，那就是从西天取回真经，弘扬佛法，普度众生。这个目标是由如来佛祖和观音菩萨指定和赞助的，也是唐僧和他的徒弟们共同认同和承诺的。取经团队成员虽然来自不同的背景、有着不同的身份，但是他们都有着统一的价值观，那就是信奉佛教，遵守佛法，尊重师徒之间的关系。他们在遇到各种妖魔鬼怪的诱惑和阻碍时，都能坚持自己的信念和原则，不被外界干扰以致偏离目标。

（二）崇尚共享思维和氛围

经验共享和信息共享是高绩效团队的交流日常，每个成员都能将自身的经验和接收到的信息转化成高效的数据，传达给团队中的每个人，帮助团队在信息化高度密集的时代及时全面了解市场情况，进行分析并迅速拿出对策。

取经团队成员之间经常进行跨部门、跨层级、跨地域的沟通和协作，分享信息和经验，激发创意和灵感。他们在遇到各种难题时，不会各自为政，而是相互商量，相互支持，相互帮助。他们也会利用各种外部资源，如各路神仙、各方好友、各种法宝等，来帮助他们解决问题。他们在信息化高度密集的时代（当时是唐朝），及时全面了解了西天路上的情况，并迅速拿出对策。

（三）坚持严谨的制度规范和清晰的工作流程

高绩效团队都有属于自己内部高效运行的工作流程以及工作制度，保证团队成员遵循规则与程序，使事情有据可查，良性循环，努力使决策风险降到最低。

取经团队有着属于自己内部高效运行的工作流程以及工作制度。他们遵循如来佛祖和观音菩萨给定的任务要求和时间节点，按照唐僧的指挥和分工，执行孙悟空等人提供的方案和建议，保证任务的顺利完成。他们也有着明确的责任分配和奖惩机制，每个人都知道自己应该做什么、怎么做、为什么做，并且能够承担相应的后果。

（四）充分鼓励和发挥成员特性

一个高绩效的团队往往不是只有一个领导者，他们会根据团队成员的特性、专业水平以及经验鼓励不同成员担任不同领域的领导者，来对团队成员进行指导和分工，充分调动群体成员的积极性，使其能够长短互补，相互配合，发挥群体的整体功能。

取经团队就是一个典型的例子，他们有着以下几个领导者，负责不同领域的任务。

唐僧：作为整个团队的总领导者，他负责制订和传达团队的目标和价值观，协调和管理团队的内部和外部关系，激励和监督团队成员的工作表现，解决团队中的矛盾和冲突，保证团队的凝聚力和向心力。他在团队中起到了战略领导的作用。

孙悟空：作为团队中最强大的战斗力，他负责执行和完成团队的主要任务，即降妖伏魔，保护唐僧安全。他在团队中起到了技术领导的作用。他不仅有着超凡的武功和法力，还有着丰富的经验和人脉，能够应对各种复杂和危险的情况，为团队提供有效的方案和建议。他也是团队中最有创新精神和冒险精神的成员，敢于挑战权威和规则，敢于尝试新鲜和未知的事物。

猪八戒：作为团队中最幽默和风趣的成员，他负责调节和活跃团队的气氛，为团队增添乐趣和欢笑。他在团队中起到了氛围领导的作用。他虽然有着许多缺点，如好吃懒做、贪财好色、爱说谎等，但是他也有着许多优点，如性格开朗、心地善良、乐于助人等。他能够在适当的时候给予团队成员安慰和鼓励，也能够在适当的时候给予团队成员批评和提醒。他也是一个不可或缺的战斗力，在关键时刻能够与孙悟空并肩作战。

沙和尚：作为团队中最忠诚和勤奋的成员，他负责承担和完成团队的辅助任务，如挑担子、牵马匹、打水洗衣等。他在团队中起到了后勤领导的作用。他虽然不如孙悟空和猪八戒那样有名，但他是一个任劳任怨、敦厚老实、正直踏实、不计得失的人。他能够默默地支持和帮助唐僧和两位师兄，为团队提供稳定和可靠的后方保障。他也是一个不容小觑的战斗力，在危急时刻能够与孙悟空一起出手降妖。

（五）各成员相互沟通，相互信任

良好的沟通是团队高效协作的基础，而许多团队效率低下往往源于沟通问题。无论是在组织内部，还是在上下级、部门与部门、组织与客户、员工与员工之间，沟通问题都可能导致效率低下。为了实现团队成员之间的良好沟通，成员间的相互信任、相互尊重是基础。尊重是取得合作的前提，当团队成员都互相尊重、互相认可彼此的能力以及价值，才能真正增进团队的协作精神，凝聚团队向心力。如果团队成员之间缺乏信任，就会导致沟通时产生保留，从而影响沟通效果。因此，高绩效团队的成员通常相互了解，能够建立互信关系，实现坦诚、畅通的沟通。在唐僧取经团队中，成员之间建立了深厚的信任关系，沟通非常坦诚和畅通。

（六）领导者懂得下放权力，把控全局

在高效能的团队中，员工之所以能够达成目标的共识，并建立起彼此间的信任，在很大程度上，都是因为团队领导者实施了有效的管理策略。因此，对于高效能的团队来说，领导者的恰当引导无疑起着举足轻重的作用。其中，授权是提高团队效率的关键手段之一。高绩效团队中有智慧的领导者善于任用人才，他们明白如何将权力真正下放到其他成员，而自己则始终把握着团队的方向，专注于重要事项的推进以及整体布局的掌控。唐僧师徒四人的取经团队之所以能够成为一个高效能的团队，很大程度上得益于唐僧的领导艺术。唐僧在取经过程中，并没有事必躬亲，而是根据每个人的特长和能力，合理分配任务。孙悟空负责降妖除魔，保护团队安全；猪八戒负责辅助战斗，同时承担一些体力活；沙和尚则负责挑担、照顾师父等后勤工作。唐僧通过下放这些具体任务的执行权力，使得团队成员能够各司其职，发挥所长。

（七）有良好的外部支持

在组织系统中，团队的存在与活动离不开上级或同级部门的支持和协助。因此，高效的团队往往能够获得外部的优良支持，包括资金、技术、人员和信息等方面。以唐僧取经团队为例，师徒四人多次遇到无法解决的问题时，都得到了观音菩萨等外部力量的帮助。此外，唐僧作为唐朝皇帝的结拜弟弟，西天取经也得到了唐朝皇帝的大力支持，这些外部支持条件非常优越。

二、高绩效团队持续发展的基础

以上所阐述的是高绩效团队的特征，然而，是否符合这些特征的团队就能够长期保持高效呢？实际上，我们发现创业团队在创业期间合作得很好，呈现出高绩效的状态，但一旦创业成功，团队成员往往会出现分歧，最终导致团队解散，这样的例子并不少见。

因此，团队想要持续发展，存在两个基础条件。首先，团队成员需要具备相似的核心价值观。其次，团队中必须有一个合理、可被大家接受的利益分配机制。以唐僧取经团队为例，师徒四人之所以愿意付出努力去西天取经，一个重要原因是他们通过成功取得真经可以解除各自的惩罚，而在这个团队最终获得成功之后，他们之间的利益分配也得到了大家的接受和认同。

综上所述，高绩效团队不仅需要具备高绩效团队的特征，其成员还需要具备相似的核心价值观，并有一个合理的利益分配机制，这是确保团队持续发展的关键。

三、高绩效团队的建设

要建设高绩效团队，必须从以下三大方面入手。

（一）进行科学的团队成员配置

这是确保团队能够高效开展工作的重要基础。在配置团队成员时，要充分考虑每个成员的特长、性格特点、工作风格和经验背景等因素，以达到团队成员之间的互补和协同效应。同时，要根据项目需求和团队目标，合理分配团队成员的角色和职责，确保每个成员都能在团队中发挥自己的作用。

经济学上的"木桶理论"认为一只木桶盛水的多少，并不取决于桶壁上最高的那块木板，而恰恰取决于桶壁上最短的那块。根据这一核心内容，还可以继续引申为，一只木桶能够装多少水不仅取决于每一块木板的高度，还取决于木板与木板之间的结合是否紧密。假如木板与木板之间存在缝隙或缝隙很大，同样无法装满水。一个团队的战斗力，不仅取决于每一名成员的能力，也取决于成员与成员之间的相互协作、相互配合，这样才能均衡、紧密地结合形成一个强大的整体。

1. 团队成员的技能要求

总体来说，团队要想能够高效运行，一般需要具备三项技能的人。

首先，为了确保任务的圆满完成，该团队必须拥有技术领域的专业人才，也就是技术专家。他们的专业技能和知识将为整个团队提供必要的技术支持和指导。

其次，团队中必须有具备问题解决和决策制订能力的人才。在面对和解决各种问题时，他们将运用自己的专业知识和经验，提出有效的解决方案，并做出高质量的决策。他们的存在将使团队在面临挑战时更加从容和高效。

最后，团队中还需要善于处理人际关系的人才。在团队合作的过程中，成员之间难免会出现冲突和矛盾。具备较强人际关系处理能力的人将发挥重要作用，帮助团队化解矛盾，形成和谐的工作氛围。他们的存在将有助于提高团队的凝聚力和合作效率。

2. 团队的同质性和异质性

在团队构建过程中，需要考虑诸多因素，其中之一就是团队的同质性和异质性。在挑选团队成员时，一个重要的问题是：团队成员的背景是相似的好呢，还是差异较大的比较好呢？

如果成员背景相似，我们称之为同质性较高，例如年龄相仿、专业背景相同、性别相同等；而成员背景差异较大，则称之为异质性较高，例如团队成员中有的出身于技术领域，有的学管理出身，有的是男性，有的是女性，有的长期在国有企业工作，有的则一直在外资企业工作等。

根据已有的研究结论，对于复杂的任务和工作，由于一个人的能力和知识可能难以完成，因此需要异质的团队成员。例如，在一个组织的高管团队中，需要具备财务、销售和技术等不同背景的人才，如果全部由财务背景出身的人组成，决策就可能会失之偏颇。

另外，如果面对的任务需要高度的创造性，异质的团队成员通常会带来更多的不同观点，从而为创新提供更多的可能性。

然而，对于简单的任务和工作，尤其是需要团队合作的任务，更强调同质性。例如，一些生产车间的招聘广告中会要求求职者年龄相当、学历相似等，这样挑选出的团队成员观念相似，更容易沟通协调。同时研究发现，同质性较高的团队成员更为稳定，协作更好，离职率更低。

此外，除了异质性会加剧员工的离职倾向外，还有一个有趣的发现：如果某个个体与团队其他成员存在较大差异，例如加入时间不同、年龄阶段不同等，那么这个个体的离职率会更高。因此，无论团队是同质性还是异质性，团队成员在基本信念和价值观方面必须是相似的，这是形成高绩效团队和长期合作的前提条件。

3. 团队成员的工作偏好

在配置团队成员时，我们需要考虑员工的团队工作偏好。某些员工可能更适应独自工作，而不太适应团队工作的模式。对他们而言，与团队成员合作可能会让他们感到厌烦。因此，对于这类员工，我们应将其安排在可以独立负责的工作岗位上。另一些员工则更喜欢团队工作，他们能够与其他成员互相配合、互相学习。在选拔员工时，我们需要考虑他们是否具备团队工作的偏好。

选择团队成员是一项至关重要的决策，因为团队成员需要具备特定的条件才能成为高效的团队成员。除了具备完成工作所需的技术能力外，以下五个方面的能力也是团队成员必须具备的。

（1）合作：团队成员必须愿意并能够与他人一起工作，分享资源，适应团队其他成员的需要和偏好，并能够为了整体目标的实现而改变自己的工作方式。

（2）协调：团队成员应具备协调的能力，积极管理团队工作，让团队有更好的表现。他们需要了解自己的工作安排，同时也应了解其他成员的工作安排，能够将大家的工作整合起来并协调大家的工作。

（3）沟通：一个好的团队成员必须是一个愿意积极倾听同事的想法，并以尊重的方式使用合适的渠道和语言与他人坦诚和高效地进行沟通的人。

（4）慰藉：这个人能够帮助同事和团队保持积极、健康的状态。简单地说，团队因为有这个人的存在更充满正能量，他能够对同事表示理解，给予心理的支持，能够帮助同事建立信心，能够鼓舞团队士气。

（5）解决冲突：在一个团队中一定会有冲突，因此一个好的团队成员应具备解决团队分歧的技巧和主动性。他需要能够识别冲突并高效地解决它。

总结来说，这些方面的能力不仅在工作团队中至关重要，在家人、夫妻或男女朋友之间也同样重要。因为在一个团队或家庭中都需要具备这些能力才能成为更优秀的团队或个人。

4. 团队角色的完备性

在配置团队成员时，除了先前提及的几个方面，我们还应特别注意团队角色的完备性。不同的个体在团队中通常会扮演相对固定的角色。换句话说，某个个体在团队中的行为及可能对团队的贡献是相对稳定的。例如，有些团队成员总是关注细节问题，有些则关注人员的组织和分工，还有些是信息的提供者或擅长对观点进行评价并帮助决策等。研究发现，如果一个团队缺乏某些关键角色且无人承担相应责任，其绩效将受到影响。例如，如果一个团队提出的方案或完成的任务缺乏创新和创造性，那可能是因为团队缺乏创新者的角色；又如，如果团队在执行任务时总是粗心大意，出现细节问题，那可能是因为团队缺乏关注细节的角色；再如，如果团队中的人际关系紧张，不够和谐，那可能是因为团队缺乏善于处理人际关系的凝聚者的角色。因此，团队要实现良性运作，就需要具备一些必要角色。

（二）创造良好的外部条件

这是保障团队能够高效开展工作的外部环境基础。在团队外部，要积极争取公司或组织对团队的支持和资源投入，如提供必要的资金、设备、场地和时间等。同时，要加强团队与公司或组织内其他部门和团队的沟通和协作，以获得更多的支持和帮助。此外，还要关注市场动态和行业趋势，以便及时调整团队的工作方向和目标。

在之前的讨论中，我们提到了一个高绩效团队需要具备科学的团队成员配置。然而，仅仅拥有合理的团队成员配置并不足以确保团队能够实现高绩效。为了确保团队能够良好运行并取得高绩效，还需要满足以下外部基础条件。

第一，团队需要获得充分的资源支持。团队作为组织系统的一部分，其发展离不开组织系统中各种资源的支持，包括但不限于资金、设备、信息和技术等。如果团队在运行过程中无法获得上级部门和同级部门的支持和配合，那么实现高绩效将会面临较大的困难。因此，为了使团队成为高绩效团队，团队管理者需要积极争取充足的外部资源支持。

第二，团队需要有一个有效的领导者。一个成功的团队离不开一个合适的领导者，他需要做好以下工作：制订清晰的团队目标并确保团队成员对此表示认同；培养团队成员的信心并增强团队的凝聚力；建立积极的团队行为规范；了解员工并为他们进行科学合理的分工；搞好与外部人员的关系，为团队发展清除外部障碍；做出正确的决策等。研究表明，一个团队的士气70%取决于领导者，因此，一个有效的领导者是团队成为高绩效团队的重要前提条件。

第三，团队需要建立科学的绩效评估和奖励体系。在一个团队中，社会惰化现象很容易发生，而且团队成员之间不一定能够良好地相互配合和协作。因此，组织应该为团队制定一个科学的绩效评估和奖励体系，这不仅可以激发团队成员的积极性，还可以确保团队成员不仅关心自己的工作，而且关心集体目标的实现。换句话说，通过这种体系可以使团队成员在集体和个人两个层面上都具备责任心。因此，制定科学的绩效评估和奖励体系是团队成为高绩效团队的必要条件。

第四，团队需要营造相互信任的氛围。它为团队成员提供了相互尊重、发掘优势和经验的土壤，避免了内斗现象的发生。在这样的氛围中，团队成员愿意表达自己的真实观点，并勇于承认错误。如果团队中缺乏信任，可能会导致多种机能障碍。相反，当团队成员间形成了相互信任的氛围时，他们会开启一种有益的互动模式。在这种环境中，由于大家不用担心自己的言论会被误解为冒犯或批评，他们能以积极的态度参与讨论并勇于表达不同意见。这种良性互动促进了有意义的争论，每个成员都得以充分展示自己的观点，并最终达成共识。因此，相互信任是构建高效团队的重要基础。

（三）实现有效的过程管理

这是确保团队能够高效开展工作的内部管理基础。在团队内部，要建立清晰的目标、计划、分工和考核等管理制度，明确每个成员的职责和任务。同时，要注重团队成员之间的沟通和协作，及时解决工作中出现的问题和矛盾。此外，还要建立积极的激励机制和培训计划，以提高团队成员的工作积极性和能力水平。

一个团队的最终实际绩效是由该团队的潜在绩效、团队互动过程的收获以及团队互动过程的损失所共同决定的。团队互动过程的收获可能来自多个方面，例如，团队成员能够提供更广泛的知识和技能，这些额外的资源可以提升团队的总体绩效；另外，团队互动也有助于产生更优质的群体决策，这同样可以提高团队的绩效表现。然而，团队互动过程中也可能出现一些损失。例如，团队中可能会出现一些搭便车的现象，这可能会降低团队成员的积极性和投入程度；此外，团队需要花费更多的时间和精力去建立和维护团队关系，而不是把这些时间和精力放在任务的完成上，这也会降低团队的绩效。因此，为了最大化团队的最终绩效，我们需要充分发挥团队互动过程的收获，并尽量降低团队互动过程的损失。

首先，在团队中，管理者的首要任务是建立共同的目标。这个目标应当包含两个层次：愿景性目标和具体任务目标。为团队成员设定有意义且被广泛认同的愿景性目标，能够激发成员的工作热情和投入，这是确保团队长期稳定运行的重要因素。许多团队管理者过分关注完成具体任务目标，而忽略了建立愿景性目标，但实际上，建立共同的愿景性目标对于团队成员的激励作用是巨大的。

其次，除了设定共同目标，提高团队的效能感也是管理者的另一个重要任务。团队的效能感是指团队成员对于团队能够完成特定任务所拥有的共同能力的信念。高绩效的团队往往更加自信，相信自己能够取得成功。作为管理者，帮助团队取得成功是提高团队效能感的有效途径。成功会孕育更多的成功，成功的团队会增加未来成功的信念，这种信念会激励他们愿意努力工作。如果团队成员缺乏效能感，他们的工作动机就会降低。

再次，在团队管理过程中，还需要特别关注避免社会惰化的现象。社会惰化是指个体在集体中工作不如单独工作时努力的现象。为了防止这种现象的发生，管理者需要采取措施激励团队成员关心集体绩效，愿意为集体绩效而努力。这可以通过建立有效的激励机制、促进团队成员之间的合作以及加强团队凝聚力等方式实现。

最后，合理处理冲突是团队管理中不可或缺的一部分。尽管冲突可能源于个体之间的差异，但并不一定意味着不同个体的目标不一致。管理者需要学会识别和处理不同类型的冲突，以促进团队的和谐与稳定。在处理冲突时，应遵循公平公正的原则，尊重每个团队成员的意见和权益，寻求共同的解决方案。

综上所述，建设高绩效团队必须从科学的团队成员配置、有利的外部条件和团队内部的管理过程三大方面入手，缺一不可。只有全面考虑这些因素并采取相应的措施，才能真正打造出一支高效、有序、协同的团队。

四、团队建设的四大误区

（一）误区一：团队利益高于一切

团队首先是个集体。由"集体利益高于一切"这个被普遍认可的价值取向，自然而然地可以衍生出"团队利益高于一切"这个论断。但在团队里如果过分推崇和强调"团队利益高于一切"，可能会导致两方面的弊端。

1. 极易滋生小团体主义

团队利益对其成员而言是整体利益，而对整个企业来说，又是局部利益。过分强调团队利益，处处从维护团队自身利益的角度出发常常会打破企业内部固有的利益均衡，侵害其他团队乃至企业整体的利益，从而造成团队与团队、团队与企业之间的价值目标错位，最终影响到企业战略目标的实现。

2. 容易导致个体的应得利益被忽视和践踏

如果一味强调团队利益，就会出现"假维护团队利益之名，行损害个体利益之实"的情况。作为团队的组成部分，如果个体的应得利益长期被漠视甚至侵害，那么他们的积极性和创造性无疑会遭受重创，从而影响整个团队的竞争力和战斗力的发挥，团队的总体利益也会因此受损。

（二）误区二：团队内部不能有竞争

在团队内部引入竞争机制，有利于打破"大锅饭"的局面。如果一个团队内部没有竞争，在开始的时候，团队成员也许会凭着一份激情努力工作，但时间一长，他们会发现无论是干多干少，还是干好干坏，结果都一样，那么员工的热情就会减退，在失望、消沉后最终也会选择"做一天和尚撞一天钟"的方式来混日子。这其实是一种披上团队外衣的"大锅饭"。通过引入竞争机制，实行赏勤罚懒、赏优罚劣，打破这种看似平等实为压制的利益格局，团队成员的主动性、创造性才会得到充分的发挥，团队才能长期保持活力。

（三）误区三：团队内部皆兄弟

不少企业在团队建设过程中，过于追求团队的人情味，认为"团队之内皆兄弟"，而严明的团队纪律是有碍团结的。这就直接导致了管理制度的不完善，或虽有制度但执行不力，形同虚设。

纪律是胜利的保证，只有做到令行禁止，团队才会战无不胜。严明的纪律不仅是维护团队整体利益的需要，在保护团队成员的根本利益方面也有着积极意义。

（四）误区四：牺牲"小我"换"大我"

很多企业认为，培育团队精神，就是要求团队的每个成员都要牺牲小我，换取大我，放弃个性，追求趋同，否则就有违团队精神，就是个人主义在作祟。

诚然，团队精神的核心在于协同合作，强调团队合力，注重整体优势，远离个人英雄主义，但追求趋同必然导致团队成员的个性创造和个性发挥被扭曲和湮没。而没有个性，就意味着没有创造，这样的团队只有简单复制功能，而不具备持续创新能力。

其实，团队不仅仅是人的集合，更是能量的结合。团队精神的实质不是要团队成员牺牲自我去完成一项工作，而是要充分利用和发挥团队所有成员的个体优势去做好这项工作。团队的综合竞争力来自对团队成员专长的合理配置。只有营造一种适宜的氛围，不断地鼓励和刺激团队成员充分展现自我，最大程度地发挥个体潜能，团队才会迸发出如原子裂变般的能量。

课后小测：团队中你扮演什么角色？（明确个体在团队中的位置）

天气不错，你走到体育中心里，发现有一个可爱的小女孩手里拿着一个气球，你正觉得眼前的一切都非常美好。突然小女孩手一松，气球居然从她手中飞走了。你觉得气球最后会怎样？

A. 会有一个大人帮她把气球追回来

B. 被鸟戳破

C. 挂在树枝上

D. 飞到高空不见了

［分析］

A：选会有一个大人帮她把气球追回来的人常会扮演妹妹般的角色，在集体里很受众人疼爱。你可以继续发挥你的长处，让更多人喜欢你。

B：选被鸟戳破的人平常虽话不多，但心思缜密，只要一开口，你的意见就会很受重视。建议你继续保持优势，少说无谓的话，让自己显得更有权威感。

C：选挂在树枝上的人是领导者，你的高瞻远瞩颇得众人信赖。你应该继续引领大家走下去，因为很多人都把你当作一种依靠。

D：选飞到高空不见了的人很有创意与灵感，在团队中，你最好去负责企划方面的事务。你的想象力和创造力将会让别人大吃一惊。

第四节　领导团队

【引例：领导的作用】

沂蒙山区有一个专打铜锣的铺子。工匠师傅已近七十岁。他的儿子们虽然已干了十几年，但每次打到锣心的时候，他们就停止了。这个时候，他们就把锤交给父亲，由他完成这最后一锤。有人不明白，问老者。老者说："这锣心的一锤与周边的锤法不一样，锣心以外的每一锤都只是准备，最后的一锤才是定音的，一切都因这一锤而定。这一锤打好了，就是好锣，要不轻不重，恰到好处。反之，就报废了。"

不论多么优质的材料，也不论一开始打了多少锤，这都不重要，重要的是重要关头的断然一击，分量深浅恰到好处的一锤，是成功的关键。在团队成长的各个阶段，有很多关键点，闯过去，前面就是一片新天地，这时候就体现了团队中领导（上面故事中的老者）的关键作用。

领导团队的过程就像医生看病的过程一样，先诊断，后开方，根据团队发展的不同阶段，可以采取不同的领导方式。

一、团队发展的阶段

怎样判定团队处于哪个阶段？除团队特征外，还可以从另外两个因素判断。

第一，生产力。这个团队的生产力是高还是低？生产力所反映的是这个团队的成员会不会做事情、能不能做事情、是否拥有相关的技能。

第二，团队成员的士气。士气体现的是团队成员愿不愿意做事。

根据士气和生产力的不同，团队的发展可以分为四个阶段，如图8-6所示。

在第一阶段，团队刚刚组合在一起，面对新技术、新观念、新知识，可能掌握得不多，这时生产力相对还比较低，但人们刚刚开始加入这个团队，都有很高的期望值，士气比较高。

进入到团队发展的第二个阶段，伴随着培训、产品知识的介绍等，生产力有所提升，但这个时候的士气很低，因为矛盾比较集中，冲突不断出现。

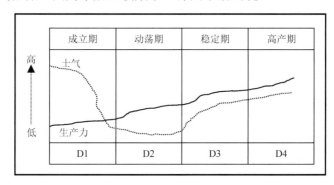

图 8-6　团队的四种不同阶段

随着培训、技能的切磋和交流，团队发展到第三个阶段，这时生产力不断攀升，达到一个较高的水平，但士气则呈现出一种波动的状态，或高或低。当团队的技能能够完成任务时，人们表现出很强的自信心，这时士气就高；而当该团队需要完成一项有挑战性的工作，团队成员的技能还不足以能够完成它的时候，团队的士气就低。举个例子，小孩学游泳，有教练、家长在旁边看着，这时他可以从游泳池的一端游到另一端，20米长没有问题。但有一天教练、家长都不在了，他自己在一个深不可测的湖或一条大江里，没人看护，他就不敢游。

进入第四个阶段，这时生产力和士气都会进入到相对稳定的阶段，即双高阶段。但跟第一阶段相比，哪个士气更高？第一阶段更高，我们很难找到刚开始参加工作时的热忱和兴奋。团队发展到第四个阶段，士气的高是相对稳定的，不是那种超现实的状态。

二、不同阶段团队的领导方式

（一）成立期
1. 团队成员的行为特征
（1）被选入团队的人既兴奋又紧张

（2）高期望

（3）自我定位不明晰，试探环境和核心人物

（4）有许多纷乱的焦虑、困惑和不安全感

（5）依赖职权

2．团队组建的两个工作重点

团队组建的两个工作重点简单地说一个是对内，即在内部建立什么样的框架；另一个是对外，即怎样跟团队之外的领导者或其他的团队保持联系。

（1）团队的内部框架需要考虑的问题

● 团队的任务是什么？

● 团队中应包含什么样的成员？

● 是否该组建这样的团队？

● 成员的角色如何分配？

● 团队的规模多大？

● 团队生存需要什么样的行为准则？

（2）团队的外部联络需要注意的问题

● 建立起团队与组织的联系

● 确立团队权限

● 团队考评与激励体系

● 团队与外部关系

3．如何帮助团队度过第一阶段

（1）宣布对团队的期望是什么。也就是希望通过团队建设，在若干时间后，取得什么样的成就、达到什么样的规模。

（2）明确愿景。告诉团队成员，我们的愿景目标是什么，要向何处去。

（3）为团队提供明确的方向和目标。在跟下属分享这个方向和目标的时候，要展现出自信心，因为如果管理者自己都觉得这个目标高不可攀，那么下属会有信心吗？

（4）提供团队所需要的一些资讯、信息。比如要派团队成员到东北成立一个分公司，就必须给其足够的资讯，包括竞争对手在这个商圈中的分布、不同竞争对手的市场占有率分别是多少以及组织计划在这个区域投入多少资本。

（5）帮助团队成员彼此认识。第一阶段是初识阶段，大家还互相不了解，有的人即便有一些特长也还不好意思展示出来，所以这个时候有必要让团队的成员彼此认识。你要告诉他们，哪位成员身上怀有什么样的绝技，这样容易使成员形成彼此间的尊重，为以后的团队合作奠定良好的基础。

（二）动荡期

第一阶段完成以后，团队就进入第二个阶段——动荡期。

1．团队在动荡期阶段的表现

● 期望与现实脱节，隐藏的问题逐渐暴露

● 有挫折和焦虑感，对目标能否完成不确定

● 人际关系紧张（冲突加剧）

● 对领导权不满（尤其是出问题时）

● 生产力遭受持续打击

随着时间的推移，一系列的问题都开始暴露出来，人们从一开始的彬彬有礼、互相比较尊重，到慢慢地发现了每个人身上所隐藏的缺点。成员慢慢会看到团队当中一些不尽如人意的地方，比如朝令夕改，比如团队成员的培训进度落后，团队刚开始承诺有很多很好的培训机会，一遇到问题的时候就耽误了。

在这一阶段，成员对于团队的目标也开始产生怀疑，当初领导者很有信心地要达成某个目标，但经过一两个月的检验，大家可能会发现那个目标基本上是高不可攀、达不到的。而人际关系方面，冲突开始加剧，人际关系变得紧张，成员开始互相猜疑、对峙、不满，甚至把这些问题归结到领导者身上，对领导权产生不满。尤其在问题出现的时候，个别有野心的成员甚至会想到挑战领导者。这个阶段人们更多地把自己的注意力和焦点放在人际关系上，无暇顾及工作目标，生产力在这个时候遭到持续性的打击。

2．动荡期的特点

团队的动荡主要是由五个要素导致的，如图 8-7 所示。

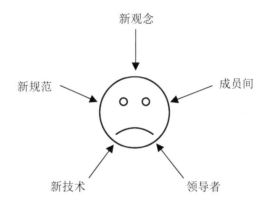

图 8-7 导致动荡的要素

在这个阶段，人们遇到了新观念的挑战，成员与成员间、领导者与成员间发生了一些冲突，在其他团队和传统的组织结构中没有碰到的新技术也是一种挑战，另外还有一些人们觉得不适应的、过去在组织中没有的新规范。

3．如何帮助团队度过第二阶段

（1）安抚人心。这是度过动荡期最重要的措施。首先要认识并处理各种矛盾和冲突，比方说某一派或某一个人力量绝对强大，那么作为领导者要适时地化解这些权威和权力，绝对不允许以一个人的权力打压其他人的贡献。其次要鼓励团队成员就有争议的问题发表自己的看法。

（2）准备建立工作规范。没有工作规范、工作标准约束，就会造成一种不均衡，这种不平衡也是冲突源，领导者在规范管理的过程中，自己要以身作则。

（3）调整决策方式，鼓励团队成员参与决策。

（三）稳定期

随着时间的推移、技能的提升，团队会进入稳定期，这是团队发展的第三个阶段。

1. 稳定期的特征

（1）人际关系由敌对走向合作

- 憎恶开始解除
- 沟通之门打开，相互信任加强
- 团队发展了一些合作方式的规则
- 注意力转移

（2）工作技能提升

（3）建立工作规范和流程，特色逐渐形成

稳定期的人际关系开始解冻，由敌对情绪转向相互合作，人们开始互相沟通，寻求解决问题的办法，团队这时候也形成了自己的合作方式，形成了新的规则，人们的注意力开始转向任务和目标。团队通过第二个阶段的磨合，进入稳定期，人们的工作技能开始慢慢地提升，新的技术慢慢被掌握，工作规范和流程也已经建立，这种规范和流程代表的是团队的特色。

2. 怎样度过第三阶段

团队要顺利地度过第三个阶段，最重要的是形成团队的文化和氛围。团队精神、凝聚力、合作意识能不能形成，关键就在这一阶段。团队文化不可能通过移植实现，但可以借鉴、参考，形成自己的文化。这一阶段最危险的事就是大家因为害怕冲突，不敢提一些正面的建议，生怕得罪他人。如图 8-8 所示。

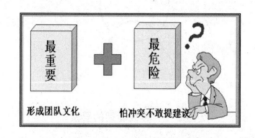

图 8-8　稳定期的要素

（四）高产期

度过第三个阶段的团队就可以进入高产期，这个阶段的团队也叫高绩效团队。

1. 高产期的团队情况会继续有所好转

（1）团队信心大增，具备多种技巧，协力解决各种问题。

（2）用标准流程和方式进行沟通、化解冲突、分配资源。

（3）团队成员自由而建设性地分享观点与信息。

（4）团队成员分享领导权。

（5）巅峰的表现：有一种完成任务的使命感和荣誉感。

2. 如何带领高产期的团队

（1）随时更新工作方法和流程。并不是过去制订的一套方法和流程是对的，我们就不需要改变它，随着时间推移工作方法也需要调整，所以要保持团队不断学习的一股劲头。

（2）团队的领导形如团队的成员而不是领袖。领导者要把自己当作团队的一分子去工作，不要把自己当成团队的长者、长官。

（3）通过承诺而不是管制来追求更佳的结果。在一个成熟的团队中，应该鼓励团队成员，给他们一些承诺，而不是命令。有时资深的团队成员反感自上而下的命令式的方法。

（4）要给团队成员具有挑战性的目标。

（5）监控工作的进展，比如看一看团队在时间过半的情况下，任务是否已经完成了一半，是超额还是不足。在进行监控反馈的过程中既要承认个人的贡献，也要庆祝团队整体的成就，毕竟大家经过磨合已经形成了合力，所以团队的贡献是至关重要的，但也要承认个人的努力。

三、领导团队过程中特殊问题的处理方法与技巧

（一）当团队"卡壳"时

团队在项目执行过程中会因各种问题而"卡壳"。有时，由于一开始便没有较好地界定团队的方向或由于团队成员没有持续地对其予以研讨，团队成员的方向感可能会削弱。若团队的活力问题或人际关系冲突占用了成员过多的精力，那么其对团队绩效表现的投入程度便可能不充分或不均衡。团队可能出现关键技能的缺口，或者遭到其他团队的误解、敌视或漠视。团队领导者可以采取多种方法在团队"卡壳"时解决问题。

1. 主持团队讨论，重述团队的宗旨、方法和绩效目标，利用图表进行演示。探究隐藏的假设或观点上的不同并设法予以解决。

2. 制订一项普通的近期目标并实现它。

3. 通过行业标准、历史案例、访谈或公司考察，从组织内部或外部引进新的信息和不同的观念。

4. 改变团队成员的组成。

（二）个人与团队之间的冲突

当个人的行为给团队造成困难时，可以利用不同的方法予以识别和处理。利用团队讨论的直接方式，每个成员都可以就以下方面对其他成员进行评论：

- 他们喜欢的行为；
- 给他们制造麻烦的行为；
- 当事人怎样才能做到有所不同；
- 为了团队的成功，他们对当事人的期待是什么。

作为反馈，每个团队成员要对其行为改进做出承诺。这种方式需要时间、集体的信任和推动的技巧才能保证取得最大成效。

另外一种方式是，促进者和团队的流程观察员（帮助维护团队关系的团队成员）与表现出问题行为的个人私下碰面，他们需要：

- 描述具体的问题行为；
- 说明行为的影响；
- 推荐一种具体的替代行为；
- 描述如果问题行为继续发生会带来的后果。

无论使用哪一种方式，通常都会很有帮助的是设定"检查"时间以考察问题行为当事人所取得的进步，并支持其改变行为的尝试及努力。

（三）团队管理中的注意事项

1. 制定良好的规章制度

小头目管事，大主管管人。在项目规模小的时候，主管通过传帮带的方式实现人管人；在项目规模较大的时候，主管必须通过立规矩、建标准来实现制度管人。

所谓强将手下无弱兵，没有不合格的兵，只有不合格的将领。一个强劲的管理者首先是一个规章制度的制定者。规章制度也包含很多层面：纪律条例、组织条例、财务条例、保密条例和奖惩制度等。

执行规章制度还有一些讲究，近年来流行的"破窗理论"认为，如果有人打破了一个建筑物的窗户玻璃，而这扇窗户又得不到及时的修理，别人就可能受到某些暗示性的纵容去打烂更多的窗户玻璃，久而久之，这些破窗户就会给人造成一种无序的感觉。这个理论说明，对于违背规章制度的行为，应该及时制止，否则长期下来，在这种麻木不仁的氛围中，一些不良风气、违规行为就会滋生、蔓延且繁荣。

2. 建立明确共同的目标

一条猎狗将兔子赶出了窝，一直追赶它，追了很久仍没有抓到。一牧羊人看到此情景，停下来，讥笑猎狗说："你们两个之间小的反而跑得快很多。"猎狗回答说："你们不知道我们两个的跑是完全不同的！我仅仅为了一顿饭而跑，而它却是为了性命而跑呀！"

兔子与猎狗做一样的事情，都拼命地跑步，然而，他们的目标是不一致的，其目标不一致，导致其动力也会不一样。在团队管理中，不同角色的成员的目标是不一致的。项目主管直接面向客户，需要按照承诺，保质保量地按时完成项目目标；而项目成员可能是打工者心态——我干一天你要支付我一天的工资，加班要给奖金，当然干项目如果能学到新知识、新技能就更好。

团队中不同角色由于地位和看问题的角度不同，对项目目标的认识和对项目的期望值会有很大的区别，这是一点也不奇怪的事情。好的管理者善于捕捉成员间不同的心态，理解他们的需求，帮助他们树立共同的奋斗目标，让大家劲往一处使，使得团队的努力形成合力。

3. 营造积极的工作氛围

钓过螃蟹的人或许都知道，篓子中放了一群螃蟹，不必盖上盖子，螃蟹是爬不出去的，因为只要有一只想往上爬，其他螃蟹便会纷纷攀附在它的身上，结果是把它拉下来，最后没有一只能够出去。企业里常有一些人，嫉妒别人的成就与杰出表现，天天想尽办法破坏与打压，如果不予去除，久而久之，组织里只剩下一群互相牵制、毫无生产力的螃蟹。

对于不知悔改的螃蟹，应该尽早清理出去。对于公司而言，也许其历史尚短，还没有形成成熟的企业文化和企业精神，从而造成大环境的不良风气，但是我们要致力于营造出一种积极进取、团结向上的工作氛围。

四、团队的协作和创新

团队协作是指团队成员之间为了实现共同的目标而进行的有效的沟通、合作和协调。团队协作能够提高团队的效率、工作质量和创新能力，促进团队成员的个人发展和团队凝聚力提升。

（一）团队协作的原则和策略

为了实现高效的团队协作，需要注意以下原则和策略。

1. 明确目标和分工：团队需要有一个清晰、具体、可衡量、可实现的目标，以及一个合理、公平、明确的分工方案，确保每个成员都知道自己的角色和责任，以及如何与其他成员协作。

2. 有效沟通：团队成员之间需要建立良好的沟通渠道和机制，及时、准确地传递信息，消除歧义和误解，增进相互理解和信任。同时，团队成员要注意倾听他人的观点和建议，尊重和接受不同的意见和想法，避免冲突和对抗。

3. 合作精神：团队成员应该具有合作的意愿和能力，愿意与他人分享知识、经验和资源，互相支持、互助、互补。同时，要注重团队利益高于个人利益，遵守团队规则和价值观，维护团队荣誉和形象。

4. 协调能力：团队领导者或者协调者需要具备良好的协调能力，能够有效地整合不同成员的工作，包括任务分配、进度管理、资源调配等，确保团队工作的顺利进行。同时，要注意处理好团队内部或者外部的矛盾和问题，及时调整工作计划和策略，应对变化和挑战。

案例1：《复仇者联盟》系列电影中，超级英雄们组成了一个强大的团队，为了拯救世界而共同战斗。他们虽然各有特色、性格迥异，但是都遵循了一个共同的目标——保护地球免受外星入侵。他们之间通过无线电设备进行有效沟通，在战斗中互相配合、支持。他们也有过分歧和冲突，但是最终都能够化解矛盾，重拾信任。他们由钢铁侠领导或者由美国队长协调，形成了一个高效、凝聚、创新的团队。

案例2：《阿波罗13号》是一部根据真实事件改编的电影，讲述了1970年美国国家航空航天局执行阿波罗13号登月任务时发生了爆炸事故，导致三名宇航员陷入生死危机。在这种情况下，美国国家航空航天局组织了一个由不同领域专家组成的救援团队，他们通过与舱内的宇航员进行紧密沟通，在地面上模拟出各种可能的情况，并提出了各种创新的解决方案，最终成功地将宇航员安全带回地球。

（二）团队创新的动力和条件

团队创新是指团队成员通过协作和交流，产生和实施新的想法、方法或研发生产新产品，以满足客户或者市场的需求，或者解决现有的问题。团队创新能够提高团队的竞争力和适应能力，促进团队的发展和进步。为了实现高效的团队创新，需要有以下动力和条件。

1. 创新动力：团队需要有一个强烈的创新动力，即对创新的渴望和追求。这种动力可以来自外部的压力或者激励，例如市场竞争、客户需求、政策支持等；也可以来自内部的驱动或者激情，例如团队目标、团队文化、个人兴趣等。

2. 创新条件：团队需要有一个良好的创新条件，即有利于创新的环境和资源。这种条件包括以下几个方面。

（1）多样性：团队成员应该具有不同的专业背景、知识结构、思维方式和个性特点，以便为团队带来更多的视角、信息和灵感，激发创造性思维和创意碰撞。

（2）开放性：团队应该保持开放的心态和态度，愿意接受和尝试新的想法、方法或者产品，不拘泥于传统或者惯例，敢于挑战和突破。同时，团队应该与外部环境保持良好的联系，积极寻求和利用外部的信息、资源和合作机会。

（3）自主性：团队应该有一定的自主权和决策权，能够根据实际情况制订合理的创新目标和计划，并按照自己的方式实施和评估。同时，团队应该有一定的风险承受能力和失败容忍度，不畏惧失败或者挫折，敢于尝试和改进。

（4）支持性：团队应该得到组织或者领导者的充分支持和鼓励，包括提供必要的时间、空间、资金、设备等物质资源，以及提供指导、建议、反馈等精神资源。同时，团队应该建立积极的反馈文化，鼓励成员之间相互赞扬、认可和奖励。

案例：《硅谷》是一部讲述一群年轻人在硅谷创业历程的美剧。他们组成了一个名为"皮普网络"的创业团队，开发了一种基于压缩算法的数据传输平台。他们虽然遇到了各种各样的困难和挑战，但是凭借着对创新的渴望和追求，以及多样、开放、自主、支持的创新条件，他们最终成功地打造了一个具有颠覆性的产品，并在市场上获得了巨大的成功。

（三）团队学习的模式和途径

团队学习是指团队成员通过协作和交流，共同获取、分享和创造知识，以提高团队的知识水平和能力水平。团队学习能够增强团队的知识基础和创新潜力，促进团队的持续改进和发展。为了实现高效的团队学习，需要采用以下模式和途径。

1. 共享模式：团队成员之间相互传递和交换已有的知识，包括显性知识和隐性知识，以便扩大知识范围和深化知识理解。这种模式可以通过以下途径实现。

（1）文档共享：团队成员将自己的知识整理成文档，如报告、手册、指南等，并上传到团队的共享平台，供其他成员阅读、下载和评论。

（2）经验共享：团队成员将自己的经验、教训、心得等以口头或者书面的形式分享给其他成员，如讲座、演示、讨论等，并邀请其他成员提出问题、反馈和建议。

2. 协作模式：团队成员之间相互协作和协调，共同解决问题或者完成任务，以便生成新的知识或者提高知识应用能力。这种模式可以通过以下途径实现。

（1）项目协作：团队成员根据分工方案，分别负责项目的不同部分或者阶段，并在项目过程中进行定期的沟通、汇报和评估，以确保项目的顺利完成。

（2）问题协作：团队成员针对某个具体的问题或者挑战，进行集体的分析、讨论和决策，制订并执行相应的解决方案或者应对措施。

3. 创造模式：团队成员之间相互激励和启发，共同创造新的方法或者产品，以便创造新的价值或者满足新的需求。这种模式可以通过以下途径实现。

（1）头脑风暴：团队成员在一个轻松、自由、开放的氛围中，尽可能多地提出各种与主题相关的想法，并对这些想法进行分类、筛选和评价，以找出最佳或者最有创意的想法。

（2）原型制作：团队成员根据选定的想法，设计并制作一个简单的原型或者样品，并对其进行测试、修改和完善，以验证其可行性和有效性。

案例1：《重新定义公司：谷歌是如何运营的》是一本由谷歌前 CEO 埃里克·施密特（Eric Schmidt）和前高级副总裁乔纳森·罗森伯格（Jonathan Rosenberg）合著的书籍，介绍了谷歌这个全球最成功的互联网公司之一是如何运用团队学习来提升其创新能力和竞争优势的。他们揭示了谷歌在团队学习方面采用了以下几种做法。第一，建立学习型文化：谷歌鼓励其员工不断地学习新知识、新技能和新思维，并将其应用到工作中，以提高工作效率和质量。谷歌还为其员工提供了各种学习资源和机会，如内部课程、外部讲座、在线平台等。第二，实行20%时间制度：谷歌允许其员工将每周20%的时间用于自己感兴趣的项目或者问题，而不受正常工作的限制。这样可以激发员工的创造力和主动性，也可以促进员工之间的交流和协作。第三，采用小团队模式：谷歌倾向于组建由少数精英组成的小团队，而不是由大量平庸的人组成的大团队。这样可以提高团队的灵活性和效率，也可以增强团队的凝聚力和责任感。

案例2：《创新者的窘境：领先企业如何被新兴企业颠覆？》是一本由哈佛大学商学院教授克莱顿·克里斯坦森（Clayton Christensen）所著的书籍，探讨了为什么一些成功的企业会在面对创新时失败，以及如何避免这种失败。他提出了一个关于团队学习的重要观点，即"学习型团队"和"执行型团队"的区别。他认为，学习型团队是指那些能够不断地获取、分析和利用信息，以发现和满足客户潜在需求的团队；而执行型团队是指那些能够高效地执行既定的目标和计划，以满足客户现有需求的团队。他认为，对于那些面临市场变化和技术革新的企业来说，需要建立一个平衡学习型团队和执行型团队的机制，以实现持续的创新和发展。

（四）团队多样性的管理和利用

团队多样性是指团队成员之间在性别、年龄、文化、教育、专业、经验等方面的差异和多元化。团队多样性能够为团队带来更多的资源、观点和创意，增加团队的创新能力和适应能力，也能够提高团队的吸引力和影响力。但是，团队多样性也可能带来一些挑战和风险，如沟通障碍、价值冲突、利益分歧等。为了有效地管理和利用团队多样性，需要采用以下方法。

1. 尊重差异：团队成员应该认识到每个人都是独特的个体，都有自己的优势和劣势，都有自己的想法和感受。因此，要尊重每个人的个性和选择，不要歧视任何人或对任何人抱有偏见，不要将自己的观点或者标准强加给他人。

2. 促进交流：团队成员应该积极地与不同背景、不同领域、不同层次的人进行交流和沟通，以便了解他们的需求、期望和动机，以及他们的知识、经验和技能。同时，要注意使用清晰、简洁、礼貌的语言，避免使用含糊、复杂、冒犯的语言，以减少误解和冲突。

3. 建立共识：团队成员应该在团队的目标、价值、规则等方面达成一致或者妥协，以形成认同感和归属感。同时，要在团队的分工、协作、评估等方面达成一致或者妥协，以形成公平的奖惩机制和信任机制。

4. 发挥优势：团队成员应该根据自己的特长和兴趣，选择适合自己的角色和任务，并尽力发挥自己的潜能和贡献。同时，要根据其他成员的特长和兴趣，给予他们适当的支持和鼓励，并尽力利用他们的资源和创意。

案例：《海底总动员2》是一部由皮克斯动画工作室制作的动画电影，讲述了一条患有失忆症的小鱼多莉为了寻找自己失散的父母而展开的冒险之旅。她在旅途中结识了各种各样的海洋生物，组成了一个由不同种类、不同能力、不同性格的生物构成的多元化团队，包括小丑鱼马林、章鱼汉克、鲸鲨德丝蒂、白鲸贝利等。他们虽然在寻找过程中遭遇了许多危险和挑战，但是他们通过相互帮助、相互学习、相互信任、相互欣赏，最终实现了自己的梦想，并成为好朋友。

拓展阅读

1. 中国传统文化下的团队

（1）中国传统文化下团队领导的特征

虽然团队尊崇团体决策，但是在中国文化下团队的领导或者说扮演领导角色的团队成员所起到的作用依然很大，甚至在某些时候关系到团队的成败，"火车跑得快全靠车头带"也是对此最好的解释。那么团队的领导应当具有什么样的特质呢？我们还是以唐僧取经团队中的领导唐僧为例来加以说明。

很多人纳闷：唐僧肉眼凡胎，为什么能够成为取经团队的领导？其实唐僧是团队的一位合适领导，没有他的存在，团队很难完成西天取经任务。在《西游记》中，唐僧是加强团队凝聚力的关键人物，按照麦肯锡的《团队的智慧》一书对人的分类，唐僧应当属于完美型，作为一个成功的团队领导，具体来讲有以下几个特点。

① 品德高尚，德才兼备。在中国文化下，对人才的衡量标准就是德才兼备，其中"德"超过才排在首位，可见在中国文化下，领导考核标准中对"德"的重视。当然德的意义比较广泛，以唐僧为例，他取经坚定，有很坚韧的品性和极高的原则性，不达目的不罢休，为团队成员设定了愿景；意志坚定，不为困难屈服，以团队的集体目标为重，不被利益诱惑。当然，除了德之外，唐僧的专业能力也十分过硬，取经之前已经是唐朝有名的佛学大师，并在当时最著名的寺庙开坛讲学。唐僧的这些软实力深深打动了每个成员，赢得了大家的尊重，所以即使在他被妖怪抓住不在团队、猪八戒猪头猪脑要求分家的情况下，其他成员（孙悟空、沙和尚）仍旧能够以唐僧的思想为理念，坚持工作，坚持把他救出来，将取经进行到底。

另外唐僧博爱广施，知书达理，懂得照顾好自己的团队成员以及身边的人。中国团队中的领导很重要的一点是不仅要照顾好自己，更要照顾好大家，因为在中国文化下，团队领导在某种程度上扮演着家长的角色。

② 掌握业务核心，拥有众多关系，能够支配众多的社会资源。在《西游记》中，唐僧获取了西天取经的"独家经营权"，经只传给唐僧一人，从而使唐僧掌握了取经团队的核心价值。另外，唐僧具有极广的社会人脉资源，取经一开始就获得唐王价值不菲的资助，既给宝物（金钵盂、宝马、袈裟）又给政策（通关文牒等），而在取经过程中唐僧团队更是得到观音菩萨、如来佛祖以及众路神仙的帮助，可谓关系通天。在中国这个讲究关系的社会中，拥有广泛而深厚的社会资源对于团队的成功无疑是极为关键的。

③ 既讲制度又懂人情，能控制并利用好业务骨干。《西游记》里的唐僧为了防止孙悟空杀生而给他念紧箍咒，这是因为孙悟空触犯了团队的原则，违背了团队的核心价值观，所以唐僧狠下心来对孙悟空进行处罚。唐僧能够用制度对核心员工进行控制，保证团队目标的统一性，维护团队成员个人价值观与团队集体价值观的统一性。当然，除此之外，唐僧还有其重感情的一面，他在深夜为弟子缝补衣服，关心弟子生活，浓厚的师徒之情使得团队的气氛更加和睦。

（2）中国文化下高绩效团队的建设

中西方文化差异很大。西方人文主义认为人是宇宙的中心，西方文化追求的是自我价值的实现、独立人格的形成，强调追求自身的价值和幸福。在西方，人与人之间大多数情况下形成的是平等基础上的契约关系。将这种契约关系用法定的形式规范下来后，就形成了西方的法治社会，在企业管理上就表现为规范管理、制度管理，在管理中通过建立规章制度来实现管理的有序化和高效率，追求制度效益。

而中国几千年来深受传统儒家文化影响，孔子"摄礼归义"，更"纳礼于仁"，构成"仁、义、礼"的思想体系；孟子重仁、义，并不忘礼；荀子重礼、义，也不忘仁。儒家仁、义、礼的管理理念，实践起来，就成为中国人常说的情、理、法。由此看来中国文化是建立在以家为本位的社会伦理秩序基础上的，在管理上表现为强调家的概念，在管理上表现为更多的"情感"特色，但是在团队建设上一定不能只靠情感维系，必须以法为基础，以制度化为实施管理的起点。但是制度由人创立，亦由人改订，制度如果不能因时因地而制宜，那就会僵化，形成官僚管理，难以应付例外事宜。因此，必须保证制度的合理性，依"理"变"法"，把"制度化"提升为"合理化"。

具体说来，中国的经营管理理念，便是"情、理、法"的管理，中国管理实质上是一个不断维护人情化的历程。管理是离不开人情的。空喊"制度"而未能"合理"，即"恶法"；标榜"合理"却不能为同人所认同，便是未得人心，有违人情。

因此，在中国文化下进行团队建设，必须在法的基础上，持中致合，追求合理，符合人情，秉持这样的团队建设理念才有可能建设一支高绩效的团队。

2. 经典故事的"团队"说法

《西游记》中唐僧师徒团队是一个经典的成功团队，组成这个团队的目的是到西天取经。在取经团队中四个人是相互依存、缺一不可的。唐僧虽然既非擒妖能手，又不会料理行程上的事务，但是他能把握大局，信念坚定，得到上司的直接授权，又有广泛的社会资源。唐僧得到唐太宗的直接任命，被授以袈裟和金钵盂，又得到以观音为首的各路神仙的广泛支持和帮助，起到了凝聚和完善的作用，是团队的核心人物。孙悟空本领超强，冲锋陷阵，不拘小节，起着创新和推进的作用，是实现组织目标的关键人物。猪八戒虽然本事稀松，组织纪律性不强，好吃懒做，贪财好色，但具有乐观主义精神，能屈能伸，能说会道，在项目组中承担了润滑油的角色，并起到信息沟通和监督的作用。沙和尚言语不多，任劳任怨，承担了项目中挑担等粗笨无聊的工作，起到了协调和实干的作用。师徒几人的技能相互补充，相得益彰，这是团队成功的关键。

取经团队的发展，也经历了初创期、初见成效期、持续发展期、成熟期。

团队的初创期：唐僧刚踏上取经之路就先遇上了妖怪，后又碰到老虎，他深知此行前途艰险而自己又无降妖除怪的本领，因此孙悟空的出现对于形单影只的唐僧不啻天降甘霖。《西游记》中这样写道：悟空说"我老孙，颇有降龙伏虎的手段，翻江倒海的神通"，而后"三藏闻得此言，愈加放怀无虑，策马前行"。师徒两个走着路，说着话，不觉得太阳西坠。此时的孙悟空心中充满对唐僧救命之恩的感激之情，而唐僧则怀着对孙悟空一身本领的无限仰仗，两人开始了如同许多团队建设之初时，成员由于彼此间的新鲜感而感情格外亲密的阶段。

团队的初见成效期：上路没多久，孙悟空就厌烦了唐僧的无能与懦弱。在这一时期，成员间经过相处逐渐失去了起初的新鲜感，开始变得挑剔彼此的缺点，任何一点小的口角都有可能引发大的争端。当孙悟空因打死了几个强盗遭唐僧责骂，便立马撂下挑子不干，翻筋斗飞走了，后悔得唐僧大叫："罢、罢、罢！也是我命里不该招徒弟。"而遇到了白骨精之后，这个取经团的团长和下属以及下属之间的矛盾彻底爆发了。在白骨精第一次假装被孙悟空打死后，忍无可忍的唐僧念了紧箍咒，而在孙悟空第三次打死白骨精变成的老头后，他终于将孙悟空逐出了师门。后来，唐僧弄清了真相，师徒间化解了矛盾，认识到彼此的相互依存，恢复了往日的融洽关系。

团队的持续发展期：经历了三打白骨精的团队内耗之后，整个取经团队的成员相互间形成了一种信任，在之后取经路上的一系列考验中很好地进行沟通合作，成功通过一次又一次的考验。

团队的成熟期：在唐僧的带领下，取经团队到达了西天，取得了真经，但在回中土的路上，遇到了最后一次的考验。在这次考验面前，师徒四人沉着应对，而在此前一路取经路上四人所形成的默契和对彼此的信任使得师徒四人有效地找到通过考验的最佳方法，最后成功通过这最后一次的考验，把真经带回了中土。

本章小结

一花独放不是春，万紫千红春满园。工作团队在组织中越来越盛行的原因是：它形成了团结精神，它把管理层从事务性工作中解放出来从事战略层面的思考；它接纳更为灵活的决策，实施工作多元化，并常常能提高绩效水平。在组织中最常运用的四种工作团队为：职能型工作团队、自我管理型工作团队、虚拟工作团队、跨职能团队。职能型工作团队由一名管理者和来自特定职能领域的若干下属组成；自我管理型团队是一个没有管理者的正式员工群体，他们共同对整个及局部的工作流程负责；虚拟团队利用计算机技术把实际上分散在各地的成员联系起来实现一个共同的目标；跨职能团队是一个由来自不同领域的专家组成的混合体，目的是并肩作战以共同完成各种任务。

本章习题

思考题

1. 什么是群体？什么是团队？群体与团队的区别是什么？

2. 联系实际，谈谈非正式组织的影响。

3. 根据个人情况，评价自身在团队中的角色与位置。

4. 提升团队的协作性，应该从哪几个方面努力？

5. 高绩效团队有哪些特征？

实训题

1. 每5人左右组成一个小团队，寻找学校中存在的非正式组织，并根据所学知识研究分析该非正式组织存在的原因，其对学校发展、学生成长的影响，以及我们应如何应对该非正式组织。

2. 建设高效的工作团队

[目的]让班上的成员：（1）体验作为团队共同完成一项具体任务；（2）对这种体验进行分析。

[时间]用90分钟完成前三步；用45—60分钟完成后两步。

[步骤]

（1）把全班成员分成若干个6人一组的工作团队。

（2）每个团队需要起个队名、编首队歌。

（3）在校园范围内，每个团队在"拾荒游戏"中找到以下物品（拾荒游戏是指在规定时间里找到某些难以寻找的东西，先得者或得到最多者获胜）。

- 一张团队图片
- 一份有关群体或团队的新闻报道
- 一件有着学校名字或标志的衣服
- 一双筷子
- 一个布球
- 一打学校的办公信纸
- 一瓶墨水
- 一个 U 盘
- 一个可口可乐的瓶子
- 一个包装袋
- 一张账单
- 一本去年的日历
- 一本海明威的书
- 一张印有麦当劳产品的宣传单
- 一支试管
- 一盒口香糖
- 一根玉米
- 张学友的一盘磁带或一张 CD

（4）90 分钟后，所有的团队回到教室。由老师计时，对超时队进行处罚。全班和老师一起判断这些物品是否符合题目的要求。找到最多正确物品的团队成为冠军。

（5）每组对这项练习进行报告，包括自我评估。具体来说，应该回答下列问题。

- 团队使用的策略是什么？
- 成员个体在完成任务当中扮演什么角色？
- 团队的有效性如何？
- 团队怎样做会更有效？

第九章　领导力管理

【引例】

一个人能够改变环境，约翰·韦特利（John Whitley）就是一个活生生的例子。他证明了杰出的领导者可以重塑一个组织。

约翰·韦特利 1990 年春季就任美国路易斯安那州安格拉监狱看守长。当时，他面对的是一项极为棘手的工作。这所监狱的暴力和犯人的不满情绪已有很长历史了。其中谋杀、自杀和越狱的企图屡见不鲜，犯人们的心境可用四个字来概括：毫无希望。而看守们的工作士气也十分低落。服刑人员中无期徒刑犯占很大比例，这使得监狱的管理和控制工作十分艰难。

不出三年，韦特利使安格拉监狱发生了巨变。监狱中暴力事件的数目大幅度下降，犯人的焦虑感和不安感也得到了缓解。事实上，整个监狱里几乎找不到一个韦特利的贬损者，包括死刑犯在内。一个死刑犯这样说："看守长这人真的很棒，他把我们当人看，而不是当作社会的垃圾。"州司法部门对犯人的抱怨数目进行过客观的统计，韦特利接任工作后，犯人的抱怨次数从每月 50 次下降到 10 次。

韦特利为什么能为监狱带来这样积极的影响？他具备什么样的前任看守长们不具备的领导品质？

人们都认为他开放、无私而且细致。在这个封闭的社会中，看守拥有权威而犯人则是服从者。但韦特利改革了规章制度，他认为自己在这一系统中是犯人的辩护人，他要求把犯人作为有血有肉、有情感有需要的人看待。即使韦特利自己犯了错误，他也会当众承认。为了帮助犯人更好地度过空闲时间，他增设了基础阅读、计算机和法律知识课程。为了鼓励良好表现，他提供了各种各样的奖励措施，如增加会客时间，以及打电话、看电视的特权。

最能表现韦特利领导风格的一个例子是他对 1991 年 10 月州法院颁布的犯人对判刑不服提出上诉的最后期限的严格限制所做出的反应。在路易斯安那州 12 名看守长中，只有他一人帮助犯人阻止这项决议。他让监狱印刷厂印刷了 5000 封上诉信，还在监狱的广播台设立了有问必答栏目，聘请法律顾问回答犯人的问题，并要求犯人收听。

韦特利并非以人道主义做法（即对犯罪的宽容或对犯人的溺爱）取胜，他对死刑犯的宽容是因为他坚信这些因素转变一下就可以起到威慑作用。如果犯人并不做相应改变，他会毫不犹豫地实施惩罚。比如，犯人咒骂看守，就会丧失到小卖部买东西的特权；犯人在饭厅中浪费饭菜，就会失去听广播的机会。

韦特利范例表明，领导者能够改变环境。

热身思考：亲爱的同学们，你们觉得领导者如何才能提高自己的领导力？职位所带来的权力是否能确保被别人接受？除了职位所带来的权力外，一位管理者还需要具备什么样的素质和能力来确保别人的追随？

领导力是指引和影响团队或组织以实现共同目标的能力。它依赖于权力和影响力来实现其效果。权力是领导力得以实施的基础。权力通常来自职位、地位、知识、经验或其他形式的资源控制。拥有权力的领导者能够更容易地影响他人，推动决策的实施，并确保团队或组织遵循既定的目标和战略。影响力则是领导力的重要组成部分，也是权力的一种表现形式。影响力是一种无形的力量，它来自领导者的个人魅力、专业知识、道德品质、人际关系等多个方面。一个具有强大影响力的领导者能够赢得他人的信任和支持，激发团队成员的积极性和创造力，从而推动团队或组织的发展。领导力需要借助权力和影响力来实现其效果，而权力和影响力则需要在领导力的指导下得到合理的运用和发展。一个优秀的领导者应该善于运用权力和影响力，以推动团队或组织朝着共同的目标前进。

第一节　权力和影响力

在研究群体动力学和领导的重要性时我们不难发现，在一个群体之中，由于群体成员之间认知水平不一，个人的个性不一，对各类事物的态度不一，要使群体能够发挥作用，防止社会堕化和平衡冲突，最终实现共同目标，就必须要有领导者来领导大家建立群体规范、落实角色分工，统一群体成员的思想认识，增强凝聚力，将大家团结在一起，共同为实现群体目标而努力。

拿破仑说过："只有糟糕的将军，没有糟糕的士兵。"优秀的领导者能激励别人去思考，去行动，形成组织强大的力量。可以说，高绩效群体的一个关键因素就是有效的领导。

毫无疑问，所有的群体都需要领导。那么什么是领导呢？领导是个体对他人施加影响，带领和指导他人活动以实现群体或者组织目标的过程。施加这种影响的个体，就是领导者。

我们说，领导者之所以能够实现对下属的领导，基础是权力。权力是影响领导者与被领导者之间关系的一种重要力量。从领导角度来说，权力是领导者影响被领导者行为的一种力量，这种力量有助于被领导者服从和追随领导者；从被领导者角度来说，权力则体现为一种依赖关系。一个人对另一个人的依赖程度越高，受其影响的程度也就越高，即后者对前者拥有的权力越大。

说到领导，说到我们要对别人施加影响，要激励别人去思考、去行动，来实现大家共同的目标，现在就有一个问题了："我们怎样才能对别人施加影响？领导者凭借什么来领导？"我们可以想象一下我们的班级管理。假设班级有一个目标要实现，有一件事要完成，需要一个人带领大家完成。那是不是我们班级当中的每一个人都能胜任这个角色？班委是不是就一定比别人更容易影响大家拧成一股绳做事情？

我们经常听人这么说：人一走茶就凉。为什么？某些领导，为什么总也退不下来？还有，技术部门的领导不好当，为什么？

人一走茶就凉，是因为人的权力来自职位，当从职位上退下去之后，你没有别的影响力，所以对人没有影响力，所以茶就显得凉了。那为什么有些优秀的领导者却退不下来？因为他自身有很强的影响力，这不是单纯以职位论的。技术部门领导为什么不好当呢？这是因为技术部门有技术专家，就会有技术权威，形成影响力，使得技术部门的领导影响力相对降低。

所以，究其原因，领导者的权力主要来自两个方面：一是职位权力，简称职权，这种权力是组织授予的，随职位的变化而变化；二是个人权力，这种权力来自领导者本身，是其由于自身的某些特殊条件才具有的，这种权力不会随着职位的消失而消失，所产生的影响力是长远的。

一、法定权力

它是来源于个人在组织中的职位或角色。这种权力是组织结构赋予的，通常与职务职责直接相关。它基于组织规范和职位权威，使领导者有权发出命令和指示。这种权力通常是固定的，且被视为合法和正当的。不同组织成员因其所处的地位不同，享有的法定权力也不同。

企业有很多部门，比如开发部、市场部、财务部等，每个部门都有负责人。他们的法定权力就是在其部门职责范围内的管理、领导。例如，在一家软件公司中，开发团队的负责人拥有法定权力。这位负责人可以决定项目的方向、分配任务以及制定团队内的规章制度。他可以决定采用特定的软件开发方法论，并要求团队成员按照这种方法工作。

二、奖励权力

它是指提供奖金、提薪、升职、赞扬、理想的工作安排和其他任何令人愉悦的东西的权力。它来自下级追求满足的欲望，被领导者由于感到领导者有能力使他的需要得到满足，因而愿意追随和服从。领导者控制的奖励手段越多，这些奖励对下属越重要，其拥有的影响力越大。

概括地说，奖励权力是指领导者能够在下属做得好的时候或者是希望他做得好的时候给予奖励的权力。一个人能否让别人追随他，很大一部分也来自这部分权力。举个例子，在一家咨询公司中，团队领导使用奖励权力来激励员工。他宣布，任何能成功吸引新客户的员工将获得额外的奖金和公司内部的认可。这种激励机制鼓励员工积极寻求新业务机会。

三、强制权力

它是领导者对下属具有的绝对强制其服从的力量。下属不服从领导者的命令或指示，将会受到惩罚。换句话说，强制权力是指给予扣发奖金、降职、批评甚至开除等惩罚性措施的权力。它来自下级的恐惧感。这种权力的行使与领导者担负的工作和职位相关。虽然强制权力可以迅速产生效果，但可能对员工的士气和动机产生负面影响。

例如，在一家制造工厂中，生产经理使用强制权力来确保安全标准的遵守。违反安全规定的员工可能面临停职或其他纪律处分。这种方法确保了规则的严格执行，但可能导致员工对管理层产生负面情绪。

四、专长权力

它是由个人的特殊技能或某些专业知识而形成的权力。它来自下级的信任，即下级感到领导者具有专门的知识、技能，能够帮助他们排除障碍，克服困难，实现组织目标和个人目标，因此愿意跟随。例如，在一家科技初创公司中，首席技术官（CTO）因其在人工智能领域的深厚知识而拥有专长权力。他的技术见解和决策受到团队的高度重视，因为他在该领域的专业知识被认为是无可替代的。

五、个人影响权力

它是指与个人的品质、魅力、资历、背景等相关的权力。它来自下级的尊敬，即领导者具有良好的品质和作风，受到下级的敬佩，进而使下级愿意接受其影响。

例如，在一个非营利组织中，执行董事因其对组织使命的热情和对员工的关怀而拥有个人影响权力。她的正直、激情和关怀赢得了员工的尊重和忠诚，使她能够有效地引领和激励团队。

所以，对于"为什么人一走茶就凉""为什么技术部门的领导难当"等问题，了解了领导权力的构成，我们就更能理解了。对于任何一个领导者来说，职位权力无论何时都是必要的，但仅仅拥有职位权力的领导者只会是一个指挥官，而不能成为令人信赖和敬佩的领导。领导者还应加强个人素质的修炼，更自觉地培养自身的影响力，把领导者的影响力建立在群众自愿接受和支持的基础上。在拥有职位权力的同时，获得更大的个人权力，这将有助于提高领导的有效性。

总之，职位不能带来一切，领导力除需要职位权力以外，还需要个人的修为。

课后小测：领导认知测试

以下 25 个陈述句，同意的请标记为"同意"，不同意的则标记为"不同意"。

1. 为纠正员工的错误，管理者应该先指出员工的长处，然后再讨论其错误。

2. 管理者没有必要与下属讨论组织的远程目标。只要下属能了解组织当前目标，他们就能有效履行任务。

3. 最佳的谴责方式就是当众斥责。

4. 冤情或士气问题，一般由员工的直属上司处理，而不宜由专人处理。

5. 为下属制订工作目标时，应该让工作量超过他们的能力负荷限度。

6. 管理者的首要任务在于执行规章制度。

7. 同僚之间人缘最佳者照理应成为合适的管理者。

8. 管理者如在下属面前认错，则将丧失下属对他的尊敬和自己的威严。

9. 管理者如以"我不知道，但我将探寻答案，然后再答复你"作为对问题的答复，则该管理者必将有资格教导他人该如何做这项工作。

10. 技术人员当管理者比其他人更适合。

11. 管理者是天生的，而非后天培养的。

12. 管理者值得花大量时间来让新员工接受良好的培训。

13. 讽刺是对付员工最好的妙方。

14. 让规章被彻底执行的最好方法，便是制定多重违规惩戒措施。

15. 管理者应该询问下属对工作的意见。

16. 良好的管理者应尽量授权给下属。

17. 管理者应不理会员工差别，对他们一视同仁。

18. 管理者不应不断地提醒员工过去的错误，一旦改正，就不应再提及。

19. 对员工偶尔的责骂有利于员工循规蹈矩。

20. 惩罚员工时，管理者应避免说出或做出令员工憎恨的事情。

21. 在倔强与要求严格的管理者之下，员工会做得更好。

22. 倘若新员工没有学好履行职责，则应视为他们未曾接受良好的教导。

23. 管理者对自身工作感兴趣与否，要比他是否能有效地履行工作更为重要。

24. 如果管理者对员工详细说明工作细节，则员工将能以最有效率的方式工作。

25. 管理者若想有效做好工作，则他对下属的感受、态度与观念必须能够经常了解。

[评价] 与下列参考答案对比：1 同意，2 不同意，3 不同意，4 同意，5 不同意，6 不同意，7 不同意，8 不同意，9 不同意，10 不同意，11 同意，12 同意，13 不同意，14 不同意，15 同意，16 同意，17 不同意，18 同意，19 不同意，20 同意，21 不同意，22 同意，23 不同意，24 不同意，25 同意。

[测评结果] 如果符合的数目介于 20 个至 25 个，表明具有良好的领导基础；如果符合的数目介于 18 个至 19 个，表明具有较为平常的领导力，应该通过学习和实践获得进一步提高；如果符合的数目少于或者等于 17 个，表明在领导力方面还存在很大欠缺，应该从很多基础性工作着手，一步步加以改善。

课后游戏：测试团队成员感觉其在团队中所具有的影响力的程度

[准备材料] 红、绿、蓝及黄色的方纸片，大约 50cm×50cm（每个参与者每种颜色拿一张）；信封（每人两个，一个放彩色方纸片，另一个写上"答案"二字，确保不能透过信封轻易看到颜色）。

[目的] 测试团队成员感觉其在团队中所具有的影响力的程度，了解影响力的概念。

[程序]

1. 分发信封。

2. 向参与者说明他们在一个信封中将会找到四张彩色的方纸片——一张红色的、一张绿色的、一张蓝色的及一张黄色的。让他们根据自己在团队中所具有的影响力程度，选择相应颜色。红色：我有非常大的影响力；绿色：我有相当的影响力；蓝色：我只有很小的影响力；黄色：我没有影响力。将上述材料贴到活动挂纸、白板等上面。让参与者有足够的时间认真考虑他们的选择。注意：确保参与者就座时隔开足够远，以保证他们能独立选择一种颜色。让参与者将他们的选择放入标有"答案"的信封中。

3. 收"答案"信封。

4. 询问参与者：当他们衡量自己的影响力时，他们想的是什么。将答案记录在白板或活动挂纸上。

5. 将这些方纸片粘到白板或活动挂纸上，将同样的颜色贴在一起。

6. 描述结果，比如"多数人感到自己有非常大的影响力，而少数人感到自己没有影响力"。

[讨论] 为什么会导致这种情况？这会如何影响团队成果？此方式或讨论是否暗示了团队成员必须在某一方面要有所改变？

第二节　权力的缺失和滥用

【引例 1：韩总经理的管理方式①】

韩总经理认为驱使部下最有效的方法就是令其感动，因此在这方面下了不少功夫——如果在会议上对哪个干部疾言厉色地呵斥过，那么事后便会私下给予和风细雨的抚慰，对这一点他从不疏忽。每位干部的婚丧嫁娶他也从不缺席，大病小灾时更能看到他的身影，享受他的宽慰。因此，对于总经理的粗暴、轻率以及明显的片面、偏激，部下都如同孩子面对专制的家长般生气、无奈而不减亲情。

韩总经理对公司的控制全靠自己事必躬亲、严加督导。当他坐上飞往国外的飞机，想去看看外国人是怎样管理企业的时，在家主持工作的副总经理正坐在会议室翻看着签到簿，苦恼地说："韩总走后的第一个例会，就有三分之一的干部没到！现在规定，下次例会起，不请假、没出差又不到会的，每人罚 10 元钱！"副总只能给自己个小小的台阶下。虽然韩总经理可以对公司任何一名干部训诫、斥骂乃至撤免，但他身为副总，最重要的任务只是维持良好的干部关系。

对于这种情况，韩总经理十分清楚。他说："有好几个经理好像是我的影子，别人一看他上班，就知道我回来了。我还听说副总布置工作，总是被当面顶回。副总执行的是谁的决策？你们就这样支持韩总的工作？今后对于不听招呼的干部，副总也可以当场撤免——我给他这个权力。"

问题：对于此案例，你有什么思考和启示？对于韩总的工作，你如何评价？而对于副总，为什么其不能很好地组织管理工作，你是否有自己的思考？

【引例 2：那些被推翻的统治者②】

在索福克勒斯（Sophocles）的希腊戏剧中，观众们形成的是这样一个印象：强大而权威的统治者被他们以前的成功所改变，以至于他们充满了对自己的价值和重要性的自豪感——骄傲自大。俄狄浦斯（Oedipus）在人们称颂他"简直就是上帝"（并且他也相信了）后不久就被推翻了；克瑞翁（Creon）国王在他的政治和军事权力处于巅峰时被推翻，因为他不公正并坚信自己的判断是绝对正确的。

"没有什么能够替代领导力。管理是不能创造领导者的，它要么能够为潜在的领导素质提供养育的土壤，要么就让领导力消亡。"在管理实践中，我们经常可以看到以上两个案例的影子。有的管理者虽然拥有职权，但是很难发挥其作用，还有的管理者却肆意地放大和利用着其所谓的权力直至最终权力被剥夺。缺乏权力和权力滥用都是无力的，也是会产生负面效果的。充分的授权则是产生最高效果的表现。如图 9-1 所示。

---

① 资料来源：姜仁良，主编. 管理学习题与案例. 北京：中国时代经济出版社，2006 年.

② 资料来源：[美] 大卫·A. 惠顿、[美] 金·S. 卡梅伦. 管理技能开发. 张文松等译. 北京：机械工业出版社，2012 年.

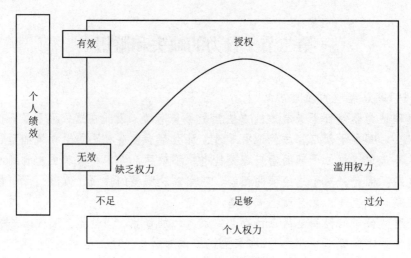

图 9-1　权力的均衡[1]

　　曾经有学者对 20 位企业最高层管理者和 20 位有着类似背景和发展前景但最终却没有实现职业梦想的管理者进行了调查和对比。调查结果发现，那些不能达到自己职业生涯高峰的管理者往往在人格特点上很难让人接受，不懂授权，过分玩弄权术或者特别依赖他人。这些促使他们不能很好地行使权力，高效地产出业绩。这些管理者所具有的具体特征包括：

- 对他人不敏感，粗暴无礼并威胁他人；
- 冷淡、孤僻、傲慢；
- 背叛他人的信任；
- 有过分的野心，玩弄权术，总想被提升；
- 不能授权给他人或建立团队；
- 过分依赖他人。[2]

　　同学们，在学习本部分内容的时候，你们是否有所思考和启发？在开始思考和讨论如何提高我们的组织权力和影响力之前，请记住"所有成功的领导者都必须首先知道的五句话"：

　　第一，人人都是领导者，人人都需要领导力；

　　第二，领导者的唯一定义就是其后面有追随者；

　　第三，成功的领导者不一定受人喜欢，但一定能让追随者做正确的事情；

　　第四，领导者都是受人瞩目的，因此必须严格要求自己，注意自己的修为；

　　第五，领导地位并不意味着头衔、特权、级别和金钱，而是责任。

　　小结：权力不能缺失，也不能滥用。权力不能过小也不能过大。权力和责任要对等，才能发挥作用。拥有权力的领导者还要懂得授权，才能让更多的人发挥作用，更好地工作。

① 资料来源：［美］大卫·A. 惠顿，［美］金·S. 卡梅伦. 管理技能开发. 张文松等译. 北京：机械工业出版社，2012 年.

② 资料来源：［美］大卫·A. 惠顿，［美］金·S. 卡梅伦. 管理技能开发. 张文松等译. 北京：机械工业出版社，2012 年.

第三节　提升个人在组织中的权力

【引例：每个人都可能成为成功的领导者】

美国前国务卿赖斯小的时候，美国的种族歧视还很严重，特别是在她生活的伯明翰，黑人地位低下，处处受白人欺压。但是短短 20 年间，她就从一个备受歧视的黑人女孩成长成为著名的外交官。有人问她成功的秘诀，她简明扼要地说："因为我付出了超出常人 8 倍的辛苦。"的确，赖斯以超常的努力，发奋学习，积累知识，增长才干。除英语外，她还精通俄语、法语、西班牙语；她 15 岁进入丹佛大学学习，并成为斯坦福大学最为年轻的教务长；她精于钢琴、网球、花样滑冰、芭蕾舞、礼仪等；她甚至成为精通俄罗斯武器控制问题的美国数一数二的权威。天道酬勤，她实现了嬗变。

领导力并不一定都是与生俱来的。国内外有关"领导力"方面的研究者经过深入的科学探讨，认为影响领导力的主要因素不仅包括遗传因素，还包括很多后天的影响，诸如童年和家庭环境，人生经历，自我意识、信念和意志，与时俱进、时时刻刻对外学习等（如表 9-1 所示）。而先天的遗传因素在影响领导力的诸多影响因素中，仅占 1% 的比重，影响程度最小。领导力的形成和培养受后天因素的影响相对更多。

表 9-1　影响领导力的主要因素

影响领导力的主要因素	权重
遗传因素	1%
童年和家庭环境	9%
人生经历	20%
自我意识、信念和意志	40%
与时俱进、时时刻刻对外学习	30%

所以同学们，以上数据对我们有什么启示吗？正如中国的一句老话，"三分天注定，七分靠打拼"，想提升自身的领导权力，需要我们后天做出很多的努力。领导权力来自个人和职位两个方面，我们也需要从这两个方面修炼和提高。

一、提升个人权力

提升领导权力，首先应该从个人权力的修炼做起。我们可以通过提升自己的专业技术、增加人际魅力、保持敬业与努力以及培养让人们欣赏和接受的价值观等来实现个人权力的提升。

（一）专业技术

在一个团队中，拥有很高的专业技能水平的人员，会得到团队中其他成员的信任和崇拜。人们会因为专家在专业上的专长，愿意听从其建议和指导去做事。特别是在发展较好的组织中，专业技术更为重要。人们更偏重于理性决策，倾向于通过对支持每一种选择方案的信息进行客观考虑而做出选择。因此，掌握知识的人更容易得到权力。

所以，同学们，这对我们有什么启示呢？"好好学习，天天向上"就是我们的指南。我们应该努力学习，让自己成为未来工作领域里的专家，通过工作中的技术专长，让自己具有话语权，促使别人接受自己的指导和建议，接受自己的领导。

（二）人际魅力

领导者并不都是受人欢迎的。但是在人群中更容易被人接受和欢迎的人，相对更容易得到权威，更有影响力。实践中有大量证据证明此观点。比如，对于一个比较难办、大家从本心不愿意接受的工作任务或者领导决策，相对来说，一个在员工中人缘较好、更受欢迎的领导的沟通更容易被接受。同样，领导者用情感感化下级更容易，而不是用强权的高压政策。

所以，同学们，这又对我们有什么启示呢？修炼，修炼，还是修炼！通过修炼，不断地提升自己的人际魅力，让自己成为在人群中更容易被接受和欢迎的人。那我们应该从哪些方面努力呢？研究表明，良好的外表和形象一定程度上会对人们接受其影响有帮助。除此之外，易受欢迎的人还有一些无形的特征，包括：

- 能建立一种开放、诚实、忠诚的关系；
- 通过情感的易接近性培养亲密关系；
- 提供无条件的积极关注和认可；
- 在需要时，能做出一些牺牲；
- 以同情或者移情的方式来提供社会支持；
- 关注为维持关系而必需的社会关系。

所以，我们首先要时刻保持干净整洁、干练专业的外表形象，同时要注意自身内在的修为，与人接触时，微笑、真诚、尊重，与人为善，主动、包容、富有同情和让人信赖等。我们需要在一切可能让他人对我们做出评价的方面做出努力。

（三）敬业与努力

敬业与努力也是团队中个体受到赞赏的因素之一。一个在工作中总是非常认真，总是希望干到极致、做到最好的人，往往会受到团队中各方面的信任和赞赏。上级会认可努力工作的下级，给予其更多工作发展的机会；而同级和下级则会因为其认真和努力后的高质量完成工作，而愿意与其合作或者接受其领导。

所以，同学们，对于我们来说，我们应该怎么做呢？从现在开始，培养自己做一种事情的专注和做事的水准。一旦我们选择做一件事，就努力把它做好，做出自己的标准，让高水平地完成工作成为我们的习惯和外界对我们的印象。这可能就是未来我们职业发展的基础和支撑。

（四）价值观

价值观增加了可接受性。管理者决策的价值标准如果能和团队中其他成员一致，或者被其他成员认为合情合理，则管理者更容易被接受和认可。当然这件事情并不是十分好做的。有的时候，决策所基于的价值观很难让他人参透和理解，那么即使是合情合理的价值标准，可能也不容易被接受。

所以同学们，我们该如何做呢？我们首先应该培养自己正确的价值观，除了作为一个普通人所持有的价值观，还有在工作中特有的职业道德和价值标准。这是我们做事能够让他人感觉合情合理或者感到认同的基础。但同时，我们还要学会积极沟通，使自己做事的理由能够让那些看不明白或不接受的人看明白和接受，使其认可我们决策的合理性。

二、提升职位权力

并不是所有的权力都来自个人特质。工作中的权力还来自处理各项工作时的各种表现。因此，我们还需要锻炼自己管理工作的各项能力。

（一）中心性

所谓中心性是指领导者能够在工作中建立广阔的人际关系网络，并努力占据网络中心位置。一个职位越靠近贯穿网络的信息流中心位置，对于网络中其他人的绩效的作用越重要，就越能获得更多的权力。组织中极少的活动是独立进行的，绝大部分的活动需要部门内部和跨部门人员的配合和支持。一个人对整个组织的影响越普遍，他的权力基础越稳固。

如何才能在工作中建立中心性呢？个体在职业生涯发展的初期很难在正式组织中站到中心的位置。个体可以通过修炼个人权力，参与和建立非正式组织，并占据中心位置。当获得了普遍的支持和认可后，特别是获得了上级给予的机会、有了职业生涯的发展、成为管理者后，个体则可在正式组织网络中，通过各种活动和工作任务，努力发挥影响，获得正式组织网络的中心位置，以发挥更大影响力。这不仅包括部门内部的沟通网络，还包括跨部门和跨组织的沟通网络，可以通过与其他部门的人共进晚餐、阅读所有部门的年度报告、主动要求参加部门间的任务小组、寻找需要与其他部门合作的边缘性职位等办法来实现。

（二）决断力

所谓决断力，在这里是指在工作中有自主性地做工作的能力。如果工作中程序和规则性要求较多，个人自主性在一定程度上受到限制，则个人在工作中的职位权力一定程度上会受到制约。富于变化和新奇性的工作往往需要领导者运用决策来判断，因而决断力较高的领导者个人职位权力较大。同时，职业生涯也会产生影响。如果某个职位的前任很多或者前任在该岗位上时间很长，则该职位的继任者所遇到的规则便会增加，不利于个体决策自由度的提升，职位权力就会降低。如果一个领导者本身在该职位的时间很长，则更容易发现自己可以设定的规则和程序，相应地其职位权力也会增加。另外，在决策过程中，从一开始就参与有利于掌握主动性，也会促进权力的提高。

可能外界的环境、你的职位以往的任职情况等都是很难由你来决定的，但是你唯一可以控制的就是一旦环境给你机会让你去决策，你能把自己的决策做得很好，特别是在没有太多程序、规则的约束和限制下。所以，从现在开始，要锻炼自己的决断力。决断力的培养首先要基于自身的独立性。不依赖他人和独立自主促使个体在复杂多变的环境下习惯自主性思考。在自主性思考时，多设定各种不同的情景，去思考不同情况的最好抉择。同时多向他人请教和学习，并积极利用各种信息搜集渠道，汇总信息，帮助自己分析思考，以使自己得到相对更正确的决策。

（三）可见性

所谓可见性是指，做好自己工作的同时，能够让自己的工作被外界所看到和接受。有了出色的绩效，但不为人所知，同样也得不到别人的认可和晋升的机会。晋升的关键是出色的绩效被别人看到。在组织中，能够与组织中的上级、决策制订者和非正式组织中的领袖频繁地接触是非常重要的。处于一个能与大量有影响力的人进行交流的位置，可以使你的成就彰显并得到认可，从而促进职业生涯发展、提升职位权力。

获得可见性最好的办法就是与有影响力的人面对面接触，来增加认可的机会。同时，通过工作彰显自己的专业知识也是获得信任和认可的机会。再有就是利用各种机会让人认识你的名字也是非常重要的。

同学们，这对于我们有什么启示呢？第一，要具有扎实的专业知识、较强的工作能力，这是获得工作机会后能够得到认可的基础。第二，要有较强的沟通能力，在工作中尽可能与具有影响力的人加强接触、加强沟通，通过沟通，让自己的想法、自己的能力以及自己的工作绩效更容易被接受。第三，要在广泛的对外交往中，加强名片识别，让更多的人记住你的名字，这有利于职位权力的提升。

（四）重要性

所谓重要性是指职位所涉及领域在组织中的重要性，如与组织目标、绩效直接相关或者与其他人员之间的关联性越强，则职位权力相对就越大，反之容易受到其他部门的影响和牵制。比如高科技公司的研发部门领导相对来说职权较大。一些公司的营销部门很重要，销售主管的职位权力则相对较大。不同的行业或者不同的组织中，关键性部门或者直接相关部门不一样，则相对职位权力较大的部门也不尽相同。但也有一些不同行业或者组织有相似之处。譬如，随着时代的发展，人力资源管理的重要性日益凸显，人力资源部门领导者的职位权力普遍提高。或者一些新员工的培训人员、导师或者绩效考核者等也会因为影响其工作与很多人相关，所以易受到别人的尊重和接受，其职位权力相对较大。

小结：领导权力是可以通过后天的修炼获得的，我们可以从个人权力和职位权力两个方面努力。

课后游戏：测试权力的基础

［游戏内容］将参与人员分成 4 人一组，两组为一个对子组，即游戏组和观察组；游戏时间 8 分钟；游戏场地为教室；游戏用具为一致性测试表和白纸。

［游戏步骤］

1. 分组，结对子组，包括游戏组和观察组；

2. 游戏中每个人拿出一张纸，在相互保密情况下，根据到目前为止对同组成员的了解，先写出组名和被认识者的姓名，然后再言简意赅（用名词或词组表示）写出对他/她的 3 条认知，必须包括两类信息，一类是你最喜欢他/她的哪种行为或者性格（长处），另一类是你最不喜欢他/她的哪种行为或者性格（短处）；

3. 写完后交给观察组，观察组负责把这些信息填入表 9-2 的第一到三列；

4. 不许相互交谈；

5. 在观察组统计时，游戏组成员再拿出一张纸，在上面写出自己的姓名，然后再写出自己对自己的 3 条认知，这 3 条自我认知也要包括上述两类内容；

6. 写完之后，再交给观察组，观察组负责把这些信息填入表 9-2 的第四列，并把对比结果填入第五列；

7. 观察者把自我认知原件还给填写者本人，再把其他人填写的他人认知原件给老师；

8. 自我认知的结果由本人宣布，他人认知结果由观察组宣布，一对一进行；

9. 游戏组每个人都谈一下自己的感受，观察组派一个代表谈感想。

［思考］你对他人是否了解？你对自己是否了解？你对自己的了解和他人是否一致？

表 9-2 一致性测试表（观察组使用）

被认识人姓名	别人认知的长处及数量	别人认知的短处及数量	自我认知	相同数
	长处： 共几条：	短处： 共几条：	长处： 短处：	
	长处： 共几条：	短处： 共几条：	长处： 短处：	
	长处： 共几条：	短处： 共几条：	长处： 短处：	
	长处： 共几条：	短处： 共几条：	长处： 短处：	

第四节　运用职位权力发挥影响

上一节中，我们一起学习了如何提高个人在组织中的权力，本节中我们将继续学习当拥有了职位所带给我们的权力时，可以采取哪些策略提高个人影响力。

当目标个体同意依据权力持有者的意愿来行动时，职位权力就转化为影响力。管理者为了得到下级的顺从，可以采取以下三个策略：惩罚、互惠和说服。惩罚即强迫他人按你说的做，一般采取强迫或者施压胁迫的方式；互惠是满足双方的自我利益，在让对方接受或者妥协的过程中给予对方好处使其按照领导者意愿完成工作；说服是在尊重的基础上，给出大量事实或者数据，清晰和直接地表达领导者的想法，使下级自主性地感知完成工作的利益共同点，由衷去工作。

每一种策略都各有利弊。惩罚是最直接迅速的行动，对于有很高职位的领导者，可能是最方便的一种策略。但它容易产生负面情绪和潜在的负面影响，容易造成压力、怨恨和长久的分歧，从激励的角度看并不是最好的方式。互惠减少抱怨等负面情绪，容易给彼此带来利益，不需要花费太多时间给对方说明行动的合理性便容易达成一致发挥影响。但太过频繁的互惠活动也容易让下级形成算计的习惯，完成每项工作都想要获得相应利益，不利于组织长期的工作。说服可以实现身心合一的服从，是最接近理想状态的一种策略，但是很多时候却往往会花费大量时间，不利于组织效率的提升。

同学们，以上内容对我们来说有什么启示吗？当然，我们可能都没有在组织工作的经历，没有在工作单位相应的职位权力。有的同学心中可能会对如何运用这三个策略来将职位权力转变为影响力较为困惑。其实没有关系。虽然我们没有在工作单位中的领导经历，但我们总有在人群中发挥作用去做一件事的经历或者可能吧？对的，尝试在所有活动中实践、体会和思考。譬如你是一名班干部、学生会干部或者某个学生组织的负责人，抑或某一次课堂小组作业的组长，其实都可以借机尝试锻炼下自己。在活动中其他成员出现分歧时，尝试不同策略带来的各种影响，思考怎样能做到更好、能带来更多潜在的利益，不仅对你自己，还包括他人和团队。

小结：职位权力应转化为影响力，可以使用惩罚、互惠和说服等策略；每种策略各有利弊，要趋利避害，合理使用。

本章小结

职位不能带来一切，领导力除需要职位权力以外，还需要个人的修为。权力不能缺失，也不能滥用。权力不能过小也不能过大。权力和责任要对等，才能发挥作用，权力之下还要懂得授权，才能让更多的人发挥作用，更好地工作。领导权力是可以通过后天的修炼获得的，我们可以从个人权力和职位权力两个方面努力。职位权力应转化为影响力，可以使用惩罚、互惠和说服等策略；每种策略各有利弊，要趋利避害，合理使用。

本章习题

思考题

1. 什么是领导？

2. 联系实际，谈谈领导力如何影响个人与组织的成功。

3. 根据个人情况，评价自身的领导力，并为自己设计一套个人领导力提升方案。

4. 提升组织中的个人影响力，应该从哪几个方面努力？

5. 拥有了职位权力之后，如何将权力转变为影响力？有哪些策略？请举例解释。

实训题

每 5 人左右组成一个课外实训小组，选择身边真实的企业，或者通过网络搜集典型公司作为研究对象，分析所选公司高层领导者的领导风格，回答以下问题：

1. 该公司领导者是什么样的领导者？如何发挥其领导权力和影响力？

2. 该公司领导者在领导风格方面是否存在问题？如果是，在哪里？如何改进？

第十章 项目管理

【引例】

　　1977年，我国就着手筹建贵州鲁布革水电站，但由于资金缺乏，工程一直进展缓慢，前后拖延7年之久。1983年，原水利水电部决定利用世界银行贷款，总额度1.454亿美元。根据世行要求，鲁布革将引进项目管理进行国际竞争性招标，结果日本大成公司中标。承包方大成公司由30人组成项目管理班子进行管理，施工人员是水电十四局的约500名员工。此次招标的标底价为14958万美元，工期为1579天。大成公司标价为8463万美元，比标底低43%，工期为1545天。结果，鲁布革造价约为标底的60%，工期为1423天，质量达到合同规定的要求，这在当时对国内工程建设项目产生了巨大的冲击。

　　从人类开始有组织地活动起，就一直执行着各种规模的项目。项目来源于人类有组织的活动的分化，例如长城和金字塔的建造、美国的阿波罗登月计划、北京夏季奥运会、北京冬季奥运会等，又例如建造一座大楼或一座工厂、举办各种类型的活动、企业新产品的开发、进行一次旅行、研究某个课题、开发一套软件等，都是项目。我们将在本章对项目及项目管理进行详述。

第一节　项目和项目管理的内涵和特点

一、项目

　　项目是由一组有起止时间、相互协调的受控活动所组成的特定过程，该过程要达到规定要求的目标，包括时间、成本和资源的约束条件。

　　（一）项目的内涵

　　从上述关于项目的定义中，我们可以看出其包含三层含义。一是项目是一项有待完成的任务，有特定的环境与要求。这一点明确了项目自身的动态概念，即项目是指一个过程，而不是指过程终结后所形成的成果。每个项目都有自己的特定过程，都有自己的目标和内容，都有开始时间和完成时间，因此只能对它进行单件处置（或生产），不能批量生产，它不具有重复性。只有认识到项目的特定性，才能有针对性地根据项目的具体特点和要求进行科学管理，以保证项目一次成功。二是要在一定的组织机构内，利用有限资源（人力、物力、财力等）在规定的时间内完成任务。三是在众多的约束条件中，质量（工作标准）、时间（进度）、成本（费用）是项目普遍存在的三个主要的约束条件。项目的目标有成果性目标和约束性目标。成果性目标是指项目应达到的功能性要求，例如所兴建学校可容纳的学生人数、医院的床位数、宾馆的房间数等；约束性目标是指项目的约束条件，凡是项目都有自己的约束条件，项目只有满足约束条件才能成功，因而，约束条件是项目成果性目标实现的前提。

（二）项目的特点

1. 目的性

项目的目的性是指任何项目都是为实现一个组织的特定目标而服务的，所以任何项目都必须根据组织的既定目标来确定和设计其目标与内容。项目的目的性使得项目涉及两个方面的目标或指标。其一是有关项目产出物的目标，其二是有关项目工作的目标。例如，学校为扩大规模而建设一栋新教学楼就是一个项目，该项目的目的是扩大学校规模，该项目的产出物目标包括建筑物规模、功能、特性和使用寿命等，而该项目的工作目标包括项目工期、成本、质量和范围等。在很多情况下，项目的目的性是项目最为重要和最需要关注的基本特性。

2. 独特性

项目的独特性是指项目目标、项目产出物和项目工作等与其他项目或项目产品和服务相比而具有的独特之处。实际上任何一个项目的目标、产出物和工作在某些方面总是有别于其他项目的。每个项目都会在某些方面是全新的和独特的，例如每个人的婚礼都是一个独特的项目，因为每个人的婚礼相对于别人的婚礼总有许多独特的地方。

3. 一次性

项目的一次性（或称时限性）是指每个项目都有自己的起点与终点，并且每个项目必须是有始有终的。项目的一次性与项目持续时间的长短无关，不管项目持续时间多长都必须是有始有终的。正是项目的一次性这一特点，使得项目只有一次成败的机会，所以项目管理要比日常运营管理要求更高。项目绝不是持续不停的。项目的一次性也是项目不同于一般日常运营的关键特性。

4. 制约性

项目的制约性是指每个项目都在一定程度上受项目所处客观环境和各种资源的制约，项目客观环境和资源制约可以涉及项目的各个方面和项目所需的各种资源，包括项目所需的人力、物力、财力、时间、技术和信息资源等各方面的资源制约以及各种客观环境与条件的限制。因为任何一个项目都有时间、预算、人员、技术、信息和设备等方面的制约或限制。这些资源限制条件和项目所处环境的制约因素就构成了项目的制约性。项目的制约性也是决定项目成败的关键特性，所以项目管理必须关注这一项目特性。

5. 风险性

项目的风险性是指由于项目各种资源条件和环境的发展变化以及人们认识的有限性，项目后果出现非预期的损失或收益的可能性。由于项目的各种资源条件和环境因素会有各种不同的情况发生（不确定性），所以当对项目有利的情况发生时，项目就有可能获得非预期的收益，而当对项目不利的情况发生时，项目就有可能遭受非预期的损失。项目的风险性是使项目不同于日常运营的最重要的特点之一。

6. 过程性

项目的过程性是指项目是由一系列项目阶段、项目工作包和项目活动所构成的完整过程，在项目过程中人们可以通过不断地计划、组织、实施、控制和决策而最终生成项目的产出物，并实现项目目标。这种项目过程性又叫作项目渐进性，它决定了项目和项目管理必须按照基于活动的方法开展管理与控制。

二、项目管理

任何项目要想取得预期成果和成功，就必须进行必要的管理，那么，理解项目管理就显得非常重要了。现代项目管理理论认为，项目管理是运用各种相关的知识、技能、方法与工具，为满足或超越项目有关各方对项目的要求与预期，所开展的各种计划、组织、领导和控制等方面的活动。这是从管理方法、管理目的和管理内容三个角度出发给出的项目管理定义。另外，美国项目管理协会对项目管理的定义是："项目管理是通过应用和综合诸如启动（起始）、规划、实施、监控和收尾等项目管理过程而开展的。"据此，美国项目管理协会提出了一整套的现代项目管理知识体系（Project Management Body of Knowledge，PMBOK），该项目管理知识体系由项目集成管理、范围管理、时间管理、成本管理、质量管理、人力资源管理、沟通管理、风险管理和采购管理九个部分组成。同时，国际标准化组织（International Organization for Standardization，ISO）还根据美国项目管理协会的项目管理知识体系指南给出了自己对于项目管理的定义，它认为："项目管理包括在一个连续的过程中为达到项目目标而对项目各方面进行的规划、组织、监测和控制。"上述有关项目管理的定义分别从不同的角度总结出了项目管理的内涵和特点。

综上所述，项目管理就是为实现项目目标所开展的项目计划、组织、领导、协调和控制等管理活动。项目管理的这一定义体现了其内涵与特点。

（一）项目管理的内涵

1. 项目管理的根本目的

开展项目管理的根本目的是满足或超越项目有关各方对项目的要求与预期。每个项目相关利益主体对项目都有自己的要求与期望（否则其就不是项目相关利益主体），例如，项目业主期望以最小的投资获得最多的销售收入和收益，项目所在社区期望项目能够给社区带来好处，政府主管部门期望项目能促进就业和提高社会福利等。所以，现代项目管理必须努力使这些不同项目相关利益主体的要求与期望得以均衡和实现，并最终使项目成果最大限度地满足和超越这些不同项目相关利益主体的要求与期望。

2. 项目管理的根本手段

项目管理的根本手段是运用各种知识、技能、方法和工具开展项目的起始、计划、组织、控制和结束活动。这种现代项目管理所需要运用的知识、技能、方法和工具包括专门用于项目时间、质量、成本、范围、风险等各个项目专项管理的知识、技能、方法和工具等。其中，"知识"是指人类对以前的成功经验和客观规律的认识和总结，"技能"是指人们掌握和运用知识、方法和工具的能力，"方法"是指按照客观规律分析问题和解决问题的程序与做法，"工具"是指分析和解决具体问题的手段。由于项目本身的一次性、独特性和不确定性等特点，现代项目管理需要运用更为广泛的各种知识、技能、方法和工具，以便更为科学地开展项目管理活动。

（二）项目管理的特点

1. 普遍性

前文提到，项目作为独特性和一次性的社会活动普遍存在于各项活动之中，因而项目管理也具有普遍性的特点。

2. 目的性

目的性是项目管理最为重要的特点，项目管理的目的性就是要通过项目管理活动满足或超越项目有关各方明确提出的要求与期望。

3. 独特性

项目管理的独特性是指项目管理既不同于一般的企业日常运营管理，也不同于常规的政府行政管理，而是一种完全不同的管理工作或活动。此处的独特性既是指管理对象和内容的独特性，又是指其方法和工具等的独特性。只有认识到项目管理的独特性，才能有针对性地根据项目的具体特点和要求进行科学管理，以保证项目一次成功。

4. 集成性

项目管理的集成性是指在项目管理中人们必须根据具体项目的各阶段、各要素和各相关利益主体之间的配置关系做好集成性的管理，而不能孤立地开展项目某个阶段、某要素或某相关利益主体的独立管理。

5. 创新性

项目管理的创新性包括两层含义：其一是项目管理的对象本身具有一定的创新性，所以对有创新性的项目进行管理也必然包含一定的创新性；其二是每个项目的管理都没有一成不变的管理模式和方法，必须通过管理创新找出合适的方法，开展对于具体项目的有效管理。

课后练习

下列活动是过程还是项目？请在相应的"□"内打勾。

1. 扩建房屋：□过程　　□项目
2. 图书馆中的书本上架：□过程　　□项目
3. 烘焙蛋糕：□过程　　□项目
4. 为某个电视节目分级：□过程　　□项目
5. 一周浇两次花：□过程　　□项目
6. 每天遛狗：□过程　　□项目
7. 织围巾：□过程　　□项目
8. 做鸟笼：□过程　　□项目
9. 每6个月更换一次空气过滤器：□过程　　□项目
10. 运转玩具工厂里的装配线：□过程　　□项目
11. 安排大型研讨会：□过程　　□项目
12. 每周去三次健身房：□过程　　□项目

第二节　项目管理者和项目团队

项目团队包括项目经理、项目管理人员，以及其他执行项目工作但不一定参与项目管理的团队成员。项目团队由来自不同团体的个人组成，他们拥有执行项目工作所需的专业知识或特定技能。项目团队的结构特点可以相差很大，但项目经理作为团队领导者的角色是固定不变的，无论项目经理对团队成员有多大的职权。

一、项目团队中的角色

（一）项目管理者

项目管理者在项目团队中担任关键角色，负责开展一系列复杂且多样的项目管理活动。他们的工作涵盖了项目的各个方面，包括但不限于规划项目的进度、制订和管理项目预算、编制和提交项目报告、控制项目进程以及管理项目中的沟通和风险。项目管理者通常需要具备强大的组织能力、沟通技巧以及问题解决能力，以确保项目能够顺利进行并按时完成。在执行这些任务时，项目管理者可能会得到项目管理办公室（Project Management Office，PMO）的支持和协助。PMO 会提供必要的资源、工具和指导，帮助项目管理者更有效地执行他们的职责。

（二）项目人员

项目人员是项目团队的核心成员，负责执行实际的工作任务，以创造项目的可交付成果。在项目进行过程中，项目人员需要与项目管理者紧密合作，报告工作进展，解决执行过程中遇到的问题，并提供有关任务完成情况的反馈。此外，项目人员也需要与团队中的其他成员协作，共享信息和资源，有时还需要跨部门或跨职能团队合作，以确保项目任务的顺利完成。他们的工作不仅限于个人任务的完成，还包括对整个项目目标的贡献，通过他们的努力来推动项目向前发展。

（三）支持专家

在项目管理中，支持专家扮演着至关重要的角色，他们为项目的规划和执行提供专门的知识和技能。这些专家可能来自项目管理的各个领域，他们的专业知识对于确保项目在这些关键领域的成功执行至关重要。

支持专家的参与方式取决于项目的规模和复杂性，以及项目对特定技能的需求。在一些大型或高度复杂的项目中，支持专家可能需要全职参与，以便在整个项目周期内提供持续的支持和咨询。例如，一个涉及大量合同和法律问题的建筑项目可能需要法律顾问全程参与。相反，在一些小型或较不复杂的项目中，支持专家可能只在特定的阶段或需要他们的特殊技能时参与。例如，一个软件开发项目可能只在软件测试阶段需要质量控制专家的参与。

（四）用户或客户代表

用户或客户代表是指将要接受项目可交付成果或产品的最终用户或客户组织。这些代表通常参与项目的关键阶段，确保项目成果符合用户或客户的实际需求和期望。用户或客户代表的主要职责包括协调项目团队与用户或客户之间的沟通，确保项目团队了解并能够满足最终用户的需求。在项目执行过程中，这些代表负责监控项目进展，确保项目成果与用户或客户的期望保持一致，并在必要时提出调整建议。

（五）卖方

卖方又称供应商、供方或承包方，是根据合同协议为项目提供产品、组件或服务的外部公司。通常，项目团队负责监管卖方的工作绩效，并验收卖方的可交付成果或服务。如果卖方对交付项目结果承担着大部分风险，那么他们就在项目团队中扮演着重要角色。

（六）业务伙伴

业务伙伴在项目管理中扮演着一个关键的外部角色，通常是与项目所在企业有特定业务关系的组织。这种关系可能建立在共同的市场目标、技术合作、供应链协作或其他业务利益上。业务伙伴的参与经常是基于双方认识到通过合作可以实现相互利益的增值，从而形成了一种互惠互利的关系。业务伙伴对项目的贡献主要体现在他们提供的专业技术支持或特定服务上。例如，在一个大型 IT 系统实施项目中，业务伙伴可能提供专门的软件和硬件解决方案，同时提供安装和配置服务。在培训和发展类项目中，业务伙伴可能提供专业的培训课程或学习材料。

此外，业务伙伴的参与还可以帮助项目团队填补特定的知识或技能空缺，他们的专业知识和市场经验对于项目的成功可能至关重要。例如，对于一个新产品开发项目，业务伙伴可能提供市场趋势分析或消费者行为研究，帮助项目团队更好地定位产品。

（七）项目经理

项目经理是由执行组织委派，领导团队实现项目目标的个人。项目经理的角色不同于职能经理或运营经理。一般而言，职能经理专注于对某个职能领域或业务单元的管理和监督。总体来说，项目经理有责任满足以下需求：任务需求、团队需求和个人需求。项目经理是战略与团队之间的联系纽带，项目经理的角色在战略上越来越重要。

二、项目团队的组成

项目团队的组成因各种因素而异，如组织文化、范围和位置等。项目经理和团队之间的关系因项目经理的权限而异。有些情况下，项目经理是团队的直线经理，能全权管理团队成员。另外一些情况下，项目经理几乎或完全没有管理团队成员的职权，可能只是兼职或按合同领导项目。以下是项目团队的三种基本组成方式。

（一）专职团队

在专职团队中，所有或大部分项目团队成员都全职参与项目工作。项目团队可能集中办公，也可能是虚拟团队，团队成员通常直接向项目经理汇报工作。对项目经理来说，这是最简单的结构，因为职权关系非常清楚，团队成员专注于项目目标。

（二）兼职团队

有些项目是临时的附加工作，项目经理和团队成员一边在本来的部门从事本职工作，一边在项目团队从事项目工作。职能经理控制着团队成员和项目资源，项目经理可能同时肩负其他管理职责。兼职的团队成员也可能同时参与多个项目。

（三）两者间关系

专职团队和兼职团队可存在于任何组织结构中。专职项目团队经常出现在项目型组织中，在这种组织中，大部分组织资源都用于项目工作，项目经理拥有很大的自主性和职权。兼职项目团队通常出现在职能型组织中。矩阵型组织中既有专职项目团队，也有兼职项目团队。那些在项目各阶段有限地参与项目工作的人员可被看作兼职项目团队成员。

课后实训

项目经理是企业法定代表人在工程项目上的全权委托人，对外代表工程企业与建设单位及分包单位进行联系，处理与合同有关的重大事项，对内全面负责组织项目的实施，是项目的直接领导者和组织者。项目经理的权限一般如下：参与项目招投标和合同签订、参与组建项目经理部、主持项目经理部工作、决定授权范围内的项目资金的投入和使用、明确内部计酬办法、参与选择并使用具有相应资质的分包人、参与选择物资供应单位、在授权范围内协调与项目有关的内外部关系、法定代表人授予的其他权力等。下面将呈现给同学们三位项目经理的真实经历，请对三位项目经理进行相关分析。

1. 项目经理李华：男，具有 10 多年软件开发经验，从程序员做到技术经理、项目经理，参与过多个大型软件项目（项目金额超过 500 万元）开发。承担着一个多方分包的大型集成项目管理工作，用户非常不满，一是认为李华沟通有问题，二是认为软件质量太差。但李华自认为能够控制用户需求、客户关系，也能顶住用户压力，他认为项目主要问题是用户需求不明确、关键用户的回扣没有处理好。目前项目已经按计划完成，工作过程签字确认文件很多，文档也很齐全。

2. 项目经理王玲：女，具有 5 年多软件开发项目工作经验，从测试到需求分析，再到现在担任一个小型软件开发项目经理。她主要承担着大多数用户需求到技术团队的口头传递工作，同时与客户保持着非常好的关系。客户需求并不是很明确。王玲和开发团队关系很差，常常需要领导出面解决一些技术问题、质量问题、开发进度问题等。王玲不懂技术，对 html 都不熟悉，对程序代码没有任何兴趣。项目已经艰难交付。

3. 项目经理王峰：男，5 年多软件开发经验，从程序员做到项目经理，目前担任一个小型软件开发项目经理，同时负责需求、部分开发工作。项目过程中除了正常报告外，很少麻烦领导，与客户关系良好。项目交付质量、进度非常好，成本略有超支。

第三节　项目管理的管理范围

项目范围管理是项目管理中的一个关键组成部分，它确保项目中包含所有必要的工作，同时排除那些不属于项目范围的工作。有效的范围管理有助于确保项目按计划进展，避免资源浪费和目标偏离。包括以下内容。

一、规划范围管理

在项目管理中，规划范围管理是一个至关重要的初始阶段，涉及创建一个详细的范围管理计划。这份计划是项目范围管理的核心文档，它不仅指导项目团队如何明确界定项目范围，还包括如何记录、确认和控制这一范围的细节。该计划详细阐述了识别和定义项目及其成果所需的活动和步骤，确保项目目标、目的和界限被清晰地理解和同意。此外，它还包括处理范围变更的程序和机制，确保任何必要的调整都经过适当的审查和批准。通过这样一个全面的计划，项目团队能够有效地管理和控制项目范围，避免项目偏离预定目标，同时也为项目的顺利实施提供了坚实的基础。

二、收集需求

在项目管理体系中，收集需求是极为关键且不可或缺的环节。在此阶段，项目团队的核心工作是全力识别并精准记录项目干系人的各类需求。这一工作之所以重要，是因为它是确保项目目标能够精准反映所有相关方期望的关键所在，直接关系到项目的成败。

为了全面、深入且准确地理解干系人的需求，项目团队需要综合运用一系列丰富多样的技术和方法。

（一）个人或集体访谈

通过开展一对一的个人访谈，项目团队能够与干系人进行深入的直接交流。这种交流方式可以让团队深入了解每位干系人的独特需求、特殊关注点以及个性化期望，获取极为详细且具有针对性的信息。集体访谈则是召集多位干系人共同参与，为他们提供一个交流互动的平台。在这个平台上，各方观点相互碰撞，这样不仅能够收集到多元的需求信息，还能挖掘出一些在个体访谈中容易被忽视的共性需求和潜在问题，促进对整体需求的全面把握。

（二）问卷调查

问卷调查是一种高效且覆盖面广的需求收集方式。项目团队可以根据项目的特点和需求，精心设计问卷内容，通过线上或线下的方式发放给广大干系人。这种方式能够突破时间和空间的限制，快速收集大量数据。通过对问卷结果的分析，团队可以获取更广泛的干系人观点，了解不同类型干系人对于项目的看法、期望以及需求偏好，为项目决策提供丰富的数据支持，使项目计划更贴合各方需求。

（三）组织研讨会

组织研讨会是促进干系人之间深度互动和集体思考的有效手段。在研讨会上，项目团队可以引导干系人围绕项目的关键问题、核心需求以及整体方向展开讨论。各方可以充分发表自己的见解，分享经验，共同探讨项目可能面临的挑战和机遇。这种互动交流的过程能够激发集体智慧，促进各方对项目需求的深入理解和共识达成，为制订全面、合理的项目计划奠定坚实基础。

（四）组成焦点小组

针对项目中的特定问题或关键需求，项目团队可以挑选相关领域的代表组成焦点小组。在专业主持人的引导下，焦点小组成员围绕特定主题展开深入探讨。这种方式能够集中各方智慧，深入挖掘问题的本质和核心需求，为解决特定问题提供有针对性的思路和建议，确保项目在关键问题上的处理能够满足干系人的期望。

收集需求这一过程的根本目的，是从项目启动之初就充分兼顾所有干系人的视角。通过全面收集需求，项目团队能够对干系人的期望有更透彻的理解，并将这些期望切实转化为具体、可操作的项目目标和详细的项目计划。只有这样，才能确保项目最终交付的成果能够切实满足最终用户以及其他相关方的实际需求，提高项目的成功率和满意度，推动项目顺利达成预期目标，实现项目的价值。

三、定义范围

定义范围是项目管理中的一个关键环节，它涉及制订项目和产品的详细描述，确保项目目标和预期成果的明确性和可度量性。这一过程高度基于之前收集的需求，将这些需求转化为具体的项目目标和任务。在这个阶段，项目团队详细列出项目要实现的具体目标、预期交付的产品或服务的特征，以及为达到这些目标所需执行的所有关键活动和任务。

（一）如何定义范围

1. 利益相关者分析

进行利益相关者分析时，要与利益相关者讨论，整理出他们需要什么并全部记录下来，这样做是因为项目团队必须确认交付的东西确实符合利益相关者的需要，这可让团队免于交付糟糕的产品。利益相关者分析的重点是尽量设定一些可量化的目标。

2. 产品分析

一旦工作完成，项目团队必须确认交付的内容符合范围计划中的内容。项目开始时的产品分析做得越好，利益相关者对产品就会越满意，出现最后关头才出错的问题的可能性就越低。

3. 替代方案识别

探索进行工作的不同方法会帮助项目团队找到一个对完成项目最有效率的方法。总是有可能找出更好的方式来完成工作，而且可能需要改变原来的计划。

（二）范围的深化与完善

完成初步的范围计划之后，项目团队可以进一步深化和完善项目范围，特别是通过利益相关者分析和产品分析来识别更多的工作方法和需求。这个过程不仅增强了对项目细节的理解，还有助于揭示额外的机会和挑战，从而使范围说明书更加成熟和全面。以一款游戏产品为例，其项目范围说明书如下：

项目范围说明书

项目目标： 项目团队必须在明年年内发布产品，并且必须增加 5%的收益。

项目范围描述： 产品必须包含 34 个级别、4 种可以扮演的角色，必须支持 PC 与 Mac 平台。

项目需求： 产品开发必须满足进度要求，以便能够在年会上发表。产品必须符合已制定的质量标准，而后才能被视为可发布的。

项目边界： 此项目不包含网站部分，那会由另一项目团队完成。

项目可交付成果： 游戏测试计划、源代码、进度表、设计文档、测试报告、缺陷报告、变更请求、合同预算、项目管理计划书。

项目验收标准： 游戏对现有系统不可有不利的冲击。所有被找出的缺陷必须有足够低的优先性与严重性才能被利益相关者接受。

项目约束： 前版游戏的美工作品不能被使用。

四、创建 WBS（工作分解结构）

工作分解结构（Work Breakdown Structure，WBS）堪称项目管理领域的核心工具，在整个项目生命周期中发挥着无可替代的作用。其核心目的在于把项目的整体可交付成果以及与之相关的各项工作系统地拆解为更小、更便于管理掌控的组成部分。

这一拆解过程借助层次化的科学方式，将原本大型且复杂的项目逐步细化，分解成为一个个具体、易于操作执行的任务单元。在 WBS 的层级架构里，每一个较低级别的元素都明确代表着项目中的一个具体可交付成果，或者是一项单独的工作任务。举例来说，在一个建筑项目中，顶层的 WBS 元素可能是"完成整栋大楼建设"；下一层级就会细分为"基础工程建设""主体结构施工""内部装修工程"等；再下一层，"基础工程建设"又能进一步拆解为"土方开挖""地基浇筑"等更具体的任务。

这种精细化的分解方式为项目团队带来了诸多显著优势。

（一）明确职责与任务

WBS 让项目团队成员能够清晰无误地理解自身所肩负的职责，以及需要完成的具体工作任务。每个成员都能从 WBS 中精准定位自己的工作内容，清楚知晓自己在整个项目中的角色和作用，避免职责不清导致的工作推诿或重复劳动，从而有效指导和简化项目的规划、执行与监控过程。

（二）助力资源、时间与成本管理

在资源分配方面，依据 WBS 中每个任务的具体需求，项目团队能够合理调配人力、物力和财力等资源，避免资源的闲置或短缺；在时间管理方面，项目团队可针对各个任务单元制订详细的时间计划，明确任务的先后顺序和时间节点，确保项目按时推进；进行成本估算时，通过对每个任务的成本核算，项目团队能更准确地预估项目总成本，为项目预算编制提供有力依据。

（三）强化沟通与理解

作为一个高效的沟通工具，WBS 使得项目团队成员、利益相关者以及客户能够就项目目标和进展情况达成一致。各方基于 WBS 这一共同的参照标准，能够清晰地了解项目的全貌和各个阶段的工作内容，方便及时沟通交流，减少因信息不对称导致的误解和冲突。

（四）提升项目透明度与可追踪性

正确实施的 WBS 可显著提高项目管理的透明度和可追踪性。通过 WBS，项目的每一项工作任务都清晰可见，管理者可以随时监控任务的执行进度，及时发现问题并采取相应措施。同时，对于项目的历史数据和执行情况，项目团队也能依据 WBS 进行有效追溯和分析，为后续项目提供宝贵经验。

WBS 以其独特的分解方式和强大的功能特性，极大地提高了项目成功的可能性，是项目管理中不可或缺的重要工具。

五、确认范围

范围确认是项目管理过程中一个至关重要的步骤，它涉及客户或项目赞助人对项目可交付成果的正式验收。这个过程通常在项目的每个关键阶段结束时进行，其目的是确保交付的成果符合之前定义的标准和需求。在范围确认过程中，项目团队将完成的工作成果展示给客户或赞助人，他们将根据项目范围说明书和合同文件中的规定，评估成果是否满足预定的质量标准和性能要求。这个步骤对于保证项目按预期目标前进至关重要，因为它提供了一个正式的机会，让干系人确认项目成果是否符合他们的期望。

范围确认的过程还包括处理任何差异或偏差，确保所有关键利益相关者对项目成果有共识。此外，它也是收集反馈、识别改进领域以及调整后续工作的机会。有效的范围确认可以提高客户满意度，避免项目后期出现重大更改，从而控制成本并保持项目进度。因此，范围确认不仅是一项关键的质量控制过程，也是确保项目成功和客户满意度的重要环节。

六、控制范围

范围控制是项目管理中一个至关重要的持续过程，其核心在于有效地监控和管理项目范围的状态，特别是对于任何提出的范围变更。在这个过程中，项目团队不断地跟踪项目进展，确保所有的活动和交付成果都符合最初定义的项目范围。任何偏离计划的情况都需要被识别和评估，以确定其对项目的整体影响。

此过程包括对所有提出的范围变更请求进行详细审查，评估这些变更可能对项目时间、成本、资源或质量产生的影响。每个变更请求都需要经过严格的评估过程，并根据其影响和重要性得到适当的批准或拒绝。这样的控制机制有助于防止无序的范围蔓延，即项目范围无计划和无控制地扩大，这可能导致资源过度消耗、时间延迟和成本超支。范围控制还意味着与利益相关者进行持续的沟通，确保他们对项目范围的任何调整都有清晰的理解。这不仅有助于维护利益相关者的期望，还可提高项目成功的可能性。通过有效的范围控制，项目团队能够保持项目在既定轨道上前进，确保最终交付的成果符合项目目标和客户的需求。

课后实训

以下是一款游戏产品的一些属性，哪些是项目范围，哪些是产品范围？

1. 编程

□项目范围　　□产品范围

2. 34 个游戏级别

□项目范围　　□产品范围

3. 图形设计

□项目范围　　□产品范围

4. 4 种可扮演的角色

□项目范围　　□产品范围

5. 很棒的图形

□项目范围　　□产品范围

6. 测试

□项目范围　　□产品范围

7. PC 与 Mac 兼容

□项目范围　　□产品范围

8. 游戏秘笈

□项目范围　　□产品范围

第四节　项目管理方法和技术

项目管理目前主要涉及的有项目过程管理、项目范围管理、项目时间管理、项目成本与价值管理、项目质量管理、项目风险管理、项目沟通管理、项目组织管理、项目人力资源管理、项目采购管理、项目集成管理等方面，其中相关的方法与技术繁多，下面将主要介绍以下几种方法和技术。

一、范围控制的方法与技术

（一）偏差分析（Variance Analysis）

这表示收集工作执行情况的相关资料，将它与范围基线作比较，两者之间的不同叫作偏差。该方法或工具全然关乎分析基线与实际工作之间的差异，判断计划是否需要被修正。例如，在建筑项目中，如果发现实际的建筑材料使用量与预定的范围基线有显著差异，项目经理可能需要调查原因，并决定是否需要调整材料采购计划或施工方法。

（二）重新计划（Replanning）

当批准的变更或纠正措施从变更控制系统中生效时，必须重新查阅计划并调整它以包含新工作。这通常代表重新计划以包含该变更的所有工作，也就是更新 WBS、WBS 词典、范围说明书、项目管理计划以及范围基线来包含新信息。例如，在软件开发项目中，如果新增了一个功能模块，项目经理需要更新 WBS 来反映这一变更，并相应调整时间线和资源分配。

（三）配置管理系统（Configuration Management System）

这里是查询已经完成的可交付成果的相关信息的地方，所有的文件都被保存在这里，因此，当变更整合进计划时，它需要被适当地做好版本控制并且在此妥善保存。例如，在制造业项目中，当产品设计发生变更时，通过配置管理系统，项目团队能确保所有相关部门都能访问到最新的设计文档，并按照最新的设计进行生产。

总体而言，范围控制的目的是确保项目范围、计划、基线以及 WBS 信息始终保持最新，以应对项目实施过程中可能发生的变化。通过这些方法和技术的应用，可以有效地控制项目范围，减少偏差，确保项目按预定目标顺利进行。

二、活动定义过程的方法与技术

（一）分解（Decomposition）

这种方法涉及将范围管理过程中定义的工作包进一步细分为具体的、可估算的活动。这有助于更精确地规划、安排和监控项目进度。例如，在建筑项目中，一个大的工作包例如"建造基础结构"可以被分解成更小的活动，如"挖掘地基""铺设混凝土"和"建立支撑结构"。

（二）模板（Template）

如果项目团队已经完成了类似的项目，可以利用以往项目的经验和文档作为模板，以帮助快速识别所有必需的活动。例如，在组织举办年度会议的项目中，项目团队可以利用去年会议的活动清单作为模板，快速列出本年度所需的准备活动。

（三）专家判断（Expert Judgment）

项目团队可能会就有关完成此工作所需的活动寻求具有相关经验的专家的建议，以确保识别和规划的活动是全面且准确的。例如，在软件开发项目中，开发团队可能会咨询资深的软件架构师来定义软件开发的不同阶段和相关活动。

（四）计划组件（Planning Component）

当对项目的了解不够、无法想出完整的活动清单时，可以使用计划组件作为"占位符"，直到掌握更多的信息。计划组件是放在 WBS 中高层的额外条目，有两个组件：控制账目（Control Account）和计划包（Planning Package）。控制账目是一个占位符，此占位符被插入到比工作包更高的层次，用于财务相关事务。任何被写在控制账目中的东西会在控制账目计划（Control Account Plan）里被追踪记录。计划包也是一个占位符，该占位符被放置在控制账目与实际的工作包之间。例如，在大型研发项目中，某个未明确定义的研发领域可能被设为控制账目，以便在明确具体研究方向后进行详细规划。在市场营销项目中，可能会设立一个计划包来代表未来的广告活动，直到市场策略更加明确后再进行细化。

三、关键路径法

关键路径法（Critical Path Method）是让项目运作保持在轨道上的一个重要工具。每个网络图都有某个叫作关键路径的东西，它是一连串活动，将这些活动的所有工期加总后会超过穿过网络图的任何其他路径。关键路径法通常从网络图的第一个活动开始，并且结束于最后一个活动。如果其中任何一个活动发生延迟，将会造成整个项目的延迟。关键路径之所以关键，是因为该路径上的所有活动都必须准时结束，项目才能准时完成。

（一）如何找出关键路径

如果知道某个活动不在关键路径上，就知道该活动的延迟可能不一定会让项目产生延迟。找到任何项目的关键路径都很容易。当然，在有成百上千个任务的大型项目中，可能要借助于软件才能完成。

1. 从活动网络图开始。活动网络图是一种图形化的表示方式，显示了项目中所有活动及其相互依赖关系。这些活动被表示为节点，依赖关系被表示为节点之间的连线。

2. 找出网络图中的所有路径，一条路径就是一连串活动，从项目开始到结束。路径是从网络图的开始点到结束点的活动序列。每条路径代表了完成项目所需经历的一系列活动。

3. 通过对路径上所有活动的工期求和就可以找出每条路径的工期。关键路径是具有最长工期的路径。

（二）关键路径法的步骤

1. 定义活动和持续时间：首先，列出所有项目活动以及它们的预计持续时间。

2. 绘制网络图：使用节点和箭头绘制活动网络图，明确活动之间的先后顺序关系。

3. 计算最早开始时间（ES）和最晚开始时间（LS）：对于每个活动，计算它的最早开始时间和最晚开始时间。这些计算可以帮助识别哪些活动具有时间上的灵活性。

4. 识别关键路径：关键路径是那些最早和最晚开始时间相同的活动序列。这些活动的延迟将直接影响项目的完成时间。

课后实训

妈妈下班买菜回到家，有以下几件事必须完成：A，淘米（2分钟）；B，用电饭煲煮饭（45分钟）；C，洗手（1分钟）；D，洗菜（10分钟）；E，炒菜（15分钟）；F，从冰箱中取出鱼（1分钟）；G，炖鱼汤（30分钟）；H，吃晚饭（30分钟）；I，洗碗，收拾厨房（20分钟）。试分析上述各项工作之间的先后关系，画出工作流程图。

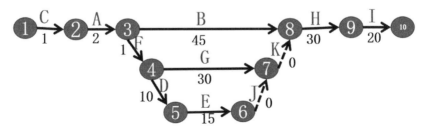

图 10-1　工作流程图

［分析］

1. 在上面的工作流程图中，从开始节点①到终止节点⑩有哪几条路径？

2. 其中需要时间最多的是哪条路径？

3. 根据上面的讨论，最少需要多长时间才能完成所有工作？

四、进度控制的方法与技术

项目进度控制的方法与技术完全关系到判断项目进度的执行情况，通过将项目的实际情况与基线中的计划内容作比较查看人们做得如何。

（一）偏差分析（Variance Analysis）

使用此工具估算项目当前的执行状况，并且与基线中计划要做的事情作比较，如果存在大的偏差，就知道其中有问题。例如，在软件开发项目中，如果计划在 4 周内完成某个功能模块，但实际上已经用了 6 周，通过偏差分析可以识别并处理造成延迟的原因。

（二）绩效测量（Performance Measurement）

绩效测量有两个重要的计算值：进度偏差（schedule variance，SV）与进度绩效指数（schedule performance index，SPI）。它们可以告诉我们相关项目当前执行情况的有用信息。在建筑项目中，如果计划完成的工作量比实际完成的少（SPI < 1），表明项目落后于计划。

（三）进度比较条形图（Schedule Comparison Bar Charts）

就和一般的柱形图一样，进度比较条形图为每个活动展示两根条形，一根代表计划进度，另一根代表实际进度。例如，在市场推广活动中，通过进度比较条形图可以直观地看到各项宣传活动的计划与实际执行情况。

（四）进展报告（Progress Reporting）

进展报告通常是一种标准化的报告模板，用于定期汇报项目进展。例如，项目经理每周提供项目进展报告，概述项目目前的状态、遇到的问题及解决方案。

（五）项目管理软件（Project Management Software）

使用软件工具可以跟踪、监控和调整项目进度。例如，使用如 Microsoft Project 等软件来跟踪建筑项目的各个阶段和里程碑。

（六）进度变更控制系统（Schedule Change Control System）

这是一套确保对项目进度变更进行适当分析和审批的流程。例如，在 IT 项目中，任何对交付日期的变更都必须通过这个系统进行审查和批准。

（七）其他进度网络分析技术

1. 关键链法（Critical Chain Method）

在此方法中，资源依存关系被用来决定关键路径。在进度表中的一些重要时间点上，从交付日往前推，加入若干缓冲时间。项目被妥善管理，使得每个里程碑都能完成。

2. 资源平衡（Resource Leveling）

有时候，只有某项资源才可以做某项活动。如果该资源忙于关键路径中的另一项活动，该路径本身就需要改变以包含此依存关系。那就是资源平衡的要点，它评估所有的资源，查看关键路径是否需要改变以符合资源的分配。

3. 运用日程表（Applying Calendars）

有时候，某些日程表上的约束可能影响关键路径。如果资源只在特定时间内有效，可能就有一些外部资源的日程表要考虑。

４. 调整提前与滞后（Adjusting Leads and Lags）

着手进行项目时，可能需要调整时间提前与滞后量来改变项目的结束日期。在事件策划中，为确保各供应商按时交付，可能需要调整一些活动的提前和滞后时间。

本章小结

项目管理是一项复杂的工作，它涉及多个方面的细致考虑和精密的规划。首先，项目本身具有独特性和临时性的特点，每个项目都有自己明确的目标、时间限制和资源约束。项目管理者和项目团队是项目成功的关键，他们需要具备专业知识、良好的沟通能力和协作精神，以确保项目目标的实现。在管理范围方面，项目管理涵盖了从项目启动到收尾的全过程，包括但不限于范围管理、时间管理、成本管理、质量管理、人力资源管理等。此外，项目管理方法和技术是实现项目成功的工具和手段，包括偏差分析、绩效测量、进度控制等，这些方法和技术帮助项目管理者有效地规划、执行和监控项目进度，确保项目按时、按质、按预算完成。

本章习题

思考题

1. 项目范围管理有哪些主要的作用？

2. 结合实例，详述 WBS。

实训题

某大学的管理学院打算好好地筹备一场元旦晚会，大家共度这个有纪念意义的节日。管理学院希望在为同学们创造更多欢乐的同时，能够通过这次庆典在全市范围内提高自己学院的声望，并与企业界建立更广泛、更直接的联系。这次活动的具体筹办工作就由他们的学生会全面负责，必要时可请学生工作办公室的李老师加以指导。要提高学院的声望，需要大力的宣传投入。他们计划在本市晚报刊登四分之一版面的广告，并通过电视台加以宣传。晚会筹备资金一部分由学院自筹，另一部分由企业赞助。对赞助企业的宣传，体现在晚报和电视台的广告上，此外，还可以与企业达成人才资源库的协议，给企业输送所需人才。

要达到上述预定目标，就意味着这次庆典活动必须是高质量、高水平的。从整体组织到每一个细节，都必须准备得周到、完善。校园游艺的场地安排既要体现出本学院在该大学中的重要地位，又要方便大家游乐；晚会的舞台设计、灯光、音响以及嘉宾的安排等，也要考虑周全，不能冲淡了娱乐的主题，同时还要自然而然地通过这次活动将学院的名声打出去。为此，学生会的干部们深知自身责任重大，他们首先进行了明确的分工，由主席担任项目总负责人，实践部部长负责外联工作，副主席担任财务主管，还有其他人的责任也都一一明确。接下来，他们进行了详细的工作分解，确定了工作范围。庆典活动主要由两大块组成，一是校园游艺活动，二是元旦晚会。

如何构建此次元旦晚会的 WBS？

第四篇　组织技能篇

　　组织技能是组织管理与领导力的高级层次，它涉及组织的战略规划、结构设计、文化塑造等多个方面。本篇将全面介绍组织技能的核心内容和实践应用，帮助同学们提升在组织层面的管理和领导能力。

　　在快速变化的市场环境中，组织需要不断适应和调整，以应对各种挑战和机遇。掌握组织技能，意味着我们能够更好地制订战略、优化结构、塑造文化，推动组织的持续发展和创新。本篇将通过深入剖析组织管理的内在逻辑和规律，结合丰富的实践案例，让读者全面掌握组织技能的核心要点和实践方法。

第十一章　组织设计和授权

【引例：苏宁的互联网转型】

2009 年，苏宁提出营销转型变革，从摸索到战略成形再到 2015 年定型，经历了三个不同的阶段。2015 年"两会"期间，苏宁董事长张近东接受记者采访，对外正式宣布，苏宁转型初步成功，转型第一阶段已经完成，开始进入第二阶段。

一个企业提出好想法很容易，制订宏伟战略也很容易。实现它们，却需要大量付出，幕后是每个员工每天所做的细致工作。

苏宁的组织转型被称为从"高速列车"变"联合舰队"。

组织建设是策略，也是观念，但关键要实用。你要做什么，你能做什么，都要弄清楚。在互联网时代，大家都知道组织要更灵活、更小、更扁平，这是对的，但关键是看怎么做。

这个问题对于苏宁而言尤为突出。苏宁过去做连锁，将精细化、标准化做到了极致，也正因为如此，它才能成为零售业的佼佼者。苏宁在管理体系建设方面提出"管理四化"——简单化、标准化、制度化、信息化。

简单地说，就是所有东西都是制度定好的、刚性的，然后复制、克隆。进入互联网时代，苏宁面对的业务更加多元、灵活，与之对应的，也要让组织变得更加多元和灵活。

苏宁的组织转型就是从一列"高速列车"变成"联合舰队"。过去是一个车头带领 50 多个车厢，车厢没有独立性，但现在每一个集群、每一个舰艇、每一个单元都必须学会独立作战。

举一个具体例子，此前，总部制订方案，部门协同调度资源，执行时，只要"临门一脚"就行。现在，苏宁的组织结构从矩阵式转向事业部制。每一个事业部都要明确自己的市场地位、所占份额、营收增长率，要给自己定位，明确自己的目标，然后再明确自己的工作指标。

为了能够完成这样的转变，苏宁调整了组织体系。总部扁平化，从五层调整为三层；简政放权，将原来总部承担的职责大量往事业部、大区下放。同时，强调事业部、大区的专业化，让它们成为一个独立的公司，每一个事业部的负责人、大区负责人都要将自己想象成老板，在独立运作这个公司，要负全责，而不是想着什么事情都让别人帮着做。

但是，任何一个企业都不能走极端，极端集权不对，极端放权也不对，因此要有一个度。苏宁面对这么庞大的业务集群，既要考虑让每一个集群、每一个团队能够独立作战，又不能让它们散掉。

因此，集团管控还有必要，但要从过去的硬性管理变成柔性管理。过去总部对大区管理很强硬，基层无法逾越。而现在，苏宁强调垂直管理，更加柔性化，强调方法的统一，以此让全国一致。在目标方面，从 KPI 指标下达慢慢转向目标下达，让大家自己学会完成目标。

思考题：

1. 查找苏宁转型前与转型后的组织结构，分析前后两种组织结构有何不同、转型后组织结构有何优点。

2. 在互联网情境下，你认为苏宁的组织结构还应当如何调整？

第一节　组织的结构与设计

一、组织结构的概念和要素

（一）组织与组织结构

"组织"一词有名词和动词之分。名词意义上的组织（Organization）是指为达到某些目标而设计的集合体，是成员进行各种活动的基本框架；而动词意义上的组织（Organize）被定义为安排和设计工作任务以实现组织目标，是一个重要的过程。

按照其形成和发展过程，整个组织理论的发展历史可以分为三个阶段，一是古典组织理论阶段，二是行为科学时期的组织理论阶段，三是现代组织理论阶段，如表 11-1 所示。

表 11-1　不同阶段的组织理论

阶段	时代	理论基础	组织特点	主要理论
古典	手工业时代 （工业革命前时代）	经济人	独断	泰罗的组织理论 法约尔的组织理论 韦伯的组织理论 厄威克的组织理论
行为科学 时期	机器生产时代 （工业革命时代）	社会人	从小到大的分解	社会系统学派的组织理论 行为科学学派的组织理论
现代	系统时代 （现代化大工业生产时代）	决策人	从个别转向整体	经验主义学派的组织理论 系统管理学派的组织理论 权变理论学派的组织理论 新组织结构学派的组织理论

其中，组织设计和组织结构是管理学组织问题研究中最基本的论题。随着竞争和市场的日益全球化以及科技的迅猛发展，传统的组织设计方法不断遭受质疑和重新考察，管理者不断在实践中摸索和尝试新的组织结构设计方案，以使组织结构在动态复杂的竞争环境中既能保证组织各项活动的高效性，又能保持灵活性。

所谓组织结构（Organization Structure），就是组织中正式确立的对工作任务进行分解、组合和协调的组织活动安排体系。管理者一般需要借助组织系统图（Organization Chart）来描述其组织结构。组织系统图是指展示组织各个单位结构和人之间的职权责任关系的结构图。在这里，"单位"一词指的是团队、群体、部门或地区等。通俗地说，组织系统图就是一个组织的骨架。

除此之外，组织结构图还可以表达其他一些信息，比如说，可以显示职能的划分；可以知道权责是否适当；可以看出某个人员的工作负荷是否过重；可以看出是否有无关人员承担几种较松散、无关系的工作；可以看出是否有让有才干的人没有发挥出才干的情形；可以看出有没有让不胜任此项工作的人担任的重要职位；可以看出晋升的渠道是否畅通；可以显示出下次升级时谁是最合适的人选；可以使每个人清楚自己组织内的工作，加强其参与工作的欲望，其他部门的人员也可以明了，增强组织的协调性。

（二）组织结构的要素

组织结构是组织内关于职务及权力关系的一套形式化系统，它阐明各项工作如何分配、谁向谁负责及内部协调的机制。组织理论对组织设计的讨论主要围绕几个基本要素。这些要素一般包括工作专门化（Job Specialization）、部门化（Departmentalization）、控制幅度（Span of Control）、命令链（Chain of Command）、集权与分权（Centralization-decentralization）、正规化（Formalization），如表 11-2 所示。

1. 工作专门化：指工作任务的分工，管理者将组织的一项任务分解成具有特殊活动的专门工作，活动规定了执行者要做什么。

2. 部门化：当一个组织专门化工作的数量增加达到一定程度时，一个管理者就不能有效地对工作进行协调。因此，为了创造可管理的工作，各自分离的工作必须组合成模块，即部门化。部门化是指将组织分解为若干个相对独立的单元，以实现专业化和协作化。部门化的方式有按职能、按产品、按地域、按市场、按过程等。

3. 控制幅度：指一个管理者可以有效指导多少名员工，组织中的层次有多少，取决于组织的规模、活动内容的特点以及组织内的管理跨度。

4. 命令链：一种连续的权力链条，从组织的最高层延续到最低层。它明确无误地规定谁向谁汇报工作，以及某个人在工作中负责命令监督哪些人。

5. 集权与分权：决策权下放到组织较低层次的程度。如果决策由组织上层做出，该组织就是集体化的；如果决策由组织底层做出，该组织就是分权化的。

6. 正规化：又称规范化，是指有关工作的方法和程序具体化和条文化的程度。

表 11-2　在设计适当的组织结构时需要回答的 6 个关键问题

关键问题	答案所对应的组织结构要素
把人物分解成各自独立的工作应细化到什么程度？	工作专门化
对工作进行分类的基础是什么？	部门化
一位管理者可以有效地指导多少个员工？	控制幅度
员工个人和工作群体向谁汇报工作？	命令链
决策权应该放在哪一级？	集权与分权
应该在多大程度上利用规章制度？	正规化

二、组织结构的类型和特点

组织结构的本质是反映组织成员之间的分工协作关系，设计组织结构的目的是更有效地、更合理地将企业员工组织起来，形成一个有机整体来创造更多的价值。每个企业中都有一套自身的组织结构，组织结构既是组织存在的形式，也是组织内部分工与合作关系的集中体现。

（一）机械型结构与有机型结构

1. 机械型结构

机械型结构是一种高度正式化、集中化和标准化的组织结构，适用于稳定、简单和可预测的环境。机械型结构的主要特点如下。

（1）部门化方式以职能为主，形成清晰的垂直分工。

（2）职权集中于高层管理者，形成严格的等级制度。

（3）责任明确，规章制度多，执行力强。

（4）沟通主要依靠正式渠道，形成刚性的信息流。

（5）协调主要依靠命令和控制，形成一致的行动。

机械型结构的优点是效率高、稳定性强、易于监督和控制。机械型结构的缺点是创新性差、适应性弱、满足感低。

例如，麦当劳是一家全球知名的快餐连锁企业，其组织结构典型地体现了机械型结构的特征。麦当劳的部门化方式是按职能和地域划分，形成了总部、区域、国家和门店四个层级。麦当劳的职权高度集中于总部，总部制定了统一的标准和规范，对下属单位进行严格的监督和考核。麦当劳的责任明确，每个员工都有固定的岗位和流程，必须遵守公司的规章制度。麦当劳的沟通主要通过正式的报告、会议和培训进行，保证了信息的一致性和准确性。麦当劳的协调主要通过命令和控制实现，使得各个门店能够提供相同的产品和服务。

麦当劳的机械型结构使其能够在全球范围内实现快速、高效和标准化的运营，赢得了广泛的市场份额和客户认可。但是，麦当劳的机械型结构也限制了其对不同地域和文化的适应性和创新性，使其面临着来自竞争对手和消费者需求变化的挑战。

2. 有机型结构

有机型结构是一种低度正式化，而分散化和灵活化的组织结构，适用于动态、复杂和不可预测的环境。有机型结构的主要特点如下。

（1）部门化方式以项目为主，形成松散的水平分工。

（2）职权分散于各个项目组，形成扁平化的网络结构。

（3）责任模糊，规章制度少，自主性强。

（4）沟通主要依靠非正式渠道，形成灵活的信息流。

（5）协调主要依靠沟通和合作，形成多样的行动。

有机型结构的优点是创新性强、适应性好、满足感高。有机型结构的缺点是效率低、稳定性差、难以监督和控制。

例如，谷歌是一家全球领先的互联网科技公司，其组织结构典型地体现了有机型结构的特征。谷歌的部门化方式是按项目划分，形成了搜索、广告、云计算、人工智能等多个业务领域。谷歌的职权分散于各个项目组，每个项目组都有自己的目标、资源和决策权。谷歌的责任模糊，每个员工都可以根据自己的兴趣选择参与或发起项目，并享有一定比例的自由时间。谷歌的沟通主要通过非正式的邮件、聊天和社交媒体进行，促进了信息的共享和交流。谷歌的协调主要通过沟通和合作实现，使得各个项目组能够相互支持和学习。

谷歌的有机型结构使其能够在不断变化的互联网环境中实现快速、灵活和创新的发展，赢得了众多的用户和合作伙伴。但是，谷歌的有机型结构也带来了一些问题，如项目之间的冲突、资源的浪费、质量的不稳定等。

（二）常见组织结构类型

常见的组织结构类型有直线型（Line Structure）、职能型（Functional Structure）、直线职能型（Line and Functional Structure）、事业部制（Division System）、矩阵制（Matrix System）、网络组织（Network Organization）等。

1. 直线型和职能型

直线型结构有时也称作"军队式结构"。在直线型结构的组织形式下，沿着指挥链进行各种作业，每个人只向一个上级负责，必须绝对地服从这一上级的命令。

职能型结构的特点是采用按职能实行专业分工的管理办法来取代直线型结构的全能式管理者。下级既要服从上级主管人员的指挥，也要听从上级各职能部门的指挥。

由于直线型、职能型组织结构相对简单，现代企业采用得较少，这里不再赘述。

2. 直线职能型

直线职能型的组织结构是一种常见的组织形式，它是指在行政领导下，相应的职能部门按照业务流程或支撑流程分工，为直线部门提供专业化的服务或指导，如图 11-1 所示。直线职能型的组织结构适用于目标明确、环境稳定、规模较大的组织。

直线职能型组织结构实际上是将直线型与职能型有机结合。其特点是既保证直线统一指挥的原则，又充分发挥专业职能机构的作用。但职能机构只是同级直线管理者的参谋，无权对下一级组织发布命令，只能提供信息、建议和一些必要的业务指导。

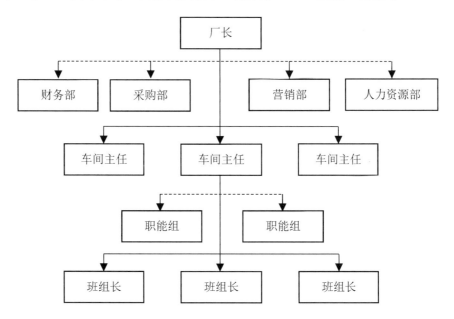

图 11-1　直线职能型组织结构

案例：乐百氏公司是一家生产矿泉水、饮料和乳制品的企业，创立于 1989 年。在创业初期，乐百氏公司采用了直线职能型的组织结构，即按照产、供、销分成几大部门，再由全国各分公司负责销售。这种组织结构的优点是可以实现集中指挥、高效运转、快速发展。这种组织结构的缺点是可能导致部门之间的沟通少、协调难、适应性差。

　　3. 事业部制

　　事业部制，也称"分权制结构"或"斯隆模型"，是一种在直线职能型基础上演变而成的现代企业组织结构形式。在这种结构中，各事业部（或分支公司）通常是半自主的利润中心，其特点是"集中决策，分散经营"，即在组织高层管理者的集中领导下，按照产品、技术、地区或顾客等标准将企业划分为若干相对独立的经营单位，分别组成事业部。各事业部在经营管理方面拥有较大的自主权，全权负责所属业务的全部活动，实行独立核算、自负盈亏，并可根据经营需要设置相应的职能部门。企业的高层管理者主要承担整个组织的战略、目标、方针、目标的设定，并落实到各事业部，可以通过利润等指标对事业部进行控制。公司的战略决策和日常运营决策两项职能分离，分别由总部和利润中心（分支公司）承担。如图 11-2 所示。

　　事业部制组织机构的优点如下。

　　第一，各个事业部自主权力较大，有利于发挥事业部管理者的积极性和创造性。

　　第二，事业部制有利于各事业部内部组织专业化生产，有利于提高生产效率和产品质量，降低成本。

　　第三，权力下放，有利于企业的高层管理者摆脱日常事务，集中精力进行外部环境的研究，制订长远的、全局性的发展战略规划。

　　虽然事业部制当今被特大型组织普遍采用，但其也存在着一些缺点。如增加了管理层级，容易造成机构重叠、管理人员膨胀现象；各事业部独立性强，容易忽视企业整体利益。

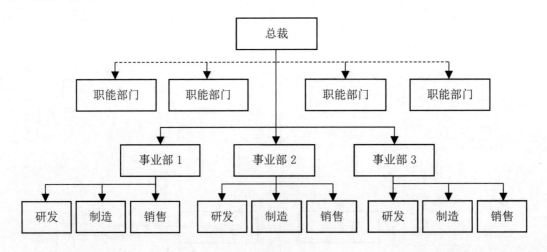

图 11-2　事业部制组织结构

　　事业部制结构适合那些经营规模大、生产经营业务多样化、市场环境差异大、要求较强适应性的企业采用。它成为目前国际上特别是欧美国家大型公司组织形态的主流形式。从其组织结构来看，它亦可分为三层，如图 11-3 所示。

　　第一层是核心层企业，它由三部分组成，即图中的 A、B 和 C，其中 A 为母公司，B 为一个或多个分公司，C 是分属于 B 的一个或多个生产厂，这三者合起来成为一个法人。

从管理职责角度看，A 是集团投资和管理中心；B 为集团的二级法人（内部核算单位或虚拟法人），它主要从事生产经营活动，是集团的经营中心或利润中心；C 为生产活动中心，是属于 B 的成本中心或费用中心。

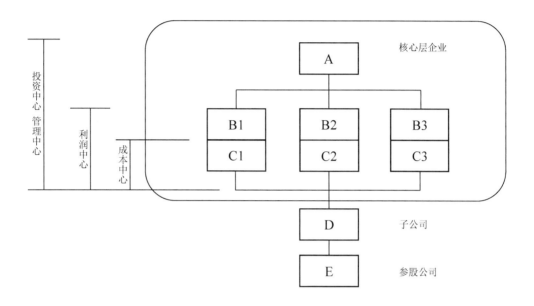

图 11-3　事业部制组织结构中心图

第二层是核心层企业的控股企业，即图中的 D，它可为一个或多个独立的法人，是集团公司的紧密层企业，与核心层企业保持资本投资关系，它可以是核心层企业的原料生产厂或其他产品购销网络。

第三层是核心层企业的参股企业或控股企业的参股企业，这些参股企业都是独立法人，与核心企业或紧密层企业保持一定的关系。

案例：联想集团是一家全球领先的信息技术公司，其产品包括个人电脑、智能手机、平板电脑、服务器、存储设备、智能电视等。联想集团的组织结构采用了事业部制的模式，即按照不同的产品和市场划分了多个事业部，每个事业部都有自己的财务、人力资源、研发、生产、销售等职能部门，实行独立核算和自主经营，同时受到集团总部的战略指导和监督。

联想集团目前主要有以下四个事业部。

*PC 与智能设备事业部：*这是联想集团最大的事业部，负责个人电脑、平板电脑、智能手机等产品的研发、生产和销售。这个事业部下设了四个子事业部，分别是消费者 PC 子事业部、商用 PC 子事业部、移动子事业部和数据中心子事业部。这四个子事业部根据不同的客户群和市场需求，提供不同的产品和服务。

*移动互联网与数字家庭事业部：*这是联想集团最新成立的事业部，负责智能电视、智能路由器、智能家居等产品的研发、生产和销售。这个事业部致力于打造一个连接用户、设备和内容的移动互联网平台，提供丰富的数字娱乐体验。

*生态与云服务事业部：*这是联想集团最具创新性的事业部，负责云计算、大数据、人

工智能等技术和服务的研发和提供。这个事业部旨在为用户和企业提供基于云端的解决方案，帮助他们实现数字化转型。

新兴市场事业部：这是联想集团最具增长潜力的事业部，负责开拓和拓展非成熟市场，如非洲、拉美、中东等地区。这个事业部根据当地的市场特点和用户需求，提供适合当地消费水平和使用习惯的产品和服务。

联想集团采用了事业部制组织结构的优点是：充分利用各个事业部的专业知识和技能，形成差异化竞争优势；增强各个事业部的灵活性和适应性，快速响应市场变化和客户需求；激发各个事业部的积极性和创造性，促进创新和协作；通过利润中心的考核机制，评价各个事业部的绩效和贡献。

联想集团采用了事业部制组织结构的缺点是：导致各个事业部之间的冲突和竞争，影响集团整体利益；导致各个事业部之间的重复投入和浪费，降低资源利用效率；导致各个事业部之间的信息隔阂和沟通不畅，影响协同效果；导致各个事业部之间的标准和规范不一致，影响质量和安全。

4. 矩阵制

矩阵制组织结构由纵横两个管理系列组成，一个是职能部门系列，另一个是为完成某一临时任务而组建的项目小组系列，纵横两个系列交叉，即构成矩阵，是一种实现横向联系的有力模式。其特点是在直线职能型组织结构的基础上，增加了横向的沟通协调机构。矩阵制组织结构是一种将两个或多个维度（如职能、产品、地域、客户等）相互交叉的组织结构，使得员工既属于一个维度的部门，又属于另一个维度的项目组，从而实现多方面的协调和合作。参加横向机构的人员既要接受所属职能机构的领导，又要接受横向机构的领导，如图 11-4 所示。

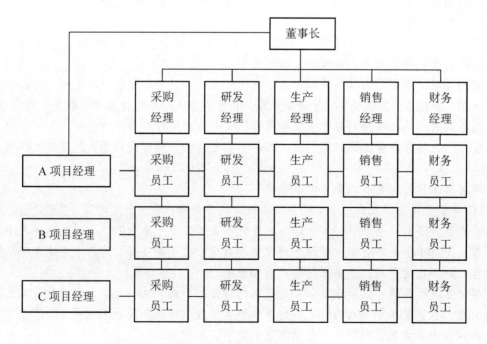

图 11-4　矩阵制组织结构

　　矩阵制组织结构的优点是可以提高资源利用率、灵活应对变化、促进沟通和创新，加强了各职能部门间的协作和配合，提高任务完成的效率；同时，将不同专业背景的人员组织在一起工作，有助于激发员工的积极性和创造性，促进企业内各项创新活动的实现。

　　矩阵制组织结构的缺点是打破了一个职工只受一个直接上级领导的传统管理原则，违反了统一领导、统一指挥的组织原则，容易导致职责不清和不同职能部门间矛盾。

　　案例：华为公司是一家全球领先的信息与通信技术解决方案提供商，其组织结构典型地体现了矩阵制组织结构的特征。华为公司的组织结构主要由三个维度构成：客户、产品和区域。客户维度包括运营商 BG（Business Group，业务群）和企业 BG，分别面向运营商客户和企业/行业客户提供解决方案营销、销售和服务。产品维度包括网络产品与解决方案和云计算 BG，分别面向运营商及企业/行业客户提供连接相关和云计算相关的产品与解决方案。区域维度包括各个区域的 ICT（Information and Communications Technology，信息与通信技术）业务管理中心，负责区域的资源、能力的建设和利用，并负责公司 ICT 业务战略在所辖区域的落地。

　　华为公司的员工既属于一个客户或产品 BG，又属于一个区域 ICT 中心，形成了一个二维矩阵式的组织结构。这样的组织结构使得华为公司能够充分利用内外部资源，快速响应市场变化和客户需求，实现跨部门、跨地域、跨领域的协作和创新。当然，这样的组织结构也带来了一些挑战，如如何平衡不同维度之间的职权和责任、如何协调不同维度之间的目标和利益、如何提高不同维度之间的沟通和信任等。

　　5. 网络组织

　　网络组织是一种利用现代信息技术手段发展起来的新型的组织机构。它是一种只有很精干的中心机构，以契约关系的建立和维持为基础，依靠外部机构进行制造、销售或其他重要业务经营活动的组织结构形式。简言之，企业将主要职能（如制造、分销、营销或其他关键职能）分包给外部独立的公司，并以一个小型的总部组织协调这些公司分担的活动，使得供应商、制造商、装配商和分销商网络可以实现无缝连接，如图 11-5 所示。

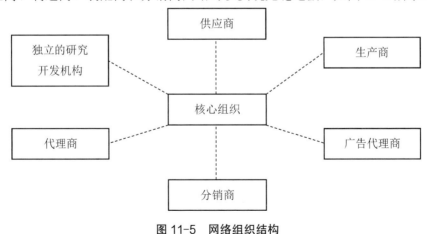

图 11-5　网络组织结构

　　网络组织结构的优点是快速、灵活、创新、经济，组织可以在全球范围内整合资源，以较低的价格获取各种生产要素，并能在全世界销售产品。

　　其缺点是网络组织结构由于将部分职能外包，因而增加了控制上的难度，例如研发活动的外包，会使企业技术创新活动难以保密；生产活动外包，会使企业对产品的质量、交付期限等难以控制；销售活动外包，会使企业失去对顾客满意度等关键的顾客价值点的控制等。

　　案例： 一个典型的网络组织结构的例子是思科公司。思科公司是一家全球领先的网络设备提供商，它通过互联网来改造公司的整体运营体制，成功地构建了思科网络联结系统。思科公司将内部的人员分为若干个技术级别，刚毕业进入思科的应届生是 9 级或 10 级，特性小组组长一般是 11、12 级，开发经理一般是 13、14 级，在整个公司达到 15 级的只有五六个人。思科公司将内部的人员分配到不同的项目团队中，每个项目团队都有自己的目标、资源和决策权。思科公司还与外部的供应商、合作伙伴、客户等建立了紧密的关系网络，通过电子商务平台来协调和控制各项业务活动。思科公司通过这种网络组织结构，实现了快速、灵活和创新的发展。

（三）新型组织结构

　　除了常见的组织结构类型，还有一些新型的组织结构，如平台化组织（Platform Organization）、自组织（Self-organization）、无边界组织（Boundaryless Organization）、虚拟组织（Virtual Organization）、团队结构（Team Structure）和幸福组织（Happiness Organization）等。

1. 平台化组织

　　平台化组织是指将原本科层明确、封闭的组织体系（运作）建设成一个开放的、共享的、赋能的平台，让内部和外部的资源可以自由地流动和配置，形成一个分布式的、网络化的、市场化的组织结构。平台内的员工、合作方都成为平台上的资源整合单元。平台上的各个单元可选择对自己最有利的平台合作伙伴或资源支持。同时，平台以其灵活性有效激发平台上单元、个体的积极性，迅速扩大平台规模和影响力。与传统的企业组织强调科层管控不同，平台化组织强调扁平、灵活和协同。

　　平台化组织的优点是能够提高组织的效率、灵活性和创新能力，缺点是可能增加组织的复杂性和风险性。平台化组织的例子有海尔、小米等。

2. 自组织

　　所谓自组织，是指组织内部的成员可以根据自己的兴趣、能力和目标，自主地选择或创建工作项目，形成一个动态的、自我管理的、自我驱动的组织结构。自组织没有严格的管理规则，成员没有明确的边界和严格的归属。

　　自组织的优点是能够激发组织的活力、潜力和创造力，缺点是可能导致组织的混乱、失序和低效。自组织的例子有芬尼克兹（PHNIX）、维尔福（Valve）等。

3. 无边界组织

　　无边界组织是指消除或减少组织内部和外部的障碍和限制，实现组织的开放性、透明性和平等性，以促进组织的学习和创新的组织结构。无边界组织是以计算机网络化为基础，强调速度、弹性、整合、创新为关键成功因素的一种适应环境快速变化的组织。

　　无边界组织的优点是能够增强组织的适应能力、竞争力和客户导向，缺点是可能引起组织的混乱、失控和安全风险。无边界组织的例子有戈尔公司（W. L. Gore）、巴塔哥尼亚（Patagonia）等。无边界组织的特点如下。

（1）打破组织的垂直边界，实现组织的扁平化

无边界组织实质是组织扁平化的过程，它突破了僵化的定位，权力下放到基层，让对事实的结果负责的人做出决策；职位让位于能力，绩效突出者能获得较高的报酬。在无边界组织中，各个层级之间是互相渗透的，能够最大限度地发挥各自的能力。

（2）打破组织的水平边界，组建多功能团队

由于各职能部门都依据自身职能的特点行事，往往会与其他部门发生矛盾和冲突。无边界组织则要突破各个职能部门之间的边界，真正使计划、生产和销售等各部门连为一体，形成统一的系统。

（3）打破组织的外部边界，实现企业集群化、虚拟化经营

无边界组织把外部的围墙推倒，让企业与供应商、顾客、竞争者、政府管制机构、社区等外部环境融合，成为一个创造价值的系统，真正做到为顾客服务。这一过程中包含了供应链管理、战略联盟管理、虚拟化经营及网络化管理四大部分内容。

（4）打破组织的地理边界，实现跨国公司组织

地理边界的存在往往使得新方法、新思想局限于跨国公司的某一市场或区域内而难以传播。而在无边界组织中，跨国公司的地理边界慢慢被打破，不同国家的组织部门之间相互学习，跨国公司慢慢地与当地的文化相融合。

（5）打破组织的心理边界，创建学习型组织

在现代社会要求学习的速度必须大于其环境变化的速度的形势下，无边界组织打破了传统的官僚组织的心理边界，使每个员工都终身学习，并将学习到的知识与其他员工共享，每个员工都系统思考，进而增强个人知识与经验，改变整个组织行为以强化组织变革和创新能力。

4. 虚拟组织

虚拟组织是指将组织的核心业务外包给外部的合作伙伴，形成一个基于网络的、松散的、临时的组织结构，以适应快速变化的市场需求。虚拟组织的优点是能够降低成本、提高效率和灵活性，缺点是可能造成管理控制的困难、合作伙伴的不稳定和组织文化的缺失。虚拟组织的例子有阿里巴巴、优步（Uber）等。

5. 团队结构

团队结构是指将组织分解为一系列的跨职能、自我管理的团队，每个团队负责一个特定的任务或项目，具有较高的灵活性和自主性。团队结构的优点是能够提高员工的参与度、创新能力和客户满意度，缺点是可能导致角色模糊、沟通成本增加和团队间的冲突。团队结构的例子有声破天（Spotify）、奈飞（Netflix）等。

6. 幸福组织

幸福组织在管理互动中充分发挥和利用个人的智慧和优势，协调组织的资源，使其能够在组织环境中获得自身的发展，实现个人成长，以满足其日益增长的物质和精神需求，进而实现组织利益相关者的幸福最大化。

案例："企业的利润来自员工的幸福和客户的感动"，这是苏州固锝电子股份有限公司2013年3月15日发布的年报的卷首语，也是时任董事长吴念博的肺腑之言。不仅如此，固锝公司还有一个特殊的部门——幸福企业工作部。进入苏州固锝，随处可见各种宣传条幅，如"敦伦尽分""百善孝为先""不学礼，无以立"等。

　　苏州固锝用"家文化"打造"幸福企业"。员工亲切地称吴念博为"大家长"，而"大家长"也总会为"孩子们"排忧解难，输送正能量。

　　固锝用员工的内生动力驱动企业成长，激励领班关怀本组员工，鼓励每一个领班都把自己放在总经理的高度去思考问题、解决问题、培养员工。员工们从教育中体会到：我们的产品是有精神和生命的，我们不只要上班赚钱，还要赋予工作更有价值的生命和意义。

　　固锝用社会责任增加幸福感，组建了一支实力过硬的志愿工作者队伍，他们积极投身社会公益事业，走进社区、街道、风景区开展资源分类回收、爱心义卖活动，常年开展废弃电池以旧换新活动，坚持每月走进当地敬老院、特殊教育学校为老人和孩子送祝福、送温暖，每年组织员工无偿献血……

　　在本案例中，苏州固锝员工的高幸福感来源于三个方面。

　　1. 组织层面：营造幸福文化

　　组织文化是组织在其发展过程中形成的被全体员工所自觉遵循的共同价值标准、精神追求、道德规范、行为准则、企业制度及其物质形态的总和。它是提升企业组织核心竞争力的关键因素，同时也是培育幸福组织的无形资源。幸福组织把幸福作为组织战略管理的核心价值，强调组织应充分考虑组织各要素的整合与优化重组，追求人与人的融合及组织之间的动态平衡，在幸福最大化中共享资源，最大程度地实现员工价值和幸福。

　　吴念博始终认为，"企业最终是为了员工的幸福及社会和谐而存在的"，他提出了苏州固锝的企业愿景：构建幸福企业典范。吴念博认为，绿色、和谐是企业的社会使命，在企业发展的同时，更要注重社会责任的承担，将追求单一功利的企业组织改造成追求幸福的企业组织，使传统企业向社会企业靠拢。为了让固锝的"幸福企业"和"绿色理念"得以发扬光大，同时肩负起更多的社会使命，固锝组建了一支实力过硬的志愿工作者队伍，鼓励员工积极投身社会公益事业。

　　2. 领导层面：树立幸福道德观

　　领导者个人的价值观、理念等素养会直接影响员工的价值判断和行为方式。幸福组织建设的根本目的是让员工感到快乐与幸福，这要求领导者树立幸福为中心的道德观。幸福道德观是幸福组织的中心，也是促成个人幸福和组织幸福的起点，它在组织中具有核心地位，可以把组织内部个人目标同化于组织的目标，使个人目标与组织目标保持一致。

　　身教胜于言教，吴念博以身作则，亲力亲为，他曾亲率全体高管，用最恭敬的鞠躬，在清晨迎接上班的员工，亲自擦洗卫生间，甚至发现地面上有根头发，都蹲下去用手捡起来。

　　3. 员工层面：培育幸福员工

　　幸福组织理论认为，应该从员工的幸福目标、积极心理、幸福能力以及职业幸福四个方面来培育幸福员工。首先，员工的幸福与目标的有效完成有直接关联，因此，设置和追求有挑战性但能达到的目标有助于提升员工的幸福感。其次，积极心理学和积极组织行为学认为，员工的积极心理能最大限度地挖掘其潜力以获得真正的幸福。再次，幸福能力是指员工理解幸福、感受幸福、追求幸福和创造幸福的能力。员工需要学会通过工作来理解、感受、追求和创造幸福。最后，每个员工应该为自己职业生涯的发展负责，忠于自己的职业生涯。为此，组织成员应该依靠其技能及信誉，来规划自身的职业生涯以获得幸福。

　　班组是公司的最基础单位，为了促进班组成员之间相互关心、激励领班关怀本组员工，固锝每月都评选"幸福班组"和"幸福领班"，鼓励每一个领班都把自己放在总经理的高度去思考问题、解决问题、培养员工。领班的建议和处理问题的方式是本位的还是从大局出发的显示着其所具有的高度。在"领班就是总经理"的号召之下，领班们的能动性被极大地激发出来。

三、组织设计的原则

组织所处的环境、采用的技术、制订的战略、发展的规模不同，所需的职务和部门及其相互关系也不同，但任何组织在进行机构和结构的设计时，都需要遵守一些共同的原则。组织设计的原则是指在组织设计过程中应遵循的一些基本规律和要求，以保证组织设计的科学性和有效性。不同的组织设计理论和方法可能有不同的原则，但一般来说，以下几个原则是比较普遍和重要的。

（一）目标一致性原则

组织设计应以组织的战略和目标为导向，使组织的结构和机制能够支持和促进组织目标的实现。例如，如果组织的目标是提高创新能力和市场适应性，那么组织设计应该选择更加灵活和开放的组织形式，如矩阵结构、网络结构等，以便增强组织的跨部门协作和外部联系。

（二）分工与协作原则

组织设计应根据组织的任务和业务特点，合理地分配和划分组织的职能和职责，提高组织的专业化程度和效率。同时，组织设计也应考虑组织的整体性和协调性，建立有效的沟通和协作机制，实现组织的协同和一致。例如，如果组织的任务和业务涉及多个领域和层面，那么组织设计应该设置一些跨部门的协调机构，如委员会、项目组等，以便整合和利用组织的各种资源和能力。

（三）统一指挥原则

组织设计应确保组织中的每个成员和部门都有明确的上级和下级，避免出现多头领导和指挥混乱的情况。每个成员和部门应服从其上级的指挥和监督，同时也享有一定的自主权和发展空间。例如，如果组织的规模较大，那么组织设计应该采用分级管理的方式，将组织划分为不同的层次和单元，形成清晰的权力和责任分配，同时也赋予各级和各单元一定的决策和执行权。

（四）有效管理幅度原则

组织设计应根据组织的性质和条件，确定合理的管理层次和管理幅度，即每个管理者能够有效管理的下属数量。管理幅度过大或过小都会影响组织的效率和效果。管理幅度过大会导致管理者无法充分关注和指导下属，管理质量下降；管理幅度过小会导致组织层次过多，管理成本上升，信息传递延误。例如，如果组织的业务比较复杂和多变，那么组织设计应该选择较小的管理幅度，以便提高管理的敏捷性和灵活性；如果组织的业务比较简单和稳定，那么组织设计可以选择较大的管理幅度，以便提高管理的效率和范围。

（五）集权与分权原则

组织设计应根据组织的目标和环境，平衡组织的集中和分散，即组织的决策和控制权力应该在不同的层次和部门之间如何分配。集权和分权是相互制衡和补充的，集权有利于保证组织的统一和协调，分权有利于调动组织的积极性和创造性。例如，如果组织面临的外部环境比较复杂和不确定，那么组织设计应该倾向于分权，以便增强组织的适应性和变革能力；如果组织面临的外部环境比较简单和稳定，那么组织设计应该倾向于集权，以便提高组织的一致性和执行力。

（六）稳定性与适应性原则

组织设计应根据组织的发展阶段和变化需求，平衡组织的稳定和变动，即组织的结构和机制应该在多大程度上保持不变或进行调整。稳定性和适应性是相互依赖和促进的，稳定性有利于保持组织的秩序和效率，适应性有利于抓住组织的机遇和挑战。例如，如果组织处于成长和扩张的阶段，那么组织设计应该注重适应性，以便及时调整和优化组织的结构和机制，适应组织的发展和变化；如果组织处于成熟和稳定的阶段，那么组织设计应该注重稳定性，以便维持和巩固组织的结构和机制，保证组织的运行和绩效。

（七）责权对等原则

组织设计应保证组织中的每个成员和部门的权力和责任是相匹配和相平衡的，即组织的权力和责任应该在多大程度上相等或相差。责权对等是实现组织效能和公平的必要条件，责权对等有利于激发组织的主动性和创造性，责权不对等会导致组织的消极和失衡。例如，如果组织的权力过大而责任过小，那么组织设计可能导致组织的滥用权力和逃避责任，损害组织的利益和声誉；如果组织的权力过小而责任过大，那么组织设计可能导致组织的无力作为和承担风险，影响组织的效率和效果。

（八）制度配套原则

组织设计应配合和支持组织的各项制度和规范，即组织的结构和机制应该与组织的文化和价值观相协调和一致。制度配套是保证组织的规范和合理的重要保障，制度配套有利于强化组织的凝聚力和向心力，制度不配套会导致组织的混乱和冲突，削弱组织的竞争力和生命力。例如，如果组织的文化和价值观强调团队合作和共享成果，那么组织设计应该选择更加平等和协作的组织形式，如团队结构、学习型组织等，以便培养和奖励组织的团队精神和共享意识。

拓展阅读：世界范围内不同国家和地区的几种网络组织的类型

网络组织是超越市场和企业两分法的复杂组织形态。网络组织的形成，一是通过在垂直的层级制企业之内缩减层次而形成水平化的网络结构，二是通过在分散的企业之间建立信任关系而形成聚集型网络结构。世界上典型的网络组织形态是华人的家族网络、日本的"系列"社群网络、东南亚的"关系"裙带网络、美国的企业家网络。网络组织形成了不同于市场与层级制的交往伦理：一是网络组织以非强制价值观和非正式行为规范作为彼此交往的基础；二是网络组织以超理性的、富有人情味的相互恩惠作为彼此交往的规则。网络组织交往伦理的精神实质是一种形式的非理性主义和实质的功利主义。

网络组织的演变过程有两种情况：一是在垂直的层级制组织之内缩减层级层次，将权力下放，组织分散，并加大横向联系，形成水平化或扁平化的网络组织；二是通过独立的、分散的企业之间加强合作，相互协调，彼此建立稳定的、长期的信任关系，结成跨行业、跨地区、跨国界的横向聚集型网络组织。网络组织的形成是一个很复杂的现象，既有前现代的网络组织，也有现代的网络组织，更有后现代的网络组织。这与企业所在国家或地区的社会政治、经济、文化状态存在着密切关系。在世界上，有几种网络组织的类型受到人们的普遍关注。

1. 华人社会以家族为基础的网络。华人企业组织的关键元素是家族。公司往往是家族财产，公司的成功就是家族的成功，于是，当积累了足够的财富之后，便由家族成员分享，将财富投资在与原公司活动无关的其他企业上。

2. 日本的"系列"类型的层级化社群网络。它是由互相拥有股份的公司网络组成企业集团，而其中的主公司由经理掌管。这种网络有两种类型：一是企业集团网络，这是以大公司的市场连接为基础的水平网络；二是大型专业化产业公司网络，它是围绕着"会社"而建构的垂直网络，也称为"系列"，涵盖数以百计的供料厂商以及相关的子公司。

3. 东南亚"关系"类型的裙带资本主义企业网络。这种关系类型广泛存在于泰国、菲律宾、印度尼西亚、马来西亚等东南亚国家。裙带资本主义是商界和政府通过合作使国民福利最大化，但其副作用是会造成监管不力和贪污盗窃等风险。被系统揭露出来的马科斯执政时期的菲律宾以及苏哈托执政时期的印度尼西亚是裙带资本主义的两个典型案例。

4. 美国"思科"类型的依托全球互联网经营的企业家网络以及"硅谷"类型的在创新中出现的企业家网络。思科公司的生产力、获利力、竞争力的关键，是把顾客、供应商、伙伴和员工关系全部组织在电脑网络里，同时，通过绝佳的工程、设计、软件将大部分的互动予以自动化。在美国的信息技术产业里，硅谷中小公司不计其数，这些企业家表面上激烈无序竞争、奉行个人主义，其实在其背后有一系列网络把他们联系在一起。

课后游戏：玩具公司

有没有设想过拥有自己设计的芭比娃娃？有没有想过用自己设计的飞机模型参与比赛？本游戏就将带你重温这些童年梦想。

［参与人数］5—7人一组

［时间］30分钟

［场地］室内

［道具］纸、笔

［步骤］

1. 每5—7人一组，告诉他们现在他们就是一家玩具公司，他们的任务就是设计出一个新的玩具，可以是任何类型、针对任何年龄段，唯一的要求就是要有新意。

2. 给他们10分钟时间，然后让每一个组选出一名组长，对他们设计的玩具进行详尽的介绍，内容应该包括名称、针对人群、卖点、广告、预算等。

3. 在每个组都做完自己的介绍之后，让大家选出最好的组，即以最低的成本想出了最好的创意的组；另外也可以颁发一些单项奖，例如"最炫的名字""最动人的广告创意""花钱最少的玩具"等。

［总结］

1. 从一个产品的设计开发到营销推广都需要好的创意作为灵魂，没有创意的物品或广告是不会有人欣赏的，寻找创意的方法有很多，头脑风暴、自然联想的方法是最为常用的，因为它们可以打破思维的局限性，让想象力自由地驰骋，从而获得好的构思。

2. 但是对于一件产品来说，创意并不是唯一重要的，好的构想、好的理念还需要实际条件来支持，会受到实现条件的约束，比如本游戏中时间的约束、预算的约束。怎样在限定的范围内寻求利益最大化的解，是我们每一个人都应该考虑的。

3. 在集体合作的过程中，合理的分工和妥善的计划是成功的关键，比如上面的游戏如果能合理分工，一些人管创意，一些人搞预算，就一定能事半功倍，在预定的时间内更好地完成任务。

第二节　当今竞争环境对组织设计的要求

案例：海尔集团的成功[①]

海尔集团是一家以白色家电和黑色家电经营为主，集科研、生产、贸易及金融各领域为一体的国际化企业。海尔公司从一个亏损 147 万元的集体小厂迅速成长为中国家电名牌。

海尔的成功之路堪称中国企业发展史上一个罕见的成功案例。那么，海尔为什么如此成功？海尔多年来的发展，经历了四次重大的战略转变期，分别是：名牌战略阶段（1984—1991）；多元化战略阶段（1992—1998）；国际化战略阶段（1999—2005）；全球化品牌战略阶段（2006—　）。每一次成功的战略调整需要的是有效合理的组织结构调整作支撑。

名牌战略阶段（1984—1991）。海尔的名牌之路始于质量管理，其采取日清管理法，就是对每人每天做的事进行控制和清理，以保持优质水平。在保证产品质量的同时，海尔时刻关注员工素质及消费者偏好。在此期间，海尔始终只做冰箱一种产品。这一时期的组织结构注重各职能划分，体现集权思想，所以主要还是直线职能型组织结构。

多元化战略阶段（1992—1998）。1992 年，在邓小平南方谈话鼓舞下，海尔转向多元化发展战略，以"吃休克鱼"、海尔管理模式、低成本扩张方式，迅速构建起国际化大公司的规模。为适合多元化企业战略要求，海尔在武汉、重庆等地建立工业园，建立以产品为基础的事业部制结构。总部负责集中筹划集团发展目标，各分部负责相应区域产品的生产、销售，实行独立经营、独立核算。总部与分部间权责明确，体现权力的下放，组织结构不断趋向于扁平化。

国际化战略阶段（1999—2005）。作为中国企业国际化的先行者，海尔"国际化即本土化"的做法是当地设计、当地制造、当地销售，以及当地融资、当地融智。这一阶段的企业组织结构形式是事业分部数量的增加，企业组织结构更加趋向于扁平化、网络化、多样化。

全球化品牌战略阶段（2006—　）。2006 年，海尔把"全球化品牌战略"作为自己新的战略方向。品牌不光是质量保证，同时需满足消费者差异化需求及个性化服务需求，为此海尔选择以市场链为基础、面向顾客需求的生产流程再造，并确立相应报酬激励制度，以提高企业活力。在"零库存"以及"差异化生产服务"思想下，企业组织结构体现出柔性化、多样化、网络化特点。

一、组织设计的概念

关于组织结构设计，最早的陈述之一见于《圣经·出埃及记》。摩西的岳父叶忒罗看见摩西每天从早到晚接待那些排成长队向他诉苦或抱怨的以色列老百姓，便对摩西说："你做得不好。你和这些百姓都很疲惫，因为这事太重，你一人办理不了。"叶忒罗随之向摩西建议，选拔一些干练之人担任不同职务，任命千夫长管理千人，百夫长管理百人，再下设五

---

① 资料来源：毛文静，唐丽颖，主编. 组织设计. 杭州：浙江大学出版社，2012 年.

十夫长和十夫长。重大决策仍由摩西决定，而那些夫长则可以自行处理比较小的事务。摩西采纳了叶忒罗的建议，从而减轻了自己带领以色列各部落通往希望之乡的重担。

关于组织设计的概念，不同的学者有不同的看法。我们所讨论的组织设计（Organizational Design）是指管理者将组织内各要素进行合理组合，建立和实施一种特定组织结构的动态的工作过程。其中，"各要素"包括工作专门化、部门化、指挥链、管理跨度、集权和分权、正规化。

在上述概念中，组织设计有三个基本点：首先，组织设计应当被看成一个过程；其次，组织设计是随机制宜和因地、因时、因人而异的；最后，设计建立后的组织结构不是一成不变的，组织设计也不是一蹴而就的，相反，它是一种连续性的或是周期性的活动。

二、组织设计的方法

（一）职能设计的方法

职能设计是进行组织结构设计的首要步骤，是在职能分析的基础上进行的，包括基本职能设计和关键职能设计。

1. 基本职能设计：它是根据组织设计的权变因素如环境、战略、规模、员工素质等因素，确定特定企业应具备的基本职能。而企业的行业特点、技术特点及外部环境特点制约并调整着基本职能的设计，例如企业的财务、研发、生产、销售及售后服务等职能设计。

2. 关键职能设计：在企业运作中，各项基本职能虽然都是实现企业目标所不可缺少的，但由于其在实现企业战略任务和目标中所起的重要性不同，我们可将其分为基本职能和关键职能。关键职能是由企业的经营战略决定的。战略不同，则关键职能不同。在实际工作中，关键职能设计可以分为以下六种类型：质量管理（电器生产厂）、技术开发（电子、仪器）、市场营销（日常消费品）、生产管理（油田、电厂）、成本管理、资源管理。一个企业的关键职能设计的类型是相对稳定的，但却不是一成不变的，而是动态的。

（二）部门设计的方法

部门划分通常采用以下方法。

1. 按人数划分。按照组织中人数的多少来划分部门，即抽取一定数量的人在主管人员的指挥下去执行一定的任务。这是最原始、最简单的划分方法，军队中某一兵种的师、旅、团、营、连、班、排就是以这种方法划分的。

2. 按时序划分。最古老的划分部门的形式之一，是在正常的工作日不能满足工作需要时所采用的划分部门的方法。通常实行三班制，适用于医院、警察、消防部门、电信部门等组织的基层部门设置。

3. 按产品划分。即按组织向社会提供的产品和服务的不同来划分。这种划分方法有利于发挥专用设备效益，发挥个人的技能和专业知识并有利于部门内的协调。

4. 按地区划分。以企业活动分布的地区为依据来划分部门。这种划分能够调动地方、区域的积极性，能够因地制宜以谋取地方化经营的最佳经济效果。但是由于地域的分散性，这种方法增加了主管部门控制的困难，容易出现各自为政的局面，不利于企业总体目标的实现。这种划分方法多用于大的集团公司和跨国公司。

5. 按职能划分。按职能划分部门是企业组织广泛采用的方式。这种划分方法有利于专业化分工，有利于各专业领域的最新思想和工具的引入，能够促进专业领域的深入发展。

但这种方法易导致所谓的"隧道视野"现象：形成经理导向，关注部门目标。这种部门主义或本位主义给部门之间的相互协调带来很大的困难。

6. 按顾客划分。顾客部门化越来越受到重视。它是基于顾客需求的一种划分方法，即按组织服务的对象类型来划分部门。这种划分能够满足顾客特殊而又多样化的需求。但这种方法使某一部门与其他部门的协调极为困难。

（三）职务设计的方法

职务设计又称为岗位设计，是在工作任务细分的基础上，给员工分配所要完成的任务，并规定员工的责任和职责。岗位设计的科学性直接决定着人力资源管理工作的有效性，决定着人力资源管理工作作用的发挥。管理人员在进行职务设计时，应有意识地为提高员工的积极性而改变职务设计。职务设计的方法概括起来有以下几种。

1. 职务专业化。职务专业化就是将工作进行细分，使其专业化，这样员工承担的工作往往是范围狭小和极其有限的，如建筑施工中的监工、电工、木工、装修工等。职务专业化有利于员工专业技能的纵深发展。但是长期从事单调的工作容易引起员工的不满情绪，导致组织效率下降。职务专业化是职务设计的最基本的方法，在企业基层职务设计中普遍采用。

2. 职务轮换制。为了暂时解决和缓和工人的不满情绪，可实行职务轮换制。职务轮换制是指工作任务的暂时性变化。通过这一方法，员工的活动得以多样化，从而拓宽员工的工作领域，使其获得新的技能，为员工在企业的进一步发展奠定了基础。

3. 职务丰富化。职务丰富化又称为垂直职务承载，它充实了工作内容，增加了职务深度，使职务设计更具有挑战性、成熟感、责任感和自主性，从而提高了员工的满意度和工作积极性，有力地改善了职务专业化的弊端，但是职务丰富化在某些单位并没有提高劳动生产率。

4. 职务扩大化。职务扩大化是指增加工作的范围，为员工提供更多的工作种类。相对于职务丰富化来说，它主要是指员工的职务范围增大，是工作范围的水平扩展，因此又称为水平职务承载。职务扩大化赋予员工更多的工作自主权，例如做出决策和更多的控制权。

三、竞争环境的特征和趋势

组织设计是指组织为了实现其目标和战略，对其结构、流程、人力资源、文化等要素进行规划、配置和调整的过程。组织设计的目的是提高组织的效率、效果和适应性，使组织能够应对外部和内部的变化和挑战。因此，组织设计需要考虑组织所面临的竞争环境的特征和趋势，以及这些特征和趋势对组织的影响和要求。

竞争环境是指组织所处的那些与其目标和战略相关的外部因素，包括竞争对手、客户、供应商、政府、社会、技术、经济、法律、文化等。竞争环境的特征和趋势可以从以下四个方面进行分析。

（一）全球化

全球化是指世界各国之间的经济、政治、文化、社会等方面的交流和联系日益增强，形成一个相互依存和影响的整体的过程。全球化的主要表现有：国际贸易和投资的快速增长，导致市场的扩大和竞争的加剧；信息和通信技术的飞速发展，促进了知识的传播和创新的加速；文化的多样化和融合，增加了人们的认知和理解，也带来了价值观和习惯的冲突和变迁；环境和资源的共享和危机，引发了全球性的合作和问题。全球化对组织设计的要求如下。

1. 增强组织的国际化和多元化能力，拓展全球市场，吸引和留住全球人才，建立和维护全球合作关系。

2. 提高组织的灵活性和敏捷性，适应不同国家和地区的法律、政策、文化、消费者需求等的差异和变化，快速响应全球竞争和机遇。

3. 加强组织的学习和创新能力，利用全球信息和知识资源，开发和推广全球产品和服务，提升全球竞争优势。

4. 关注组织的社会责任和可持续发展，遵守全球道德和标准，保护全球环境和资源，促进全球和平和发展。

苹果公司是一个典型的全球化组织，它的产品和服务在全球范围内受到广泛的欢迎和认可，它的供应链和分销网络遍布全球各地，它的员工和合作伙伴来自不同的国家和文化背景，它的创新和学习能力在全球行业中处于领先地位，它的社会责任和可持续发展也受到全球关注和评价。

（二）多元化

多元化是指组织内部和外部的成员和利益相关者在性别、年龄、种族、民族、宗教、文化、教育、经验、能力、价值观等方面的差异和多样性。多元化的主要表现有：劳动力的多元化，导致组织的人力资源结构和管理方式的变化；客户的多元化，导致组织的市场定位和营销策略的调整；供应商的多元化，导致组织的采购和物流的优化；利益相关者的多元化，导致组织的目标和战略的协调和平衡。多元化对组织设计的要求如下。

1. 尊重和欣赏组织的多元化，建立和维护一个包容和公平的组织氛围和文化，消除和预防多元化带来的歧视和冲突。

2. 利用和发展组织的多元化，激发和汇集多元化的知识、技能、经验、观点和创意，提高组织的效率、效果和创新性。

3. 适应和满足组织的多元化，设计和实施多元化的产品和服务，开发和拓展多元化的市场和客户，建立和增强组织的多元化合作关系，与多元化的供应商、合作伙伴、利益相关者进行有效的沟通和协作，实现多元化的利益共享和价值创造。

星巴克是一个成功的多元化组织，它的员工、客户、供应商和合作伙伴来自不同的国家、地区、文化和背景，它的产品和服务也反映了多元化的需求和偏好，它的组织文化和价值观也体现了多元化的尊重和包容，它的社会责任和公益活动也关注了多元化的问题和群体。

（三）不确定性

不确定性是指组织所面临的竞争环境的复杂性、动态性和不可预测性。不确定性的主要表现有：竞争对手的数量和强度的增加，导致组织的竞争压力和风险的增大；客户的需求和偏好的变化，导致组织的市场机会和挑战的增多；技术的进步和突破，导致组织的产品和服务的更新和改进的加速；政治、经济、社会、法律、自然等因素的波动和变化，导致组织的外部环境的不稳定和不可控。不确定性对组织设计的要求如下。

1. 增强组织的预测和分析能力，收集和处理大量的信息和数据，识别和评估竞争环境的变化和趋势，制订和调整组织的目标和战略。

2. 增强组织的应对和应变能力，建立和完善组织的风险管理和危机应对机制，制订和执行组织的应急计划和措施，保障组织的安全和稳定。

3. 增强组织的变革和发展能力，推动和实施组织的结构、流程、人力资源、文化等方面的改革和创新，提高组织的适应性和竞争力。

4. 增强组织的协作和学习能力，建立和发展组织内部和外部的沟通和协作网络，分享和利用组织内外的知识和经验，提升组织的效能和效果。

亚马逊是一个应对不确定性的组织，它的创始人和首席执行官杰夫·贝索斯（Jeff Bezos）提出了一个著名的理念，即"永远处于创业第一天"，意味着组织要保持创业的精神和活力，不断地预测和分析市场的变化和需求，不断地应对和化解竞争的压力和风险，不断地变革和发展组织的业务和模式，不断地协作和学习组织内外的资源和智慧。

（四）创新性

创新性是指组织在竞争环境中不断地寻求和实现新的或改进的产品、服务、过程、技术、模式、理念等的能力和行为。创新性的主要表现有：产品和服务的创新，导致组织的核心竞争力和市场份额的提升；过程和技术的创新，导致组织的生产效率和质量的提高；模式和理念的创新，导致组织的业务范围和价值观的拓展。创新性对组织设计的要求如下。

1. 培养和鼓励组织的创新文化和氛围，激发和支持组织成员的创新意识和动机，奖励和认可组织成员的创新成果和贡献。

2. 建立和完善组织的创新机制和流程，分配和投入组织的创新资源和资金，规划和执行组织的创新项目和活动，评估和改进组织的创新效果和效益。

3. 扩大和深化组织的创新网络和合作，与组织内外的创新主体和平台进行有效的沟通和交流，分享和获取组织内外的创新信息和知识，探索和发展组织内外的创新伙伴和关系。

特斯拉是一个创新性的组织，它的创始人和首席执行官埃隆·马斯克（Elon Musk）是一个著名的创新者和企业家，他的愿景是"加速世界向可持续能源的转变"，他的使命是"设计、制造和销售世界上最好的电动汽车和电动车零部件"，他的战略是"从高端到低端，逐步扩大市场，实现规模化生产和降低成本"。特斯拉在产品和服务、过程和技术、模式和理念等方面都展现了强大的创新能力和实践，赢得了市场的认可和消费者的喜爱，成为全球电动汽车行业的领导者。

四、当今竞争环境下对组织设计的要求

（一）以"人本理念"为基调

设计企业组织结构前要综合考虑企业现有的人力资源状况以及企业未来几年对人力资源素质、数量等方面的需求，以人为本进行设计，切忌拿所谓先进的框架往企业身上套，更不能因人设岗、因岗找事。

（二）以"实际适用"为原则

企业组织结构的重新设计要适应企业的执行能力和一些良好的习惯，使企业和企业员工在执行时容易上手，而不能脱离企业实际进行设计，使企业为适应新的组织结构而严重影响正常工作的开展。

（三）以"优化整合、平衡协调"为抓手

任何组织都存在于一定的环境之中，组织的外部环境必然会对内部的结构形式产生一

定程度的影响，因此企业组织结构的重新设计要充分考虑内外部环境，使企业组织结构适应于外部环境，谋求企业内外部资源的优化配置。同时，企业组织结构的重新设计应力求均衡，不能因为企业现阶段没有要求而合并部门和职能，在企业运行一段时间后又要重新进行设计。总之，职能不能没有，岗位可以合并。

（四）以"突出重点"为特色

随着企业的发展，环境的变化会使组织中各项工作完成的难易程度及其对组织目标实现的影响程度发生变化，企业的工作中心和职能部门的重要性亦随之变化，因此在进行企业组织结构设计时，要突出企业现阶段的重点工作和重点部门。

（五）以"更上一层楼"为目标

在为企业进行组织结构的重新设计时，必须遵循拔高原则，即整体设计应紧扣企业的发展战略，充分考虑企业未来所要从事的行业、规模、技术以及人力资源配置等，为企业提供一个几年内相对稳定且实用的平台。

（六）以"坚持原则"为保障

重新设计的组织结构必然会因企业内部认识上的不统一、权力重新划分、人事调整、责任明确且加重、考核细致而严厉等现象的产生而导致干部和员工的消极抵制甚至反对，在这种情况下，设计人员要有充分的心理准备，采取召开预备会、邀请员工参与设计、舆论引导等手段，消除阻力，但在最后实施时，必须强制执行，严厉惩罚一切违规行为，确保整体运行的有序性，某些被证明不适合企业的设计可在运行两三个月后再进行微调。

五、竞争环境对组织设计的挑战和机遇

组织设计不仅要考虑竞争环境的特征和趋势，还要考虑竞争环境对组织设计的挑战和机遇。挑战是指竞争环境中存在的那些威胁或阻碍组织实现其目标和战略的因素，机遇是指竞争环境中存在的那些有利于或促进组织实现其目标和战略的因素。组织设计要在挑战和机遇之间寻求平衡和协调，以提高组织的竞争力和可持续性。

（一）竞争环境下组织设计的挑战

1. 内部自身的阻力

（1）个体的阻力

① 担心失败的风险性造成的阻力：组织设计实现的结果常常具有很大的不确定性和风险性。这在客观上造成组织设计的实现的阻力之一。

② 经济因素造成的阻力：经济收入在人们心目中有着举足轻重的地位，如果组织设计的实现会使个人的直接或间接收入降低的话，必然会受到抵制。

③ 心理因素造成的阻力：组织设计的实现首先会打破原有的稳定格局，使现有已知的东西变得模糊不清和不确定，这意味着组织要打破个体原有的心理平衡，使他们产生某种程度的不安全感，因而抵制组织设计的实现。

（2）组织的阻力

① 组织惯性：组织的惯性有两种，一种是组织结构层面上的惯性行为，另一种是组织的思维惯性。组织的惯性可以帮助组织稳定现状，但对于组织的进一步发展却会产生阻碍。

② 资源限制：除了一些组织想保持现状外，有些组织很想进行转变，但是却没有足够资源。另外，现存的基础设施如体系、技术、设备及组织结构等难以支持新的工作方式，

企业可能根本无法获得改变所需的大量资金和时间。

③ 组织文化：文化支撑着企业的长远发展。企业文化一旦形成传统，就认为员工的行为是理所当然的，一旦进行组织的转变，文化就会在深层左右人们的行为。落后的企业文化会束缚组织前进的脚步，成为阻碍组织设计实现的力量。

④ 组织间的协议：组织间的协议给人们规定了道义上、法律上的责任，这种协议可以约束人们的行为，所作的变革如波及一些其他组织的成员的情绪，那些组织也会通过某种方式进行干预。

2. 如何平衡组织的效率和效果

效率是指组织在实现其目标和战略的过程中，对资源的利用程度和产出与投入的比率；效果是指组织在实现其目标和战略的结果中，对客户的满意度和组织的影响力。效率和效果是组织设计的两个重要目标，但在竞争环境中，它们往往存在一定的矛盾和冲突。例如，为了提高效率，组织可能会采用集中化、标准化、规范化、简化等设计原则，但这可能会降低效果，因为组织可能会失去对客户需求的敏感度和对市场变化的灵活性；为了提高效果，组织可能会采用分散化、定制化、多样化、复杂化等设计原则，但这可能会降低效率，因为组织可能会增加资源的浪费和管理的难度。

因此，组织设计要在效率和效果之间寻求一个合理的平衡点，既要保证组织的运行成本和效益，又要保证组织的市场竞争力和客户忠诚度。这需要组织根据其目标和战略的优先级和重要性，以及竞争环境的复杂性和不确定性，进行综合的分析和评估，制订和实施适合自身的组织设计方案。

麦当劳是一个在效率和效果之间寻求平衡的组织，它的组织设计既体现了对效率的追求，又体现了对效果的关注。在效率方面，麦当劳采用了高度的集中化、标准化、规范化和简化的设计原则，建立了一套统一的品牌形象、产品质量、服务流程和管理体系，实现了全球范围内的规模化经营和成本控制。在效果方面，麦当劳采用了一定的分散化、定制化、多样化和复杂化的设计原则，根据不同国家和地区的法律、政策、文化、消费者需求等的差异和变化，进行了一些适应性的调整和创新，保证了全球范围内的市场适应性和客户满意度。

3. 如何协调组织的内部和外部关系

内部关系是指组织内部的成员和部门之间的相互作用和影响，外部关系是指组织与其外部的客户、供应商、合作伙伴、竞争对手、政府、社会等之间的相互作用和影响。内部关系和外部关系是组织设计的两个重要维度，但在竞争环境中，它们往往存在一定的冲突和矛盾。例如，为了维护和发展外部关系，组织可能会对外部的利益相关者做出一些让步和妥协，但这可能会损害和牺牲内部的利益和权利；为了保护和强化内部关系，组织可能会对内部的利益相关者给予一些优惠和支持，但这可能会忽视和冒犯外部的利益和要求。

因此，组织设计要在内部关系和外部关系之间寻求一个合理的协调点，既要保证组织的内部凝聚力和协作力，又要保证组织的外部竞争力和合作力。这需要组织根据其目标和战略的内外一致性和协调性，以及竞争环境的协作性和竞争性，进行综合的分析和评估，制订和实施适合自身的组织设计方案。

联合利华是一个在内部关系和外部关系之间寻求协调的组织，它的组织设计既体现了对内部关系的维护，又体现了对外部关系的发展。在内部关系方面，联合利华采用了一种

"双轴"的设计原则，即在全球层面上，按照产品类别划分为四个业务部门，实现了产品的统一管理和协调；在地区层面上，按照地理区域划分为八个市场部门，实现了市场的分散管理和适应。这样，联合利华既保证了内部的一致性和效率，又保证了内部的多样性和灵活性。在外部关系方面，联合利华采用了一种"共赢"的设计原则，即在与外部的利益相关者进行交流和合作时，不仅考虑自身的利益和目标，也考虑对方的利益和目标，以及对社会和环境的影响和责任。这样，联合利华既保证了外部的竞争力和合作力，又保证了外部的信任度和声誉。

4. 如何提高组织的适应能力和灵活性

适应能力是指组织在竞争环境中不断地识别、评估、应对和引领外部和内部的变化和趋势的能力和行为。灵活性是指组织在竞争环境中不断地调整和优化其结构、流程、人力资源、文化等要素的能力和行为。适应能力和灵活性在竞争环境中为组织提供了巨大的挑战和要求，它们的主要表现如下。

（1）适应能力和灵活性可以提高组织的生存能力和发展能力，使组织能够在竞争环境中保持其目标和战略的有效性和相关性，提高组织的竞争力和可持续性。

（2）适应能力和灵活性可以提高组织的效率和效果，使组织能够在竞争环境中优化其资源的利用和产出，提高组织的成本效益和客户满意度。

（3）适应能力和灵活性可以提高组织的创新能力和学习能力，使组织能够在竞争环境中探索和实现新的或改进的产品、服务、过程、技术、模式、理念等，提高组织的市场竞争力和知识资产规模。

因此，组织设计要充分提高组织的适应能力和灵活性，以提高组织的效率、效果、创新性和适应性。这需要组织根据其目标和战略的适应性和灵活性的需求和水平，以及竞争环境的复杂性和不确定性，进行综合的分析和评估，制订和实施适合自身的组织设计方案。

宜家是一个充分提高适应能力和灵活性的组织，它的组织设计充分体现了适应性和灵活性的特征和优势。在适应能力方面，宜家采用了一种"本地化"的设计原则，即根据不同国家和地区的法律、政策、文化、消费者需求等的差异和变化，对其产品和服务进行了一些适应性的调整和创新，以提高其市场适应性和客户满意度。在灵活性方面，宜家采用了一种"扁平化"的设计原则，即减少了组织的层级和部门，增加了组织的沟通和协作，赋予了组织成员更多的自主性和创造性，以提高其组织效率和效果。

（二）竞争环境下组织设计的机遇

1. 如何利用信息技术和网络化优势

信息技术是指组织在收集、处理、存储、传输、分析和利用信息的过程中，使用的各种硬件、软件、网络、数据等技术资源和手段。网络化是指组织在与其内部和外部的利益相关者进行沟通、协作、交易、共享等活动中，使用的各种平台、渠道、社区、关系等网络资源和手段。信息技术和网络化在竞争环境中为组织提供了巨大的机遇和优势，它们的主要表现如下。

（1）信息技术和网络化可以提高组织的信息获取和处理能力，使组织能够快速地获取和分析大量的信息和数据，提高组织的决策质量和效率。

（2）信息技术和网络化可以提高组织的产品和服务创新能力，使组织能够开发和推广各种新的或改进的产品和服务，提高组织的市场竞争力和客户满意度。

（3）信息技术和网络化可以提高组织的沟通和协作能力，使组织能够与其内部和外部的利益相关者进行有效的沟通和协作，提高组织的内部凝聚力和外部合作力。

（4）信息技术和网络化可以提高组织的学习和知识管理能力，使组织能够分享和利用组织内外的知识和经验，提高组织的学习能力和知识资产规模。

因此，组织设计要充分利用信息技术和网络化的机遇和优势，以提高组织的效率、效果、创新性和适应性。这需要组织根据其目标和战略的信息化和网络化的需求和水平，以及竞争环境的信息化和网络化的发展和变化，进行综合的分析和评估，制订和实施适合自身的组织设计方案。

阿里巴巴是一个充分利用信息技术和网络化优势的组织，它的组织设计充分体现了信息化和网络化的特征和优势。在信息化方面，阿里巴巴采用了先进的云计算、大数据、人工智能等信息技术，建立了一个强大的信息平台和系统，实现了对全球范围内的商业信息和数据的收集、处理、存储、传输、分析和利用，为其内部和外部的利益相关者提供了高效和智能的决策和服务。在网络化方面，阿里巴巴采用了多元的电子商务、社交媒体、金融服务等网络手段，建立了一个庞大的网络平台和社区，实现了与全球范围内的商业利益相关者的沟通、协作、交易、共享，为其内部和外部的利益相关者提供了便捷和优质的沟通和协作。

2. 如何培育组织的学习能力和创新能力

学习能力是指组织在竞争环境中不断地获取、吸收、转化、应用和创造新的或改进的知识和经验的能力和行为。创新能力是指组织在竞争环境中不断地寻求和实现新的或改进的产品、服务、过程、技术、模式、理念等的能力和行为。学习能力和创新能力在竞争环境中为组织提供了巨大的机遇和优势，它们的主要表现如下。

（1）学习能力和创新能力可以提高组织的知识资产和智力资本规模，使组织能够拥有和利用更多的知识和经验，提高组织的核心竞争力和价值创造力。

（2）学习能力和创新能力可以提高组织的适应性和变革性，使组织能够应对和引领竞争环境的变化和趋势，提高组织的生存能力和发展能力。

（3）学习能力和创新能力可以提高组织的协作性和影响力，使组织能够与其内部和外部的利益相关者进行有效的知识共享和创新合作，提高组织的合作能力和声誉。

因此，组织设计要充分培育组织的学习能力和创新能力，以提高组织的效率、效果、创新性和适应性。这需要组织根据其目标和战略的学习化和创新化的愿景和使命，以及竞争环境的学习化和创新化的机会和挑战，进行综合的分析和评估，制订和实施适合自身的组织设计方案。

谷歌是一个充分培育学习能力和创新能力的组织，它的组织设计充分体现了学习化和创新化的特征和优势。在学习能力方面，谷歌采用了一种"20%时间"的设计原则，即允许和鼓励组织成员在20%的工作时间内，自由地选择和进行自己感兴趣的项目和活动，以提高组织成员的学习意愿和能力，以及组织的学习氛围和效果。在创新能力方面，谷歌采用了一种"10倍思维"的设计原则，即要求和激励组织成员在进行创新时，不要只考虑如何改进现有的产品和服务，而要考虑如何提供比现有的产品和服务好10倍的产品和服务，以提高组织成员的创新动机和能力，以及组织的创新氛围和效果。

六、竞争环境对组织设计的要求

组织设计要根据竞争环境的特征和趋势，以及竞争环境给组织设计带来的挑战和机遇，进行合理的规划和调整，以提高组织的效率、效果、创新性和适应性。

（一）采用动态和开放的组织架构

组织架构是指组织的成员和部门如何分工、协作和协调的基本形式和方式。组织架构的设计要考虑组织的目标和战略，以及组织所面临的竞争环境。在竞争环境中，组织要能够快速地响应和适应外部和内部的变化和需求，因此，组织架构要具有动态性和开放性的特征。

动态性是指组织架构要能够根据竞争环境的变化和趋势，进行及时的调整和优化，以保持组织的适应性和灵活性。例如，组织可以根据市场的需求和机会，增加或减少组织的层级和部门，调整或重组组织的职能和任务，增加或减少组织的人员和资源等。

开放性是指组织架构要能够与竞争环境的利益相关者进行有效的沟通和协作，以提高组织的竞争力和合作力。例如，组织可以根据客户的需求和偏好，设计和实施客户参与和满意的机制和流程；根据供应商的能力和质量，设计和实施供应链管理和优化的机制和流程；根据合作伙伴的优势和目标，设计和实施战略联盟和共赢的机制和流程等。

华为是一个采用动态和开放的组织架构的组织，它的组织架构充分体现了动态性和开放性的特征和优势。在动态性方面，华为采用了一种"轮值制"的设计原则，即每六个月，由三位高管轮流担任公司的首席执行官，负责公司的日常运营和管理，以保证公司决策的及时性和有效性，以及公司领导的多元性和平衡性。在开放性方面，华为采用了一种"生态圈"的设计原则，即与其内部和外部的利益相关者建立了一个广泛的合作网络和平台，包括员工、客户、供应商、合作伙伴、政府、社会等，以保证公司沟通的顺畅性和有效性，以及公司合作的广泛性和深入性。

（二）实行扁平化和分权化的管理模式

管理模式是指组织在实现其目标和战略的过程中，对其成员和部门的指导、控制和协调的基本形式和方式。管理模式的设计要考虑组织的目标和战略，以及组织所面临的竞争环境。在竞争环境中，组织要能够快速地响应和适应外部和内部的变化和需求，因此，管理模式要具有扁平化和分权化的特征。

扁平化是指组织减少其层级和部门的数量和规模，缩短其沟通和协作的距离和时间，提高其效率和效果。例如，组织可以取消或合并一些不必要或重复的层级和部门，简化或优化一些不必要或复杂的流程和规则，增加或强化一些必要或有效的沟通和协作的机制和渠道等。

分权化是指组织赋予其成员和部门更多的自主性和创造性，增加其参与和贡献的程度和范围，提高其创新性和适应性。例如，组织可以放宽或取消一些不必要或限制性的权限和约束，制订或完善一些必要或激励性的目标和奖励，建立或发展一些必要或支持性的培训和辅导等。

奈飞（Netflix）是一个实行扁平化和分权化的管理模式的组织，它的管理模式充分体现了扁平化和分权化的特征和优势。在扁平化方面，奈飞采用了一种"无规则"的设计原则，即尽可能地减少或消除组织的层级、部门、流程、规则等，以提高组织的效率和效果。

例如，奈飞没有设立任何的预算、报销、考勤、评估等制度，而是让组织成员自己决定和负责自己的工作和生活。在分权化方面，奈飞采用了一种"自由和责任"的设计原则，即尽可能地赋予或增加组织成员的自主性和创造性，以提高组织的创新性和适应性。例如，奈飞允许和鼓励组织成员自由地选择和进行自己感兴趣的项目和活动，同时要求和监督组织成员对自己的行为和结果负责。

（三）发展多元化和协作化的组织文化

组织文化是指组织内部的成员和部门所共享和遵循的一套价值观、信念、规范、习惯等。组织文化的设计要考虑组织的目标和战略，以及组织所面临的竞争环境。

1. 组织文化的层次

埃德加·沙因（Edgar Schein）认为，组织文化可以分为三个层次，这些层次的范围从一个人可以眼见的具有实物形象的外显物，到只能感觉的、在内心深处的、属于潜意识的基本假设，如图 11-6 所示。

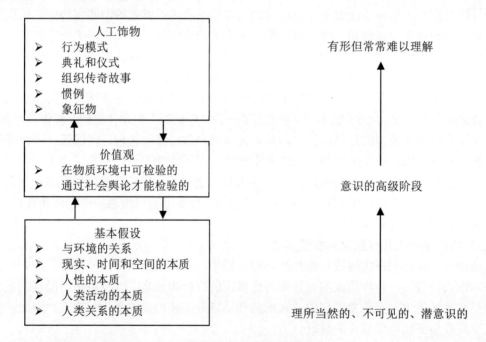

图 11-6　组织文化的层次

2. 组织文化的创建

组织文化是组织创建者的价值观和组织成员自身经验相互作用的结果。科特和赫斯克特（Kotter & Heskett）在《企业文化与经营绩效》中提出了组织文化产生的一般模式，如图 11-7 所示。

沙因及其同事曾经论证说，组织文化产生的必要条件在于企业成员能够在相当长的一段时间里保持相互间的密切联系或交往，并且该企业无论从事何种经营活动均获得了相当的成就。

在竞争环境中，组织要能够快速地响应和适应外部和内部的变化和需求，因此，组织文化要具有多元化和协作化的特征。

多元化是指组织文化要能够尊重和欣赏组织内外的多样性和差异，包括性别、年龄、种族、民族、宗教、文化、教育、经验、能力、价值观等。例如，组织可以建立和维护一个包容和公平的组织氛围和文化，消除和预防多元化带来的歧视和冲突，利用和发展多元化的知识、技能、经验、观点和创意，提高组织的效率、效果和创新性。

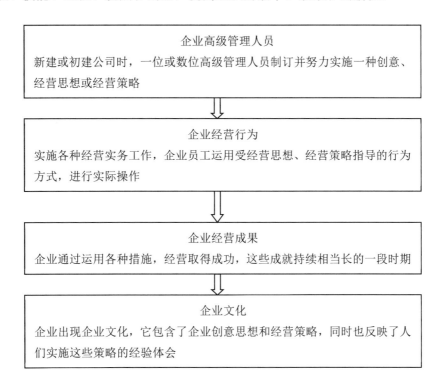

图 11-7 企业文化产生的一般模式

协作化是指组织文化要能够促进和支持组织内外的沟通和协作，包括组织内部的成员和部门，以及组织外部的客户、供应商、合作伙伴、竞争对手、政府、社会等。例如，组织可以建立和发展一个开放和透明的组织氛围和文化，增加和强化沟通和协作的机制和渠道，分享和利用组织内外的信息和知识，建立和增强组织内外的信任和合作。

微软是一个发展多元化和协作化的组织文化的组织，它的组织文化充分体现了多元化和协作化的特征和优势。在多元化方面，微软采用了一种"增长型思维"的设计原则，即鼓励和培养组织成员对自己和他人的多元化的尊重和欣赏，以及对自己和他人的多元化的学习和发展，以增强组织的多元化的氛围和效果。在协作化方面，微软采用了一种"一体化"的设计原则，即推动和支持组织内外的沟通和协作，实现组织的一体化的目标和战略，以增强组织的协作化的氛围和效果。

案例：特斯拉的组织设计

特斯拉是一个创新型的组织，其组织设计体现了其创新性的特征和优势，主要有以下几个方面。

1. 组织架构方面，特斯拉采用了一种"矩阵式"的设计原则，即在水平方向上，按照产品类别划分为不同的业务部门，如汽车、太阳能、电池等；在垂直方向上，按照功能类别划分为不同的职能部门，如工程、设计、制造、销售等。这样，特斯拉既保证了产品的专业化和协调，又保证了功能的集成化和协作。

2. 管理模式方面，特斯拉采用了一种"自上而下"的设计原则，即由马斯克作为公司的灵魂和领导，制订和实践公司的愿景、使命和战略，以及公司的重大决策和项目，同时监督下属的执行和实施，以保证公司的创新性和效率。

3. 组织文化方面，特斯拉采用了一种"挑战和激励"的设计原则，即鼓励和培养组织成员对创新的热情和追求，以及对挑战的勇气和信心，同时，提供和实施对组织成员的激励和奖励，完善对组织成员的培训从而促进其发展，以保证组织的创新氛围和效果。

组织结构是为了完成组织目标而设计的，是指组织内各构成要素以及它们之间的相互关系。它是对组织复杂性、正规化和集权化程度的一种量度。它涉及管理幅度和管理层次的确定、机构的设置、管理职能的划分、管理职责和权限的认定及组织成员之间的相互关系等。组织结构的本质是组织好员工的分工协作关系，其内涵是人们在职、责、权方面的结构体系。

第三节　授权和委派的含义、作用和维度

【引例：管理者要懂得授权】

S 公司某车间岗位设置如下：车间主任一名，工人若干名。车间主任，大学本科学历，29 岁，正规院校相关专业的毕业生，工作态度端正，尽职尽责，管理有思路，外围员工也认为这个车间的工作尚可。但是，本车间人员却始终不能认可这位主任，甚至与他格格不入，对他一肚子意见，车间整体工作受到阻碍。公司通过调查了解到，虽然这位主任吃苦耐劳，工作尽心尽力，但是员工最不满意的地方是他在管理方法上存在的一些问题——授权问题。这位主任在日常工作中大事小事事必躬亲，有工作从不安排布置，而是自己干，唯恐出现差错，过分强调了基层管理人员"身体力行"作用，弄得工人手足无措。管理者不懂得授权，导致形成了"领导干，工人看"的局面，造成了员工一致的抵抗情绪。

从以上案例中，我们可以看出一个简单的道理：作为管理人员，要给自己一个合理的定位，根据自己的管理需要，恰当的授权可以促进工作进步，如果不懂得授权，反而会影响工作。管理是一门学问，而授权是管理中的艺术，是通过别人来实现自己目标的艺术。作为一名管理者，尤其是高层管理者，若想真正通过下属实现你的预期目标，唯一要做的就是学会授权。

通用电气原 CEO 杰克·韦尔奇有一句经典名言："管得少就是管得好。"要想管得少，就要合理地授权，授权是企业管理的一个重要环节；授权是主管必须掌握的必要管理技巧；只有通过授权，才能将有关责任和任务有效地分配给不同的下属，使任务顺利完成，提高团队的绩效。

纵观中国历史上能成就霸业的帝王将相，无不是授权的高手。汉高祖刘邦之所以能打败盖世英雄项羽，很大程度是因为他懂得用贤才和善于向下属授权。他把带兵打仗交给了韩信，把决策交给了张良，把后勤财务交给了萧何，通过合理的授权，创造了一个使能人充分发挥自己能力的平台。

一、授权和委派

20世纪50—60年代，管理学家伊恩·戈登（Ian Gordon）基于大公司面临的等级制度弊端和管理效率低下问题，提出了"授权"的管理思想。面对以客户为中心和全球市场力量的威胁，许多企业，特别是大公司，需要减少中间管理层次，简化办事程序，提高办事效率，以便满足客户的需要。

授权和委派是组织管理和领导力的两个重要概念和工具，它们都涉及组织领导者与组织成员之间的权力和责任的分配和转移。

（一）授权和委派的概念

1. 授权的定义和特征

授权是指组织的领导者或上级将一定的权力和资源以及相应的责任和义务交给组织的下属或部门，使其能够自主地完成一定的任务或目标的过程和行为。授权的主要特征如下。

（1）授权是一种双向的过程和行为，即授权者和被授权者之间存在一种互动和互信的关系，授权者要给予被授权者足够的信任和支持，被授权者要给予授权者足够的尊重和反馈。

（2）授权是一种动态的过程和行为，即组织领导者根据组织成员的能力和表现以及组织的目标和环境，适时地调整和变化授权的程度和范围。

（3）授权是一种激励的过程和行为，即组织领导者通过授权，提高组织成员的参与感和归属感，激发组织成员的积极性和创造性。

（4）授权是一种有条件的过程和行为，即授权者和被授权者之间存在一定的约束和限制，授权者要根据被授权者的能力和水平以及任务或目标的性质和难度，合理地确定授权的范围和程度，被授权者要根据授权者的要求和期望以及任务或目标的标准和结果，有效地履行授权的责任和义务。

（5）授权是一种有目的的过程和行为，即授权者和被授权者之间存在一定的目标和战略，授权者要通过授权实现组织的目标和战略，提高组织的效率和效果，被授权者要通过授权实现个人的目标和发展，提高个人的能力和满意度。

授权的重点是权力的下放，要视员工的能力给予相应的权力，让其有权去调动其他资源。同时还应该允许员工在工作上自行做决定，放手让其完成任务，当然领导还要加以配合。最后要让下属列一个计划，把执行的结果向领导报告。授权之前以及在授权过程中需要考量以下三个方面。

第一，事：事务，委派的内容，把事情的过程及执行权交给员工，这是最基础的授权。

第二，责：责任，事情本身连带的奖惩方面的问题，即当事情好或坏的时候，责任由谁来负。

第三，权：权力，授予当事人做决定、过程中必要的调整、过程中的安排与创新的权力。

上级有指挥和监督的权力，下级有报告和完成任务的责任。授权的重点在于如何将权力进行分配，让下属拥有更多的权力。授权就是要把下属从幕后推到台前，更多地发挥下属的主观能动性，要充分发挥每个人的工作热情与聪明才智，人人都要发挥自己的作用。

　　案例：华为是一个实行授权的组织，它的组织设计体现了授权的特征和优势。在授权方面，华为采用了一种"EIC"的设计原则，即员工（Employee）、股东（Investor）和客户（Customer）的简称，意味着组织的领导者或上级将一定的权力和资源以及相应的责任和义务交给组织的员工或部门，使其能够自主地完成一定的任务或目标，同时要求组织的员工或部门以客户的需求和满意为导向，以股东的利益和回报为目标，以提高组织的效率和效果以及个人的能力和满意度。

　　2. 委派的定义和特征

　　委派是指组织领导者将一定的任务和职责分配给组织成员，使其能够按照组织领导者的要求和指示，完成自己的工作和任务并进行汇报的过程和行为。委派的主要特征如下。

　　（1）委派是一种单向的过程和行为，即组织领导者主动地分配组织成员一定的任务和职责，同时组织成员被动地接受和执行。

　　（2）委派是一种静态的过程和行为，即组织领导者根据组织的目标和计划，固定地确定和规定委派的内容和标准。

　　（3）委派是一种管理的过程和行为，即组织领导者通过委派，优化和分散组织的工作和任务，提高组织的效率和效果。

　　（4）委派是一种有期限的过程和行为，即委派者和被委派者之间存在一定的时间和进度，委派者要根据任务或目标的性质和难度，合理地确定委派的时间和进度，被委派者要根据委派的时间和进度，及时地完成委派的任务或目标，以及委派的报告和反馈。

　　（5）委派是一种有目的的过程和行为，即委派者和被委派者之间存在一定的目标和战略，委派者要通过委派实现组织的目标和战略，分配和利用组织的资源和人力，被委派者要通过委派实现个人的目标和发展，展示和提升个人的能力和业绩。

　　委派工作就是将工作职责或职权赋予指定的个人或团队，使该个人或团队对组织产生承诺、归属感和参与感，提升其工作价值和工作贡献度，同时使管理者能够从日常事务中解脱出来，专心致力于那些更重要、更有价值的核心工作。简言之，委派工作就是把工作任务交给下属去做，就是交代别人去做事。

　　案例1：沃尔玛是一个实行委派的组织，它的组织设计体现了委派的特征和优势。在委派方面，沃尔玛采用了一种"分权制"的设计原则，即由总部的高层管理者将一定的任务或目标以及相应的权力和资源交给各地区的区域经理，使其能够代表总部管理和监督各地区的门店和员工，同时，要求各地区的区域经理按照总部的要求和期望及时地完成委派的任务或目标以及委派的报告和反馈，以提高组织的效率和效果以及个人的能力和业绩。

　　案例2：麦当劳是一个实行委派的组织，它的组织领导者给予组织成员很明确的任务和职责，使其能够按照组织领导者的规定和标准，完成自己的工作和任务并进行汇报，以提高组织的效率和效果。例如，麦当劳的厨师要按照统一的食谱和配方，制作出符合品质的食物，以保证食物的质量和口味；麦当劳的收银员要按照统一的流程和系统，处理好顾客的点单和付款，以保证服务的速度和准确性；麦当劳的服务员要按照统一的礼仪和语言，对待好顾客的需求和反馈，以保证服务的态度和满意度。

　　（二）授权与委派的关系和区别

　　在现实的管理工作中，管理者不可能一个人执行完成组织任命的所有工作，所以，有些工作责任必须委派给其他人。因此，委派被看作授权的一种特殊形式。委派是授权的基础，没有委派就没有授权，而且权责要相等。授权和委派都是组织管理和领导力的重要概念和工具，它们都涉及组织领导者与组织成员之间的权力和责任的分配和转移。

1. 授权和委派的关系

授权和委派要让员工知道两件事情：第一，他要做些什么，即他的工作和职责；第二，他的权限有哪些。

它们都是组织的领导者或上级将一定的权力和资源以及相应的责任和义务交给组织的下属或部门，使其能够完成一定的任务或目标的过程和行为；它们都是组织的领导者或上级实现组织的目标和战略、提高组织的效率和效果、实现个人的目标和发展、提高个人的能力和满意度的手段和方法。

2. 授权和委派的区别

授权不同于委派，委派是以命令和说服为主，只是委派任务和目标，对方的责任不强，也缺乏主动性。授权的核心是授予对方责任和主动权，让被授权者有创造的空间，能采用自己的方法去完成目标。授权与委派工作的区别，主要表现在以下几个方面。

（1）授权是高级的阶段，而委派是比较初级的阶段。

（2）授权是企业、团队在发展比较成熟的阶段做的事情，而委派则是管理者和经理人从上岗开始就需要做的事情。

（3）委派的重点是工作和任务，而授权的重点则是权力的二次分配。

（4）委派是部门员工理所应当要做的事情，而授权则既是下属原来没有某项权限，上司赋予这些权力和资源，又是与其能力相匹配的一项工作任务。

（5）委派通常意味着分配任务，是针对工作的；而授权是针对个人的，它涉及非工作活动、感情和关系。

案例：通用电气是一个实行授权和委派的组织，它的组织设计体现了授权和委派的关系和区别。在授权方面，通用电气采用了一种"领导力模型"的设计原则，即通过一系列的培训和评估，培养和选拔出具有高度的领导力和创新力的组织成员，赋予他们一定的权力和资源，以及相应的责任和义务，使其能够自主地完成一定的任务或目标，同时，要求他们与组织的领导者或上级保持良好的互动和互信，以提高组织的创新性和适应性。在委派方面，通用电气采用了一种"项目管理"的设计原则，即根据不同的项目或目标的性质和难度，确定和分配一定的任务或目标，以及相应的权力和资源，交给组织的下属或部门，使其能够代表自己完成一定的任务或目标，同时，要求他们按照一定的时间和进度，及时地完成委派的任务或目标，以及委派的报告和反馈，以提高组织的效率和效果。

（三）授权和委派的好处

曾经有人做过一个实验，假如一个人在写一篇文章，每八分钟被打断一次，那么他写多少年都写不完。因为当一个人坐下来，开始思考、酝酿，再准备动笔的时间正好是八分钟。每八分钟被琐碎的事情骚扰一下，思路永远是混乱的，永远动不了笔。

对主管来说也一样，自己正常的工作不断被打断，结果就是工作越积越多，总也忙不完。所以，委派和授权是现代管理方式和实施科学有效管理行为的需要，好处有以下几点。

1. 可以把领导者从琐碎的事务中解脱出来，集中精力处理重大问题。

2. 可以激发下属的工作热情，增强下属人员的责任心，便于齐心协力完成任务。

3. 可以使下属增长才干，有利于培养管理者。

4. 可以充分发挥下属人员的专长，补救领导者自身的不足，也可使领导者有精力主攻自己专长的业务工作，更能体现领导者的指挥作用。

二、授权和委派的作用

授权和委派是组织管理和领导力的两个重要概念和技能，它们都涉及组织的成员和部门之间的权力和责任的分配和调整。授权和委派的作用可以从以下几个方面进行分析。

（一）对上级的作用

授权和委派对上级的作用主要有以下几个方面。

1. 提高决策效率：通过授权和委派，上级可以将一些日常的、重复的、细节的或紧急的任务或目标，交给下属或部门，使其能够自主地或代表自己完成，从而节省了上级的时间和精力，使其能够专注于一些重要的、创新的或战略性的任务或目标，从而提高了上级的决策效率和质量。

2. 减轻管理负担：通过授权和委派，上级可以将一些复杂的、困难的或有风险的任务或目标，交给下属或部门，使其能够自主地或代表自己完成，从而分散了上级的压力和风险，使其能够平衡和调节自己的工作和生活，从而减轻了上级的管理负担和压力。

3. 培养后备人才：通过授权和委派，上级可以将一些有挑战的、有价值的或有发展的任务或目标，交给下属或部门，使其能够自主地或代表自己完成，从而提高了下属或部门的能力和业绩，使其能够展示和提升自己的潜力和价值，从而培养了上级的后备人才和接班人。

案例： 通用电气是一个实行授权和委派的组织，它的组织设计体现了授权和委派对上级的作用。在授权方面，通用电气采用了一种"领导力模型"的设计原则，即通过一系列的培训和评估，培养和选拔出具有高度的领导力和创新力的组织成员，赋予他们一定的权力和资源，以及相应的责任和义务，使其能够自主地完成一定的任务或目标，从而提高了上级的决策效率和质量，减轻了上级的管理负担和压力，培养了上级的后备人才和接班人。在委派方面，通用电气采用了一种"项目管理"的设计原则，即根据不同的项目或目标的性质和难度，确定和分配一定的任务或目标，以及相应的权力和资源，交给组织的下属或部门，使其能够代表自己完成一定的任务或目标，从而提高了上级的决策效率和质量，减轻了上级的管理负担和压力，培养了上级的后备人才和接班人。

（二）对下属的作用

授权和委派对下属的作用主要有以下几个方面。

1. 增强工作满意度：通过授权和委派，下属可以获得更多的权力和资源，以及相应的责任和义务，使其能够自主地或代表上级完成一定的任务或目标，从而增加了下属的工作自主性和自信心，满足了下属的工作需求和期望，增强了下属的工作满意度和忠诚度。

2. 激发工作积极性：通过授权和委派，下属可以获得更多的参与和贡献的机会和范围，以及相应的目标和奖励，使其能够自主地或代表上级完成一定的任务或目标，从而激发了下属的工作动机和能动性，增加了下属的工作热情和投入，提高了下属的工作积极性和效率。

3. 提高工作能力：通过授权和委派，下属可以获得更多的挑战和发展的任务或目标，以及相应的支持和辅导，使其能够自主地或代表上级完成一定的任务或目标，从而提高了下属的工作技能和业绩，增加了下属的工作经验和知识，提高了下属的工作能力和水平。

案例：星巴克是一个实行授权和委派的组织，它的组织设计体现了授权和委派对下属的作用。在授权方面，星巴克采用了一种"合伙人"的设计原则，即将所有的员工称为合伙人，赋予他们一定的权力和资源，以及相应的责任和义务，使其能够自主地完成一定的任务或目标，同时，要求他们以客户的需求和满意为导向，以提高他们的工作满意度和积极性，以及工作能力和水平。在委派方面，星巴克采用了一种"教练"的设计原则，即由上级或经验丰富的员工，将一些有挑战的或有发展的任务或目标，以及相应的权力和资源，交给下属或新入职的员工，使其能够代表自己完成一定的任务或目标，同时，提供和实施下属或新入职员工的支持和辅导，以提高他们的工作满意度和积极性，以及工作能力和水平。

（三）对组织的作用

授权和委派对组织的作用主要有以下几个方面。

1. 促进组织创新：通过授权和委派，组织可以激发和利用组织内部的多元化和协作化的知识、技能、经验、观点和创意，以及组织外部的信息和资源，实现组织的产品和服务、过程和技术、模式和理念等方面的创新和改进，从而提高组织的市场竞争力和客户满意度。

2. 增强组织竞争力：通过授权和委派，组织可以提高组织的效率和效果，分配和利用组织的资源和人力，实现组织的规模化和成本控制，以及组织的市场适应性和客户满意度，从而提高组织的成本效益和价值创造，增强组织的竞争力和可持续性。

3. 实现组织目标：通过授权和委派，组织可以实现组织的目标和战略，保持组织的有效性和相关性，以及组织的创新性和适应性，从而提高组织的生存能力和发展能力，实现组织的目标和愿景。

案例：亚马逊是一个实行授权和委派的组织，它的组织设计体现了授权和委派对组织的作用。在授权方面，亚马逊采用了一种"双重使命"的设计原则，即将组织的使命分为两个方面，一是"成为地球上最以客户为中心的公司"，二是"成为地球上最具创新力的公司"，赋予组织的成员和部门一定的权力和资源，以及相应的责任和义务，使其能够自主地完成一定的任务或目标，同时，要求他们以客户的需求和满意为导向，以创新的思维和行为为动力，以提高组织的创新性和竞争力，以及实现组织的目标和愿景。在委派方面，亚马逊采用了一种"两比萨团队"的设计原则，即将组织的成员和部门分为一些小型的、自主的、跨职能的团队，每个团队的人数不超过两个比萨能够满足的数量，即 6 到 10 人，确定和分配一定的任务或目标，以及相应的权力和资源，交给每个团队，使其能够代表自己完成一定的任务或目标，同时，要求每个团队按照一定的时间和进度，及时地完成委派的任务或目标，以及委派的报告和反馈，以提高组织的效率和效果，以及实现组织的目标和愿景。

三、授权和委派的维度

授权和委派的维度可以从以下几个方面进行分析。

（一）权力范围

权力范围指授权或委派给下属的权力大小或广度，如决策权、资源权、信息权等。权力范围决定了下属在完成任务或目标时，可以使用或控制的权力的大小或广度。权力范围的大小或广度，取决于以下几个因素。

1. 任务或目标的性质和难度：任务或目标越复杂或困难，需要的权力范围越大或广，反之亦然。

2. 下属的能力和水平：下属的能力和水平越高，可以承担的权力范围越大或广，反之亦然。

3. 上级的信任和支持：上级对下属的信任和支持越高，可以给予的权力范围越大或广，反之亦然。

案例：星巴克是一个实行授权和委派的组织，它的组织设计体现了权力范围的维度。在授权方面，星巴克赋予其店经理和员工一定的决策权、资源权和信息权，使其能够自主地完成一定的任务或目标，如调整门店的布局、装饰、音乐等，以适应不同的客户和环境。在委派方面，星巴克赋予其店经理和员工一定的决策权、资源权和信息权，使其能够代表上级完成一定的任务或目标，如处理客户的投诉、建议、反馈等，以提高客户的满意度和忠诚度。

（二）权力期限

权力期限指授权或委派给下属的权力持续的时间长度，如临时性、长期性、不定期性等。权力期限决定了下属在完成任务或目标时，可以使用或控制的权力的持续的时间长度。权力期限的时间长度取决于以下几个因素。

1. 任务或目标的紧急性和重要性：任务或目标越紧急或重要，需要的权力期限越短或临时，反之亦然。

2. 下属的稳定性和可靠性：下属的稳定性和可靠性越高，可以承担的权力期限越长或长期，反之亦然。

3. 上级的监督和评估：上级对下属的监督和评估越频繁或严格，可以给予的权力期限越短或临时，反之亦然。

案例：亚马逊是一个实行授权和委派的组织，它的组织设计体现了权力期限的维度。在授权方面，亚马逊赋予其"两比萨团队"一定的权力和资源，以及相应的责任和义务，使其能够自主地完成一定的任务或目标，如开发和推广新的或改进的产品和服务。这些权力和资源的期限通常是长期性的，即团队可以持续地使用或控制这些权力和资源，直到任务或目标的完成或变更。在委派方面，亚马逊赋予其"两比萨团队"一定的权力和资源，以及相应的责任和义务，使其能够代表上级完成一定的任务或目标，如处理和解决一些紧急的或重要的问题和难题。这些权力和资源的期限通常是临时性的，即团队只能在一定的时间和进度内使用或控制这些权力和资源，完成委派的任务或目标，以及委派的报告和反馈。

（三）权力条件

权力条件指授权或委派给下属的权力使用的前提或限制，如目标要求、规则遵守、结果反馈等。权力条件决定了下属在完成任务或目标时，需要遵守或满足的前提或限制。权力条件的前提或限制取决于以下几个因素。

1. 任务或目标的标准和结果：任务或目标的标准和结果越高或明确，需要的权力条件越多或严格，反之亦然。

2. 下属的责任和义务：下属的责任和义务越大或明确，需要的权力条件越多或严格，反之亦然。

3. 上级的要求和期望：上级对下属的要求和期望越高或明确，需要的权力条件越多或严格，反之亦然。

案例： 华为是一个实行授权和委派的组织，它的组织设计体现了权力条件的维度。在授权方面，华为赋予其员工、客户和股东一定的权力和资源，以及相应的责任和义务，使其能够自主地完成一定的任务或目标。这些权力和资源的使用，需要遵守或满足以下的权力条件。

第一，目标要求：员工、客户和股东要根据华为的愿景、使命和战略，以及华为的价值观和文化，确定和实现一定的目标和结果，如提高产品和服务的质量和创新、提高客户的满意度和忠诚度、提高股东的利益和回报等。

第二，规则遵守：员工、客户和股东要遵守华为的规章制度和流程规范，以及相关的法律法规和道德准则，如保护华为的知识产权和商业机密、遵守华为的合同和协议、尊重华为的合作伙伴和竞争对手等。

第三，结果反馈：员工、客户和股东要及时地向华为的领导者或上级以及相关的利益相关者报告和反馈自己的行为和结果，如完成的任务或目标的进度和质量、遇到的问题或困难的原因和解决方案、提出的建议或意见的依据和效果等。

在委派方面，华为赋予其轮值制的首席执行官一定的权力和资源，以及相应的责任和义务，使其能够代表公司进行日常运营和管理。这些权力和资源的使用需要遵守或满足以下的权力条件。

第一，目标要求：轮值制的首席执行官要根据华为的愿景、使命和战略，以及华为的价值观和文化，确定和实现一定的目标和结果，如提高公司的效率和效果、提高公司的竞争力和可持续性、提高公司的创新性和适应性等。

第二，规则遵守：轮值制的首席执行官要遵守华为的规章制度和流程规范，以及相关的法律法规和道德准则，如保护华为的知识产权和商业机密、遵守华为的合同和协议、尊重华为的合作伙伴和竞争对手等。

第三，结果反馈：轮值制的首席执行官要及时地向华为的董事会和股东以及相关的利益相关者报告和反馈自己的行为和结果，如完成的任务或目标的进度和质量、遇到的问题或困难的原因和解决方案、提出的建议或意见的依据和效果等。

第四节　授权的方法和技巧

工作中常见的不愿授权的原因有以下几个方面。

第一，技术专家心态：对下属的能力存疑，对下属缺乏必要的指导；以掌握某一项技术为荣；认为自己做可能更快；管理角色的定位不准确，忘了自己应该做的是计划组织、协调领导和控制的工作，而把精力分散到一些具体的事情上。

第二，权力主义：喜欢控制一切；害怕失去控制；不喜欢下属超越自己；工作主义倾向，工作狂心态，一旦没有工作干，就会惶惶不可终日，一定要做些事情才觉得有趣。

第三，害怕挑战：担心下属的成长对自己构成威胁。

第四，效率假象：认为自己能做得更快、更好，认为与其花半个小时向下属讲解、示范，不如自己花 10 分钟做好，但关键问题是，假如每天都有这样的工作，那只能永远由主管自己做，而下属永远也不会做。

一、有效授权

学习授权的方法和技巧，首先要正确理解授权，明白什么是有效授权。有效授权是企业管理一个非常重要的环节，也是管理者必须掌握的一个必要的管理手段。管理者只有通过授权，才能够将有关的责任和任务有效地分配给不同的下属，使任务能够顺利地完成，提高团队的绩效，管理者才能够空出更多的时间处理更重要、更有价值的事情。

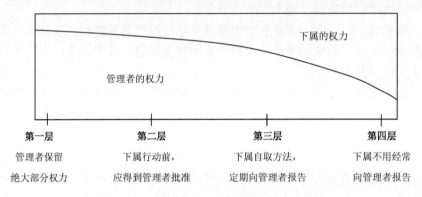

图 11-8　管理者权力下放的四个层次示意图

图 11-8 展示了管理者权力下放的四个层次。

第一个层次：管理者保留绝大部分权力。在这一层次，管理者分配工作，下属无任何自决权力，必须按照管理者指示行事，不能有任何偏差，遇到困难事事请示管理者。

第二个层次：下属行动前应该得到管理者的批准。在这一层次，下属思考及讨论如何完成工作，最后由管理者修正、决定和批准。

第三个层次：下属可以自取方法，定期向管理者报告。这时下属的权力越来越大，可以自己设定目标、采取方法，但是必须定期向管理者报告工作进度。

第四个层次：下属不经常向管理者报告。这一层次的授权更充分，管理者给予下属全部权力，自己退居幕后，放手让下属完成工作。所以这个层次是授权式的。

如果授权过度，就会出现放弃权力的情形；但如果授权不足，又会造成管理者的负担过重。因此，需要寻求授权适度的平衡点，以避免这两种情况的出现。公司高层就主要决策和方案选择做出决定，如财务、总利润目标、预算、重大设备及资本支出、重要的新产品方案、主要的销售战略、重要的人事调整、员工培训发展、薪酬政策等，然后可将这些决定的具体执行充分授权给下属部门和员工团队。

二、授权的原则

授权并不是基于组织领导者的一时兴起，授权的内容也不仅仅由需要完成的任务来决定。美国著名的管理行为学家布利斯（Bliss）认为授权是管理者的良方，当管理者授权他人办事的时候，必须把足够的权力交付于他人，基于这个认识，他提出了著名的"授权法则"管理理论，主要包括以下几点内容。

（一）相近原则

这有两层意思：一是给下级直接授权，不要越级授权；二是应把权力授予最接近做出目标决策和执行的人员，一旦发生问题，可立即做出反应。

（二）授要原则

这是指授给下级的权力应该是下级在实现目标中最需要的、比较重要的权力，能够解决实质性问题。

（三）明责授权

授权要以责任为前提，授权同时要明确其职责，使下级明确自己的责任范围和权限范围。

（四）动态原则

针对下级的不同环境条件、不同的目标责任及不同的时间，应该授予不同的权力。贯彻动态原则体现了从实际需要出发授权，具体可采取如下方式。

1. 单项授权，即只授予决策或处理某一问题的权力，问题解决后，权力即行收回；

2. 条件授权，即只在某一特定环境条件下，授予下级某种权力，环境条件改变了，权限也应随之改变；

3. 定时授权，即授予下级的某种权力有一定的时间期限，到期权力应该收回。

三、授权的程序

（一）确定任务

明确授权任务就是要让被授权者明白要做什么、从哪里着手做、为什么要这么做。管理者必须对任务的主要内容、结构形式、工作程序有清楚的思路，并将自己的思路告知被授权者，告知其为什么要完成这项任务、该项任务在公司战略规划中的地位，甚至还要事先明确预期成果。

对不同性质的工作任务应该采取不同的授权方法。大部分的常规、重复、琐碎的工作都适合授权，如一些日常工作、例行工作，以及下属擅长的工作都可以授权。可以根据工作常规与否和风险程度把工作分成四大类，如图11-9所示。

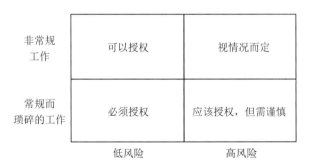

图 11-9　授权与工作性质的关系示意图

表 11-3　授权与工作性质的关系

工作性质	授权建议	授权理由
低风险、常规而琐碎的工作	必须授权	这类工作通常简单、重复，对整体业务影响不大。将其授权给下属，可以释放管理者的时间和精力，专注于更重要的事务。同时，这也是锻炼下属、提升其工作能力的良好机会。这类工作包括接听电话、接发传真、整理文件等。
低风险、非常规工作	可以授权	这类工作风险较低，即使出现差错，后果也不严重。然而，由于下属可能缺乏处理此类非常规工作的经验，因此需要在授权前进行适当的培训和辅导，确保他们具备完成任务所需的能力。
高风险、常规而琐碎的工作	应该授权，但需谨慎	尽管这类工作常规而琐碎，但由于其风险较高，一旦出错可能带来严重后果。因此，在授权前需要制订详细的计划，对下属进行充分的技能辅导和训练，并在授权过程中加强监督和过程控制。
高风险、非常规工作	视情况而定	这类工作风险高且非常规，处理起来难度较大。在决定是否授权时，需要综合考虑下属的经验和能力。如果下属具备处理此类事件的经验和能力，可以考虑授权；否则，应由管理者亲自处理或寻求更合适的人选。

此外，还有一些工作是绝对不能授权的，如一些非常规的、领导性的、高风险的、关键性的工作。这些工作通常涉及组织的重大决策和战略方向，需要管理者亲自参与和把控。

授权应根据工作的常规与否和风险程度进行科学合理的分类和决策。在授权过程中，管理者需要充分考虑下属的能力和经验，确保授权的有效性和安全性。同时，也需要建立完善的监督和考核机制，对下属的工作成果进行评估和反馈，以不断提升组织的工作效率和绩效水平。

（二）制订计划

对授权做预先控制的最基本手段就是预先规定目标与成果。所谓预先，是根据数学模型计算出授权工作应达到的成果，根据组织需要和条件限制预测应实现的目标，这个预先确立的成果和目标就是对被授权者工作的整体性规定，这也是一种极为有效的预防控制措施，能对不好的结果防患于未然。

（三）选贤任能

授权工作就其目的来讲，主要有以下两个方面：一是寻找合适的人选去完成特定的工作；二是通过授权工作，培养企业后备人才。这两个方面目的的实现均与企业的人才战略有重大关系，都可能从根本上影响企业的核心竞争力。因此，在授权工作中，选人用人是一项具有根本性、前瞻性的任务。

一般来说，可授权的人员分为三大类。

1. 资历深，经验丰富者。对经验丰富的人，授权后就不要再干涉其工作，否则，他会觉得领导对他不信任，容易引发不满情绪。

2. 颇有经验，缺乏信心者。对颇有经验的人，要提供一定的支持和监督，一方面支持他，另一方面监督他，相辅相成。

3. 极具潜质，仍需学习者。对极具潜质，但又缺乏经验的人，在授权前要加强辅导、培训，授权后做充分的支持和监督。

对颇有经验和极具潜质的人可以分配低风险、常规性的任务，对经验很丰富的人可以委派大型、重要的任务。

（四）落实分工

找到合适的人选以后就要落实分工，具体要做好以下工作，如图 11-10 所示。

图 11-10　授权工作落实分工

道明前提：明确任务或项目的基本前提。包括了解项目的目标、范围、限制条件以及预期成果。

陈述背景：详细陈述任务或项目的背景信息。有助于团队成员理解为什么这项任务是重要的，以及它在更大计划中的位置。

订立标准：制定明确的工作标准和期望。包括质量标准、时间表和项目中的具体职责。

移交工作：将任务或项目的工作内容移交给相关团队成员。确保每个人都清楚自己的职责和任务要求。

报告进度：建立进度报告机制。定期跟踪任务的进展，确保按时完成任务，并及时报告任何进展或问题。

提供训练：为团队成员提供必要的培训和支持，确保他们具备完成任务所需的知识和技能。

讨论细节：与团队成员详细讨论任务的具体要求和细节。解答可能有的疑问，确保对任务的理解一致。

（五）跟进完成

跟进完成是授权程序中的一项重要工作，领导可以视下属的成熟程度和授权程度，与下属保持一定的联络，检查进度，商讨应变措施。有效的跟进建立在坦诚沟通的基础之上，要积极客观地处理问题，而不只是追究责任。下属任务完成得好，要真诚地表扬其成绩，及时激励，给予下属一定的奖励；如果任务没有很好地完成，也应该根据实际情况使其承担一部分责任。

（六）授权后的监督与控制

贯穿于整个监督与控制过程的主线就是预先设定的任务和目标，只有建立了完善的任务和目标体系，才能在此基础上评价员工工作的成败得失，纠正错误，奖励创新。可以收集信息，并及时根据新情况调整目标；可以对员工进行评价和指导，使授权工作始终沿着目标设定的方向发展，不偏离轨道；还可以通过定期检查、突击检查的形式进行监督与控制。

四、授权的方法

（一）建立目标管理制度

建立目标管理制度，明确授权的目标和标准，制订授权的计划和方案，实施授权的监督和评估。

目标管理制度是授权的一个重要方法，它可以确保授权的目标和标准与组织的目标和战略相一致、授权的计划和方案与下属的能力和水平相匹配，以及授权的监督和评估与授权的结果和反馈相符合。目标管理制度的建立可以遵循以下的步骤。

1. 明确授权的目标和标准：上级要与下属共同确定和明确授权的目标和标准，使其具有可量化、可实现、可评估、有挑战性和有价值性的特征，如使用 SMART 的原则。

2. 制订授权的计划和方案：上级要与下属共同制订和优化授权的计划和方案，使其具有可操作性、可调整性、可协调性、可控制性和可持续性的特征，如使用 PDCA 的原则，即计划、执行、检查、处理（Plan，Do，Check，Act）的原则。

3. 实施授权的监督和评估：上级要与下属共同实施和完善授权的监督和评估，使其具有及时性、有效性、公正性、激励性和发展性的特征，如使用 KPI 的原则，即关键绩效指标（Key Performance Indicator）的原则。

案例：微软是一个实行授权的组织，它的组织设计体现了目标管理制度的方法。在明确授权的目标和标准方面，微软采用了一种"增长型思维"的设计原则，即鼓励和培养组织成员对自己和他人的多元化的尊重和欣赏，以及对自己和他人的多元化的学习和发展，从而确定和明确授权的目标和标准，使其具有可量化、可实现、可评估、有挑战性和有价值性的特征。在制订授权的计划和方案方面，微软采用了一种"一体化"的设计原则，即推动和支持组织内外的沟通和协作，以实现组织的一体化的目标和战略，从而制订和优化授权的计划和方案，使其具有可操作性、可调整性、可协调性、可控制性和可持续性的特征。在实施授权的监督和评估方面，微软采用了一种"OKR"的设计原则，即目标和关键结果（Objectives and Key Results）的原则，意味着上级要与下属共同确定和明确授权的目标和关键结果，以及相应的权力和资源，从而实施和完善授权的监督和评估，使其具有及时性、有效性、公正性、激励性和发展性的特点。

（二）建立绩效管理制度

建立绩效管理制度，建立与授权相适应的绩效指标和考核方法，实行与授权相一致的激励机制和奖惩制度。

绩效管理制度是授权的一个重要的方法，它可以确保授权的绩效指标和考核方法与授权的目标和标准相适应，以及授权的激励机制和奖惩制度与授权的结果和反馈相一致。绩效管理制度的建立可以遵循以下的步骤。

1. 建立与授权相适应的绩效指标和考核方法：上级要与下属共同建立和明确授权的绩效指标和考核方法，使上级能够客观地、全面地、公正地评价下属的行为和结果，如使用BSC 的原则，即平衡计分卡（Balanced Score Card）的原则，从财务、客户、内部流程、学习与成长四个方面，确定和衡量授权的绩效指标和考核方法。

2. 实行与授权相一致的激励机制和奖惩制度：上级要与下属共同实行和优化授权的激励机制和奖惩制度，使上级能够有效地、合理地、公平地奖励或惩罚下属的行为和结果。

案例：谷歌是一个实行授权的组织，它的组织设计体现了绩效管理制度的方法。在建立与授权相适应的绩效指标和考核方法方面，谷歌采用了一种"OKR"的设计原则，即目标和关键结果的原则，意味着上级要与下属共同确定和明确授权的目标和关键结果，以及相应的权力和资源，从而建立和明确授权的绩效指标和考核方法，使上级能够客观地、全面地、公正地评价下属的行为和结果。在实行与授权相一致的激励机制和奖惩制度方面，谷歌采用了一种"20%时间"的设计原则，即允许和鼓励下属将自己的工作时间的 20%用于自己感兴趣的项目或活动，从而实行和优化授权的激励机制和奖惩制度，使上级能够有效地、合理地、公平地奖励或惩罚下属的行为和结果。

（三）建立沟通管理制度

建立沟通管理制度，建立有效的信息交流和反馈渠道，保持与下属的良好沟通和协调关系。

沟通管理制度是授权的一个重要的方法，它可以确保授权的信息交流和反馈渠道与授权的目标和标准相符合，以及授权的沟通和协调关系与授权的结果和反馈相协调。沟通管理制度的建立可以遵循以下的步骤。

1. 建立有效的信息交流和反馈渠道：上级要与下属共同建立和优化授权的信息交流和反馈渠道，以便能够及时地、有效地、双向地传递和接收授权的信息和反馈，如使用沟通矩阵的原则，即根据信息的重要性和紧急性，确定和选择合适的沟通方式和工具。

2. 保持与下属的良好沟通和协调关系：上级要与下属共同保持和改善授权的沟通和协调关系，以便能够信任地、尊重地、合作地完成授权的任务或目标，如使用情商的原则，即上级要注意和调节自己和下属的情绪和心理，以及与下属的关系和氛围。

案例：星巴克是一个实行授权的组织，它的组织设计体现了沟通管理制度的方法。在建立有效的信息交流和反馈渠道方面，星巴克采用了一种"数字化"的设计原则，即利用和发展数字化的沟通方式和工具，如手机、电脑、平板等，以及数字化的沟通平台和软件，如微信、钉钉、企业微博等，从而建立和优化授权的信息交流和反馈渠道，以便能够及时地、有效地、双向地传递和接收授权的信息和反馈。在保持与下属的良好沟通和协调关系方面，星巴克采用了一种"人文化"的设计原则，即注重和弘扬人文化的沟通理念和方式，如倾听、理解、赞美、感谢等，以及人文化的沟通活动和氛围，如聚餐、聊天、游戏等，从而保持和改善授权的沟通和协调关系，以便能够信任地、尊重地、合作地完成授权的任务或目标。

五、授权的方式

授权有很多方式，在每一种方式下所授的权力的大小均有不同，控制的宽严程度不同，需要达到的目标状态不同，因而不同的授权方式会产生不同的结果，能起到不同的作用。

在各种授权方式中，充分授权与模糊授权是两种有代表性的授权方式，此外还需要妥善处理需要撤销的授权。

（一）充分授权

充分授权，顾名思义，就是授权事项充分明确，授受双方的关系严格限定，是大多数授权工作采取的方式。良好的管理应从学会如何进行充分授权开始。

1. 必须做到事项明确

首先，充分授权要求授受双方就授权事项所需的各种条件全面约定，并加以明确。其次，充分授权需要明确双方权力的划分与责任分担。最后，充分授权还应规定明确的期限，没有期限限制，责任就无法确定、无法落实，授受双方的互相约束也就成为虚无。

2. 必须做到各事项"程序化、标准化"

要使被授权者获得真正意义上的权力与责任，最好的途径就是将授权中的各项工作程序化，各种评价与检查依据标准而进行，如工作过程程序化、评估检查程序化、控制过程程序化、各种评价依据标准化等。充分授权是内容详尽全面、规定严格的授权方式，是一种广泛运用的授权方式。管理者只有在掌握了充分授权的意义，并能熟练运用授权技巧时，才能真正进入管理角色，成为一名成功的管理者。

（二）模糊授权

模糊授权是一种新兴的授权方式。这种类型的授权工作，其任务虽然能够描述但是难以衡量，目标可以预测但是无法计算；它需要最灵活的工作方式，有着巨大的预期利益，同时也有巨大的风险；它的期限难以确定，只能大致规定。要想做好模糊授权，需要注意以下几个方面的内容。

1. 创新性授权任务考虑模糊授权

模糊授权主要是针对那些重大而复杂的创新性事务而使用的。这种事务虽然对组织发展关系重大，但是具体怎么做、可能会出现什么样的结果、需要下放多少权力，管理者本身也难以确定，但又不得不去做。这样的事务如果要通过授权解决，授受双方在权力分配、责任分担、目标预期、时间限制等方面只能有大致的规定，而无法详细约定。

例如，开拓市场时，管理者如果授权下属进入某一区域市场，而这个市场以前公司从未进入过，就可以采取模糊授权，给下属一定的时间先调查市场情况，给予下属足够的权力调动产品。至于具体给予多少时间和权力，只能根据市场情况及变化来调整。同时，这个任务也无法限定具体的期限和目标成果。

2. 管理者要绝对信任下属

模糊授权既是各种事项都难以明确的一种授权方式，又是用以解决复杂性、创造性任务的有效方式。管理者挑选授权对象时，必须慎之又慎，一旦选定了被授权者，就应该对其绝对信任。如果管理者不信任下属，时时要询问情况、检查进度、干预下属的决策，很有可能导致下属错误判断形势，或者因太过于谨慎而畏首畏尾，不能准确把握时机，做出科学决策。

3. 管理者要对下属多支持、少掣肘

模糊授权要求管理者更多地支持被授权者的工作，更少地干预其决策。在模糊授权中，下属本来也只能根据自己的判断，大部分时间是根据自己的直觉去完成工作，所以若管理者对被授权者的干预较多，将影响下属能力的发挥。

4. 管理者应当承担授权工作的大部分责任

模糊授权所要完成的任务往往具有不确定性，风险很高。对于下属来说，他们的地位和角色是难以承担起主要责任的，那么，授权的风险和责任自然而然就应由管理者自己承担。

（三）妥善处理需要撤销的授权

撤销授权是一种对授权的终极控制手段，是对授权本身的完全否定。撤销授权的决定一旦做出，为授权而做出的各种努力也就前功尽弃了。管理者在对授权工作的控制过程中，一定要谨慎对待撤销授权。

1. 仔细调查，谨慎决定是否撤销授权

对授权工作的控制手段有很多种，管理者只有在通过各种方式了解到授权工作的进展不利，并且无法采取其他控制手段纠正工作中的过错时，才可考虑撤销授权。大致来说，可能导致撤销授权的情况有以下几种。

（1）计划本身基于错误判断，确定无法完成目标

如果制订计划所依据的信息本身是虚假的，那么基于该信息确立的目标肯定无法实现。在这种情况下，继续让授权工作进行下去，只会白白浪费资源，这时可以考虑撤销授权。

（2）被授权者根本不具备完成工作的能力

如果授权后发现被授权者根本不具备完成工作所应有的知识、能力，再让他做下去没有任何意义，这个时候管理者只能撤销对他的授权，将工作转交给其他人做，或者将工作暂时搁置。

（3）情况变化致使授权工作没有必要再进行下去

例如，管理者授权下属设计一个软件程序，但是在下属还没有完成工作时，已经有更好的同类软件出现了，再做下去就没有必要了。

2. 妥善处理撤销授权的善后事宜

（1）如果是因为下属的原因导致授权被撤销，必须追究下属的责任。因为这是下属工作中的一个重大失误，下属必须为自己的过错负责。

（2）如果是管理者的原因，管理者应该主动承担责任，自我检查，并且安抚下属，重新为其安排工作，同时还要稳定组织内的情绪。

（3）如果是客观原因造成撤销授权，则管理者应该主动承担大部分责任，并且重新估量形势，做出决策，安排好下属的工作。

3. 消除影响，使损失降至最低

一旦做出撤销授权的决定，管理者有责任减小它的影响，使撤销授权造成的损失降到最低。

4. 运用各种方式总结经验教训

每一次撤销授权，都是对管理者的反面教育，管理者应针对不同的撤销原因总结教训，避免以后的授权出现类似情况，造成不必要的损失。撤销授权是不值得提倡的，所以管理者在面对这个问题时，切记慎之又慎，要从源头上防范，又要有处理这种情况的对策。

六、授权的技巧

（一）选择合适的下属

选择合适的下属，根据下属的能力、态度和可信任度，选择能够胜任授权任务的下属。选择合适的下属是授权的一个重要的技巧，它可以确保授权的任务或目标能够顺利地、有效地、高质地完成。选择合适的下属的方法可以遵循以下的原则。

1. 能力原则：选择下属的能力要与授权的任务或目标相匹配，即下属要具备完成授权的任务或目标所需的知识、技能、经验等，如使用能力模型的原则，即根据授权的任务或目标的性质和难度，确定和评估下属的能力模型。

2. 态度原则：选择下属的态度要与授权的目标和标准相一致，即下属要具备完成授权的目标和标准所需的动机、能动性、责任感等，如使用态度模型的原则，即根据授权的目标和标准的重要性和紧急性，确定和评估下属的态度模型。

3. 可信任度原则：选择下属的可信任度要与授权的权力和资源相适应，即下属要具备使用或控制授权的权力和资源所需的诚信、可靠性、合作能力等，如使用可信任模型的原则，即根据授权的权力和资源的大小和广度，确定和评估下属的可信任模型。

案例：华为是一个实行授权的组织，它的组织设计体现了选择合适的下属的技巧。在选择下属的能力方面，华为采用了一种"能力中心"的设计原则，即根据不同的业务领域和技术方向，建立和发展一些专业化的能力中心，从而使所选择下属的能力与授权的任务或目标相匹配，即下属要具备完成授权的任务或目标所需的知识、技能、经验等。在选择下属的态度方面，华为采用了一种"狼性文化"的设计原则，即强调和培养下属的狼性文化，从而使所选择下属的态度与授权的目标和标准相一致，即下属要具备完成授权的目标和标准所需的动机、能动性、责任感等。在选择下属的可信任度方面，华为采用了一种"员工持股"的设计原则，即将部分的股份分配给优秀的员工，使其成为公司的股东，从而使所选择下属的可信任度与授权的权力和资源相适应，即下属要具备使用或控制授权的权力和资源所需的诚信、可靠性、合作能力等。

（二）提供必要的支持

提供必要的支持，根据下属的需要，提供必要的资源、培训和指导，帮助下属完成授权任务。提供必要的支持是授权的一个重要的技巧，它可以确保下属在完成授权任务时，能够得到上级的资源、培训和指导，以克服困难和提高效果。提供必要的支持的方法可以遵循以下的原则。

1. 资源原则：提供下属所需的资源，如人力、物力、财力、信息等，使其能够顺利地、有效地、高质地完成授权任务，如使用资源矩阵的原则，即根据资源的重要性和紧急性，确定和分配合适的资源。

2. 培训原则：提供下属所需的培训，如知识、技能、经验、观点等，使其能够提高自己的能力和水平，以应对授权任务的挑战和变化，如使用培训矩阵的原则，即根据培训的重要性和紧急性，确定和安排合适的培训。

3. 指导原则：提供下属所需的指导，如建议、反馈、辅导、支持等，使其能够增强自己的信心和动力，以解决授权任务的问题和困难，如使用指导矩阵的原则，即根据指导的重要性和紧急性，确定和提供合适的指导。

案例：谷歌是一个实行授权的组织，它的组织设计体现了提供必要的支持的技巧。在提供下属所需的资源方面，谷歌采用了一种"无限资源"的设计原则，即为下属提供无限的资源，如人力、物力、财力、信息等，使其能够顺利地、有效地、高质地完成授权任务。在提供下属所需的培训方面，谷歌采用了一种"学习型组织"的设计原则，即为下属提供各种各样的培训，如知识、技能、经验、观点等，使其能够提高自己的能力和水平，以应对授权任务的挑战和变化。在提供下属所需的指导方面，谷歌采用了一种"教练型领导"的设计原则，即为下属提供及时的和有效的指导，如建议、反馈、辅导、支持等，使其能够增强自己的信心和动力，以解决授权任务的问题和困难。

（三）避免过度干预

避免过度干预，尊重下属的自主性和创造性，避免过度干预或干涉下属的工作过程和方法。避免过度干预是授权的一个重要的技巧，它可以确保下属在完成授权任务时，能够发挥自己的自主性和创造性，以提高工作的效率和质量。避免过度干预的方法可以遵循以下的原则。

1. 自主性原则：尊重下属的自主性，即下属在完成授权任务时，可以根据自己的判断和经验，选择和决定自己的工作过程和方法，如使用授权矩阵的原则，即根据授权任务的性质和难度，确定和赋予下属不同程度的自主性。

2. 创造性原则：尊重下属的创造性，即下属在完成授权任务时，可以根据自己的兴趣和创意，尝试和创新自己的工作过程和方法，如使用创新矩阵的原则，即上级根据授权任务的重要性和紧急性，确定和鼓励下属不同程度的创造性。

3. 干预原则：避免过度干预，即上级在下属完成授权任务时，只在必要的时候，以适当的方式，对下属的工作过程和方法进行干预或干涉，如使用干预矩阵的原则，即根据下属的能力和态度，确定和选择合适的干预方式和工具。

案例：星巴克是一个实行授权的组织，它的组织设计体现了避免过度干预的技巧。在尊重下属的自主性方面，星巴克采用了一种"合伙人"的设计原则，即将所有的员工称为合伙人，赋予他们一定的权力和资源，以及相应的责任和义务，使其能够自主地完成一定的任务或目标，从而尊重下属的自主性，即下属在完成授权任务时，可以根据自己的判断和经验，选择和决定自己的工作过程和方法。在尊重下属的创造性方面，星巴克采用了一种"创新型组织"的设计原则，即鼓励和支持下属对产品和服务、过程和技术、模式和理念等方面的创新和改进，从而尊重下属的创造性，即下属在完成授权任务时，可以根据自己的兴趣和创意，尝试和创新自己的工作过程和方法。在避免过度干预方面，星巴克采用了一种"教练"的设计原则，即由上级或经验丰富的员工，对下属或新入职的员工的工作过程和方法进行必要的和适当的干预或干涉，如提供和实施下属或新入职员工的支持和辅导，从而避免过度干预，即上级在下属完成授权任务时，只在必要的时候，以适当的方式，对下属的工作过程和方法进行干预或干涉。

本章小结

授权既是必备的领导科学知识，同时也是一种领导艺术才能。懂得授权、敢于放权并善于放权是一个管理者取得成就的基础和条件。尽己之能不如尽人之力，尽人之力又不如尽人之智，高明的领导者一定是能把员工的积极性充分发挥出来、通过聚大家之力和大家之智来达到管理的目的，而不是事必躬亲地成为事务的奴隶。

　　组织中的不同层级有不同的职权，权限则会在不同的层级间流动，因而产生授权的问题。授权是管理者的重要任务之一。有效的授权是一项重要的管理技巧。若授权得当，所有参与者均可以受惠。

　　有效授权不等于放权，并不是说将权力授给其他人后，授权者可以撒手不管或者对局面失去控制与把握，如若那样，则不是有效授权，而是盲目放权。盲目放权可能给企业或组织带来混乱。因此在授权的同时，需要有严格的监督机制，以检视权力运用情况，从而使授权更加有效。

　　有效授权不同于委派，委派是以命令和说服为主，只是委派任务和目标，对方的责任不强，也缺乏主动性。有效授权的核心是授予对方责任和主动权，让被授权者有创造的空间，能采用自己的方法去完成目标。

本章习题

思考题

1. 什么是授权？授权和委派的区别是什么？

2. 联系实际，谈谈一个组织的领导者如何授权。

3. 根据个人情况，评价班级管理者的授权能力。

4. 影响授权的因素都有哪些？

5. 授权有哪些方法和技巧？

实训题

　　每 5 人左右组成一个课外实训小组，盘点自己在实训小组的工作项目，将可以委派、授权的工作标出来，选 2 至 3 项委派、授权给其他同学做，完成后写一份总结。

第十二章　决策和战略规划

【引例1：被困的老虎】

有这样一个寓言：山间的小路上，老虎踏进猎人设置的圈套之中，挣扎了很长时间，都没有能使脚掌从锁套中解脱出来。眼见猎人一步一步逼近，老虎一怒之下，奋力挣断了这只被套住的脚掌，忍痛离开了危险地带。老虎断了一只脚自然是很痛苦的，但是它保住了性命，这是一个聪明的选择，所谓"断尾求生"，就是这个道理。

思考：结合上述寓言，你认为什么是决策？

【引例2：本田的竞争优势——在汽油发动机技术方面的专长①】

任何人第一眼看到本田的产品系列——汽车、摩托车、割草机、发电机、艇外推进机、履带式雪上汽车、扫雪机、花园播种机——时，会推断本田实行的是不相关的多元化经营战略，但是在各种明显不同的产品之下是一个同样的核心——汽油发动机技术。

本田的战略是通过建立低成本和高质量的生产能力、在所有产品上使用广为人知并受人尊崇的本田品牌、在同一个广告中同时推销几种产品等方法，将公司在汽油发动机技术方面的特有专长转移到更多的产品中去。本田的一条广告以这样的问题吸引顾客："你怎样把6部本田放到只能存放两辆车的车库中？"然后展示了一个装有一辆本田汽车、一辆本田摩托车、一辆本田履带式雪上汽车、一台本田割草机、一台本田发电机和一台艇外推进机的车库。本田各项经营的价值链间的相关性及范围经济性、将技术和生产能力从一种经营转移至另一种经营所带来的利益、经济地使用一个共同的品牌的形式为本田创造了竞争优势。

思考：本田公司的战略认识是如何创造竞争优势的？

第一节　决策和战略规划的概述

一、决策的概述

现代企业管理理论认为，管理的重点在经营，经营的中心是决策。因此可以认为，整个管理过程都是围绕着决策的制订和组织的实施而开展的。在任何企业组织中，都存在着若干问题等待解决，而决策贯穿于企业生产经营活动的全过程。所以决策的正确与否，将直接影响到一个企业的生存与发展。

决策是指在一定的环境下，组织或个人为了实现某个特定的目标，借助一定的科学方法和手段，遵循决策的原理和原则，从若干个可以相互替代的可行方案中选择满意的方案，

---

① 资料来源：邸彦彪，主编. 现代企业管理理论与应用. 北京：北京大学出版社，中国林业出版社，2013 年.

并组织实施的过程。决策具有以下几个特征。

（一）决策具有明确的目标

决策是为了解决某个问题或达到某种目标而采取的行动。目标是判断方案可行与否的标准，没有目标，决策就没有方向；没有目标，行动就是盲目的。

（二）决策是一个过程

决策不是"瞬间"做出的决定，它有一定的过程，即提出问题、分析问题和解决问题。在这个过程中，必须按照一定的程序进行一系列的科学研究。

（三）决策的关键是优选

如果实现目标的备选方案只有一个，则无从比较其优劣，也就无须选择。但若存在多个可行方案，则必须确定评价标准，对各个方案从技术、经济、社会等方面进行综合分析与评价，从而选出最优方案。

（四）决策是根据预测做出的选择

由于人们对未来认识的局限性，预测与实际总是存在一定的差距，因而决策都有不同程度的风险。这就要求决策者既要勇于承担风险、大胆决策，又要遵循科学的程序，运用科学方法，提高决策的准确性。

二、战略规划的概述

（一）战略规划的定义

战略规划是指相对较长时间段内的具体目标和策略，这个时间段的长短要根据每个企业的情况而定，一般来说企业应当做"三五规划"，即三年和五年规划。20 年、50 年的长远规划太虚无缥缈，对绝大多数的企业来讲，并没有太多的实际用处。在战略规划的定义中有一个关键问题，那就是：当明天真正来临的时候，你和你的企业是否已经做好了准备？

一个企业战略规划的前奏就是编织一个美丽的梦，但是仅仅有梦还不够，还要有实现梦的具体行动计划，通过规划，我们编造美梦，然后用行动圆梦，再规划，再圆梦，循环反复，不断前进，如图 12-1 所示。

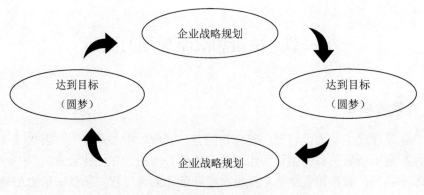

图 12-1　战略规划制订与实施循环图

（二）两种工作方法和两种企业家

1. 两种工作方法

不同的工作方法会带来不同的结果，这里介绍两种典型的工作方法，如图 12-2 所示。

（1）正三角形工作方法

企业制订目标之后，立即付诸行动，仿佛看到目标就在前方，但是在冲向目标的过程中困难重重，不断出现的各种问题可能会导致最终无法实现目标。

（2）倒三角形工作方法

企业在制订了战略目标之后，紧跟着进行核心的业务流程及组织结构设计、市场调查及经营计划等相关工作，把各项准备工作都做好后，顺理成章地就完成了目标。这种方法虽然进度慢一点，但是能够保证工作越做越顺畅。

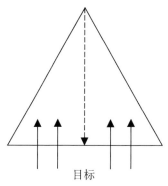
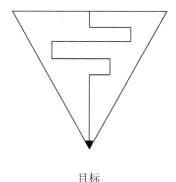

正三角形：急于求成，阻力重重　　　　　　　倒三角形：规划完善，水到渠成

图 12-2　不同工作方法的差异图

2. 两种企业家

企业家也可以分为两种类型。

（1）"报时型"企业家

"报时型"企业家工作没有计划，遇到一个问题就解决一个问题，缺乏整体的规划，因为这类企业家总是后知后觉，所以最终会在竞争中被淘汰。

（2）"做钟型"企业家

"做钟型"企业家工作有明确的目标，能够按照预定的目标做出切实的规划，整个企业有明确的方向和坚定的目标，与之无关的事情概不考虑，一心按照目标和规划坚定地前进。

（三）企业战略目标的内涵及作用

1. 企业战略目标的内涵

从广义上看，企业战略目标是企业战略的基本构成内容，是企业在实现其使命和愿景的过程中所追求的长期结果，是在一些最重要的领域对企业使命和愿景的进一步具体化。企业战略目标反映了企业在一定时期内经营活动的方向和所要达到的水平，既可以是定性的，又可以是定量的，比如竞争地位、业绩水平、发展速度等。与企业使命和愿景不同的是，企业战略目标要有具体的数量特征和时间界限，一般为 3 年至 5 年或更长。

从狭义上看，企业战略目标不包含在企业战略构成之中，它既是企业战略选择的出发点和依据，又是企业战略实施要达到的结果。战略则是为达到战略目标所采取的行动。战略目标与战略的时间跨度应当一致，通常为 3 年至 5 年。

2. 企业战略目标的特性

首先，企业战略目标应该是与企业的使命、愿景和价值观相一致的。使命是企业存在的意义和责任，愿景是企业未来的发展方向，价值观是企业的文化和行为准则。企业战略目标需要从这些要素中获取灵感，以确保企业的长期发展与核心价值相契合。

其次，企业战略目标应该是具体、可衡量和可实现的。一个模糊或不切实际的目标很难被实现和监控。目标需要明确，如达到一定的市场份额或销售额增长率，以便能够量化和监测进展。

再次，企业战略目标还应该是具有竞争优势的。企业需要通过其核心能力和资源来实现战略目标，巩固自己的竞争地位。不同的企业有不同的竞争优势，如低成本、差异化、创新等，企业应该选择适合自身的战略目标。

最后，企业战略目标是动态的，需要根据市场变化和企业的实际情况进行调整。战略目标应该是灵活的，以便应对变化的市场需求和竞争环境。企业应该及时评估和调整战略目标，以保持其竞争优势，使企业持续发展。

3. 企业战略目标的作用

正确的战略目标对企业的行为具有重要的指导作用。

第一，它是企业制订战略方案的基本依据和出发点。战略目标明确了企业的努力方向，体现了企业的具体期望，表明了企业的行动纲领。

第二，它是企业战略实施的指导原则。战略目标必须能使企业中的各项资源和力量集中起来，减少企业内部冲突，提高管理效率和经济效益。

第三，它是企业战略控制的评价标准。战略目标必须是具体的和可衡量的，以便客观地评价和考核一定时期内的目标实现情况。因此，制订企业战略目标是制订企业战略的前提和关键。

课后游戏：先救谁？

［游戏目的］

体会团队中每个人来自不同的文化背景，对事物的认识也不尽相同；团队的决策优于个人决策。

［游戏背景设定］

2002 年的一个夏天，象山集团一个旅游小分队在庐山脚下的洞穴里遇到了麻烦，他们被洪水所困，不过他们靠一台卫星定位电话跟附近的太平救援队联系上了。

这个唯一的救援队的负责人告诉小分队员，以他们现有的设备每小时只能救出一个人，在救援过程中，可能有些人会被快速上涨的洪水威胁以至有生命危险。小分队成员了解此种情况后知道很危险，不过他们不愿意自行排出被救的先后顺序。大家一致认为应将此事迅速报告给象山集团突发事件研究委员会。

现在你及你所在的团队即扮演这个研究委员会的角色，救援设备将于 50 分钟后抵达洞口，在这段时间里，你们要研究出关于救援顺序的方案并提交给太平救援队。

人力资源处很快送来了此次旅游小分队成员的简要资料，委员会一致同意仅以此为依据来决定救援的先后顺序，但必须由所有成员各抒己见，然后团体决策拟出救援方案。

旅游小分队成员的简要情况如下。

成员 1：王雷鸣，男，30 岁，同济大学计算机专业毕业，象山电脑设备公司总工程师，集团不可多得的技术带头人。由于他极具事业心，以企业为家，因而目前仍过着"钻石王老五"的生活，不过青睐他的女性有很多。

成员 2：马俪，女，25 岁，武汉大学国际贸易专业毕业，集团董事会秘书。她的父亲是上海一家国有企业的领导，母亲是一位沪剧表演艺术家。她因为漂亮，又多才多艺，被大家誉为"象山之花"。她最近组织集团业余文艺爱好者彩排了舞蹈"象山之花"，准备参加中国企业文化艺术节，行内人士对这一舞蹈作品评价很高，其参选录像带的初步评分遥遥领先于其他企业。

成员 3：李云，男，26 岁，贵州人，毕业于浙江大学计算机系，贵州分公司终端产品的业务主办，他是象山集团 TSC（Top Sales Club）上一年冠军得主。他少年丧父，与小他 8 岁的妹妹靠母亲拉扯长大。如今母亲体弱多病，妹妹尚在大学读一年级。

成员 4：郑海明，女，43 岁，福州大学无线电专业毕业，象山集团工会主席，早期创业者之一。她宽厚待人，爱"民"如子，至今膝下尚无子女。她目睹象山由创业时的 16 人至如今拥有 3000 多人的成长历程，并为之付出了自己的青春和热血。她在集团有较高的威望，也是省内较有影响的巾帼人物。

成员 5：MARK，男，27 岁，华侨大学计算机系研究生毕业，象山软件系统集成公司总经理助理，当年为了选择象山而放弃了出国定居的机会。他是公司不可多得的技术与公关双才，是老总心爱的助手。三个月后，他将去英国任教并与在那里攻读硕士学位的女友结婚。

成员 6：李虎昌，男，38 岁，上海交通大学精密仪器及机械专业研究生毕业，是最近空降象山集团这艘"航空母舰"的生力军。他曾在中关村创办了一家很有名气的高科技企业，现与象山强强联合，并与象山总裁大有相见恨晚之意。目前，集团拟任命他为常务副总裁。

［游戏步骤］

1. 团队成员个人排出救援的顺序。
2. 团队共同决策排出救援的顺序。
3. 写下个人决策的依据或标准。
4. 反思团队决策情况：对待救援人员排序时，团队达成统一所使用的主要标准是哪些；在做此类决策时，你感觉舒服与否；哪些行为有助于团队做决策；哪些行为阻碍了团队做决策。（以上请由各团队指定的观察员整理，并代表团队发言。）

第二节　决策和战略环境分析

【引例：环境变化对公司战略的影响】

20 世纪 30 年代，当福特汽车公司"T 型车"风靡整个美国市场时，对于美国汽车行业中的各大公司来说，战略环境却在悄悄变化。福特公司当时所奉行的是成本领先战略，它通过大规模的生产组织、标准化的产品生产、更低的研究开发投入、更低的广告促销费用的支出，使生产成本大大降低，并获得极大成功。而实施这种战略的基础是广大消费者的收入不高，福特公司通过降低成本使广大普通消费者也能够买汽车，使汽车走入普通家庭，从而拓展了市场。但是，随着人们生活水平的提高，实行成本领先战略的基础被动摇了。人们越来越不满足于购买与使用千篇一律的"T型车"，愿意为产品的差异付出一定的额外费用，汽车市场上这种需求的变化给通用公司带来了机会，通用公司果断采取产品差异性战略，以不同的产品品种满足市场上的不同需求，从而一跃成为世界最大的汽车公司。由这个例子可以看出，当消费者收入发生变化时，汽车市场上的需求也就随之变化，从而对汽车公司产生了全局性的重大影响，这一环境要素就属于战略环境的构成要素。

思考：分析环境变化对福特汽车公司的公司战略有何影响。

一、外部环境分析

企业与其外部客观的经营条件、经济组织及其他外部经营因素之间处于一个相互作用、相互联系、不断变化的动态过程之中。这些影响企业的成败，但又非企业所能全部控制的外部因素就形成了企业的外部环境。而对这些外部环境分析的目的就是找出外部环境为企业所提供的可以利用的发展机会以及外部环境对企业发展所构成的威胁，以此作为制订战略目标和战略的出发点、依据和限制的条件。

外部环境无时无刻不在发生变化，卓越的企业能够洞察环境的变化，并能够利用变化和引领变化，因此，外部环境分析是战略制订的起点。党的二十大报告强调，坚持以推动高质量发展为主题，建设现代化产业体系，推动制造业高端化、智能化、绿色化发展，推动经济社会发展绿色化、低碳化。这将对产业发展趋势与企业战略规划产生重要影响。

（一）宏观环境因素分析

构成企业宏观环境的因素是指对企业经营与企业前途具有战略性影响的变量。这些因素可以分为四大类型，它们是政治法律、经济、社会文化和技术。经济领域因素的变化显然对企业战略具有最重要的影响，但其他领域的影响也非常重要。当然，某一个因素的变化对不同行业的企业的影响程度是不同的。

1. 政治法律环境因素

政治法律环境因素是指对企业经营活动具有现存的和潜在作用与影响的政治力量，同时也包括对企业经营活动加以限制和要求的法律和法规等。具体来说，政治因素包括国家和企业所在地区的政局稳定状况、执政党所要推行的基本政策以及这些政策的连续性和稳定性。这些基本政策包括产业政策、税收政策、政府订货及补贴政策等。就产业政策来说，国家确定的重点产业总是处于优先发展的地位。因此，处于重点行业的企业增长机会多，发展空间大。那些非重点行业的发展速度就较缓慢，甚至停滞不前，因而处于这种行业的企业很难有所发展。另外，政府的税收政策影响到企业的财务结构和投资决策，资本持有者总是愿意将资金投向那些具有较高需求且税率较低的产业部门。

2. 经济环境因素

经济环境因素是指国民经济发展的总概况、国际和国内经济形势及经济发展趋势、企业所面临的产业环境和竞争环境等。

一般来说，在宏观经济大发展的情况下，市场扩大、需求增加，企业发展机会就多，如国民经济处于繁荣时期，建筑业、汽车制造、机械制造以及轮船制造业等都会有较大的发展。而上述行业的增长必然会带动钢铁业的繁荣，增加对各种钢材的需求量。反之，在宏观经济低速发展、停滞或倒退的情况下，市场需求增长很小，甚至不增长，这样企业发展机会也就会变少。反映宏观经济总体状况的关键指标是国内生产总值（GDP）增长率。比较高的、健康的国内生产总值增长率表明国民经济的良好运行状态。而经济的总体状况通常受到政府赤字水平以及中央银行货币供应量这两者相互关系的重大影响。

除上述宏观经济总体状况以外，企业还应考虑中央银行和各专业银行的利率水平、劳动力的供给（失业率）、消费者收入水平、价格指数的变化（通货膨胀）等，这些因素将影响企业的投资决策、定价决策以及人员录用决策等。

3. 社会文化环境因素

社会文化环境因素是指一定时期内整个社会发展的一般状况，主要包括社会道德风尚、文化传统、人口变动趋势、文化教育、价值观念和社会结构等。

社会阶层通常指在一个社会中存在着相对持久的和类似的人的组合。在一个阶层，个人和家庭具有大致相同的价值观、生活方式、兴趣和行为规范。一般依据一个人的职业、收入来源和教育水平来决定其属于哪一个社会阶层。划分社会阶层可以更准确地判断和测定消费者的购买意向和购买行为。

此外，生活方式的演变、消费者保护运动的开展等也是构成社会文化环境的重要组成部分。

4. 技术环境因素

技术环境因素不但指那些引起时代革命性变化的发明，而且还包括与企业生产有关的新技术、新工艺、新材料的出现、发展趋势及应用前景。

技术的变革在为企业提供机遇的同时，也对其构成了威胁。因此，技术力量主要从两个方面影响企业战略的选择。

（1）技术革新为企业创造了机遇。这表现在以下两个方面：第一，新技术的出现使得社会和新兴行业对本行业产品的需求增加，从而使得企业可以开辟新的市场和新的经营范围；第二，技术进步可能使得企业通过利用新的生产方法、新的生产工艺过程或新材料等各种途径，生产出高质量、高性能的产品，同时也可能会使得产品成本大大降低。例如，连铸技术的出现简化了钢铁加工工艺过程，提高了生产效率，也节约了大量的能源，从而降低了产品成本，同时也可使企业在不同的地点完成产品研发、设计、生产、销售和售后服务等不同的活动，以寻求产品的不断增值。

（2）新技术的出现也使企业面临着挑战。技术进步会使社会对企业产品和服务的需求发生重大变化。技术进步为某一个产业提供了机遇，也可能会对另一个产业构成威胁。例如塑料制品业的发展就在一定程度上对钢铁业形成了威胁，许多塑料制品成为钢铁产品的替代品。此外，竞争对手的技术进步可能使得本企业的产品或服务陈旧过时，也可能使得本企业的产品价格过高，从而失去竞争力。在国际贸易中，某个国家在产品生产中采用先进技术，就会导致另一个国家的同类产品价格偏高。因此，企业要认真分析技术革命给自己带来的影响，认清自身和竞争对手在技术上的优势和劣势。

（二）行业环境的战略分析

企业战略环境的范围很广，既有社会的因素，又有经济的因素。企业所面临的一个直接环境因素就是企业所在的行业。行业环境的战略分析属于外部环境分析中的微观环境分析，它的内容主要是分析本行业中的企业竞争格局以及本行业和其他行业的关系。行业的结构及竞争性决定着行业的竞争原则和企业可能采取的战略，因此行业环境的战略分析是企业制定战略最主要的基础。按照 M. E. 波特（M. E. Porter）的观点，一个行业中的竞争远不止在原有竞争对手中进行，而是存在着五种基本的竞争力量，它们是潜在进入者的威胁、替代品厂商的威胁、买方的讨价还价能力、供方的讨价还价能力以及现有竞争者之间的竞争，如图 12-3 所示。

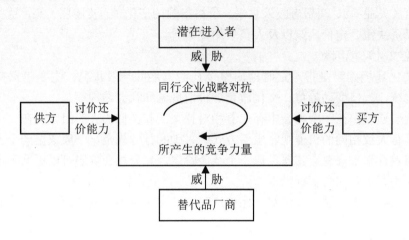

图 12-3　五力模型

这五种基本竞争力量的状况及其综合强度决定着行业的竞争激烈程度，从而决定着行业中获利的最终潜力。在竞争激烈的行业中，不会有一家企业能获得惊人的收益；在竞争相对缓和的行业中，各企业普遍可以获得较高的收益。行业中竞争的持续存在会导致投资收益率下降，直至趋近于竞争的最低收益率。若投资收益率长期处于较低水平，投资者将会把资本投入其他行业，甚至还会导致现有企业停止经营；在相反情况下，就会刺激资本流入和现有竞争者增加投资。所以，行业竞争力量的综合强度还决定资本向本行业的流入程度。这一切最终将决定企业保持高收益的能力。现将五种竞争力量分述如下。

1. 行业新加入者的威胁。这种威胁主要是由于新进入者加入该行业（如钢铁行业）会带来生产能力的提高，带来对生产占有率的要求，这必然引起与现有企业的激烈竞争，使产品价格下跌。同时，新加入者要获得资源（如钢铁生产中的矿山和焦炭）进行生产，从而可能使得行业生产成本升高。这两方面都会导致行业的获利能力下降。

新加入者威胁的状况取决于进入障碍和原有企业的反击程度。如果进入障碍高，原有企业激烈反击，潜在的加入者难以进入该行业，加入者的威胁就小。决定进入障碍大小的主要因素有规模经济、产品差异优势、资金需求、转换成本、销售渠道和与规模经济无关的成本优势等几个方面。

2. 现有竞争者之间的竞争程度。现有竞争者之间采用的竞争手段主要有价格战、广告战、引进产品以及增加对消费者的服务和保修等。竞争的产生是由于一个或多个竞争者感受到了竞争的压力，或看到了改善其地位的机会。如果一个企业的竞争行动对其对手有显著影响，就会招致报复或抵制。如果竞争行动和反击行动逐步升级，则行业中所有企业都可能遭受损失，使处境更糟。

3. 替代产品的威胁。替代产品是指那些与本行业的产品有同样功能的其他产品。替代产品的价格如果比较低，它投入市场就会使本行业产品的价格上限只能处在较低的水平，这就限制了本行业的收益。替代产品的价格越是有吸引力，这种限制作用也就越大，对本行业构成的压力也就越大。正因为如此，本行业与生产替代产品的其他行业之间的竞争，常需要本行业所有企业采取共同措施和集体行动。

4. 购买商讨价还价的能力。购买商可能要求降低购买价格，要求高质的产品和更多的优质服务，其结果是行业的竞争者们互相竞争残杀，导致行业利润下降。

5. 供应商讨价还价的能力。供应商的威胁手段，一是提高供应产品或服务的价格，二是降低供应产品或服务的质量，从而使下游行业利润下降。

二、内部环境分析

（一）企业资源分析

资源是指企业在创造价值过程中的各种投入，是可以用来创造价值的资料。企业资源按其是否容易辨识和评估来划分，可以分为有形资源和无形资源，如表 12-1 所示。

表 12-1　企业资源的分类及特征

资源		主要特征	主要的评估内容
有形资源	财务资源	企业的融资能力和内部资金的再生能力决定了企业的投资能力和资金使用的弹性	资产负债率、资金周转率、可支配现金总量、信用等级
	实物资源	企业装置和设备的规模、技术及灵活性，企业土地和建筑的地理位置和用途，获得原材料的能力等决定企业成本、质量、生产能力和水准的因素	固定资产现值、设备寿命及先进程度、企业规模、固定资产的其他用途
	人力资源	员工的专业知识、接受培训程度决定其基本能力，员工的适应能力影响企业本身的灵活性，员工的忠诚度和奉献精神以及学习能力决定企业的运作方式与方法	员工知识结构、受教育水平、平均技术等级、专业资格、培训情况、工资水平
	组织资源	企业的组织结构类型与各种规章制度决定企业的运作方式与方法	企业的组织结构以及正式的计划、控制、协调机制
无形资源	技术资源	企业专利、经营诀窍、专业技术、专有知识和技术储备、创新开发能力、科技人员等技术资源的充足程度决定企业工艺水平、产品品质，决定企业竞争优势的强弱	专利数量和重要性，从独占性知识产权所得收益，全体职工中研究开发人才的比重、创新能力
	声誉资源	企业声誉的高低反映了企业内部、外部对企业的整体评价，决定着企业的生存环境	品牌知名度、美誉度，品牌重构率，企业形象，对产品质量、耐久性、可靠性的认同度，供应商、分销商认同的有效性、支持性的双赢的关系，交货方式

1. 有形资源是指可见的、能量化的资产。有形资源不仅容易被识别，而且其价值也容易估计，如厂房、设备、资金等。许多有形资源的价值可以通过财务报表予以反映。有形资源包括四类，即财务资源、实物资源、人力资源、组织资源，其中人力资源是一种特殊的有形资源，它体现在企业的知识结构、技能、决策能力、团队使命感、奉献精神、团队

工作能力，以及组织整体的机敏度方面，因而许多战略学家把企业人力资源称为"人力资本"。

2. 无形资源是指那些根植于企业的历史，长期积累下来的、不容易辨识和量化的资产，如企业的创新能力、产品和服务的声誉、专利、版权、商标、专有知识、商业机密等。无形资源可分为两大类，即技术资源和声誉资源。与有形资源相比，无形资源更具潜力。目前在全球经济中，相对于有形资源，企业的成功更多取决于知识产权、品牌、声誉、创新能力等无形资源。

（二）企业能力分析

企业能力是指整合企业资源、使价值不断增加的技能。一般而言，资源本身并不能产生竞争能力和竞争优势，竞争能力和竞争优势源于对多种资源的特殊整合。例如，一支足球队可能会因为获得了最优秀的前锋而获益，但这种获益只有在其他队员与之配合默契、大家共同按一套正确的进攻攻略来踢球、充分发挥出团队的竞争优势时才能实现。回到企业的问题上，道理也是一样的。企业的竞争优势源于企业的核心竞争力，核心竞争力又源于企业能力，而企业能力源于企业资源。换言之，企业可持续性的竞争优势是由企业在长期运行中，将具有战略价值的资源和能力进行整合，升华而形成的核心竞争力所产生的。这样一个整合过程正是企业素质的提升过程，也是一个以资源为基础的战略分析过程。

小结：决策和战略规划的环境分析主要分为外部环境分析和内部环境分析，外部环境分析分为宏观环境分析和行业环境分析，内部环境分析分为企业的资源分析和企业的能力分析。

第三节　决策的准则和方法

【引例：独裁决策机制最不行——巨人集团衰落教训之一】

1996 年年底，巨人集团在经历了辉煌的创业与发展阶段之后，面临着严重的生存危机。

究其原因，还要从史玉柱本人的个性及其管理思想方法说起。首先，不善交际是他的性格特征之一。正是这种封闭的性格，造成了他封闭的思维模式，形成了巨人集团封闭的发展道路，所以一旦出现危机，史玉柱就使自己处于孤立无援的境地。其次，工作作风不扎实，一味地追求创新而忽视巩固成果。因此，史玉柱善于创业而不善于守业。最后，实行"个人说了算"独裁决策机制。

巨人集团虽然也设有董事会，但那不过是个空架子，实际上是史玉柱个人说了算。导致巨人集团的财务危机和发展困境的直接原因主要有下面两项。一是"巨人大厦"的狂热上马。巨人大厦是原计划盖 18 层的，但是后来史玉柱"头脑发热"将其改成 70 层，这样一来，预算加到 12 亿，工期延长到 6 年。大厦的施工过程中由于碰到了地震断裂带并遭两次水淹，又不得不追加预算和推迟工期，从而导致国内债主上门讨债，企业内部资金萎缩，法院冻结资产，新闻聚焦报道，一下子把史玉柱这位响当当的现代企业家置于难以摆脱的困境。二是生物工程的管理不善。生物工程对史玉柱是一个陌生的领域，只因在 1994 年至 1996 年异军突起，红火一时，便成了巨人集团的第二支柱产业。这本身就可能潜伏着某种程度的危机。巨人集团下属主营生物工程项目的子公司康元公司出现了严重的管理问题，财务混乱，导致全面亏损，债权债务相抵净亏 5000 万元。史玉柱当初对这两项工程的设想是：在兴建大厦的过程中，当卖楼花的钱用完后，就从生物工程方面抽调资金。但是，一个子公司怎能承担兴建大厦这么重的负荷！结果因抽资过度，伤害了生物工程项目的元气，最终导致了这个第二支柱产业的逐渐萎缩，整个集团的流动资金因此而枯竭，最后的失败自然是不可避免的。

一、决策的准则

（一）系统原则

系统原则是科学决策必须遵循的首要原则，决策活动面临的是一个众多因素相互影响、相互作用的复杂系统，这就要求管理者利用系统理论进行决策，在综合分析考虑各种因素之间关系的基础上，实现决策的整体化和满意化。

（二）信息原则

大量可靠而真实的信息是保证决策成功的前提和基础，信息的数量和质量直接影响决策的水平，因此，决策的制订离不开信息，管理者制订决策的过程实际上就是一个信息的收集、加工和变化的过程。

（三）可行性原则

有些看上去诱人的方案，在实施的过程中由于种种原因而被迫搁浅，无法为组织带来实际的效益，只有决策方案顺利实施并取得实质性成果，组织才能从中受益，因此，可行性原则是管理者在进行决策时不可忽视的。决策在实施过程中，往往会受到许多条件的约束，因此，管理者不仅需要分析各种外部因素，同时还要掌握组织自身能力及资源，在此基础上，才能够确定某些方案是否具备实施条件。

（四）民主与集中相结合原则

决策绝不能够是管理者"独裁"的结果，这就要求在决策的制订过程中，充分发挥民主集中制，充分听取不同方面的意见，在民主讨论的基础上实行正确的集中，但要注意防止的是无休止的讨论与磋商，否则，组织有可能会在这个过程中错失良机。

（五）创新原则

创新是人类进步的一个重要推动力，任何有意义的创新都能够给人类带来巨大的收益，对组织来讲也是同样。当前，信息的共享性在逐渐提高，因此，在决策过程中，打破常规和原有的定式，进行大胆的创造经常能够给组织带来意想不到的惊喜。

二、决策的方法与技术

决策学是在一定历史阶段产生并发展起来的，体现着时代的特征。随着环境的变化，决策也日益呈现出一些新的特点，其中最典型的就是团队决策受到重视并获得迅速发展。

（一）团队决策方法

在团队中，团队决策方法可以大致分为权威决策（Authority Decision-making）、投票决策（Voting Decision-making）、共识决策（Consensus Decision-making）和无异议决策（No Objection Decision-making）。

1. 权威决策

权威决策是指团队中掌握最高决策权和否决权的个体可以完全执行个人意志，单方面做出决策。通常情况下，在一些初创企业中，创始人就具有这样的权力。权威决策的速度非常快，尤其适用于一些紧急决策。但是，权威决策多体现个人意志，在实际执行时非常容易受到一些阻力。并且，对于一些较为复杂的问题，权威决策很容易因为考虑不周而失败。

2. 投票决策

投票决策也可以称为少数服从多数的决策。为了充分实现团队内的民主原则，不少团队往往会针对决策方案进行投票，从而做出决定。比如，当公司讨论资产重组等重大发展战略时，该方法能够以较快的速度综合考虑不同主体的意见。但是，持不同意见的少数派可能会被忽略，进而不太会支持和拥护最终决策。并且，当团队中存在一定的子群体或派系，投票决策可能会导致一些恶性竞争与冲突，进而影响团队氛围和团队绩效。

3. 共识决策

共识决策追求大多数人的支持和赞同。与投票决策相比，共识决策试图解决和减轻少数派的质疑和异议。共识决策为所有人提供了表达意见的机会，无论是多数派还是少数派的意见都会得到充分的讨论，这有助于提升决策的质量，推进决策的执行，提高团队成员的积极性。但是，共识决策意味着需要更长的时间供团队成员公开表达个人意见、理解他人观点以及达成共识。因此，当时间有限或者团队成员缺乏决策技巧时，这种方法难以实现。

4. 无异议决策

无异议决策是指所有人完全同意的决策。与共识决策相比，无异议决策的要求更高。该方法追求团队内每一个人的赞同。尽管该方法考虑了每个人的意见，似乎更为严谨和民主，但在实践中，正如"世界上没有两片完全相同的树叶"，个体之间的态度、价值观等始终都存在差异，无异议决策很难实现。因此，这种方法在实践中应用较少。

（二）团队决策技术

伴随着团队决策的普遍化，团队决策技术也日益发展，常见的有德尔菲法、头脑风暴法、名义小组技术和电子会议法等。

1. 德尔菲法

德尔菲法，也称专家分析法，是管理者组织一组专家就某一问题匿名发表意见来进行决策的方法。首先，管理者会以书面形式将问题分别发送给各位专家，各位专家就问题发表自己的意见。其次，管理者综合各位专家的意见形成解决方案，将解决方案分别发送给各位专家，并要求各位专家继续发表自己的意见。最后，管理者再次综合各位专家的意见。这个过程一直重复，直到所有专家对问题解决方案的意见达成一致。由此看来，这种方法的关键是要组织好数量适当且专业适合的专家就问题进行意见征询。总体而言，这种方法以较低成本汇集了专家意见，并巧妙地避免了专家成员之间的互相影响，同时也恰好解决了不能见面的困境，尤其适合远程办公的情况。该方法的不足是，由于需要重复整个流程直至达成一致，因此决策时间较长。

2. 头脑风暴法

头脑风暴法是团队成员集中思考和讨论以产生创新方案的决策方法。在管理者清晰地阐述问题后，团队成员就问题自由发表自己的观点和意见，提出自己创造性的想法。在此过程中，所有的想法都会被记录下来，并且不会受到任何来自他人的怀疑和批评。一般来说，管理者对备选方案进行整理之后，才会开展后续的讨论。总体而言，这种方法的关键在于营造自由开放的氛围，鼓励成员积极发挥创造性思维。从整个流程可以看出，这种方法能够有效地降低群体规范的压力，激发团队成员的灵感，有利于形成创新性的备选方案，尤其适合决策的初始阶段。但值得注意的是，在鼓励团队成员提出奇思妙想的同时，也要注意观点和意见要紧密聚焦在核心问题上，避免偏离方向。

3. 名义小组技术

名义小组技术是一种以独立思考和集中讨论为特点的决策方法。所谓名义小组，就是事先不存在人际关系的 7 至 10 名成员组成的决策团队。首先，团队成员互不交流，围绕问题进行独立思考，写下自己的观点意见和解决方案；其次，团队成员依次阐述自己的观点意见和备选方案，其他团队成员可以进行提问，但不能进行批评；最后，团队成员就所有的备选方案进行投票表决，支持率最高的方案即为最终的决策方案。此外，该过程还需要一名主持人来推进决策过程、一名记录员来记录所有人的方案，以使全体成员进行论证。从整个流程来看，这种方法的关键在于保证名义小组的"名义性"，避免团队内已经形成的人际关系影响个体围绕问题进行独立思考和发表观点。总体而言，该技术既保留了会议的正式性，充分激活了个体的思辨能力，又极大地减少了群体规范的压力，避免了人际关系对决策的影响。该方法非常适合解决分歧较大的决策问题。但是，该方法可能会影响决策方案的多样性和完备性。

4. 电子会议法

电子会议法是一种计算机技术与名义小组技术相结合的决策方法。具体而言，管理者先将决策团队成员集中到一间大会议室，每个成员拥有一台电脑，并且这台电脑与会议室内的中心电脑相连接。接着，管理者通过大屏幕呈现当前面临的决策问题，各团队成员将自己的观点意见和解决方案直接输入他们面前的电脑。随后，每个人的观点方案都会以匿名的形式呈现在与中心电脑连接的大屏幕上。最后，最终汇总的决策结果在与中心电脑连接的大屏幕上呈现。该方法的关键在于以匿名形式保留了团队各成员的思考独立性，成员之间互不干扰，并且每个人的意见都将真实和完整地呈现给整个团队，比较可靠。但是，在该方法下，无论最终采取谁的方案，该主体都不会受到任何的激励。同时，对于那些打字速度较慢的个体来说，尤其是一些年长的专家，电子会议法反而会限制个体的意见表达效果。此外，人机互动终究不如人际互动的信息更加丰富和多元化。总体来看，该方法更适合大型的简单投票活动，比较方便快捷。但对于比较复杂的决策问题，团队的讨论可能更为重要。

小结：企业决策是企业管理现代化建设的需要，其原则与方法已经越来越为人们所重视。

课后游戏：德尔菲法

［目的］表明在决策（预测）过程中，结构化的方法对获得趋同观点的重要性。

［程序］在一个罐子里装上玉米（事先数好）。将罐子给大家看，并让大家估计玉米的数量。算出平均数、中间数和频数分布，并将结果告诉大家（有时也会告诉大家推导结论的基本原理）。将该过程重复 3 遍（或直到得出一个比较稳定的结果）。宣布正确答案，并请大家比较一下自己最初的估计和小组最后的结论，看哪个更准确。

［讨论］

1. 哪个更准确：个人原先的估计还是小组最终的结论？
2. 为什么小组往往更准确？
3. 为什么大家的答案会趋同？
4. 这种方法在你的工作中有何应用？

总结与评估

德尔菲法：选出一组见多识广的专家，每个专家要对手中需要解决的问题真正感兴趣，问题涉及对未来事态的预测（如公司 5 年后的销售额）。要请专家小组尽最大努力做出推测，也会给他们提供一些反馈信息（小组平均数和频数分布）。这个过程会（以不计名的方式）重复数次，一般会出现一个明显的趋同想法，这个想法后来也会被证实是准确的。

第四节　战略的选择模式

【引例：通用——组织结构创新与战略选择】

1921 年，随着联合汽车公司并入通用，阿尔弗雷德·斯隆（Alfred Sloan）出任通用副总裁。他认为，大公司较为完善的组织管理体制，应以集中管理与分散经营二者之间的协调为基础。只有在这两种显然相互冲突的原则之间取得平衡，把两者的优点结合起来，才能获得最好的效果。由此他认为，通用公司应采取"分散经营、协调控制"的组织体制，并第一次提出了事业部制的概念。

他废除了公司的许多附属机构，将力量最强的汽车制造单位集中成几个部门。这种战略现在人们已经熟悉，但在当时是十分新潮的主意并且得到了出色执行。通用汽车公司生产一系列不同的汽车，聪明的办法是造出价格尽可能各有不同的汽车，就好像一个指挥一次战役的将军希望尽可能在遭到进攻的每个地方都要有一支军队一样。因此，斯隆认为，通用汽车公司生产的车应从凯迪拉克牌往下安排到别克、奥克兰最后到雪佛兰。

每个不同牌子的汽车都有其专门的管理人员，每个单位的总经理相互之间不得不进行合作和竞争。这意味着生产别克牌的部门与生产奥兹莫比尔牌的部门都要生产零件，但价格和式样有重叠之处。这样许多买别克牌的主顾可能对奥兹莫比尔牌也感兴趣，反之亦然。这样，斯隆希望在保证竞争的有利之处的同时，也享有规模经济的成果。零件、卡车、金融和通用汽车公司的其他单位有较大程度的自主权，其领导人成功获奖赏，失败则让位。通用汽车公司后来成为一架巨大的机器，但斯隆力图使它确实保有较小公司所具有的激情和活力。

斯隆的战略及其实施产生了效果。1921 年，通用汽车公司生产了 21.5 万辆汽车，占美国国内销售量的 7%；到 1926 年，斯隆将小汽车和卡车的产量增加到 120 万辆，使通用汽车公司占美国国内汽车市场的 40%以上；1940 年该公司生产车辆 180 万辆，已达该年全国销量的一半。

一、三种主要的战略态势

对于一个大型的公司来讲，有多种战略选择。一般来说，企业及其战略业务单位可以采用以下三种主要的战略态势，即稳定型战略、增长型战略和紧缩型战略。

（一）稳定型战略

稳定型战略是在企业的内外部环境约束下，企业准备在战略规划期使企业资源分析分配和经营状况基本保持在目前状态和水平上的战略。按照稳定型战略，企业目前所遵循的经营方向及其正在从事经营的产品和面向的市场领域、企业在其经营领域内所达到的产销规模和市场地位大致不变或以较小的幅度增长或减少。稳定型战略主要依据于前期战略，它坚持前期战略对产品和市场领域的选择，以前期战略所达到的目标作为本期希望达到的目标。因而，实行稳定型战略的前提条件是企业过去的战略是成功的。

一般来说，奉行稳定型战略的企业都集中于单一产品或服务。企业的增长和发展依赖于在稳定增长的市场上维持他们一定的市场占有率，或依靠缓慢地提高市场占有率，或增加新的产品或服务（但仅在广泛的市场研究之后才做出），或扩大企业市场所覆盖的地理范围。稳定型战略的风险比较小，对处于稳定增长中的行业或稳定环境中的企业来说，它是非常有效的战略选择。公用事业、运输、银行和保险等部门的企业，许多都采取稳定型战略。事实上对许多企业来说，稳定型战略可能是最合逻辑、最适宜和最有效的战略。

（二）增长型战略

增长型战略是一种使企业在现有的战略基础水平上向更高一级的目标发展的战略。它以发展为自己的核心内容，引导企业不断地开发新产品、开拓新市场、采用新的生产方式和管理方式，以便扩大企业的产销规模，提高竞争地位，增强企业的竞争实力。从企业发展的角度来看，任何成功的企业都应当经历长短不一的增长型战略实施期，因为本质上来说只有增长型战略才能不断地扩大企业规模，使企业从竞争力弱小的小企业成功发展为实力雄厚的大企业。虽然增长型战略是一种最流行、使用最多的战略，但它具有相应的利弊，在实施决策前要充分地加以权衡。从增长型战略的类型来看，又可分为三类，即集中生产单一产品或服务战略、一体化战略和多样化战略。

（三）紧缩型战略

紧缩型战略是指企业从目前的战略经营领域和基础水平收缩和撤退，且偏离战略起点较大的一种经营战略。与稳定型战略和增长型战略相比，紧缩型战略是一种消极的发展战略。一般地，企业实行紧缩型战略只是短期性的，其根本目的是使企业挨过风暴后转向其他的战略选择。有时，只有采取紧缩和撤退的措施，才能抵御对手的进攻，避开环境的威胁和迅速地实现自身资源的最优配置。可以说紧缩型战略是一种以退为进的战略姿态。

二、战略态势选择的影响因素

公司战略态势的选择会对未来战略实施产生重大影响，因而这一决策必须是非常慎重的，但往往在经过对各种可能的战略态势进行全面评价后，企业管理者会发现好几项方案都是可以选择的。在这种情况下，会有一些因素对最后决策产生影响，这些因素在不同的企业和不同的环境中起到的作用是不同的。了解这些因素对企业战略管理者制订合适的战略方案来说是非常必要的。

（一）企业过去的战略

对大多数企业来说，过去的战略常被作为战略选择过程的起点。这样，一个很自然的结果是，进入考虑范围的战略方案的数量会受到基于企业过去的战略的限制。由于企业管理人员是过去战略的制订者和执行者，因此他们也常倾向于不改动这些既定战略，这就要求企业在必要时撤换某些管理人员，以削弱目前失败的战略对未来战略选择的影响，因为新的管理层更少受到过去的战略的限制。

（二）管理者对风险的态度

企业和管理者对风险的态度影响着战略态势的选择。风险承担者一般采取一种进攻性战略，以便在被迫对环境的变化做出反应之前主动地做出反应；风险回避者则通常采取一种防御性战略，只有在环境迫使他们对环境变化做出反应时他们才不得不这样做。风险回避者相对来说更注重过去的战略，而风险承担者则有着更为广泛的选择。

（三）企业对外部环境的依赖性

企业总是生存在一个受到股东、竞争者、客户、政府、行业协会和社会影响的环境之中，企业对这些环境力量中的一个或多个因素的依赖程度也影响着其战略的选择过程，对环境较高的依赖程度通常会降低企业在其战略选择过程中的灵活性。例如，美国克莱斯勒汽车公司对联邦贷款委员会贷款协议的依赖极大地限制了公司20世纪80年代早期的战略选择，公司提前归还贷款的决定在很大程度上是为了减少对外部环境的依赖，从而提高公司战略的灵活性。

（四）企业文化和内部权势关系

任何企业都存在或强或弱的企业文化。企业文化和战略态势的选择是一个动态平衡、相互影响的过程。企业在选择战略态势时不可避免地要考虑企业文化对自身的影响。企业未来战略的选择只有在充分考虑到与目前的企业文化和未来预期的企业文化相互包容和相互促进的情况下，才能被成功地实施。

另一方面，企业中总存在着一些正式和非正式组织。由于种种原因，某些组织成员会共同支持某些战略，反对另一些战略。这些成员的看法有时甚至能左右战略的选择，因此在现实企业中，战略态势决策不可避免地要打上这些势力的烙印。

（五）时期性

时期性的第一点是指允许进行战略态势决策的时间限制。时限压力不仅减少了能够考虑的战略方案的数量，而且也限制了可以用于评价方案的信息的数量。事实表明，在时限压力下，人们倾向于把否定性因素看得比肯定性因素更重要一些，因而往往做出更有防御性的决策。时期性的第二点包括战略规划期的长短，即战略的时期着眼点。战略规划期长，则对外界环境的预测相对更为复杂，因而在做战略方案选择时不确定性因素更多，这会使战略方案决策的复杂性大大增加。

（六）竞争者的反应

在战略态势的选择中，还必须分析和预计竞争对手对本企业不同战略方案的反应。例如，企业采用增长型战略的话，主要竞争者会做出什么反击行为，从而对本企业打算采用的战略有什么影响。因此，企业必须对竞争对手的反击能力做出恰当的估计。在寡头垄断型的市场结构中，或者市场上存在一个极为强大的竞争者时，竞争者的反应对战略选择的影响更为重要。例如，IBM公司的竞争行为会强烈地影响计算机行业的所有公司的战略抉择，而美国各汽车巨头也都必须紧盯其他巨头的竞争反应以确定自己的战略。

小结：企业及其战略业务单位可以采用以下三种主要的战略态势，即稳定型战略、增长型战略和紧缩型战略。影响选择战略态势的因素有企业过去的战略、管理者对风险的态

度、企业对外部环境的依赖性、企业文化和内部权势关系、时期性、竞争者的反应等。

第五节 战略的执行与变革

一、战略的执行

企业战略的执行是借助于中间计划、行动方案、预算和一定的程序，实现企业战略和政策的行动过程。一般认为，战略执行是一项行政性的管理工作，是在企业最高管理层的监督和指导下，由企业的中下层管理人员组织进行的。然而，作为企业的最高行政领导，一个企业的总经理必须对企业的战略执行承担全部的责任。

（一）企业家的任务和战略领导的实施

1. 企业家的任务

在企业战略执行的过程中，一个企业家有下列四项重要的任务：第一，确认执行所选择的战略对行政管理的要求，探明企业战略的执行过程中将产生的问题；第二，协调企业战略与企业的内部组织行为，使之相互适应；第三，推进战略执行过程；第四，监督战略执行过程。

2. 战略领导的实施

企业家要完成战略领导工作，需要使企业的内部结构和经营活动与企业战略相适应。这种适应反映在以下几个方面：战略与企业组织结构相适应，战略与企业的技术与能力相适应，战略与企业的资源分配相适应，战略与企业的组织激励系统相适应，战略与企业的内部政策和工作程序相适应，战略与企业员工的价值观念相适应，战略与企业的预算和计划方案相适应。

（二）企业战略的执行过程

1. 中间计划（Intermediate Plan）。它是介于长期战略和行动方案之间的计划。从时间上说，它一般为1—3年。从内容上说，它包括了比行动方案更全面的内容。对于一个三年期的企业战略，中间计划就是年度计划了。

2. 行动方案（Program）。它是对完成某一次性计划所需活动和步骤的详细陈述。例如，一个企业选择了产品开发战略，就需要在战略执行过程为开发新产品制订行动方案。

3. 预算（Budget）。它是企业在一定时期内的财务收支预计。从企业战略管理的角度来看，预算是出于管理和计划控制的目的，确定每一项战略活动方案的详细成本。预算是实现企业战略目标的财务保证。

4. 程序（Procedure）。它是规定完成某一特殊行动或任务的步骤和方法。这些活动是实现企业战略目标所必需的，因而程序必须在时间、人、财、物等方面满足战略目标的要求。为了制订最佳的工作程序，可以借助计算机和计划评审法、关键路线法、线性规划、动态规划、目标规划等一系列科学管理方法。

二、战略的变革

企业战略变革是指企业为了获得可持续竞争优势，根据所处的外部环境或内部情况已经发生、预测会发生或想要使其发生的变化，结合环境、战略、组织三者之间的动态协调性原则，并涉及企业组织各要素同步支持性变化，改变企业战略内容的发起、实施、可持续化的系统性过程。企业战略变革的主要形式有以下几种。

（一）调整企业理念

企业战略变革首选的理念是得到社会普遍认同的、体现企业自身个性特征的、促使并保持企业正常运作以及长足发展而构建的反映整个企业经营意识的价值体系。它是企业统一化的可突出本企业与其他企业差异性的识别标志，包含企业使命、经营思想和行为准则三部分。调整企业理念首先是确定企业使命，即企业应该依据怎样的使命开展各种经营活动，它是企业行动的原动力；其次是确立经营思想，即指导企业经营活动的观念、态度和思想，其会打造出不同的企业形象；最后是靠行为准则约束和要求员工，使他们在企业经营活动中必须奉行一系列行为准则和规则。调整企业理念，给企业全新定位，这是企业适应社会经济发展的一种变革，只有在这种不断的演化、渐进变革中，才能够构建新的企业战略，企业才能重生，才能得到发展和壮大。在重新调整企业理念时，首先要与行业特征相吻合，其次要在充分挖掘原有企业理念的基础上赋予其时代特色，最后要使企业理念和竞争对手有所区别。

（二）企业战略重新进行定位

实施战略定位是战略变革的重要内容，根据波特的观点，帮助企业获得竞争优势而进行的战略定位实际上就是在价值链配置系统中从产品范围、市场范围和企业价值系统范围三方面进行定位的选择过程。对产品进行重新定位时，对于明星产品，由于企业竞争力和市场吸引力强，明星产品也是高速成长的市场领先者，因而对其要多投资，促进其发展，扩大市场份额；对于"金牛"产品，由于其具有规模经济和高利润优势，但有风险，应对其维持市场份额，尽可能多地榨取市场利润；对于问题产品，虽然产品市场吸引力强，但由于要加大投资，因此主要考虑在尽可能短的时间内收回成本；对于"瘦狗"产品，企业的对策就是尽快地售出剩余产品然后转产。对于市场和企业价值系统的重新定位，由于企业作为一个独立的组织，其竞争优势来源于研发、生产、营销和服务等过程，来源于企业的价值链配置系统，就是这个系统在市场与企业之间不断地传递有关价格、质量、创新和价值的信息，从而为企业营造和保持新的竞争优势。

（三）重新设计企业的组织结构

在进行组织结构设计时，要围绕战略目标实现的路径来确定不同层级的管理跨距，适当的管理跨距并没有一定的法则，一般是 3 至 15 人，在进行界定时可以依据管理层级的不同、人员的素质、沟通的渠道、职务的内容以及企业文化等因素。在设计组织结构时，还要充分考虑企业各部门顺利完成各自目标的可能性，以及在此基础上的合作协调性、各自分工的平衡性、权责明确性、企业指挥的统一性、企业应变的弹性、企业成长的稳定性和效率性、企业的持续成长性。通过重新设计企业的组织结构，理清各部门的管理职责，改变指挥混乱和权责不对等的现象，从而提高管理效率。

小结：企业战略的执行是借助中间计划、行动方案、预算和一定的程序，实现企业战略和政策的行动过程。企业战略变革是结合环境、战略、组织三者之间的动态协调性原则，并涉及企业组织各要素同步支持性变化，改变企业战略内容的发起、实施、可持续化的系统性过程。

本章小结

随着变革的加剧，人们越来越深切地感到决策与战略管理的研究对企业未来生存和发展的重要性。本章首先对决策与战略规划进行概述，重点阐述了概念和特征；在介绍概念和特征的基础上，接着着重阐述了战略分析和战略选择，即在对企业的内、外部环境分析的基础上，确定企业的宗旨和目标并进行战略选择；企业一旦选择了合适的战略，战略管理活动的重点就从战略选择转移到了战略实施的阶段。

本章习题

思考题

1. 企业战略的外部环境分析包括哪些方面？
2. 波特的五种竞争力量有哪些？
3. 影响企业战略选择的因素有哪些？
4. 企业战略的执行过程有哪些？
5. 如何理解战略变革？

实训题

李厂长是兴辉鞋业的创始人，回顾 10 年的创业历程，全公司上下齐心协力，共同出谋划策，终于使公司小有规模。5 年前，很多公司纷纷卷入技术浪潮，从国外引入很多先进的技术设备，但由于基础设施不配套、人员技术水平较低，高价引进的技术设备变为了一堆废铁。与此不同，李厂长在对政府政策、市场需求、技术情况和资金需求等公司内外部环境进行了 3 个月的深入考察后，决定引进二手设备。尽管这些设备没有采用最新的技术，但是这些设备的价位极低，在我国尚未被淘汰，尚且还有一定的剩余价值。当时，公司上下有近七成的成员反对这一决定，但他仍然坚持引入二手设备。后来的事实证明，李厂长的这一举措使公司摆脱了设备落后和资金短缺的困境，并帮助公司在行业中逐步领先。

如今，形势大变。李厂长在部门负责人会议上讲道："比起 5 年前，我们公司已经发展了很多，但我想我们不应该满足于现状，而应该与时俱进，争做世界一流。为了实现这一目标，我们必须要从硬实力入手——引入世界领先的先进技术设备，以此带动技术和人员的发展。5 年前的选择创造了当下的辉煌局面，现在实现新的更大的目标也不是不可能。但是，现在公司规模不断扩大，公司事务不断增加，大家都是各部门的负责人，我想听听大家的意见再做决定。"然而，大家都陷入了沉默。于是，李厂长接着说："大家不必担忧和有顾虑，这项决定由大家共同做出，民主决策。如果大部分人都同意，我们就实施；如果大部分人不同意，我们就不实施。现在，大家举手表决吧。"大家面面相觑，最终，会上有近七成的人举手赞成。①

请回答以下问题：

1. 你对个人决策和团队决策的看法如何？
2. 你认为案例中两次决策采用的方法合理吗？为什么？

---

① 资料来源：卫旭华，主编. 团队建设与管理. 北京：中国人民大学出版社，2024 年.

第十三章　组织文化与变革

【引例：美国西南航空公司"员工第一"的组织文化①】

在美国西南航空公司的组织文化中，"员工第一"的信念对于激发员工的工作积极性起着至关重要的作用。公司联合创始人赫布·凯莱赫（Herb Kelleher）认为信奉顾客第一是老板可能对员工做出的最大背叛之一。公司努力强调对员工个人的认同，如将员工的名字雕刻在特别设计的波音737客机上，以表彰员工对公司的突出贡献；将员工的突出业绩刊登在公司的杂志上；访问员工等。这些具体的做法让员工认为公司以拥有他们为荣。美国西南航空公司不仅是泛泛地强调重视员工整体，更有对每个员工个人的关注。美国西南航空公司认为，公司所拥有的最大财富就是公司的员工和他们所创造的文化，人是管理中第一位的因素。

让员工享受快乐，成为热爱和关心工作的"真正"的员工。"在西南航空我们宁愿让公司充满爱，而不是敬畏。""不仅仅是一项工作，更是一项事业。"从这一系列口号中可以看出美国西南航空公司组织文化的特质。其员工培训中强调员工应当"承担责任，做主人翁""畅所欲言"，其组织文化真正引导员工形成一种主人翁意识，让员工认为公司的发展也就是个人的发展，促使员工愉快地投入到工作中去。

第一节　组织文化的内涵

文化因素在组织行为中扮演着至关重要的角色，无论是在宏观层面还是微观层面。它是组织成员在认知和行动上的集体共识，贯穿于组织的所有活动之中，并对组织的整体工作产生深远影响。组织文化塑造了成员的精神风貌以及整个组织的品质、行为模式和竞争力。深入研究组织文化不仅有助于我们更好地理解和预测组织成员和整体的行为，还能有效地引导和管理这些行为。

一、组织文化的定义

组织文化是指影响和决定组织行为模式的一套价值观和信仰体系，它是组织成员共同持有的一组价值和信念。这套体系在很大程度上塑造了组织成员的行为方式，反映了他们共有的理念和观点。就像每个人拥有独特的个性一样，每个组织也有其独有的特质，这被称为"组织人格""组织气氛"或"组织文化"。在更广泛的国家、民族和社会文化背景中，组织文化属于微观层面的文化形态。无论是政府机构的官僚文化、学校的校园文化、军队的军事文化，还是以生产和经营为主的企业文化，每个由人组成并追求特定目标和结构的

---

① 资料来源：刘亚洲. 餐巾纸上的伟大公司. 东方企业文化，2012（1）：49-50.

社会集合体都拥有其独特的文化。

在《企业文化》一书中，早期的公司文化研究者特伦斯·E. 迪尔（Terrence E. Deal）和阿伦·A. 肯尼迪（Allan A. Kennedy）描述文化为"我们在这里开展工作的方式"。他们强调，无论是企业还是任何组织，都拥有自己的独特文化，这种文化对组织产生深远的影响。在他们的定义中，文化被视为一种隐性、潜在、难以明确界定且被普遍接受的存在。每个组织都有一套核心假设、信仰和隐性规则，这些规则在工作环境中指导着员工的日常行为。无论是高层管理者还是基层员工，违反这些规则都会面临同事的责备和严厉的制裁。遵循这些规则是获得奖励和职业晋升的基本条件。

埃德加·沙因把组织文化描述为"一套基本假设——一个特定组织在学会处理适应外界和整合内部问题时，发明、发现或发展出来的假设——这些已被实践证明行之有效，因而被认为是正确恰当的，也因此被传授给新进成员，作为理解、思考和感觉那些难题的正确方法"。沙因并没有把组织所做的每一件事都视为其文化的一部分，他的观点更偏重心理方面。沙因的基本假设在其他地方被以许多种方式重新编写和重新演绎——最近的一种是克里斯·阿吉里斯（Chris Argyris）的"使用中的理论"。

沙因强调，企业文化的创造和发展核心在于组织所倡导的价值观。沙因认可个人领导者在塑造和推动这些价值观，从而形成公司整体文化的重要作用，这也激发了对企业文化创始人这一角色的深入探讨，例如亨利·福特（Henry Ford）和 IBM 的托马斯·沃森（Thomas Watson）对此产生了浓厚兴趣。沙因认为，组织文化不仅决定了组织的价值观和相应的行为模式，而且它深深根植于组织的底层结构中，使得其理解和解读变得异常复杂。对组织结构、信息系统、管理方式、目标和规则，以及组织内部的故事等物质层面的分析，只能揭示有限的文化信息。

可以看出，不同学者对文化的定义侧重点各异。例如，特伦斯·E. 迪尔主要着重于文化的内在要素，即价值观，而沙因的定义则更为广泛，既涵盖内在价值观，也包括外在的、表现形式的文化元素。实际上，文化的核心是某个群体共有的、相对稳定的价值观念，这些价值观能通过各种形式如习俗、语言等表现出来。总的来说，组织文化反映了组织内部员工共同认可和接受的信仰、期待、理想、价值观、态度和行为规范。这些元素不仅促进员工的凝聚力，还帮助他们理解公司政策；组织文化既是组织成员的思想、思维方式和行为模式，也是组织规范和组织生存氛围的综合体，它既是客观存在的，也是对客观条件的一种反映。组织文化体现了组织中的非正式、可感知部分。

组织文化可以理解为在组织长期发展过程中形成的、对其存续和发展产生重大影响的、以价值观为核心的组织精神、行为模式和文化网络的集合。组织文化虽然可能不是影响企业成长的最直接因素，但却是最持久和决定性的因素之一。组织文化理论起源于 20 世纪 80 年代初，随着企业文化研究的深入而发展。1985 年在美国出版的三部专著——《组织文化》《赢得公司文化的控制》《组织文化与领导》的出版，标志着研究领域从企业文化扩展到了组织文化。这些作品探讨了组织文化的基本职能、发展、形式，以及组织变革和相关的文化变革过程，从而使组织文化的理论体系更加完善。

二、组织文化的结构和内容

（一）组织文化的结构

人们一般认为组织文化分为三部分：一是精神文化部分，二是制度文化部分，三是物质文化部分。我们认为组织文化的结构应包括物质文化、行为文化、制度文化和精神文化四个部分，见图13-1。

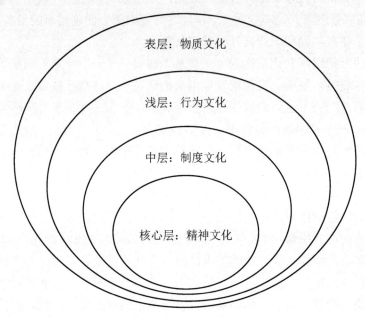

图 13-1　组织文化结构示意图

1. 物质文化层

物质文化层也是组织文化的表层，是由企业员工共同创造，通过产品、物质设施等表面元素反映出的文化层面。这一层主要涵盖了以下两个方面。

（1）产品与服务：这是企业物质文化的核心，体现在企业生产的产品和提供的服务上。它包括产品的整体形象、质量标准以及产品设计中融入的文化元素。

（2）组织环境与容貌：这部分是物质文化不可或缺的一环，主要指的是各种物理设施、建筑物和员工的休闲设施。组织的形象和个性化特征在其中得以体现，包括企业的名称、标识、空间布局和结构等。

2. 行为文化层

行为文化层是指组织成员在生产、生活、学习、娱乐过程中产生的文化现象。它包括组织经营、宣传教育、人际交往、文娱体育活动中产生的文化现象。它是组织精神和价值观在人行为上的折射。从成员结构上看，企业行为文化主要包括领导者行为、模范人物行为、组织成员行为等。

（1）领导者行为：领导者不仅是组织的核心，还是文化的塑造者和传播者。他们的个性、兴趣、精神状态、思维方式和目标追求深刻影响着组织文化的形成和发展。领导者的行为直接影响组织文化的质量、成员对组织的信任度以及组织的整体发展。

（2）模范人物行为：在具有卓越文化的组织中，那些能够代表组织价值观的模范人物受到高度尊重。他们通过个人行为将组织价值观具体化，成为其他成员学习和模仿的榜样。

（3）组织成员行为：组织成员行为是构成企业文化的核心。作为组织的主体，成员们的集体行为塑造了组织的整体精神面貌和文明程度。因此，塑造组织成员群体行为是构建和维护组织文化的关键部分。

3. 制度文化层

制度文化位于组织文化体系的中层，是具有本组织文化特色的各种规章制度、道德规范和职工行为准则的总称，包括领导结构、组织架构、规章纪律以及在生产和经营活动中的交流方式和行为规范。作为一种强制性文化，它通过正式的规章制度对组织内个人行为进行规定，对新成员提出具体要求，引导他们遵循组织的规则行动，从而逐渐培养出与组织价值观相一致的行为模式。

制度文化的核心在于通过明确的规范和指导，确保组织成员的行为与组织的目标和价值观保持一致。这不仅有助于维护组织秩序和效率，而且通过塑造统一的行为模式，强化了组织的整体凝聚力和文化认同感。

4. 精神文化层

与物质文化、行为文化和制度文化相比，精神文化是更为深刻和根本的文化表现。它位于组织文化体系的核心，并对组织的整体文化产生深远的影响。组织的精神文化是在特定的社会文化和意识形态背景下，通过长期的组织发展过程形成的一系列核心精神和价值观念。这包括组织的核心理念、管理哲学、道德观、价值观以及组织的整体风貌等方面，这些都构成了组织的意识形态基础。

精神文化不仅是物质文化、行为文化和制度文化的高级形态，而且在很大程度上影响和决定着这些文化层面的形成和发展。它是组织文化的灵魂，贯穿于组织文化的各个层面，影响着组织成员的思维方式、行为模式和决策过程。简言之，精神文化是组织文化的根基，它深刻地影响着组织的整体文化氛围和发展方向。

（二）组织文化的内容

为了精确地理解和阐释组织文化的本质，必须深入分析和推理组织文化的关键成分。这些要素虽可以被研究，但往往难以明确界定。例如，两个不同公司的颁奖典礼虽形式相似，但其背后的意义却可能截然不同。组织文化的一些显著、核心且可观察的要素包括经营理念与价值观、礼节和仪式、故事和专用语言等。这些要素共同构成了组织文化的基础，反映了组织的独特性和内在精神。下面将就这些要素进行进一步的分析。

1. 经营理念与价值观

组织价值观是指一个组织对于其行为方式和目标状态的特定判断与选择，它反映了组织对于最重要事物的看法，以及对应有和不应有行为的评价标准。这些价值观构成了一个体系，突显了组织对各种关键特性的重视程度。在实际运作中，这些价值观通常体现为组织对其宗旨、精神、经营理念、作风和人员价值的评估。

具体而言，组织价值观是管理层和员工对组织的生产、经营、服务活动及其指导原则的共同看法和基本观点。它揭示了员工对于组织活动重要性的理解，指导组织活动的重点，赋予成员对组织存在意义的新解释。这包括了组织的目的和意义、各项规章制度的必要性与效用、不同层级和部门员工行为与组织利益之间的联系等。

每个组织的价值观都具有不同的层次和内容。成功的组织总是在不断创新和更新其信念，追求新的、更高的目标，以适应不断变化的环境和挑战。

2. 礼节和仪式

礼节和仪式是组织文化中不可或缺的组成部分，通常表现为精心设计和周密安排的活动，这些活动不仅重现特定事件，还经常被重复举行。它们的目的是表达和加强组织的特定价值观，同时为赞誉那些体现这些价值观的杰出人物提供场合，为员工学习组织价值观提供机会，以及促进组织成员间共享重要理念的交流。

仪式在组织中有多种形式，主要可以分为四类：进阶仪式帮助员工适应新的角色和地位；增进仪式增强员工对组织的承诺感并提升其地位；复兴仪式体现在改进组织效能的培训和发展活动中；整合仪式则增强员工间的团结和归属感，提高对组织的认同。

以海尔集团为例，其内部竞争上岗制度就是一种进阶仪式。该制度通过公开发布空缺职位，鼓励任何员工应聘，从而提供向新角色和地位转变的机会，反映了海尔对人才的开放和公平竞争的价值观。

另一个例子是麦当劳每年一次的全美最佳汉堡烤制团队竞赛。这一内部竞赛不仅强调了制作汉堡的标准程序，也是一种复兴仪式，旨在强化员工对汉堡质量的重视，反映了麦当劳注重"QSCV"（Quality，Service，Cleanness & Value）精神和团队绩效的价值观。

3. 故事

故事在组织文化中扮演着重要角色，通常是关于组织内真实事件的详细描述，经常在员工之间传播或向新员工讲述。这些故事往往与组织的创始人、杰出人物、重要事件，如违反规章制度或裁员等相关，有时还会融入一些虚构元素。它们通过反复讲述，传递组织的价值观，为员工提供共享的理念和行为标准。

以下是两个使用故事塑造组织文化的经典案例。

大庆化肥厂有一个故事：在一次大检修期间，一名徒工不慎将螺丝刀掉入压缩机进气管。虽然他可以不报告这一情况，但经过内心斗争，他选择了如实向班长汇报。全班工人经过3小时的努力，最终用磁铁将螺丝刀取出。党支部既批评了徒工的疏忽，也表扬了他的诚实，防止了严重的机械损坏，体现了"三老四严"的工作作风。这种精神激励了采油工人，无论条件如何，都坚守岗位，认真工作。

另一个例子来自海尔。创业初期，海尔面临亏损，张瑞敏发起了一次具有象征意义的活动，即"砸76台冰箱事件"。在全厂员工的见证下，负责生产这批次冰箱的工人亲手摧毁了这些不合格产品。这一行为不仅让张瑞敏和员工们深受感动，也强调了质量的重要性。从此，"质量高于利润"的理念深植于海尔员工心中，成为他们追求名牌战略的核心准则。

4. 专用语言

许多组织使用谚语、口号、隐喻或其他形式的语言向组织成员传递特定的含义。对语言的学习和重复使用有助于员工接受和坚持组织的价值观。

使用语言来塑造组织文化的精彩案例如下。

（1）IBM使用隐喻"野鸭子"来描述公司所需雇员的类型。"野鸭子"表明"你能使野鸭子驯服，但永不能让已驯服的野鸭子再变野"。

（2）通用电气公司的经营理念是"我们最重要的产品是进步"。

（3）杜邦公司的经营宗旨是"通过化学的方法为改善生活而生产更好的产品"。

（4）海尔集团在其自身发展的过程中，用一系列口号来表明海尔对服务、人才、质量、品牌的价值判断，如：

海尔精神——敬业报国，追求卓越；

海尔作风——迅速反应，马上行动；

海尔管理模式——OEC（日事日毕，日清日高）；

海尔名牌战略——要么不干，要干就干第一；

海尔质量观——高标准，精细化，零缺陷；

海尔营销观——先卖信誉，后卖产品；

海尔服务观——顾客永远是对的；

海尔人才观——人人是人才，赛马不相马。

5. 物质象征

物质象征是组织文化中可见的物理表现，它反映了组织的价值观和理念。这些象征包括组织的标志、产品及其广告和包装、建筑风格、生产环境、办公室布局和装饰、高层管理人员的特权以及员工的着装等。这些物质元素向员工传达了哪些人在组织中具有重要地位、组织所推崇的价值观以及哪些行为是可接受的。

海尔集团的"乾泉"和"五龙钟塔"是利用物质象征加强组织文化的一个显著例子。这两个象征不仅寓意着海尔人"生生不息，追求卓越"的企业精神和"顺应天时，兼顾人和"的哲学，还激发了员工的紧迫感和危机感，提醒他们要不断奋斗，展现海尔人的雄心壮志。这些象征性的物质元素在员工心中深植了海尔的核心价值观和企业精神。

苹果公司的"无限循环"总部大楼是另一个利用物质象征加强组织文化的典型例子。这座圆形的建筑物不仅在设计上展现了苹果对创新和美学的执着，而且象征着无限的创意和循环的进步理念。整个建筑采用了大量玻璃和自然光，反映了透明和开放的价值观。内部空间的布局，如开放式办公区和众多的合作空间，促进了跨部门的交流和合作，强调了团队合作和内部沟通的重要性。此外，公司在办公环境中融入了高科技和环保元素，如智能温控系统和使用可再生能源，这不仅展示了苹果对环境责任的承诺，也反映了其先进技术和创新精神。通过这些建筑和设计元素，苹果公司的总部大楼成为其组织文化的物质化表达，向员工和世界传达了其核心价值和理念。

三、组织文化的特征

组织文化是社会文化的关键组成部分，它既融合了社会和民族文化的普遍特质，又展现了自身独特的属性。由于文化层次的不同，不同文化体系拥有各自的功能、目标和任务。作为一个文化的子系统，组织文化的特点主要体现在以下几个方面。

1. 民族性

不同民族因其特定的经济状况和社会背景，形成了各自的独特文化。组织文化的生长以同质的民族文化为基础，并相互影响、相互渗透，使一个特定的社会组织的组织文化呈现出民族性特征。中国的组织文化深受中华民族文化的影响，这种影响具体体现在几个方面。比如，重视集体主义和和谐的价值观在许多中国企业中占据核心位置，强调团队合作和集体利益超过个人利益。此外，中国组织文化还强调传统的道德观念，如诚信、勤勉和尊老敬贤等。这些文化特征在中国的企业管理、员工关系以及日常商业实践中都有明显体现。

2. 实践性

组织文化不是凭空产生或仅依靠空洞的说教就能构建的，而是必须在实际的生产和经营管理过程中有意识地培育和发展。这种文化随着实际操作的展开而逐渐形成。同时，组织文化一旦确立，也会反向指导和影响生产经营的实际操作。

3. 独特性

所有组织，无论规模或类型，都根植于各自独特的社会和历史文化背景之中。在自身特定的实践活动中，每个组织都形成了与众不同的思想意识、价值观和行为规范，并持续地进行功能上的结合和发展。每个组织的文化都独一无二，这是由其所处的行业、规模、市场环境、社会文化背景、组织风格、管理方式、领导力和员工素质等多种因素共同塑造的。

4. 时代性

组织的运行总是在特定的时间和空间环境中进行，这使得它不可避免地受到当地政治、经济和社会文化环境的影响和约束。因此，组织文化是在其所处时代的背景下形成的，它反映了那个时代的精神和特点。在当今时代，组织文化深受现代经营和管理理念的影响，这包括市场经济意识、竞争意识、效益与效率的意识、客户至上的理念、战略管理的思维以及对公共关系的关注等。

5. 可塑性

组织文化区别于传统的组织管理模式，它不将员工视为消极的被动对象，而是作为组织管理中的积极参与者。在组织文化中，员工通过共享的价值观来实现内部控制，自我监督和调整自己的日常行为，以符合共同的价值标准。因此，组织文化强调员工行为的自主性和主动性，致力于培养团队的集体心理，努力挖掘每个成员内在的潜力，并激发他们的创造性。同时，它也强调个体行为与群体行为的和谐统一，从而形成一个团结协作的组织整体。

6. 整体性

组织文化由价值观、经营原则、道德标准和传统风格等精神要素组成。这些要素不是孤立存在于组织中的，而是通过系统的分析和整合，形成了一个有机的整体，营造出一种整体的文化氛围。组织文化旨在建立组织内部共享的目标信仰、价值观、行为规范和道德标准，将个人目标与组织的整体目标相结合，促使组织成员的个人观念向集体观念转变。在共同目标和利益的基础上，组织成员紧密联结，自觉协调个人与集体、短期与长期利益的关系，从而产生强大的向心力和凝聚力，共同构成组织的整体力量。

7. 综合性

组织文化的根本任务是寻找管理要素的最佳组合和保持动态平衡。由于组织是一个具有高度综合性的集体，要想发挥其整体优势和功能，仅限于研究组织的某个方面或层次是不够的。组织文化关注的是全面的组织管理，它全面研究组织，旨在揭示组织内部各个要素和子系统之间的深层联系。组织文化中的任何一个要素都不能孤立存在或单独发挥作用。它们必须相互联系、相互影响、相互渗透，不断地在功能上组合并转化为员工的具体行为。这样才能激发员工的主动性和创造性，增强组织的凝聚力、向心力和持久性。最新研究认为，下面七个方面的特征是组织文化的本质所在。

（1）创新与冒险：组织在多大程度上鼓励员工创新和冒险。

（2）注重细节：组织在多大程度上期望员工做事缜密、善于分析、注重细节。

（3）结果导向：组织管理人员在多大程度上集中注意力于结果而不是强调实现这些结果的手段与过程。

（4）人际导向：管理决策在多大程度上考虑到决策结果对组织成员的影响。

（5）团队导向：组织在多大程度上以团队而不是个人工作来组织活动。

（6）进取心：员工的进取心和竞争性如何。

（7）稳定性：组织活动重视维持现状而不是重视成长的程度。

以上每一种特征都表现为一个组织成员对组织所持的共同感情、在组织中做事的行为方式、组织成员应有的行为方式从低到高的连续带。

课后实训：文化探索赛

［分组与角色］将学生分成小组，每组4—6人。每组选择不同的企业（真实或虚构）作为研究对象。

［任务分配］每组成员分担不同的研究角色，如历史研究员、文化分析师、创新专家等，每人负责收集和分析不同方面的信息。

［研究与准备］每组对选定的企业进行深入研究，了解其企业文化（使命、愿景、价值观等）并准备一场简短的演讲或展示。

［展示与讨论］每组轮流进行展示，分享他们的发现和对企业文化的理解。

［互动环节］在每组展示后，允许其他小组提问或评论，增加互动和深入讨论。

［综合活动］游戏的最后阶段，让学生结合他们从各组学到的最佳实践设计一个小型的"理想企业"，并展示这个企业的文化特点。

第二节　组织文化对组织行为的影响

近年来，组织文化的重要性被越来越多的企业所认识，特别是在其对员工行为的影响方面。现代组织正逐步放宽管理控制，转向更扁平的组织结构，推广团队工作模式，降低制度化和形式化，给予员工更多的自主权。在这样的背景下，强有力的组织文化变得尤为重要，它提供了一个共同的价值观体系，确保所有人朝着相同的目标努力。普遍看来，健全的组织文化能够促进组织运作的成熟、提高员工的工作投入、增加组织的利润、提升组织的效率。

强有力的组织文化可以有效地替代制度化、形式化的管理。虽然制度化、形式化的规章制度能够规范员工行为，并提供可预测性、稳定性、秩序和行为一致性，但强大的组织文化也能实现这些目标。因此，组织文化和制度化、形式化应被视为达成同一目标的两种不同手段。组织文化越强，管理者就越能减少依赖规章制度来规范员工行为。一旦员工内化了组织文化，那些规章制度便自然融入他们的行为中。组织文化在组织中发挥着导向、规范、凝聚、激励、稳定、创新等多重功能。

一、组织文化的导向作用

组织文化的核心功能是增强组织目标与个人目标的一致性，以及强化组织成员间共享的价值观、信念和行为规范。它主要通过两种方式发挥导向作用。首先，它通过口号、故事和仪式等方式直接影响员工的性格、心态和行为，帮助塑造员工的态度和行为，使之与组织的目标和需求相符合。其次，它通过培养整体的价值认同来引导组织成员，使他们不知不觉地接受和内化组织的共同价值观。强大的组织文化能够像汽车的方向盘一样，长期引导组织成员自觉地为实现组织目标而努力，这是其功能中更为重要的一面。

二、组织文化的规范作用

组织的高度规范化可以带来可预测性、秩序性和行为一致性。同样，组织文化也能实现这些目标，因此应将其视为与制度规范并行的一种方式，用于聚合、协调和控制员工行为。当组织文化中的价值观、信念和行为准则内化为员工个人的价值观时，制度规范所要求的行为会自然而然地成为员工的自觉行为。健康而适应性强的组织文化能将组织的强制控制转化为员工的自我控制和自我协调。

组织文化创建了一系列非正式且未被明文规定的行为准则，员工会自觉地遵循这些文化规范和约束，并根据价值观的指引进行自我管理和自我控制。这种自我管理在很大程度上补充了单一规范的局限性。例如，迪士尼员工的专业、整洁、友好和热情服务并非偶然，而是迪士尼公司长期追求和倡导的结果。强有力的组织文化，辅以正式的规范制度，确保了迪士尼员工行为的高度统一。

三、组织文化的凝聚作用

组织文化像一种社会黏合剂，通过提供行为标准，将组织成员紧密结合在一起。这种强大的文化培养出成员间的集体认同感，并指导他们有效合作。组织文化界定了组织内部的沟通方式、协调机制和合作模式，明确了哪些行为是被接受的，哪些则不可接受。它使得组织成员不仅关注个人利益，而且重视组织利益。

组织文化通过各种方式影响人们的思维和情感，融合他们的理想、信仰、行为方式和情感，培养集体意识。在这种文化环境下，组织成员通过自身体验形成对工作的自豪感和使命感，以及对组织的认同感和归属感。这种文化连接了个人的思想、感情和行为与整个组织，从而赋予组织强大的向心力和凝聚力，使得整个组织能发挥出巨大的整体效能。

四、组织文化的激励作用

激励是指通过外部激励使个体产生积极向上的动力。在一个良好的组织文化环境中，每个成员的贡献都能得到及时的认可，这能激发他们的荣誉感和责任心，鼓励他们为取得更大的成就而努力。

心理学研究发现，人们在认识到行为的社会意义时，会产生更大的动力。一个心理学实验就证明了这一点：在不同动机下，实验对象展现了不同的耐力和坚持性。第三组实验对象被告知其活动与重要的社会任务相关，结果他们表现出最强的耐力。

推广组织文化的过程本质上是帮助员工建立强烈的使命感和持久驱动力的过程。积极的价值观和行为规范为员工提供了自我激励的标准，通过对比自己的行为和标准间的差距，员工能够找到改进工作的动力。此外，共享的组织价值观成为强大的精神支撑，为员工带来认同感、归属感和安全感，从而实现员工相互间的激励作用。

五、组织文化的稳定作用

组织文化是一个组织在其长期发展过程中逐步建立的，它汲取了本民族、本地区和本组织文化的精华，与历史上的文化保持着一致性，因此在发展过程中显示出连续性。此外，由于组织文化是在继承过往文化基础上形成的，它也表现出较强的稳定性。组织文化不会因为组织结构的变化、战略的转变或产品与服务的调整而轻易变化。在组织中，物质文化的变化可能较快，但精神文化和核心价值观相比之下更为稳定。

组织文化为组织的稳定发展提供了坚实基础。它具有固有的稳定性和连续性，一旦确立，便深入组织生活和成员内心，持续而稳定地发挥作用。即便企业遭遇重大人事变更，也能够稳健前进、持久发展。例如，尽管松下幸之助已经去世，但松下电器公司的企业精神依旧发挥着作用，其文化并未因松下幸之助个人的离世而受到影响。

六、组织文化的创新作用

组织文化在其形成和发展过程中，通过吸收其他文化的优秀元素而不断进步和提高。它随着时间的积累、社会的发展、环境的变化和组织的变革而演变。一个强大而健康的文化能帮助组织适应外部环境和应对变革，而一个弱势或不健康的文化可能会阻碍组织的发展。因此，改革和重塑健康的组织文化，是组织适应外部变化、改变员工价值观的关键过程。

组织文化发展的一个核心特征是创新。在不断变化的时代和环境条件下，组织面临着新的挑战和问题。这就要求组织不断适应环境，创新其文化，激发成员的创新动力，提升创造力，并引导创新行为。这样，组织才能有效应对外部环境的挑战，实现独特的创新成就，并保持其持久的活力。

文化的功能在企业中具有显著的整合性。企业文化的六大功能——导向、规范、凝聚、激励、稳定和创新，并不是独立运作的，而是在企业运营和管理的各个层面上相互作用和相互补充，共同发挥作用。这意味着当企业文化强调一种特定的价值观或行为标准时，它不仅仅是指导员工的行为，同时也在规范这些行为，增强团队的凝聚力，激发员工的积极性，维护组织的稳定，并促进创新思维的发展。这些功能相互交织，形成了一种强大的文化力量，使企业能够在快速变化的市场环境中保持竞争力和活力，帮助企业实现其长远的战略目标和愿景。

第三节　组织文化建设

组织文化是多种多样的，因地域、市场经济模式和文化背景的不同而有所差异。例如，日本的"松下文化"和美国的"IBM文化"反映了它们各自国家和经济模式下的组织文化特点。同样，在一个国家内，不同的组织历史、性质和员工构成也会导致不同的文化模式，比如中国的"海尔文化"和"宝钢文化"就各有特色。

对于管理者来说，关键在于深入分析自己组织的具体情况，塑造并强化适合组织特点的文化。为了保持组织文化的活力，以及确保其在组织发展中的作用，管理者还需要根据外部环境和战略的变化，适时调整或重塑组织文化。

一、组织文化的创建

文化的形成是一个复杂的过程，涉及组织共同目标、创始人的影响、实际条件和传统心理的交互作用，以及学习和创新的结果。

组织的文化有的已相对定型，比较系统，是一种强势文化；有的尚未定型，未形成系统，是一种弱势文化。针对已形成强势文化的组织，文化建设的关键在于维持或重塑适应性的文化；而对于那些文化尚未定型的组织，重点应放在根据组织的战略、环境、历史和民族文化背景来创建和维护一个适应性强的组织文化。

根据国内外组织实践经验，组织文化的创建应注意以下两个方面的问题。

（一）正确地确定组织文化的内容

组织文化应与组织战略和环境紧密结合，以促进组织的发展。构建组织文化时，我们需要客观分析组织的实际情况、历史传统和战略目标。

首先，考虑历史发展趋势和文化的逐渐演变，将国家和组织的目标及战略融入组织文化的内容中。随着生产和生活方式的变化，人们的心理和行为模式也随之发展和变化。例如，目前在我国，人们的生活方式从贫穷保守向富足自由转化，企业也从生产型、执行任务型向自主经营、自负盈亏方向转化，组织文化必须适应这种转变，满足组织目标和战略的需求。

其次，组织文化的内容应基于组织的物质基础、生产性质和员工素质。不同行业应有不同的组织文化特点，如基础性产业需要远见卓识和严谨态度，日用品企业需要灵活快速的应变能力，而高科技公司则应倡导创新和冒险精神。

最后，我们应借鉴其他民族和企业的优秀文化特点，同时发扬本企业的优良传统，创新本企业的文化模式。企业应结合自身和民族的传统优点，如中华民族的勤俭敬业精神、美国的独立创新意识和日本的集体价值观，进行辩证分析，吸收精华，摒弃糟粕，创新塑造自己独特的企业文化系统。

（二）高层领导者是组织文化的创建者

组织文化往往是由高层领导层通过其价值观、信念和行为方式来倡导、发展和加强的。领导者的这些特质直接塑造了组织的文化特色，并在员工中形成共鸣，成为区分组织的核心精神象征。例如，微软公司的文化很大程度上反映了其创始人比尔·盖茨的特点——进取心强、富有竞争力和创新精神，这些也正是微软的核心特征。公司高层领导者是组织文化创建者的例子还有许多，如索尼公司的盛田昭夫、松下电器公司的松下幸之助、贝尔电话公司的费尔、海尔公司的张瑞敏、北京开关厂厂长黄国诚等。

许多公司的成功归功于领导层所倡导的价值观和行为准则。领导者通过展示愿景、日常行为、仪式和物质象征来传达组织价值观，并通过正式的结构和系统将这些文化特征制度化。员工通过观察领导者的行为来学习和内化这些价值观和信念。当领导者在坚持价值观时表现出强大的勇气、决心和自我牺牲精神，就更易赢得员工的信任和尊重，进而利用这种尊重和信任来激励员工追求卓越的绩效。特别是当领导者为了组织价值观做出个人牺牲时，其对员工的影响力和激励作用将更加显著。

二、组织文化的塑造和完善

建设组织文化实质上是在一个已有特定价值观和行为习惯的环境中，逐步用新的价值观和行为模式取代旧的体系。这个过程充满挑战，涉及解决旧习惯与新理念之间的矛盾和冲突。因此，在创建了适合组织的文化之后，为了保持其活力并确保新的价值观和行为方式能被员工内化，组织需持续进行宣传、实践，并实施规范的管理。只有这样，新的价值观和行为方式才能真正成为员工自然而然、自愿遵守的行为准则。

（一）通过制度规范，强化组织文化

文化演变是一个缓慢且复杂的过程，改变根深蒂固的价值观和行为模式尤其困难，有时甚至是痛苦的。例如，一些企业员工的思维中深植着平均主义、小富即安和不求有功但求无过等观念。因此，一旦组织的高层领导认定新的组织文化是合理且必要的，他们应通过宣传教育并结合相应的政策、规范和制度来推动这一变革，通过实施奖惩机制强制性地促使员工实践新文化，逐步改变他们的价值观和行为模式。

制度规范是组织文化的基础和载体，它通过组织形式和规章制度，定义员工应遵守的程序、规则和行动准则。这些规范旨在约束和矫正行为，帮助员工更好地理解和接受组织文化中的新价值观和行为模式。

以海尔公司为例，海尔在确立"用户永远是对的"和"真诚到永远"的理念后，制定了如"国际星级一条龙服务""30秒顾客速查档案"和"24小时服务到位"的制度规范，确保这些理念得到实践。在质量方面，他们建立了"OEC管理法"，即"日事日毕，日清日高"管理系统，全面控制每个人、每天、每件事。而与"人人是人才"理念相对应的是"赛马机制""自主班组管理"和"岗位轮换"等办法，以及"公开、公平、公正"的自由竞聘措施，建立了如"干部红黄榜"和"三工轮换栏"等有形制度，促进了文化的内化和行为模式的改变。通过这些严格而具体的制度规范，海尔成功地将其文化价值观内化为员工的行为模式。

（二）高层管理者身体力行，培植组织文化

为了有效塑造价值观，领导者必须亲身实践并坚定地推广他们所倡导的价值观。这需要领导者不仅诚恳踏实，而且要持之以恒地投身于实践这些价值观，同时要展现出超乎寻常的坚韧来强化它们。高层管理者应身体力行，将组织的价值观和行为准则融入组织的日常运作中。

同时，培养组织文化不仅是高层管理者的责任，而且需要领导团队的统一思想和行动。以美国联合航空公司为例，当爱德华·卡尔逊（Edward Carlson）被任命为总裁，面对公司年亏损5000万美元的情况时，他提出实施现场管理的原则。卡尔逊每年旅行20万英里（约32万千米），与员工交谈，听取意见，并亲自指导工作以改善上下级关系。他还要求高层团队的15名成员都采取同样的做法，使得组织的高层管理者平均65%的时间都在现场进行调研和管理。这种领导方式有效地促进了组织文化的深入发展。

（三）反复宣传，加强培训，帮助员工适应组织文化

员工适应组织文化是一个由原有价值观和行为模式向组织倡导的新价值观和行为规范转变的过程，也可以看作员工社会化的过程。这个过程分为三个阶段：原有状态阶段、碰撞阶段和调整阶段。

在原有状态阶段，员工带着自己在学校或之前的工作中形成的价值观、态度和行为习惯加入组织。当组织创建新的文化体系或新员工进入组织之后，就开始了碰撞阶段。在这一阶段，如果员工的价值观与组织文化相符，他们会迅速适应；如果存在差异，员工需要摆脱过去的价值观，进入调整阶段，以适应组织的新价值观和规范。这个调整过程是漫长且潜移默化的，会影响员工的工作表现、对组织目标的承诺，甚至可能导致失望或离职。

为了维持组织文化的活力，需要采取措施帮助员工适应。首先，在招聘过程中，确保新员工的价值观与组织文化相符。例如，康柏计算机公司通过详细的面试过程筛选符合其团队文化的求职者。其次，加强培训，帮助员工理解并接受新的价值观和行为规范。如三洋公司通过五个月的强化训练，使新员工完全融入公司文化。最后，通过故事、仪式、象征等手段广泛宣传，让组织文化内化为员工的自觉行为。比如北京·松下彩色显像管有限公司的员工每周一参加升国旗仪式，共同宣读公司目标和精神，强化组织文化。

三、组织文化发展的趋势

组织文化由一系列相对稳定的元素构成，一旦确立，便成为指导公司全体成员行为的准则。然而，组织文化也需要与时俱进，根据外部环境和竞争条件的变化进行相应的调整和变革。组织文化的未来发展将体现在几个主要趋势上。

（一）"双赢"的组织文化

麦肯锡咨询公司提出的21世纪企业发展的新战略"协作竞争、结盟取胜、双赢模式"是一种响应新经济需求的网络型战略。其核心思想是优势企业联合起来，目的是压制竞争对手。这种战略虽然在责权关系上较为灵活，但实质上是对企业组织制度和经营机制的一次创新。自20世纪80年代以来，结盟、兼并、接管等形式不断演变，这是经济发展和全球化的必然趋势。

这种趋势对组织文化的发展提出了新的挑战，尤其是在企业重组、联合或兼并过程中组织文化的融合问题。在这些过程中，不仅要考虑经济和财务因素，更重要的是要关注文化差异。不同企业有着各自独特的文化特征，如创业历史、发展目标、经营理念、所处环境和团队素质等。如果不能有效融合这些文化差异，就可能出现表面统一而内部分裂的局面。

要形成有效的"协作竞争、结盟取胜、双赢模式"组织文化，企业需采取以下措施：首先，根据不同企业的具体情况，采取差异化的融合策略；其次，双方都需要克服排他心理，加强理解和交流，吸收对方文化的优点，形成更加卓越的融合后的组织文化。这样，企业才能增强生命力、凝聚力和竞争力。

（二）不断学习的组织文化

20世纪末，最成功的企业被认为是那些发展成为学习型组织的企业。这些组织不仅在业绩、竞争力、生命力和活力方面表现突出，更重要的是，它们促进了人们在学习过程中心灵的成长和生命意义的升华。随着知识经济的兴起，企业组织形式趋向扁平化和灵活化。管理的核心在于激发人的主观能动性，从线性思维转向系统思维和创造性思维，这对个人和企业的知识水平提出了更高要求。彼得·圣吉（Peter Senge）在其著作《第五项修炼》中强调，系统思维和创造性思维源于知识的灵活运用及智慧的开发。因此，学习对于组织的持续发展极为关键。在新经济环境下，学习型组织仍将是最成功的企业模式，且在组织文化建设中将受到更多关注。然而，在学习过程中，需要注意个人与团队的搭配。良好的搭配能为企业带来强大的发展动力，推动其快速发展；而不良的搭配，尽管个人和团队都在不断学习，但如果"个性"过强，可能会阻碍企业的发展。

（三）与生态文化有机结合的组织文化

生态文化是一种涉及生态环境、伦理和道德的新型管理理论，它总结了人们在解决人与自然关系问题上的思想和心理态度。这一概念属于生态科学范畴，专注于探究人与自然之间的关系，并强调生态精神。组织文化作为管理科学的一部分，主要研究人与人之间的关系，突出人文精神。尽管生态文化和组织文化侧重点不同，但它们都是一种发展观，运用系统的视角和思维方法，注重从整体角度进行研究。两者都强调科学精神，即实事求是和认真探索的态度。

从狭义角度来看，生态文化和组织文化都是观念形态文化和心理文化，以文化为引导，以持续发展为目标。在实践中，组织文化的发展需要与生态文化相结合，原因有三：首先，许多企业在建设组织文化时，虽然重视人的价值，却忽略了对周围环境的影响，导致环境恶化和高成本的环境治理；其次，现代消费者更倾向于选择绿色产品，企业也希望通过"绿色浪潮"提高产品的生态价值；最后，为了实现可持续发展，企业必须走向"生态化"。将生态文化融入组织文化不仅能扩展组织文化的内涵，还有助于企业树立良好的形象。

（四）有独特个性的组织文化

企业形象关乎企业的成败和竞争力，是由企业的知名度和美誉度共同塑造的。这种在公众心目中的印象，对企业来说，就如同一项重要的无形资产。企业精神的独特个性和特色是企业在激烈竞争中脱颖而出、吸引公众关注的关键。

以几个著名企业为例，北京同仁堂的"济世养生"和对产品质量的坚持、"炮制虽繁必不敢省人工，品味虽贵必不敢减物力"的理念，杭州胡庆余堂坚守的"戒欺"原则，宁波雅戈尔集团的"装点人生，服务社会"宗旨，大连燃料总公司提倡的"燃烧自己，温暖他人"精神，这些都是具有行业特色和独特文化底蕴的企业精神口号。

在未来，企业精神的表达将更加注重共性与个性的结合，强调独特性而非全面性，追求具有独特文化魅力的特色，通过明确和独特的精神理念，来构建自己的独特形象和文化魅力。

（五）以人为本的组织文化

商业化管理的核心特点是以物质和利润最大化为中心，往往忽略了人的重要性，强调铁的纪律、绝对服从和权威。在这种管理模式下，劳资关系仅仅是雇佣关系。然而，著名学者杨振宁指出，在 21 世纪，企业竞争的关键在于人才和科技，特别是在中国快速发展的过程中。

与此相对，组织文化理论的核心是倡导以人为本的管理哲学。它不仅重视员工的体力劳动，更重视智力资源的开发和人的因素。这种理念反对那种只看重物质而忽视人的管理思想，强调培养先进的组织文化和发挥人的主体作用应成为企业管理的核心。

因此，企业在组织文化建设中，应超越传统的商业化思维限制，将重点放在人的建设上，加强对员工的关注和发展，依赖于人才的培养和智力资源的有效利用。

在不断变化的经济、社会和竞争环境中，组织文化的内涵也在不断丰富和演变。对于企业来说，关键在于持续积累其独特的文化资产，不断创新以适应时代的需求，并持续向前发展。这意味着企业需要在保持其核心价值和传统的同时，积极吸纳新的理念和实践，以适应全球化、技术进步和市场变化的挑战。企业必须培养一种学习和适应的文化，鼓励创新思维和行动，以便在激烈的市场竞争中保持领先地位。同时，企业还应关注员工的成长和发展，认识到员工是塑造和传承组织文化的关键。组织文化的演进是一个不断进化的过程，需要企业在内部和外部环境中不断学习、适应和创新。

课后实训：你的企业文化偏好是什么？

[目的] 这个自我评估旨在帮助你确认最符合你个人价值观和假设的企业文化。

[说明] 阅读企业文化偏好量表（表 13-1），圈出你偏好的选项，然后根据答案计算你的得分。这个评估不是为了度量你对每种企业文化的偏好，而是度量众多通行文化的少数偏好。同时，记住这些企业文化本身没有好坏之分，重点是你与这些文化有多契合。独立完成这个练习，以便你在没有考虑社会比较的情形下真实地评估自己。课堂讨论将集中于求职者与组织价值观契合的重要性。

表 13-1　企业文化偏好量表

我会更愿意在这样的组织中工作	
1a. 员工以团队形式在一起工作	1b. 生产出备受尊崇的产品或服务
2a. 高层管理人员强调工作场所的秩序感	2b. 组织倾听客户诉求并迅速做出反应
3a. 公平对待员工	3b. 员工不断搜寻更高效的工作途径
4a. 员工能迅速适应新的工作环境	4b. 公司领导者努力使员工高兴
5a. 高层管理者会得到特殊的福利	5b. 组织完成业绩目标时员工会感到自豪
6a. 表现最好的员工获得最多的酬劳	6b. 高层管理者受尊崇
7a. 员工有规律地完成工作任务	7b. 在行业中创新性最强
8a. 员工遇到任何个人问题时能得到帮助	8b. 员工遵守公司条例
9a. 总是在市场上试验新想法	9b. 期待所有员工投入 110%的努力达到巅峰业绩
10a. 能迅速通过市场机会获益	10b. 总是让员工知道组织的动态
11a. 能迅速回应竞争威胁	11b. 高层管理者敲定大多数决策
12a. 管理使得所有东西都在控制之中	12b. 员工相互关心

[评分说明] 在下面每条线上，如果圈了该描述项，就写一个"1"，如果没有，就写一个"0"，然后汇总每个子量度的分数。

控制文化：$\dfrac{}{(2a)} + \dfrac{}{(5a)} + \dfrac{}{(6b)} + \dfrac{}{(8b)} + \dfrac{}{(11b)} + \dfrac{}{(12a)} = $ ___

绩效文化：$\dfrac{}{(1b)} + \dfrac{}{(3b)} + \dfrac{}{(5b)} + \dfrac{}{(6a)} + \dfrac{}{(7a)} + \dfrac{}{(9b)} = $ ___

关系文化：$\dfrac{}{(1a)} + \dfrac{}{(3a)} + \dfrac{}{(4b)} + \dfrac{}{(8a)} + \dfrac{}{(10b)} + \dfrac{}{(12b)} = $ ___

响应文化：$\dfrac{}{(2b)} + \dfrac{}{(4a)} + \dfrac{}{(7b)} + \dfrac{}{(9a)} + \dfrac{}{(10a)} + \dfrac{}{(11a)} = $ ___

[解读分数] 这些企业文化也许能在许多组织中找到，但是它们代表了许多可能的组织

文化中的四类，如表 13-2 所示。同时，记住这些文化本身没有好坏之分，每一个都在不同的情境中有效。

表 13-2 组织文化维度与分数解析

组织文化维度	分数解析
控制文化：重视高级主管领导组织的角色，目标是保持每个人列队并处于控制之下	高：3—6 中：1—2 低：0
绩效文化：重视个人和组织绩效，并争取效力和效率	高：5—6 中：3—4 低：0—2
关系文化：重视培养和安宁，把开放式交流、公平性、团队合作及分享看作组织生活中最重要的一部分	高：6 中：4—5 低：0—3
响应文化：重视与外界环境保持同步的能力，包括保持竞争力和发现新的机遇	高：6 中：4—5 低：0—3

第四节 组织变革与发展

一、组织变革的动因

变革的动因，也就是推动和实施变革的关键因素，源自人们对变革的支持和认可。组织变革的原因有很多，可以从多个角度来看，如组织的规模、成立年限以及发展阶段的影响，组织策略、文化、规章制度的影响，以及领导者的个性和领导方式的影响。当我们分析这些因素时，可以看到组织变革是由内部和外部因素共同驱动的结果。

（一）组织变革的外部动因

组织变革与外部环境息息相关。组织变革的外部动因主要来自外部环境，外部环境包括制度环境、市场环境、科技进步等。组织外部环境的变化会对组织的运营活动产生影响，也会对组织运营提出新的要求。

1. 政治环境的动因

政治环境对组织的影响至关重要，尤其是国家政治局势，它是组织变革的核心驱动力之一。政治环境主要由国家政策、政党规定和地方政府的法规构成，对组织产生强大的推动效应。这些政治因素通常规定组织可以或不可以做什么，为组织的行为设定了约束。组织必须在遵守这些规定的前提下开展活动。如果组织无法适应政治环境的约束，可能会严重影响其正常运营。

研究表明，组织与外部政党的关系与变革的速度呈正相关。和谐的政党关系有助于组织更顺利地进行变革。对中国企业而言，分析政治环境尤为关键。组织需密切关注政府在不同阶段的具体政策，如宪法修订、确立"两个一百年"奋斗目标、构建和谐社会和实现中华民族伟大复兴的中国梦等，这些都是影响组织生存和发展的关键政治因素。

2. 经济环境的动因

组织的存续和进步不仅依赖于物质资源，同时也推动着经济的发展。由于组织与经济之间存在密切联系，经济环境成为驱动组织变革的关键因素之一。经济体制、发展水平、国民收入、价格水平、储蓄率、债务和信贷条件等都直接影响组织的成长。

中国自改革开放以来，在政治和经济领域经历了显著的变革。美国学者罗斯托（Rostow）的经济成长阶段理论将世界各国的经济发展分为五个阶段：传统经济阶段、经济起飞前的准备阶段、经济起飞阶段、经济成熟阶段以及大量消费阶段。根据这一理论，前三个阶段的国家被视为发展中国家，而后两个阶段的国家则被视为发达国家。不同阶段的国家在组织发展上有所差异。

当前，中国正处于经济起飞阶段，这一阶段的特点包括市场规模的扩大、增多的投资机会、市场交易的重要性增强以及信息竞争成为市场竞争的关键。因此，企业组织需要密切关注市场变化，抓住机遇，积极应对市场挑战。

3. 社会文化环境的动因

社会文化环境是影响组织生存和发展的关键因素，属于社会环境中一个复杂而深刻的组成部分。这一环境包括在特定社会形态中形成的信仰、价值观、宗教信仰、道德规范、审美观念以及传统风俗等社会公认的行为准则。它主要由价值观、行为模式、伦理道德、审美观念、宗教信仰和风俗习惯等构成，这些因素影响人们的消费观念、需求欲望、购买行为和生活方式，从而直接影响企业组织的营销活动。

每个企业组织都存在于一定的社会文化环境中，其营销活动无可避免地受到该环境的影响和约束。因此，企业应深入理解和分析所处的社会文化环境，并根据不同的文化背景制订相应的营销策略，开展适应性的营销活动。

4. 技术环境的动因

技术环境是影响组织变革的关键外部因素之一。机械化、自动化和计算机技术的广泛应用对组织管理造成了深远影响，成为促进组织变革的一个重要动力。自20世纪80年代以来，全球范围内技术的快速发展极大地改变了人们的生活方式和消费需求，对企业的营销战略、过程和技术产生了重要影响。因此，企业或组织必须密切关注技术创新的步伐，分析技术变革带来的市场机会或挑战，并研究技术创新对其营销战略的影响，同时关注政府对技术创新的监管及其社会影响。

目前，一个国家的经济增长速度很大程度上取决于重大技术发明的采纳数量和程度，一个企业的盈利能力也与其研发投入密切相关。特别是对于技术密集型企业或处于技术更新快速的行业，高度重视科技进步及其对企业经营的影响至关重要。这需要企业及时采取变革措施，持续促进技术创新，以保持竞争优势。

随着科技的发展，尤其是电子信息技术、现代办公自动化技术和网络技术在组织中的广泛应用，社会各类组织的变革趋势逐渐明显：组织结构趋于扁平化和网络化，即从传统的金字塔型向更有机、灵活和适应性强的扁平型结构转变。

（二）组织变革的内部动因

组织内部环境也是处于变化之中的，有些变化对组织而言是有益的，而有些变化对组织而言是有害的，当后一种变化日益积累，成为组织发展的阻力时，变革便是必不可少的。

1. 组织职能的动因

职能是组织存在的依据，而组织则是实现这些职能的载体和执行者。因此，组织职能的变化必然会导致组织结构的相应变化。例如，在过去，中国政府对社会经济活动进行了广泛而直接的强制性管理，国营企业的生产、供应、销售以及人员和财务管理等微观管理职能都集中于政府手中，导致政府和企业的职能混淆，呈现出政府代替企业运作的现象。这种经济管理职能决定了政府机构中必须设立大量按经济行业和产业划分的经济管理部门。

随着经济体制改革的推进和市场机制的逐步建立，政府必须通过简化机构、放权和转变职能来适应这些变化。这种职能的转变导致政府组织结构的变革成为必然。政府需要调整和优化其机构和职能，以更好地适应市场经济的要求和发展。

2. 目标和价值观的动因

组织的目标既体现了其价值观，也基于对客观环境的评估，是组织战略的核心。组织战略是由组织内外部因素决定的，包括环境和机遇、内部能力和资源、管理层的兴趣和愿景以及社会责任等。因此，重新设定或调整组织的目标通常会引发组织的变革。

美国战略思想家柯林斯（Collins）指出，即使利益不变，组织的目标也可能快速变化，这也意味着组织本身可能迅速发生变化。组织价值观的变化同样重要，因为价值观是组织的核心要素，是其活动的动力和理性支持。目标的设定或调整是组织价值观念体系平衡的结果。价值观念的变化必然导致目标的变化，并通过目标的变化强烈推动组织变革。特别值得注意的是，在许多情况下，价值观念是组织变革的驱动力，它为组织变革提供了长期和持久的动力。

3. 组织成员的动因

在组织变革中，人的角色极为重要。管理者的决策直接影响组织变革的时机和内容。如果管理者和员工勇于面对挑战，能迅速应对外部环境的变化，并展现创新能力，那么他们的推动会使组织变革更加顺利。组织成员在工作态度、期望和价值观上的变化也会促使组织发生变化。例如，员工对个人发展机会的需求增加、民主意识提升以及责任感增强等都能推动组织变革。

组织变革受到两大人事因素的影响：一是高层领导的变更及其对组织的影响。不同的领导者倾向于采用不同的政策和领导风格，这通常会对组织结构提出新的要求。高层管理人员的变更或他们对情况的认识发生变化时，可能会引发组织结构的变革。这些变化可能通过战略调整间接影响组织结构，也可能直接通过改革来解决组织结构中的问题。行政组织中也存在类似情况，例如在西方国家，政府首脑更换常伴随着政府机构的调整。二是员工素质的变化对组织的影响。高素质员工构成的组织通常更加高效，而低素质员工则可能导致组织低效和臃肿。当中层和基层管理人员素质普遍提升时，组织的管理范围可以扩大，管理层次相应减少。此外，组织结构变革将改变管理人员在组织中的角色，如果变化损害到他们或他们所在部门的利益，他们可能反对变革；相反，如果变化符合他们的利益，他们将全力支持。

4. 专业人士的动因

专业人士在组织变革中扮演着特殊且重要的角色。他们可能不是组织的正式成员，也可能没有官方的职务或身份，有时甚至是组织之外的人士。但是，凭借他们掌握的知识、理论和方法，这些专业人士能够对组织的问题、变革的重要性、步骤和前景进行科学分析和论证，从而显著提升组织变革的前瞻性、合理性、可行性和实操性。因此，专业人士成为推动组织变革的一种特殊而重要的力量。

尤其在网络社会和电子时代的背景下，对以知识和人才为核心的管理方式的重视日益增强，更加强调了组织内外专家和学者在组织变革中扮演的智囊角色。他们的专业意见和建议在指导和促进组织变革过程中发挥着至关重要的作用。

二、组织变革的过程

组织变革是一个复杂的、动态的过程，学者们通过构建理论模型对组织变革的过程进行了详尽的描述。其中比较有代表性的是勒温变革模型、系统变革模型和约翰·科特组织变革模型。

1. 勒温变革模型

勒温变革模型是组织变革理论中最具影响力的模型之一，它将组织变革分为三个阶段：解冻、变革和再冻结。

在解冻阶段，核心目标是激发变革动机。这一阶段的关键在于鼓励员工放弃旧的行为模式和工作状态，采纳新的、更适应组织战略发展的行为和态度。为达成此目的，首先要对旧的行为和态度进行否定，并让员工认识到变革的紧迫性和重要性。比如，通过与竞争对手的对比来找出差距，帮助员工理解变革的必要性，从而"解冻"现有的态度和行为。同时，创造一个开放和心理上安全的环境，减少变革带来的心理障碍，提升员工对变革成功的信心。

变革阶段是一个学习和适应的过程。这一阶段需要为员工提供新信息、新的行为模式和视角，明确变革的方向，并实施变革，以形成新的行为和态度。在此阶段，应通过角色模拟、导师指导、专家讲座和团队培训等多种方式，树立新工作态度和行为的榜样。

再冻结阶段旨在通过必要的强化手段，固定新的态度和行为，确保组织变革达到稳定状态。在这一阶段，重点是让员工有机会实践和验证新的态度和行为，并及时给予正向反馈。同时，需要强化团队内变革行为的稳定性，促进形成稳定而持久的团队行为规范。

2. 系统变革模型

系统变革模型提供了一个宏观视角来理解组织变革，强调变革过程中各种因素的相互关联和影响。这个模型分为三个核心部分：输入、变革元素和输出。

在输入部分，考虑的是组织的内部优势和劣势，以及外部环境中的机会和挑战。这一部分的基础是组织的使命和愿景，以及为实现这些愿景制订的战略规划。使命表明了组织存在的目的，愿景定义了组织追求的长期目标，而战略规划则是达到这些目标的具体行动计划。

变革元素部分涵盖了目标、人员、社会因素、方法和组织体系等方面。这些元素之间相互作用，相互制约。组织需要根据其战略规划综合运用这些变革元素，以实现变革目标。

输出部分关注的是变革带来的结果，包括在组织、部门、团队和个人等多个层面提升组织的整体效能。变革的成果应与组织的战略规划相匹配，以确保组织目标的有效实现。

通过这种方式，系统变革模型展示了从输入到输出，通过变革元素的综合运用，如何有效地促进组织变革和发展。

3. 约翰·科特组织变革模型

约翰·科特是一位领导与变革管理领域的专家，他分析了组织变革失败的常见原因，并提出了一系列解决步骤。科特指出，变革失败通常源于高层管理层的几个关键错误：未能创建对变革的迫切需求感，缺乏一个强有力的变革引导团队，未确立清晰的变革愿景和有效沟通策略，未系统规划以获取短期成果以及未明确定位组织文化的变革。

科特的研究发现，成功的组织变革大多归功于领导的有效行动（占 70% 至 90%），其余 10% 至 30% 则依赖于管理部门的努力。基于这一发现，科特提出了八个步骤来指导组织变革的规范发展。这些步骤包括：创建变革的迫切感，建立一个负责变革管理的指导联盟，发展清晰的变革愿景与战略，有效地沟通变革愿景，实施授权行动以推进变革，巩固取得的短期成果，持续推动组织变革以及通过适当的方法定位组织文化的变革。这些步骤旨在确保组织变革的有效进行和持久性。

三、组织发展的方向和策略

当代社会，无论是企业还是政府，都将创新作为组织变革的关键方向。奥地利的政治经济学家熊彼特（Schumpeter）在 1912 年的著作《经济发展理论》中首次明确定义了创新的概念，将其视为生产和供应函数的变化，即将生产要素和条件以新的方式组合，并引入到生产体系中。而组织行为学的权威罗宾斯教授则认为创新是将创造性思想转化为实用的产品、服务或工作方法的过程。

基于这些定义，组织创新可以被视为组织变革的一个具体且高级阶段。它不仅是简单的变革，而且涉及新产品、新观念和新思想的创造。尽管所有的创新都包含着某种形式的变革，但并非所有变革都直接导致这些新事物的产生。在组织创新的领域中，技术创新和管理创新目前尤为受到重视。

（一）技术创新

技术创新概念的提出已有 70 多年的时间，因其是一个涉及面广而又十分复杂的过程，所以尚未形成一个严谨统一的定义。大部分研究人员倾向于采用以下的定义：技术创新是一个从新产品或新工艺设想的产生到市场应用的完整过程，它包括新设想产生、研究、开发、商品化生产到推广等一系列的活动。这个定义比较全面地说明了技术创新的含义，即技术创新是一个科技、经济一体化的过程，强调了技术创新的最终目的是技术的商品化应用和新产品的市场成功。技术创新包括四个要素：创新者、创新机会、创新环境和创新支持系统。

从管理决策的角度看，技术创新是一种多阶段的决策过程，具体包括六个阶段。第一，机会识别阶段。即弄清市场需要，并且基于对当前经济与社会环境的正确分析，使新思想和技术可行性相结合。第二，思想形成阶段。对所形成新技术思想进行评价，决定该技术创新是否值得继续投入资源，把创新项目推向下一阶段。第三，问题求解阶段。新思想形成与设计概念产生，提出需要解决的问题，从而投入人力、物力、财力去寻求解决方法。第四，问题解决阶段。问题可以通过发明解决，获得发明专利，也可以采用他人发明或已有技术解决问题，称为模仿或仿造。第五，批量生产开发阶段。技术创新活动主要解决批量生产的工艺技术以及降低成本和满足市场需求的问题。第六，新技术应用与推广阶段。新技术、新产品首先得到应用并向市场推广，少数新产品得以畅销和顺利回收技术创新的投资。

（二）管理创新

管理创新是组织创新的一个关键方面，它涉及创造新的、更有效的资源整合方式。这种整合方式可以是全面性的管理，有效地整合资源以实现企业目标和承担责任，也可以是具体的资源整合和目标设定等细节管理。因此，管理创新可以包括以下几个方面：提出并实施新的经营理念，创建新的组织结构并使其有效运作，引入新的管理方式或方法，设计新的管理模式以及进行制度创新。

组织创新可以理解为一个组织变革的过程。管理的本质在于通过有效地配置资源来实现组织的目标。因此，组织形态的变革和创新是管理创新不可或缺的一部分。企业管理的变革，特别是在企业家的领导下，实质上是寻找适合企业需求、灵活高效的新型组织管理形式的过程。

关于哪种类型的组织更有利于创新，观点各异。一些人认为大型企业更有利于创新，而另一些研究者则认为小型企业也有其创新优势。研究显示，企业的规模并不直接决定其创新能力。对于小企业来说，灵活和简约是创新的关键；而大型企业可能存在多种弊端，这些弊端可能限制了创新的实施。

课后实训：变革导航者

［组建团队和分配情景］参与者每4—6人一组。每组选举一名队长，负责协调和领导团队。每组获得一份详细的情景说明，包括公司历史、市场地位、内部结构、员工态度、财务状况等。情景中包含特定的问题和挑战，如市场份额降低、内部沟通不畅、技术落后等。

［任务卡分发］每组获得不同的变革任务卡，包括具体目标和预期成果，如实施数字化转型、推进组织结构变革、改进客户服务流程等。

［策略规划］组员需共同讨论并制订应对策略，包括行动步骤、资源分配和预期风险。讨论中应考虑员工态度、市场反应、成本效益等因素。

［角色分配］根据任务需要，组内成员分配不同角色，如CEO、项目经理、技术专家、财务顾问等。角色卡提供角色的具体职责和目标。

［模拟执行］组员按照规划的策略执行角色扮演，模拟变革过程。教练或指导者不定时引入额外挑战，如市场突变、内部抵抗等，以测试团队的应变能力。

［结果展示］每组展示其变革策略和执行过程，包括所遇到的挑战和应对措施。展示可以采用演讲、幻灯片或角色扮演等形式。其他组员和教练对每个团队的表现进行评价，指出策略的优势和潜在问题。讨论中鼓励提出建设性意见和替代方案。

本章小结

本章深入探讨了企业文化的核心概念，详细阐述了其构成的多层次结构，包括物质层面、行为层面、制度层面、精神层面等。通过分析企业文化在塑造组织行为、提升员工士气和增强团队凝聚力等方面的关键作用，本章揭示了企业文化对组织行为的深远影响，进一步探究了建设强有力的企业文化的策略和方法。最后，本章聚焦于企业变革的动因，包括技术进步、市场竞争和全球化带来的挑战，强调在快速变化的商业环境中，企业文化的灵活性、适应性和持续演变的重要性。此外，本章还展望了未来企业发展的新趋势和方向，指出在动态环境中，企业文化不仅需要与时俱进，还应积极引领变革，以保持企业的竞争力和可持续发展。

本章习题

1. 什么是组织文化？
2. 组织文化的结构和内容包括哪些？
3. 组织文化的特征有哪些？
4. 组织文化对组织行为的影响是什么？
5. 组织文化的塑造和完善途径是什么？
6. 组织变革的动因的是什么？
7. 组织发展的方向和策略是什么？

第五篇　组织管理与领导力的新发展

第十四章　数字化管理

【引例：华住集团利用飞书打造新型组织①】

　　华住集团是一家连锁酒店集团，业务遍布 18 个国家，有包括汉庭、全季、桔子等在内的不同维度的品牌，经营 10845 家酒店，拥有逾 20 万名员工（截至 2024 年 9 月）。作为一家业务区域分散的连锁酒店集团，其需要将各层级的员工、不同区域与文化背景下的分支机构有机地联系在一起。但作为世界上最传统的酒店行业，其末端的数字化水平非常低。华住集团的大部分员工都是一线的服务员、清洁师、保安、厨工，他们不会使用电脑，只有手机。

　　"华住数字化最核心的部分，就是用技术武装每一个华住人，让人人都成为'钢铁侠'。"在 2021 春季飞书未来无限大会现场，华住集团首席数字官兼华住中国总裁刘欣欣喊出了"工具赋能组织协同升级"的终极愿景。基于此，华住和企业协作与管理平台飞书展开全面合作，将自有的协同办公平台华通与飞书打通，融合飞书先进的企业协作与管理能力。飞书作为华住"企业整体上云"进程的重要一环，将组织内各节点连接起来，提升数据的集中度，推动更高效的信息流转。当信息在云端透明共享、高速流转，一些新的管理能量也被激发出来。"飞书不仅能够调动组织内的资源，还能够从组织内走到组织外，充分让业主以及我们自己能够三维、多维联动起来，"刘欣欣介绍称。在华住，这种工作的新模式被称为"消息流驱动任务流，实现工作流"，实际上便是通过激活信息流转的能量，鼓励组织内的创作、分享、反馈，通过组织管理平台的变化，激发更多业务潜力的过程。2019 年年底，华住创始人季琦便提出"群龙无首"的管理理念，提倡积极向一线授权，"让听得见炮火的人呼唤炮火"。在这一理念下，华住将总部转化为向一线提供资源支持的平台，试图通过信息开放共享的机制，赋予员工相当的财务权、人事权和决策权，激发个体的能量。"我们希望通过跟飞书的合作，让科层式组织演变成网状组织，激发员工的自驱力，"刘欣欣称，"如果把华住所有员工的自驱力充分发挥出来，这将是多么大的魅力，我也相信这将会成为华住在下一年能够在行业里继续产生超越能力的原动力。"

　　目前，华住正将飞书打造为"工作服务台"。在这一平台上，总部与一线高效联动，不只能实现决策的高效下达，更打通了一线经验上传与共享的通道。接下来，无论是经验通过在线文档形式在组织内各社群间自主流转，还是总部将这些经验进行系统的梳理，将其变为可复制、可共享的知识体系，都能够进一步提升一线各节点的能量，缩小能力方差，带来整体的升级。

---

　　① 资料来源：砍柴网. 华住首席数字官刘欣欣：用飞书把 12 万员工武装成"钢铁侠". 东方财富网. https://caifuhao. eastmoney.com/news/20210521111722502632230；刘玥. 在飞书，见证新型组织的诞生|特别策划. 哈佛商业评论. https://mp. weixin.qq.com/s/KCEenvnaOyFliXR969rjxA；用飞书，华住打造数字化酒店帝国. 飞书. https://www.feishu.cn/customers/huazhu#/.

第一节　数字化内涵

一、数字化的含义

随着互联网科技的飞速发展，信息化时代已悄然来临，数字应用遍及各个领域。20 世纪 40 年代，美国数学家香农（Shannon）证明了采样定理，他指出在具备一定条件时，离散序列可完全代表一个连续的函数。就本质而言，该定理为数字化技术的发展奠定了基础。

数字化是将复杂的信息转换为量化的数字信息，基于数字化的度量方式来构建数字模型，进而将数字或数据转变为二进制的代码导入计算机进行运算及分析，这也是实现数字化的标准流程。北京大学陈刚教授等在《创意传播管理》一书中提出数字化的概念包含两个层面：一是技术逻辑，即数字技术把人与物的各种信息变成数字信号或数字编码，通过各种程序进行处理，并推动互联网、物联网等的发展，逐渐进入智能化等更高的阶段；二是数字技术带来的社会影响和产业变革，其中最重要的是生活方式和生产方式的变革。

二、数字化的特征

近年来，在大数据技术高速发展背景下，人类也开始迈向人工智能和智慧社会的信息化时代，数字技术在新兴社会体系中扮演的角色尤为重要，数字化的应用对传统社会体系产生了巨大的冲击，尤其是互联网企业的迅速崛起也造成了许多传统企业的生产和经营模式逐渐被淘汰或取代。自从第一次工业革命以来，历史上每一次工业革新都会出现新的劳动生产工具替代人力进而引发新的社会变革。在后工业 4.0 时代，"机器工人"、无人驾驶、3D（三维）打印、5G 等新技术的逐渐成熟、推广及应用，必将在导致大量失业的同时产生很多新的就业机会，也会推动更多传统企业的数字化转型进程。基于此背景，分析数字化企业的基本特征能帮助传统企业梳理在数字化转型道路中容易出现的问题，指明数字化发展的误区和方向，最终使传统企业的数字化转型更加顺畅。

与传统企业相比，数字化企业在业务流程和组织机构等方面都具有较大差异，详见图 14-1。数字化企业发展的目标是"以客户为中心"，并由此构建了新的组织机构和创新模式。我们也将从以下几个方面对理想型数字化企业的基本特征进行描述，同时分析传统企业在数字化转型过程中容易产生的问题或误区。

（一）以客户为中心

特征说明：数字化的目标是用以客户为中心的发展模式来引导多层次体系的构建，进一步提高以客户为中心的组织结构的创新能力。要满足客户的切实需求，需提升企业的服务理念，积极调整与客户的互动方式。此外，在数据、IT（信息技术）以及考核机制等各种制度的制定过程中，也都要体现"以客户为中心"的核心理念。

实践误区：在转型的过程中太过注重局部环节，如客户服务，大局观不足或未从整个组织机构的角度来做综合考量。其具体表现为创新方式缺失、组织结构不协调、激励机制不合理、客户数据洞察不足等。以下将从组织结构调整、业务创新和客户互动三个方面来对"以客户为中心"的组织体系的构建展开分析与论证。

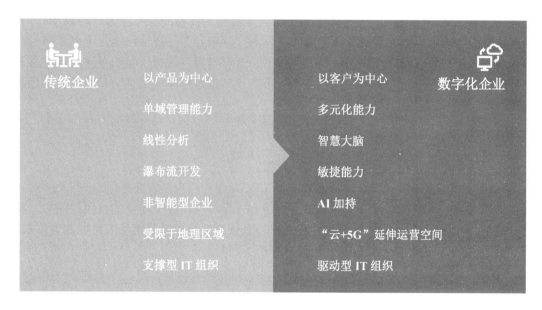

图 14-1　数字化企业与传统企业的主要不同特点

1. 组织结构调整

传统的企业经营模式大多会以产品为中心，由此容易形成各自独立的营销服务体系。而数字经济背景下以客户为中心的发展模式需对相应的客户群体进行分类，基于统一平台中的渠道触点来分析、挖掘客户数据，为客户提供更有针对性的服务方案以及推荐最适合的产品。从"以产品为中心"向"以客户为中心"转变的组织机构设计理念不仅能通过客户数据的洞察来提升客户体验，还能提高企业对各类资源的利用效率。在企业前端的组织结构向以客户为中心转变的过程中，随着企业整体数字化程度的日益加深，企业整体组织机构也会向着"前台+中台"的敏捷型架构靠拢。其中的前台是与客户互动的部门，中台则是整合企业资源和负责业务管理的部门。

需要强调的是，企业转型过程中的组织结构调整较为敏感，以客户为中心来调整组织结构的行为不宜过激。基于此，数字化转型也应以数据和流程作为出发点，对组织中的断点进行梳理，确保在组织结构变化不大的前提下实现企业数字化的过渡。

2. 业务创新

传统的业务创新往往以"流程驱动"的方式为主，只注重单个流程的效率，企业发展战略和业务流程间缺少衔接，忽视了客户的整体需求。而数字化企业基于场景驱动的创新模式需站在客户特定需求的情景下对客户数据进行分析，进一步挖掘客户的真实需求，通过整体性更强的设计方案给客户带来更佳的用户体验。在以客户需求为核心的前提下，企业数字化转型还需结合多流程、多功能的资源整合平台来推动企业的可持续发展与创新。

实践误区：仅从流程的角度出发来对局部的运营效率进行优化，虽然能提升部分客户的体验感和满意度，但无法对特定场景下的客户需求予以满足。

3. 客户互动

传统的客户互动模式更注重产品功能的体验，数字化客户体验可在线上及线下为客户提供更为舒适的全互动旅程。线上通过 UI/UX（用户界面/用户体验）设计，线下通过特定场景/店面的全流程互动设计，打造无缝综合客户体验。随着企业数字化转型的深入，"以客户为中心"的思维向着有更广泛含义的"以用户为中心"的思维演进。不单是购买产品的客户，还包括供应商、合作伙伴、内部员工、管理者等，这些人员在不同场景下互为客户，统称为用户。对每一类用户，运用服务于客户的方法思路，围绕用户场景，设计实现服务创新。

实践误区：一方面是对客户体验的重视程度不足。虽然从"互联网+"时代就提出客户体验的重要性，但在实际执行中，没有充分挖掘客户体验的价值。另一方面是将客户体验泛化到"以客户为中心"的层面，显得无所指。

（二）多元化能力

特征说明：面对内外部日益复杂多变的运营管理环境，企业需要具备四种能力，即敏捷、精益、智慧、柔性。支撑这四种能力的是先进的 IT 架构以及相应的组织能力体系。

实践误区：没有清晰地意识到数字化企业需要打造多元化能力，依据既有 IT 架构扩展，导致不能同时满足业务灵活多变的要求，以及精益/柔性的需求。数字企业的四种能力建立在 IT 架构以及一系列组织流程和人员技能之上。从 IT 架构入手进行能力打造，确保各域之间既能互联互通，又能各自灵活发展，是相对快捷的方式。数字时代企业每个域的能力特点各异，对应以下不同的业务需求。

客户互动：以客户为中心，全渠道、全价值链，强调敏捷、用户体验；

资源管理：以流程为中心，围绕传统 ERP（企业资源计划）系统，强调稳定、精益、高效；

智慧洞察：以数据为中心，全域、全形式，强调智慧洞察；

智能生产：以机器为中心，围绕 IoT（物联网）和企业生产制造系统，强调成本、效率、质量、柔性。

（三）智慧大脑

特征说明：以数据价值为基础、人工智能分析为引领，搭建企业全局数据平台和智能分析系统，为企业运营管理的所有环节提供分析洞察，并从分析运营结果向预测未来发展转化（如图 14-2 所示）。

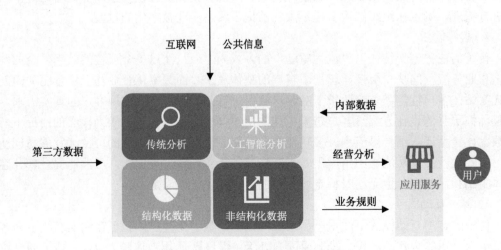

图 14-2　智慧大脑的概念架构示意

实践误区：未能搭建一个集合全企业数据的平台。原因：一是技术先进性不足，二是部门墙导致数据难以共享。目前，后者对传统企业是更大的障碍。

智慧大脑需要满足以下四点要求。

1. 数据类型：传统企业以结构化数据为主，数字化企业需要处理大量的非结构化数据，包括语音、图像、视频、文本等各种形式。

2. 数据来源：传统企业数据主要来自运营管理，数字化企业还将从公共网络和第三方获取大量数据。比如，在海量互联网信息中分析提取对企业有益的洞察；在符合数据使用权利的情况下从第三方获取客户标签信息，丰富企业的客户画像。

3. 分析能力：传统企业以面向运营为主（事后分析），利用线性算法，分析少量数据；智慧大脑采用分析加预测的架构，通过智能算法，处理海量数据。

4. 数据即服务（DaaS）：形成独立的企业数据整合/分析平台，以数据即服务的形式向企业各应用提供服务。

在企业的业务数字化和运营数字化能力初步建成后，将进入数字化运营和持续优化升级的阶段。数字化运营中，依靠智慧大脑产生洞察、发现运营问题、形成商业决策、跟踪优化效果，将是企业持续推进数字化转型、获得业务价值的关键抓手。

（四）敏捷能力

特征说明：数字化时代企业需要具备敏捷的反应能力，对外把握客户和市场的迅速变化，对内满足企业管理要求。敏捷能力的建设需要业务模式、IT架构、产品开发方式同时实现敏捷。

实践误区：仅考虑把敏捷和IT开发联系在一起，忽略了业务模式和产品开发方式的敏捷性。实现敏捷能力的业务模式、示例和IT开发方式说明如下。

1. 业务模式可以采用"一线尖兵+后方资源平台"的方式。一线服务团队将客户需求传递回平台，通过信息共享和决策分析，让客户变化需求直达企业内部各资源部门和决策部门，实现敏捷应对。

2. IT架构方面，通过微服务结构，快速开发环境，以及通过云端资源，快速上线新的IT服务。IT微服务结构将传统打包在一起满足特定客户需求的服务组合拆分为服务能力子项。有新需求时，仅需要通过对不同服务子项的重新组合便可提供新的服务。

3. 产品开发采用设计思维和敏捷迭代方式。传统用户产品需求需要系统化分析论证、形成产品定义后再上线部署。在设计思维和敏捷迭代方式下，通过用户角色模拟、聚焦小组分析、最小原型产品设计，可在最短时间内上线产品、迭代优化。

（五）AI加持

特征说明：许多数字化企业已开始将AI技术应用于内部管理、决策、生产、控制等诸多环节，以此来构建AI服务中台，如图14-3所示。企业的AI技术应用场景会出现两种状况：在AI应用比较少的情况下，AI作为一种工具嵌入某个子信息系统，形成较为常见的互动型AI应用，包括语音识别、机器人客服等；在AI应用较多的情况下，需综合考量数据模型、开发环境等因素来构建企业的AI中台，使不同的AI能力能更好地整合于一体，提供更全面的AI技术支持。

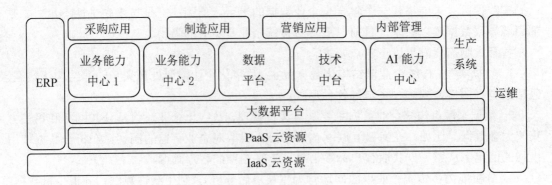

图 14-3　AI 赋能 IT 架构

实践误区：分散应用 AI 技术于各子分类的业务场景中，未提炼 AI 的通用特质，无法整合不同应用场景下的 AI 技术。

（六）"云+5G"延伸运营空间

数字化企业的重要特征还体现在以 5G 技术为基础的综合诊断方案：采用云、边、端的构架范式，企业的运营管理空间不仅能基于有限网络的环境构建，还能够延伸至更加广阔的外部物理区域，详见图 14-4。其中，"云"可对业务中台进行赋能；"边"能增强控制的实时性，也能减少数据的处理量；"端"则能实现机器设备与物理环境的交互及控制。此类架构已在各个行业得到广泛应用，也为未来构建工业互联网及智慧社会奠定了基础。

图 14-4　企业应用的"云+5G"架构

（七）驱动型 IT 组织

特征说明：传统的 IT 部门的组织目标大多为交付项目，而数字化的 IT 部门作为企业数字化转型的主要推手，其工作目标的变化范围将涉及交付模式、IT 治理以及人员技能等诸多方面，如图 14-5 所示。其中，IT 系统的交付目标将从传统的项目制向产品制转化，并要求有能力打造符合特定需求的产品，这也能提升 IT 部门的产品能力。在人员技能方面，不仅需从外部引进高端技术人员，同时也要培养内部员工的产品和业务知识，从而实现 IT 与业务的深度结合。在 IT 治理方面，需打破传统的被动响应模式，IT 部门更应主动与各业务部门沟通，分析可能存在的问题及创新点，对后续的 IT 建设工作开展更全面的探讨与协商。

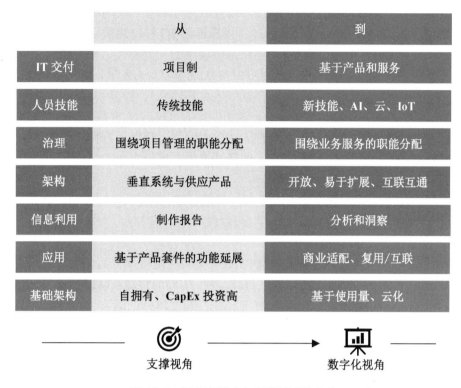

	从	到
IT 交付	项目制	基于产品和服务
人员技能	传统技能	新技能、AI、云、IoT
治理	围绕项目管理的职能分配	围绕业务服务的职能分配
架构	垂直系统与供应产品	开放、易于扩展、互联互通
信息利用	制作报告	分析和洞察
应用	基于产品套件的功能延展	商业适配、复用/互联
基础架构	自拥有、CapEx 投资高	基于使用量、云化

支撑视角　➔　数字化视角

图 14-5　IT 组织能力与运营模式的变化

实践误区：只注重引进高端 IT 人才，未对 IT 组织的定位和架构进行优化。尤其是对于大型的企业或集团而言，IT 资源广泛分布于企业的各个层级，数字化转型过程中更需对自身的 IT 资源进行充分整合，通过不断优化 IT 资源及组织机构来推动企业的数字化转型。

三、数字化技术

（一）移动互联网

1. 含义

移动互联网是移动通信终端与互联网的结合体：用户在非静止状态下（地铁、公交车上等），借助手机等各类无线终端设备及移动网络，随时随地可通过访问互联网来获取信息或享受娱乐、商务等多样化的网络服务。

通过移动互联网，人们可以使用手机、平板电脑等移动终端设备浏览新闻，还可以使用各种移动互联网应用，如在线搜索、在线聊天、移动网游、手机电视、在线阅读、网络社区、收听及下载音乐等。其中移动环境下的网页浏览、文件下载、位置服务、在线游戏、视频浏览和下载等是其主流应用。

目前，移动互联网正逐渐渗透到人们生活、工作的各个领域，丰富多彩的移动互联网应用迅猛发展，正在深刻改变信息时代的社会生活，近几年更是实现了 3G 经 4G 到 5G 的跨越式发展。全球覆盖的网络信号使得身处大洋和沙漠的用户仍可随时随地保持与世界的联系。

2. 发展历程

随着移动通信网络的全面覆盖，我国移动互联网伴随着移动网络通信基础设施的升级换代快速发展，尤其是在 2009 年国家开始大规模部署 3G 移动通信网络，2014 年又开始大规模部署 4G 移动通信网络。两次移动通信基础设施的升级换代，有力地促进了中国移动互联网的快速发展，服务模式和商业模式也随之大规模创新与发展，4G 移动电话用户扩张带来用户结构不断优化，支付、视频、广播等各种移动互联网应用普及，带动数据流量呈爆炸式增长。进入新时代，2019 年前后，我国开始大规模部署 5G 移动通信网络，这一里程碑式的升级再次为移动互联网的发展注入了强大动力，开启了万物互联的新纪元，推动了更多前沿应用如自动驾驶、远程医疗、超高清视频直播等领域的突破与创新，进一步拓宽了移动互联网的服务边界和商业前景。

整个移动互联网发展历史可以归纳为四个阶段：萌芽阶段、培育成长阶段、高速发展阶段和全面发展阶段。

（1）萌芽阶段（2000 年至 2007 年）

萌芽阶段的移动应用终端主要是基于 WAP（无线应用协议）的应用模式。在此阶段，由于 2G 网络的网速及手机的智能化程度都较落后，中国的移动互联网处于 WAP 应用的起步阶段。该时期的 WAP 软件可将互联网 HTML（超文本标记语言）的数据转换为 WML（无线标记语言）信息，并将这些信息显示于移动电话的屏幕中。由于 WAP 只要求移动电话和 WAP 代理服务器的支持，并不需要对现有的移动网络协议进行改动，因此 WAP 应用也在 GSM（全球移动通信系统）、CDMA（码分多址）等各种网络中得到了大规模推广。在这个时期，用户通过手机内自带的支持 WAP 的浏览器来访问 WAP 网站，这也是当时移动互联网发展的主要形式。

2000 年底，中国移动推出了移动梦网服务，其堪比一个大型超市，涉及的服务内容包含手机上网、短信、游戏和彩信等多种信息服务。在这些信息技术的支持下，开始涌现出一大批新兴移动服务供应商，国内用户开始通过手机上网、彩信等方式享受到更多的移动互联网服务。当时移动梦网服务的业务流程不够规范，引发了很多乱收费的现象。2006 年，国家对移动梦网服务进行了专项整治，并强制实行扣费前需用户确认等收费制度，导致大批服务商由于违规运营或自身实力不足等在激烈竞争下逐渐退出了移动服务市场。

（2）培育成长阶段（2008 年至 2011 年）

2009 年初，工业和信息化部为移动、电信和联通三家国有企业颁发了 3G 牌照，标志着我国正式步入 3G 互联网时代。3G 移动网络促使我国移动互联网建设进一步规划与升级，3G 移动互联网的相关产业也从这个时期开始快速发展，尤其是移动网速的提升有效地突破了原有手机网络带宽的瓶颈，导致移动终端和应用开始迅速增长，使移动上网的娱乐性和便捷性大幅度提升。同时，我国在 3G 移动通信协议中制定的 TD-SCDMA（时分同步码分多址）协议也得到了国际社会的认可和推广。

在此阶段，互联网公司都是在摸索中前进，许多相关企业的主要发展目标偏重于抢占移动互联网的入口资源，进而期望在下一个互联网浪潮来临前不被淘汰。尤其是互联网巨头企业更是相继推出了各自的手机浏览器来抢占移动互联网入口，或者与智能手机生产商合作在出厂阶段就内置了包含企业服务功能的应用软件。

（3）高速发展阶段（2012 年至 2013 年）

这一阶段的手机操作系统进一步商业化普及，安卓智能手机的操作系统丰富了手机上网功能，相关应用开始了爆发式的增长。尤其在 2012 年以后，随着人们移动上网需求量的提升，安卓操作系统得以快速普及。智能手机的大范围推广也加速了移动互联网产业的发展，触屏智能手机能解决键盘手机上网操作上的诸多不便，智能手机的相关应用也更为丰富，因此得到了市场的广泛青睐。传统手机开始进入一个全面升级换代期，手机制造厂商也纷纷效仿苹果手机的商城模式，推出了各自品牌的智能手机及应用商城。各个厂商之间的市场激烈竞争导致智能手机的价格迅速降低，普及程度逐步提升，智能手机和应用在此阶段迅速在我国中低收入家庭普及。

（4）全面发展阶段（2014 年至今）

移动互联网发展的核心是网络通信技术，4G 网络建设为我国移动互联网的高速发展提供了基础保障。2013 年，三大移动运营商分别获得了 TD-LTE 4G 运营牌照，标志着我国 4G 网络开始大规模地普及，4G 网络技术使手机上网速度进一步提升，相关的移动应用程序也越来越丰富。截至目前，各类手机应用在网速方面的限制和瓶颈问题基本已经得到有效解决，移动互联网时代的数据共享与智慧社会发展也取得了长足进步，进而引导了更多关联业务的产生与发展。由于 4G 网速飞速提升，尤其是对网速要求较高、流量用量较大的大型应用得以普及，许多应用已经囊括移动视频等服务内容。在此基础上，随着人工智能、物联网、大数据、云计算等前沿技术的不断融合，移动互联网的应用场景更加广泛，智能化、个性化服务日益丰富。

2020 年《政府工作报告》中强调："加强新型基础设施建设，发展新一代信息网络，拓展 5G 应用……激发新消费需求、助力产业升级。"当前 5G 网络技术及应用已开始全面推广，基于后工业 4.0 的发展情景，全球经济一体化的时代即将来临，数据共享的网络安全、信任与隐私机制的构建将是数字化管理需要攻关的一项重大课题，而 5G 技术的广泛应用将为此提供更为坚实的技术基础。

（二）人工智能

1. 含义

人工智能是研究、开发用于模拟、延伸和扩展人的智能的理论、方法、技术及应用系统的一门新的技术科学。斯坦福大学的尼尔逊（Nilsson）教授对人工智能的定义为：人工智能是表示知识、获得知识并使用知识的科学。麻省理工学院的温斯顿（Winston）教授也提出：人工智能就是研究如何使计算机去做过去只有人才能做的智能工作。以上观点同时也是目前针对人工智能学科核心思想和基本内容的权威总结，即人工智能的研究领域为人类智能的活动规律，人工智能通过构造一个相似的系统，来分析如何使机器具备人一样的智力去完成特定工作。换言之，人工智能也是通过计算机语言来模拟人类智能行为、意识、思维的一项新兴技术。

人工智能是计算机科学的重要分支，期望对智能的本质进行模拟，从而制造出一种新的能以与人类智能相似的方式做出反应的智能机器，这个领域的研究内容包含了机器人、语言识别、图像识别、专家系统等技术。从人工智能技术诞生至今，相关理论和实践技术已取得长足的进步，其应用的范畴也在不断扩大，未来人工智能的产品将是人类智慧的"容器"。由于人工智能可以有效模拟人类的意识或思维，它不仅可以像人那样去思考，甚至可以通过计算机的运算能力来超越人的智力空间。1970 年后，人工智能就已开始被称为世界三大尖端技术之一，同时也是 21 世纪科学研究的热点学科。在最近几十年的迅速发展中，人工智能技术在许多行业都有广泛的应用，目前该学科已逐渐发展成为一个独立的分支，不管是在理论还是在实践方面都已经形成完善的体系。具体来说，人工智能可分为两方面，分别为人工和智能。人工方面比较好理解，这部分无太大争议，人工指的是人类能够制造的，或者人类智力范围内力所能及的，也可归纳为常规意义下的人工系统。但是在智能方面当前还存在较多分歧，主要围绕思维、意识等概念问题展开，"智能是人本身的智能"是目前人们较为认同的一个观点，但由于人们对自身智能及构成智能的必要元素的了解都非常有限，所以很难对"人工制造"的智能进行明确定义。人工智能技术在计算机领域的应用受到高度的重视，机器人及仿真系统在经济、政治、决策控制等多方面都具有广泛的应用前景。此外，当前人工智能研究往往局限于对人的本身开展分析，有关动物及人造系统的智能领域也很可能是人工智能的重大研究方向。

人工智能运用计算机技术对人的思维和智能行为进行模拟，其主要包括实现智能的原理及制造类似于人脑智能的计算机，使计算机能够达到更高层次的应用。人工智能是一门研究非常宽泛的交叉学科，可以说几乎包含了自然和社会科学的所有学科，尤为关键的是它还涉及语言学、哲学、心理学等学科，远超计算机科学目前的研究范畴，因而该学科的研究具有较大挑战性，从事该类研究需要对计算机科学、心理学甚至哲学的各种问题都有深入的理解。人工智能的核心目标是让机器也能具有类似人类的思维能力来处理复杂的问题，但在不同的时代背景下，对于"复杂工作"的理解存在较大差异。站在思维科学的角度来看，人工智能不仅局限于逻辑思维，同时还要对灵感、抽象的思维等予以考量，因此人工智能科学属于思维科学的技术应用层次，与思维科学形成了实践与理论的对应关系。数学是人工智能学科发展的基础，也是语言、思维分析的必要辅助工具。过去的数字量化分析手段已在标准逻辑和模糊数学等研究领域都发挥了巨大作用，高等数学和数值计算融入人工智能学科后将会发挥更重要的实际作用，并促进学科进一步发展。

2. 发展历程

1956 年，明斯基（Minsky）、麦卡锡（McCarthy）、罗切斯特（Rochester）和香农等一批卓越的青年科学家共同商讨了有关机器模拟智能的可能性，首次将"人工智能"这一术语提出，也标志着人工智能这门学科的正式诞生。总体而言，人工智能技术的目的为使计算机能够像人一样思考问题，因此想要制作一台能够思考的机器，则首先需要对与思考相关的内容和内涵进行定义。科学家已经发明了火车、飞机等交通工具，这些工具在一定程度上也可视作对人类身体器官功能的模仿，然而对人类大脑的功能进行模仿的方式仍然是一个待解开的"黑匣子"。人类科学对人的大脑的了解为：它是由数十亿个神经细胞组成的器官，对于大脑的开发和利用都存在很大的局限性，所以想要模仿人类大脑仍然是一件极其复杂和困难的事情。

计算机的发明使人类社会真正意义上出现了一种会模拟思维的工具，未来会有更多科学研究向着模拟思维的方向不断努力，且当前人工智能已经不再是科学家的专利，全世界大多数大学都已开始针对这门学科进行全面的探讨和研究，这也是计算机专业在校大学生的必修课程。经过不断的演化、升级，当前计算机已经实现高度智能化，早在 1997 年，IBM 开发的深蓝计算机就已能将人类世界的国际象棋冠军击败，这也是人工智能技术在世界舞台上的首次闪耀展示。未来的计算机技术还会被应用于更多的领域，计算机最大的优势就是处理速度快、准确性高，而人工智能长期以来一直都是计算机科学的前沿学科，如计算机语言等软件应用都是人工智能技术发展的基础。

（三）物联网

1. 含义

物联网可理解为万物连接的互联网，它是在互联网基础上进一步延伸和扩展形成的网络，能够将各类传感器、信息工具与互联网融合于一体从而构建形成庞大的虚拟与实体相结合的网络系统，随时随地都可实现人、物、设备的互联互通。物联网在 IT 行业中也被称为"物物相连"，其有两层内涵：第一层为物联网的核心依旧是互联网，只是在互联网的基础之上的扩展和延伸；第二层为从互联网的用户端拓展到了任意实体与实体之间，使信息进一步地通信与交换。总结来说，物联网的定义为：通过射频识别（Radio Frequency Identification，RFID）、红外感应器、全球定位系统（GPS）、激光扫描器等信息传感设备，按约定的协议，把任何物品与互联网相连接，进行信息交换和通信，以实现对物品的智能化识别、定位、跟踪、监控和管理的一种网络。

最早提出"物联网"概念的是比尔·盖茨，他于 1995 年出版的《未来之路》一书中对相关的概念进行了阐述，但是受到当时软件系统和硬件设备的限制，他的构想并未引起人们足够的重视。直到 1998 年，美国麻省理工学院创造性地提出了电子产品编码（Electronic Product Code，EPC）系统的"物联网"理念。其后的 1999 年，美国麻省理工学院自动识别实验室（Auto-ID Lab）提出物联网应是在物品编码、互联网以及射频识别技术这三项技术基础之上构建而成。中国最初将物联网称作传感网，美国在 1999 年的网络国际会议中也提出了人类的下一个重要机遇为"传感网"，当年中国科学院也已开始对传感网的相关研究，取得了一定的科研成果的同时也促进了中国传感网络的基础建设。在 2005 年的信息社会世界峰会上，国际电信联盟（ITU）发布了《ITU 互联网报告 2005：物联网》，并对物联网的相关概念做出界定，重点强调了物联网将使各个实体的信息都可以通过互联网进行交换。基于 RFID 传感、智能嵌入、纳米技术等新兴技术的应用与推广，物联网的发展前景也更为广阔。

2. 特征

基于通信的对象以及过程来分析互联网的基本特征，其中包括物和物、人和物之间的信息交互，这也是物联网的核心所在。进一步分析，物联网的基本特征包括整体感知、可靠传输和智能处理三个方面。

（1）整体感知：通过二维码、射频识别、传感器等技术，获取物体的相关信息。

（2）可靠传输：通过对互联网、无线网络的融合，将物体的信息实时、准确地传送，以便完成信息交流、分享。

（3）智能处理：对传感器获取的数据进行分析与处理，最终实现智能化的监测及控制。

基于以上几点物联网的基本特征，对物联网有关信息处理的功能描述如下。第一，获取信息：包括信息的感知与识别，信息的感知是指对事物属性状态及其变化方式的知觉和敏感，信息的识别指能把所感受到的事物状态用一定方式表示出来。第二，传送信息：包括信息的发送、传送、接收等环节，即事物的状态信息从上一节点传递到下一节点的过程，一般也可理解为传统意义上的通信过程。第三，处理信息：信息的加工环节，需对已获取的各类信息予以充分整合，并在处理、加工后得到新的信息及状态。从本质上来看，这个环节与决策的过程非常相似。第四，信息施效：信息发挥效能的过程，具体的操作方法较多，主要手段为对事物的状态进行调节，使事物始终处于预先设定或规划中的状态。

3. 应用领域

物联网已深入渗透到人们生活的各个方面，在许多行业都有广阔的应用空间，不仅能有效推动各个领域的智能化发展，也能提高资源的利用效率，并促使生产管理效率进一步提升。例如在家居行业中，可以通过智能物流等方式来提升服务水平和用户体验，智能摄像头、窗户传感器、智能门铃、烟雾探测器、智能报警器等都是家庭不可少的安全监控设备。在国防军事领域，物联网应用带来的影响也不可小觑，大到卫星、导弹、飞机、潜艇等装备系统，小到单兵作战装备，物联网技术的嵌入有效促进了军事智能化、信息化、精准化，极大地提升了军事战斗力。

（1）智能交通

物联网技术在道路交通方面的应用比较成熟。随着社会车辆越来越普及，交通拥堵甚至瘫痪已成为城市的一大问题。对道路交通状况进行实时监控并将信息及时传递给驾驶人，让驾驶人及时做出出行调整，可有效缓解交通压力；高速路口设置电子不停车收费系统（ETC），免去进出口取卡、还卡的时间，可提升车辆的通行效率；公交车上安装定位系统，乘客能及时了解公交车行驶路线及到站时间，可以根据搭乘路线确定出行时间，免去不必要的时间浪费。社会车辆增多，除了会带来交通压力外，停车难也日益成为一个突出问题，不少城市推出了智慧路边停车管理系统，该系统基于云计算平台，结合物联网技术与移动支付技术，共享车位资源，提高车位利用率、改善用户体验。该系统可以兼容手机模式和射频识别模式，用户通过手机端 App 可以实现及时了解车位信息，提前做好预订、交费等操作，很大程度上解决了"停车难、难停车"的问题。

（2）智能家居

智能家居是物联网在家庭中的基础应用。随着宽带业务的普及，智能家居产品涉及方方面面。家中无人，智能家居系统可在客户端远程操作智能空调，调节室温，甚至还可以学习用户的使用习惯，从而实现全自动的温控操作，使用户在炎炎夏日回家就能享受到凉爽带来的惬意；通过客户端实现智能灯泡的开关、调控灯泡的亮度和颜色等；插座内置 Wi-Fi，可实现遥控插座定时通断电流，甚至可以监测设备用电情况，生成用电图表，让用户对用电情况一目了然，安排资源使用及开支预算；智能体重秤监测运动效果，内置可以监测血压、脂肪量的先进传感器，内定程序根据身体状态提出健康建议；智能牙刷与客户端相连，提醒刷牙时间、刷牙位置，可根据刷牙的数据产生图表，使用户了解口腔的健康状况。

（3）公共安全

近年来全球气候异常情况频发，灾害的突发性和危害性进一步加大，互联网可以实时监测环境的不安全性情况，提前预防、实时预警、及时采取应对措施，减少灾害对人类生命财产的威胁。美国纽约州立大学布法罗分校早在 2013 年就已开始深海互联网项目的探索及研究，项目团队在深海中放置特殊处理的感应装置，该装置可通过分析水下状况来探索海底资源以及海洋污染状况，甚至还能准确地预测海啸的时间。基于物联网技术的应用能更好地使人类感知土壤、水资源、大气等相关指标及数据，通过优化我们身边的生活环境和生态资源结构来实现绿色环保经济与可持续发展。

（四）大数据

1. 含义

IT 研究与顾问咨询公司高德纳（Gartner）对"大数据"（Big Data）的认知为：大数据是一种运用新的数据处理方式来提升人或组织的决策能力、流程优化能力以及洞悉能力的技术，该技术能更好地适应海量、多样化且增长较快的信息资产配置。另一家研究机构麦肯锡（McKinsey）也提供了"大数据"的具体定义：大数据是规模大到在获取、存储、管理分析等多方面都远超传统软件处理能力范围的数据集合，因此其核心特征将体现于数据规模、数据流转、数据类型和价值密度四个方面。大数据技术的重要价值并不仅在于对海量数据的获取与收集，更为重要的是基于海量信息数据的算法与分析，从而体现数据的内在价值。换言之，若将大数据比作一个新兴产业，衡量该产业盈利水平的关键指标为数据的加工和处理能力，在深加工过后还要能实现数据价值的增值。从技术层面来看，大数据和云计算就好比硬币的正反面那样密切关联。大数据的深度挖掘很难仅用一台计算机完成，基于分布式架构的特征，大数据技术还需结合云计算、虚拟化等手段。随着物联网科技的发展，有关大数据处理能力的研究备受人们关注，有分析团队特别指出，若仅针对一家公司中的大量的非结构化和半结构化的数据展开分析，会耗费大量时间及资源，且没必要。因此，大数据通常会结合"MapReduce"等框架的大型数据集分析工具将云计算运用到数据处理过程中。此外，大数据技术还需要运用一些特殊手段来保证海量数据信息在经过处理后能得到有效的转换，当前大数据处理的主流技术包括并行处理数据库、数据挖掘技术、分布式技术等。

2. 特征

（1）多样性（Variety）：大数据的多样性指的是数据的来源和格式多种多样，包括结构化数据、半结构化数据和非结构化数据。结构化数据是具有固定格式的数据，如数据库中的表格数据；半结构化数据是一定程度上有结构的数据，如 XML 文件；非结构化数据则没有明确的结构，如文本、图像和音频等。

（2）大容量性（Volume）：大数据的规模庞大，通常从 TB 到 PB 不等，远远超出了传统数据库管理系统的处理能力。这种规模的数据需要强大的存储和处理能力。

（3）高速性（Velocity）：大数据的生成、传输和处理速度非常快，通常需要实时或接近实时的处理。例如，社交媒体上的实时更新和传感器产生的实时数据都要求系统能够实时响应。

（4）价值性（Value）：大数据中包含很多低价值的信息，但通过高级分析技术如机器学习和人工智能，可以从海量数据中提取有价值的信息。

（5）真实性（Veracity）：大数据通常是不完整、不一致或包含错误的，因此在进行分析前，必须对数据进行清理和预处理，以确保其准确性和可靠性。

（6）可变性（Variability）：大数据的来源、格式和质量不断变化，需要灵活和适应性强的数据处理和分析工具来应对。

（7）复杂性（Complexity）：由于数据量大、来源多样和分析技术的复杂性，大数据分析是一个极具挑战性的任务，需要熟练的数据分析师和数据科学家来从中获取有效洞察。

3. 应用价值

当今社会的信息化发展已越来越快，信息爆炸不仅增进了人们的日常交流与沟通，也极大地提高了生活的便捷程度，大数据在此情境下的应用前景非常广阔。有企业家在演讲中曾经提出，未来的发展趋势并非 IT 本身，未来将是数据技术（Data Technology）的时代，由此可见大数据对互联网企业发展的重大意义。之前有很多人将数据比喻为蕴藏巨大能量的煤矿，且不同类型煤炭的挖掘方式和过程都有很大区别，主要取决于成本与收益。与之相呼应的观点认为，大数据的特点并不在于其庞大的体量和外在数值，人们更应注重隐藏在数字背后的潜在价值，相比挖掘成本而言，如何体现海量数据的内在价值更为关键，因此在大数据技术的应用过程中更应通过深入挖掘来探寻数据的核心价值。大数据的价值主要体现在如下三个方面：第一，大型企业可通过用户大数据分析手段来实现客户定位和精准营销；第二，中小企业借助大数据工具更好地完成数字化转型；第三，传统企业在承受互联网相关产业产生的巨大压力之下，企业的创新与可持续发展更需要充分运用大数据技术。

在实际应用层面，大数据发展的基本硬件条件已经比较成熟，开发人员也须在确保成本、传输功率、覆盖范围中找到一个良好的平衡点。对于以盈利为目的的企业而言，不仅要充分运用大数据，也要兼顾各类成本的考量，成本的不断降低也能促使企业的效益逐步提升，这些都会影响到企业的实际决策流程。大数据工具的应用会触发以下几种对企业有益的状况：第一，可及时解决企业内部存在的各类故障或缺陷，基于大数据分析来探寻问题的根源，为企业节省非必要的支出；第二，在生产物流领域可协助管理人员进行各类车辆的路线规划，从而避免拥堵状况；第三，通过大数据商品营销分析以最大利润为目标来执行更合理的商品定价和规划，进一步优化商品库存和订单的管理机制；第四，通过客户购买历史记录的大数据分析，为意向客户推送类似产品的优惠信息，达到更好的广告效果；第五，在庞大的客户群中筛选最优质客户，实现精准的客户定位；第六，通过大数据流量分析来发现并规避欺诈行为。大数据应用并不能取代经济活动中一切社会问题的理性思考，科学发展的逻辑也不能被淹没在海量的数据中。经济学家路德维希·冯·米塞斯（Ludwig von Mises）曾指出，"就今日言，有很多人忙碌于资料之无益累积，以致对问题之说明与解决，丧失了其对特殊的经济意义的了解"，因此在大数据工具的实际运用过程中也需警惕经济发展的自然规律等必要前提。

（五）云计算

1. 含义

"云"本质上是一个网络，在一定程度上可将云端的资源视为可无限扩展的资源，只需要付费即可取用。此时的"云"也好比自来水厂，用户只需要根据实际的使用量付费就不会受到用量的限制。云计算的扩展性也引发了其发展方向及定义方式的多样性，云计算以互联网为中心来提供安全快捷的计算及存储服务，使每个互联网用户都可方便地取用网络上庞大的计算资源及数据。云计算整合了各类计算机资源，使用户可以便利地获取线上资源，而不受到时间和空间的限制。云计算技术能够为使用者提供全新的用户体验，是信息化时代新的发展趋势。从狭义角度来说，云计算提供的是"资源网络"，使用者可随时从云端取用资源。从广义角度来看，云计算又与软件、信息和互联网等技术密切关联，此时的计算资源共享池都可被称为"云"。云计算能够充分整合各类数据和资源，经过软件的自动化处理后，只需较少人员参与即可提供有价值的信息，因此此类与云计算相关的计算能力也被当作一种新的商品在网络上流通，用户能以较低廉的价格购买和使用。换言之，云计算是计算机与互联网相结合的一项新兴网络资源整合服务，也是一种全新的网络应用模式，但云计算技术并非革命性的网络技术。

2. 特征

与传统的网络应用模式相比，云计算具有如下优势与特点。

（1）虚拟化技术

虚拟化突破了时间和空间上的限制，这也是虚拟化技术的核心特征所在。虚拟化技术分为资源虚拟和应用虚拟，数据通过虚拟化平台在各个终端之间进行迁移、备份和扩展等。

（2）动态可扩展

云计算能够在原有服务器基础上加入云计算功能来提升计算速度、增强计算能力，还能够对应用的虚拟化层次进行延伸，实现动态扩展。

（3）按需部署

当前的网络应用资源非常丰富，不同应用软件的数据库也存在较大差异，为此用户需部署更先进的计算能力来全面整合各类资源，云计算恰好满足了这一需求，基于用户需求来对计算能力和资源进行快速匹配。

（4）灵活性高

当前市面上大部分的网络资源在软件、硬件上都已经开始全面支持虚拟化平台，包括存储介质、操作系统等，虚拟化的数据将被导入云端进行整合，云计算具有较强的兼容性，不仅能够对各种配置的设备予以兼容，不同厂商的硬件产品也可相互兼容，因此云计算还能提供比单点服务器更强的运算能力。

（5）可靠性高

由于可以通过虚拟化技术将分布在不同物理服务器上的应用进行恢复或利用动态扩展功能部署新的服务器进行计算，因而即使单点服务器出现故障也不会对云计算造成很大影响。

（6）性价比高

对虚拟化资源进行统一管理在很大程度上也能够优化物理资源结构，用户不必支付昂贵的设备费用就可使用云服务，享受高性能服务的同时付出较小的代价。

（7）可扩展性

用户可以通过软件的快捷部署来对各项新业务进行扩展。例如在云计算系统内，即使系统中有设备出现故障也不会影响用户的使用，因为系统的云计算功能可扩展其他服务器来执行运算操作，由此能有效确保计算任务的执行过程不受故障的干扰。此外，动态扩展和虚拟化资源相结合的应用模式将提高云计算的可扩展性，运算能力也得以进一步提升。

3. 应用

较为简单的云计算技术已经普遍应用于现如今的互联网服务中，最为常见的就是搜索引擎和电子邮箱。搜索引擎包括谷歌、百度等，在任意时间和地点，只要通过移动终端就可以在搜索引擎上搜索任何自己想要的资源，通过云端共享数据资源。而电子邮箱也是如此，在过去，写一封邮件是一件比较麻烦的事情，同时也是很慢的过程，而在云计算技术和网络技术的推动下，电子邮箱成为社会生活中的一部分，只要在网络环境下，用户就可以实现实时的邮件寄发。其实，云计算技术已经融入现今的社会生活。

（1）存储云

存储云也可称为云储存，是在云计算技术基础上发展形成的一项新兴数据储存与管理技术。这项新技术使用户可以在网络中上传本地资源，也可以很方便地获取云端资源。目前百度、谷歌、微软等 IT 巨头公司都已经推出了成熟的云储存服务，极大提升了普通用户在资源获取与管理方面的效率。

（2）医疗云

医疗云整合了云计算、大数据、物联网、5G 通信等多项新兴技术与应用。基于医学科技，以云计算为核心的医疗健康服务云平台能够实现医疗行业的资源共享，使医疗资源的服务范围进一步扩大。医疗云具有全国布局、信息共享等优势，云平台中的预约挂号、电子病历等服务功能极大地提升医疗机构的工作效率，也让居民的就医更为便利。

（3）金融云

金融云基于云计算模型将信息、金融和服务等功能分散到庞大分支机构构成的互联网"云"中，通过共享、整合后的互联网资源来处理各类金融问题，为银行、保险等金融机构提供运营服务的同时也大大降低了其运营成本。2013 年以后，阿里巴巴对旗下的金融资源进行了全面整合，并推出阿里金融云服务，从本质上来看，这种金融云就是目前已经普及的手机快捷支付。可以预见，未来的各类金融服务与云计算平台将进一步融合，用户可以更为便捷地完成手机支付，包括买卖股票、基金等操作，国内的腾讯、苏宁等多家大型企业也已于近年相继推出了类似的金融云服务。

（4）教育云

教育云的目的是实现教育资源的信息化发展。理论上来讲，教育云可虚拟化所有的教育资源，资源也可随时上传到互联网中并对所有师生开放。线上授课是近几年较为流行的上课方式，很多平台也提供了类似的开放式在线课程，如清华大学的"学堂在线"慕课（MOOC）平台等，国内许多高校与培训机构都已开始重视发展在线教育课程。

（六）区块链

1. 含义

区块链是一门涉及密码学、数学、互联网等多项高端科技的交叉学科，在应用层面，区块链可理解为一个分布式的共享账本或数据库。区块链的应用场景有很多种，包含点对点传输、加密算法、共识机制等多项新型计算机技术的应用模式，其基本特征为去中心化、可追溯性和公开透明等，这些特征也为区块链的安全、隐私和信任体系的构建创造了良好的条件。区块链技术可有效解决信息不对称的问题，以此来保障各个实体之间的良好协作机制，这也拓展和延伸了区块链技术的应用范畴。区块链也被定义为一个去中心化的数据库，底层逻辑为运用密码学产生关联化的数据模块，每一个数据模块都包含一个批次的交易信息。

2. 分类

（1）公有区块链

在公有区块链（Public Block Chains）中，每个个体或团体都能够进行交易的发起与确认，且交易可在该区块内达成共识。公有区块链模式下，任何人都能参与到区块链的交易过程中，这是目前较为成熟的一类区块链技术，其应用也最为广泛。世界范围内的各种虚拟货币都具有公有区块链的基本特征，即货币信息只能对应此类货币的一条区块链信息。

（2）联合（行业）区块链

在联合（行业）区块链（Consortium Block Chains）中，在某个群体内部指定多个预设节点作为记账人，各区块的生成由所有预选节点共同决定（预选节点参与共识过程），其他接入节点可以参与交易，但不会参与记账过程（本质上还是托管记账，只是变成分布式记账，预选节点的多少、如何决定每个块的记账者成为该区块链的主要风险点），所有人都可通过区块链的应用程序接口（Application Programming Interface，API）来做限定查询。

（3）私有区块链

在私有区块链（Private Block Chains）中，只通过区块链总账技术来完成记账，包括公司记账和个人记账两种模式。私有区块链具备独立的写入权限，本链的存储方案与分布式方案一致。在传统金融领域，私有区块链的应用较为普及，但随着一批新兴公链产品的影响力逐渐扩大，私有区块链的未来发展方向更难把握，目前仍处于尝试和探索的阶段。

3. 特征

（1）去中心化

区块链技术不依赖于第三方的硬件设施或管理机构，分布式核算与储存的特点突破了"中心"的管控，能够在相应节点独立完成信息的验证、传递和管理，因此区块链技术最本质的特征为"去中心化"。

（2）开放性

区块链技术具有开源特性，虽然在交易过程中各方的个人信息等隐私会被有效加密，但区块链内的数据需对外开放，所有人都能通过公开的接口查找区块链数据及开发相关应用，所以信息透明程度非常高。

（3）独立性

区块链技术采用自行协商的规范和协议，不依赖任何第三方，各个节点能够自行完成校验并进行数据交换，极大减少了数据传递过程中的干扰因素。

（4）安全性

除非能掌控全部节点的51%及以上，否则无法修改各个区块的数据，因此整个区块链的安全性较高，还能够有效避免人为因素造成的数据变更。

（5）匿名性

仅从技术层面来看，除非有特定的法律对某类区块链做出强制公示要求，否则，各个区块节点的身份验证信息都可不公开，且信息的传递也可匿名进行。

4. 应用

（1）金融领域

区块链技术在证券交易、股权登记、国际汇兑等金融领域有着巨大的应用前景，基于点对点的对接模式，不仅能节省第三方的成本支出，也可以加快支付速度。传统的跨境支付过程所需耗费的时间大约在三天，交易费用往往相对较高，而如 Visa 推出的"B2B Connect"功能可为机构提供成本更低的跨境安全支付，大大缩短了交易时间，这也迎合了目前全球经济一体化的发展趋势。

（2）物联网和物流领域

基于工业 4.0 和物联网的发展势头，区块链已与物流领域形成非常自然的联合发展模式。区块链技术可有效降低物流成本，也可实现产品的全程追踪，促使整个供应链的管理效率逐步上升，在此领域的应用前景一片光明。另外，区块链通过各节点连接的散状网络分层结构，也为物联网的未来发展提供了便利。这一特征可以确保整个网络系统中的信息得到有效传递，同时对信息的准确度予以检验。区块链的各个节点都具备较自由的进出能力，可以更好地融入区块链体系，而不对体系的其他部分产生干扰。进一步分析，区块链和大数据相结合的物联网方案能充分发挥大数据的自动筛选过滤功能，通过在区块链内构建和完善信用体系来提升交易过程的安全性。区块链和大数据相结合还能更有效地体现出大数据技术的整合能力，为用户提供更大的扩展空间和潜力，从而促使智能物流系统在分散的用户之间不断地扩展与延伸。

（3）公共服务领域

区块链技术在公共服务领域发挥的作用与人们的日常生活息息相关，由于区块链技术具有去中心化的特征，公共服务领域中存在的明显的"中心化"管控问题就可运用区块链技术来消除或减少。区块链提供的去中心化的完全分布式DNS（域名系统）服务通过网络中各个节点之间的点对点数据传输服务就能实现域名的查询和解析，基于对公共服务设施运行状态的实时监控，来保护物联网系统的软件应用与硬件设施，还能确保数据传输过程中的数据信息不会被篡改。

（4）数字版权领域

区块链技术通过验证有效音频、视频、文字等信息来保障作品权属的真实性和独创性，还能实时更新交易记录。基于区块链技术的作品"鉴权"不仅能对作品的版权和生命周期进行更全面的管理，还可为司法机构的取证提供技术支持，如美国一家名为"Mine Labs"的创业公司开发的区块链元数据系统可通过数据协议来保护图片和照片的版权。

（5）保险理赔领域

在保险理赔领域，保险机构需要开展资金的归集、投资、理赔等各项业务流程，但传统运营流程的成本较高，在运用智能合约等新兴技术后可不再需要投保人提交申请，甚至不需要保险公司的批准，一旦达到理赔条件即可触发自动化的理赔程序。这一技术在国际上已有较成功的实际应用案例，如保险产品"LenderBot"能提供各类保险产品的定制投保选项，尤其是对高价值物品的投保，区块链技术更是在其贷款流程中扮演了第三方的角色。

（6）公益领域

在区块链中储存的数据和信息稳定性非常高，几乎无法被篡改，这一特质使得区块链技术在社会公益场景中得到迅速推广，包括捐赠项目明细、资金流向等历史记录信息都会在区块链中存档，信息透明能促使公益事业更加公平与公正，同时受到社会各界的广泛监督。

第二节　数字化管理

一、数字化管理的概念与特征

（一）数字化管理的概念

数字化管理与数据和数据思维都密切相关，数据思维也被认为是未来企业管理的第一思维，企业管理应以数据思维来对数据进行深入挖掘、分析。数字化管理的核心内涵包含以下三层：首先，要实现管理活动的数字化，需先确保企业管理对象包括财力、人力、物力和知识等各类资源的数字化，在此基础上构建数字化的资源配置和管理模式；其次，企业各项经营管理活动应以数字化的神经网络系统为基础来开展，即企业内部各部门之间，企业与企业、市场、顾客之间的交易活动通过数字神经网络系统实现；最后，需实行量化的标准管理流程，将管理手段、管理对象等要素都进行具体量化，管理人员可通过管理过程的量化分析对企业的资源配置结构进行及时的调整与优化。以上三层内涵旨在提升企业核心竞争力，通过优化企业的管理结构和效率来控制企业的各项经营成本，进而增强企业产品与服务的市场竞争力。总体而言，企业的数字化管理是指充分利用计算机和网络技术来提升企业的生产、研发、营销等所有环节的运作效率，以数字化手段为基础来推动先进管理方法及理念的具体实施。

（二）数字化管理的特征

工业物联网时代已经来临，组织管理的逻辑也开始出现重大转变，传统工业时代的逻辑已无法满足数字化时代的实际管理需求。同样地，以往的管理理论也是基于工业时代的逻辑演化形成，在数字化发展阶段的适用性还有待检验。数字化管理包含以下六个基本特征。

1. 一切互联（人与人、机器与机器、机器与人）不是简单地把数据沉淀下来，而是从本质上逐渐改变社会、企业以及人的生活方式，这些改变对企业提出了新的要求和挑战。

2. 数据是数字经济的核心资源和驱动力，同时也是数字经济的特征表象，在过去几十年的信息化浪潮中，许多企业的管理和业务流程已实现数字化的转变，企业长期运营过程中留存下来的历史数据是可持续发展的驱动力，企业通过追溯历史数据和过程文件也能总结过去的经验与教训。此外，将这些历史数据导入业务平台系统中的"数据共享"机制能提升企业管理的效率，结合人工智能等新型数据挖掘技术的发展模式正在不断颠覆原有的商业模式，全新的商业模式将为企业管理的发展与创新提供更多的路径选择。

3. 客户的需求已呈现出多元化及个性化发展趋势，企业在发展过程中应密切关注客户需求的变化，尤其要提高对新需求的敏感度，认真分析和研究变化的范围及程度，在发挥企业自身优势的前提下持续挖掘潜在客户群体，并聚焦于为客户创造更多价值。

4. 如今的科技创新日新月异，除了大型企业、龙头企业，许多"独角兽"企业和创业型企业也时常会出现颠覆性创新，颠覆性创新往往具有重要的颠覆功能，甚至有可能改变以往的商业运作模式。新的竞争环境留给企业思考和调整的时间越来越少，对数字化时代的管理也提出了新的挑战。

5. 过去企业将产品或服务出售给客户，如今许多大型企业更为注重客户满意度，以及如何提升客户与企业分享价值的意愿，这些都将直接影响客户忠诚度和品牌价值。产品及服务的持续创新尤为关键，此时需要企业生产的产品或提供的服务能为客户带来超过预期的价值或体验。

6. 数字化管理要能实现"普惠共享"模式。共享经济的发展激发了数字经济时代的共享价值观，如今的金融领域也涌现出普惠贸易、金融科技、普惠金融等新兴商业模式，共享模式下的大数据信用评分系统使得更多的个体和机构有机会参与到金融服务领域。在科技力量的推动下，许多新的业务形态已经取得一定进展，包括在不需要购买昂贵设备的情况下共享优质网络资源云计算服务等。此外，外贸领域的数据共享使得更多的经济体有机会参与其中，价格更为公开透明的同时，贸易相比以往而言也更加有序，这进一步推动了全球经济一体化的发展进程。

（三）数字化推动管理创新

数字化管理以生产实践为基础，以往经验主义的管理方式将转变为确切的数字和量化标准。技术与管理的内容可通过数字化手段来构建数学模型并进行量化分析，使产品生产过程中的各种要素都可通过准确的数字来衡量与控制，从而实现生产过程的动态管控、反馈与调整。此外，随着互联网产业和信息共享的进一步发展，过去少数管理人员掌握的通用技术目前已有很大一部分能够通过网络渠道来获取，因而新的管理体系将在数字化新时代扮演更重要的角色。

二、数字化和数据驱动

数据驱动是以数据作为基础，企业需全面梳理数据资源，深入挖掘数据的价值，通过分析可能存在的问题和风险来驱动技术创新。数据驱动是最为直观的数字化管理范式，不仅能够使业务流程更为清晰，还能化繁为简、优化资源结构，通过分析业务的本质来为决策提供更有效的支撑。

（一）数字化推动商业模式创新

在企业的数字化转型过程中，商业模式的创新一直是重大突破点。参考国际软件集团金蝶的研究结果，目前我国企业的数字化商业模式创新的九大趋势尤为显著，或将成为我国企业的国际竞争优势，具体为：产品与服务个性化、全价值链网络化、全价值链社交化、消费模式共享化、客户体验智能化、生产制造智能化、客户需求感知和响应实时化、产业链协作生态化、供应链全程绿色化。

（二）数字化和大数据分析

在数字经济时代，互联网、智能设备以及其他形式的信息技术呈爆发式增长，使数据以同样令人惊叹的速度增长。众所周知，客户的消费行为和网上行为都会被记录下来，其实企业经营的每个阶段、产品销售的每个环节也被记录着，数据已经成为一个重要的生产要素。通过对数据的收集、存储、再组织和分析建模，隐藏在数据中的重要价值及规律才会逐渐展现出来，从而成为企业数字化转型升级以及可持续发展的重要推动力量。

对于想要进行数字化转型的企业，应该对大数据分析建模的步骤重视起来。首先需要开展业务调研和数据调研工作，明确分析需求；其次应开展数据的准备工作，即选择数据源、进行数据抽样选择、数据类型选择、数据标准化、数据簇分类、异常值检测和处理、变量选择等；再次应对数据进行处理，即进行数据采集、数据清洗、数据转换等工作；最后开展数据分析建模及展现工作。

（三）数字化推动人性化技术和设计思维创新

数字化转型的主要目标是提供数字化的用户体验，新时代的消费者对于数字化体验感的期望不断被激发，企业方面也希望通过数字化手段来更好地开发用户和市场，以互联网技术为基础的客户大数据分析工具更能帮助企业不断地改进自身的产品和服务。另外，用户直连制造（Customer to Manufacturer，C2M）的生产制造模式可以更好地迎合用户的个性化需求，使企业更了解用户的实际需求，此类数字化手段也将是未来企业产品和服务升级的主要推手。

随着近几十年互联网科技的快速发展，各行业都已具备一定的数字化普及程度。数字化技术的进一步推广不仅能帮助企业实现从生产到售后的全价值链升级和换代，还可使其适应目前物联网、大数据产业链发展的市场需求。以上都强调了数字化产品与服务，需加强用户体验，人性化技术和设计是数字化创新焦点。

三、数字化管理基础理论

数字化管理的对象是数据，数据是信息的载体，所以说，信息与数据是不可分离的。数据中所包含的意义就是信息。信息能够有效解释数据，同时还能提升数据的实用价值，数据需经过处理或解算后才能体现出自身价值，进而转化为有价值的信息。从本质上来看，数据是对客观对象的量化，而数据的核心价值是能够形成有效信息，即数据只有在影响到实体对象的行为时才能发挥其价值和功能。互联网时代下的数据化管理面临着数据共享机制与大数据科学处理方法这两大亟须攻克的难题，对数据进行从头至尾的全面管理以及实现数据价值的最大化，必然需要理论和技术的支撑。本小节以信息资源管理理论、大数据理论、数据科学和企业战略管理理论为基础，结合数据资源的特征、科学技术的发展现状，科学合理地展开数字化企业管理理论的阐述。

（一）信息资源管理理论

1. 含义

在管理理论发展的进程中，人类优先考虑的是对具体资源（如物资、资金、人员等）的管理，而对信息资源的管理始终没有凸显出来，信息资源管理（Information Resource Management，IRM）一直处于从属地位。直到 20 世纪 80 年代，社会环境发生了巨大的变化，信息资源才作为一种独立的组织资源从其他物资资源中逐渐游离出来。信息资源同其他资源相似，也有其共同的规律，必须对其进行管理。

在不同的社会阶段，信息所包含的内容不同，对于"信息资源管理"的理解，也存在着"对象说"和"方法说"。前者主张从管理对象角度来探讨"信息资源管理"，即认为"信息资源"是组织机构管理活动的重要对象；后者突出了"信息资源管理"是一种资源管理方法，也即如何进行管理的问题。其实，"对象说"和"方法说"所呈现的只是一种表象，两者并无实质区别。总体而言，信息资源管理是在组织资源思想的基础上形成的一套管理系统，其目的为通过充分整合各类信息资源来构建一整套组织规划指挥、控制的系统化方案。基于当前数字化时代的发展情境，信息资源管理已从纸质文档阶段过渡到电子化办公的新阶段，发展的目标应更偏重于数字化流程中的资源配置与监控。

2. 目标和任务

信息资源管理的主要目标是充分整合企业的各类信息，逐步提升信息资源的利用水平，通过企业各部门间的数据共享机制来提升整体的管理水平。其具体任务包含六个方面。

（1）以企业发展目标为依据对企业中信息资源的开发和利用提出建议，进行总体规划。

（2）建立信息资源管理机构，配置信息资源管理设备，对设备进行维护，对人员进行培训。

（3）开展企业信息系统的开发、运行、维护等数字化管理工作，使企业的信息化水平逐步提升。

（4）建立和维护整个组织中的数据标准规范与管理制度。对数据信息的标准化和规范化有利于工作的延续，良好的管理制度更能保证信息的一致性、完整性。

（5）通过跨部门合作来对信息资源创新的可能性进行探讨、规划与追踪，并应用于管理过程中的各个环节，促使企业对信息资源的利用效率逐步提升。

（6）做好向组织中的所有部门提供信息资源咨询、服务和维护服务等工作，让企业的员工参与到信息资源管理的工作中去。

（二）大数据理论

最早提出大数据概念的是全球知名管理咨询公司麦肯锡，早期麦肯锡曾指出，在各行业或领域中渗透的海量数据已经开始帮助生产人员提高工作效率、为其提供支持，新的生产率上升和消费者盈利的大潮即将到来。随后其在《大数据：创新、竞争和生产力的下一个前沿》中指出，大数据是规模超过现有数据库工具储存、分析、管理能力的数据集，同时指出并不是数据规模超过某个特定数量级的数据集才是大数据。大数据本质是"基石数据"，而大数据有其最具代表性的特征。纵观大数据及大数据技术的发展与应用，不得不说大数据的出现推动了数据技术的发展和人们对数据认知的思维变革。

在企业中，大数据被科技企业看作一个巨大的商机，国外的一大批知名企业包括 IBM、微软、谷歌、沃尔玛等早已通过大数据获得了丰厚的回报。我国的大数据发展相对发达国家来说起步较晚，但已有许多互联网科技企业在这方面实现了爆发式的成长，如百度、腾讯、阿里巴巴等，这些公司典型的特征为自身数据库的体量庞大。巨大的商机促使近年来一批又一批的创业型企业投身于大数据产业的发展与创新，由此形成的激励竞争环境也必将推动整个产业的发展进程。

（三）数据科学

1. 定义

数据是一种商品，但是，如果无法处理数据，数据的价值就值得怀疑。数据科学是大数据技术的基础所在，旨在通过科学的手段从所有形式的数据中提取有价值的信息，提高数据的有效性和实用性。数据科学同时也被称为"资料科学"，这门学科基于数据本身并充分融合了统计学、模式识别、数据可视化等先进技术来帮助非专业人士识别和理解数字信息。数据科学技术可以帮助我们正确地处理数据并协助我们在生物学、社会科学、人类学等领域进行调研。此外，数据科学也对商业竞争有极大的帮助。总的来说，数据科学为应对大数据带来的处理和使用难题提供了理论基础与技术支撑，大数据可以看作数据科学的一个分支。

2. 理论内容

数据科学主要包括两个方面：用数据的方法研究科学和用科学的方法研究数据。前者是指基于数据内容，通过剖析数据来揭示科学规律，进而促进科学发展，如生物信息学、天体信息学、数字地球等领域；而后者是将数学、统计学、机器学习、数据挖掘、计算机科学等方法用于广泛的数据研究中，如数据的获取、处理、存储、挖掘及安全等方面。数据资源管理的重点在于用科学的方法，管理好数据的每个阶段，挖掘数据的价值，促进数据在企业运行的各个环节的应用。

（四）企业战略管理理论

在数字经济高速发展的背景下，企业面临各种新的挑战与机遇，进而引发管理思想上的迅速变革。管理学学科的管理思想变革主要体现于以下几点：第一，从过程管理逐步转变为战略管理；第二，从内向管理转变为外向管理；第三，从市场管理逐渐过渡到价值管理；第四，从行为管理转变为以文化管理的理念和手段来沉淀企业文化。其中尤为关键的是战略管理，未来会有更多新的企业发展契机在不同的时间节点陆续涌现，良好的战略管理与规划可以让企业在市场长期竞争环境中始终掌握着主动权。利用战略管理的思想来预见企业的发展趋势是管理思想上的一次重大变革，为了更好地发现与把控新动向，企业需全面梳理战略管理理论的发展进程，掌握其内在的演化规律。实际操作中，企业的战略管理规划应始终站在可持续发展的角度去思考企业所面临的竞争、生存与发展等一系列问题，这也是现代化企业领导的核心职能所在。换言之，战略管理是衡量现代化企业经营水平的关键指标。企业战略管理是一个层次化的体系，理论上可将公司的战略分为公司战略（Corporate Strategy）、经营战略（Management Strategy）、职能战略（Function Strategy）三个层次，每个层次针对企业不同层次的战略制订、实施和评价、控制行为进行管理。虽然企业战略管理理论分为三个层次，但对于实际操作而言，职能战略是较容易控制的，且是公司战略与经营战略的基础所在，因而企业的数字化管理更需充分利用内部的生产、研发、营销等战略资源，通过跨部门协作来推动更为顺畅的数字化管理及转型。

第三节　数字化企业的组织

一、数字化企业

数字时代的企业可以大致分为两种类型。一类是传统企业或前数字化企业（Pre-digital Organizations），当前的环境中这类企业正在遭遇数字经济的冲击和挑战，零售、制造、金融等行业的企业都包括在其中。另一类企业是数字原生企业（Born-digital Organizations），咨询机构高德纳将之定义为以互联网信息和数字技术作为核心竞争力构建运营模式和能力的企业。阿里巴巴、谷歌、腾讯、亚马逊等互联网企业，科大讯飞、大疆等科技企业，以及特斯拉汽车这种数据驱动的企业，都属于数字原生企业。如果将企业与人进行对比，数字原生企业就相当于数字原住民，一出生就面临数字和网络的世界，思维、认知、生活、工作都习惯于利用数字技术；而传统企业就相当于数字移民，正在经历从物理世界到数字世界的转化和学习过程。

数字原生企业在其创立之初就围绕互联网和数据平台为核心构建其商业系统。比如阿里巴巴基于互联网平台提供电子商务服务，对数据的理解和应用贯穿其整个业务体系。这类企业的数字化能力与生俱来。数字原生企业往往能借助快速增长和网络效应在数字经济的竞争环境中获得"守门人"地位和更大优势。相比之下，传统企业创建之时即围绕物理世界的生产、流通和服务等活动而展开，天然缺乏对数字世界及其规则的敏锐感知和理解。因此，两类企业在数字化程度方面具有显著差异，传统企业面临更大的数字化转型挑战。

需要注意的是，传统企业与数字原生企业之间并没有绝对的边界，传统企业可以通过数字化转型将自身转变为数字化企业。中国信息通信研究院认为，企业在数字时代有三种不同的角色：转型者、赋能者和两者兼备的企业（见图 14-6）。农牧、制造、交通等传统企业位于图的左下方，其数字化应用水平较低，正在利用数字技术实现转型，这些企业属于转型者。比如制造业中少数头部企业已经将数字技术深度融入业务之中，但大部分中小企业依然处于数字化转型起步阶段。金融、通信等企业在进行数字化转型的同时，已具备对外输出数字能力的基础，兼具转型者和赋能者两种角色。而互联网企业和软件服务企业数字原生程度较高，属于天生的赋能者。

　　在数字时代，我们需要更多关注正在或将要进行数字化转型的传统企业，了解他们如何向数字原生企业学习，在数字时代建立自身的竞争优势。

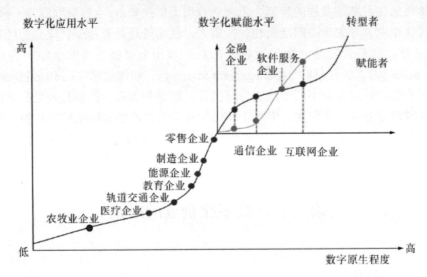

图 14-6　企业在数字时代的三种角色

二、数字化企业的结构特性

　　管理者的重要职能之一是组织，并由此决定企业的组织结构（或"组织架构"）。组织设计（Organizational Design）就是指确定组织结构。设计或调整组织结构需要决定专业分工、部门设置、权责界定、管理幅度、集权与分权、正式化等重要问题。组织结构确定了组织中个人和团队的职权和责任、相互关系，也是影响组织内部信息处理、知识分享和创造、协作与整合等关键活动的重要因素，从而无论是对员工个人还是组织本身都至关重要。数字时代，企业必须要考虑什么样的组织结构和设计才是合适的。

　　金字塔式的科层制可能是最常见的一种组织结构。这种组织结构有着专业化的分工、固定的职能部门设置、明确的人员权责、严格的层级关系、集中化的决策体系等特性，能够支持任务高效执行，是大多数大中型企业采用的结构类型。然而，为传统企业保驾护航的科层制能否适应当前企业的数字化要求？

　　现有研究认为组织结构对于企业的数字化至关重要。一方面，企业进行数字化转型会促使组织结构进行调整；另一方面，成功的数字化也有赖于合适的组织结构。然而，德勤与麻省理工学院的合作研究发现，在接受访谈的一千多位首席执行官中，92%的受访者表示企业缺乏合适的组织结构来保障其在数字化环境中的经营。

　　数字经济要求企业具有敏捷的组织结构，也就是具备更高的灵活性、适应性和响应性。比如，企业需要根据多变的市场环境和客户需求灵活调整业务，传统科层制能够让企业保持产品和服务的标准化和高效交付，但却约束了企业快速响应需求和灵活应对市场变化的能力。那么，如何让组织结构更为敏捷并更好地支持企业的数字化？

（一）专业分工

组织的基本构成是人，因此组织设计的首要问题是确定每个人的工作职责，或者说如何为人员分配工作任务。专业化分工就是让员工承担单一类型的工作任务，其目的是让员工能以较高的效率完成工作。比如工业时代福特公司的流水线工人只需要掌握较少的工作技能，而且工作效率较高。

数字时代，企业和员工个人的需求都有了较大程度的变化。企业为应对不断变化的市场环境，需要灵活配置资源，通过调整部门设置来支持业务变动。而对于员工自身而言，单一的职业技能和工作内容已不能满足个人发展的需要。因此，企业会将部门的专门化程度降低，促使员工掌握不同的工作技能，并能承担多种工作任务。

比如美国电信企业 AT&T 启动了"人才 2020"（WF2020）项目，将 250 个工作职位整合为 80 个，目的是精简职位结构，提升岗位的流动性。例如其将信息技术方面的设计、开发和测试等 17 个职位整合为一个"软件工程师"职位；将组长和技术总监等 9 个职位合并为"领导者"职位；程序员不仅需要写代码，还需要编写测试脚本，并且测试自己写的代码；之前只负责检测仪器可靠性的工程师，现在要编写软件确保系统运行。员工成为多面手，使得企业的人力资源配置更为灵活，企业更具敏捷性。

但是，某些领域内的专业化分工程度则在提升，甚至形成所谓的超级专业化（Hyperspecialization）。与早期的专业分工相比，超级专业化已经从体力工作延伸到知识型工作。随着数字技术的发展，知识工作的数字化程度大为增加，原本只能由一个人完成的知识型工作可以分解为独立的、便于分配的微任务，由多人远程共同完成，而且便于进行监督和质量控制。

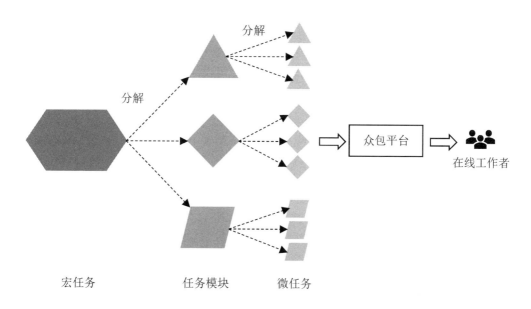

图 14-7　数字时代的专业化分工和众包

全球范围内的劳动力众包平台（例如 Amazon Mechanical Turk）加剧了超级专业化的趋势，让企业可以将知识型工作任务分包给全世界范围内的劳动力（见图 14-7）。以软件公司 Topcoder 为例，该公司采取的是竞赛型众包模式（Contest-based Crowdsourcing），将客户的 IT 开发项目分解成多个微任务，提供给世界各地从事软件开发的自由职业者，让他们以竞赛的方式参与到这些任务中来。Topcoder 以这种模式完成的项目在质量上往往能与按传统方式完成的开发工作相媲美，而成本可缩减 75%。

虽然专业分工在一定范围内能够提升工作效率，但过高程度的专业分工会让工作变得枯燥无味和失去意义，会导致员工产生疲劳、压力、倦怠、边缘化感受，从而产生负面效应，甚至"数字血汗工厂"这一说法也被提及。对于企业管理者而言，要精准识别数字时代下专业分工的机会，充分认识专业分工的经济性和不经济性，在企业的绩效和员工利益之间取得平衡。

（二）部门设置

组织按照特定方式对组织内的活动进行分类后形成部门，来支持组织的目标实现。一般而言，可以按照职能活动（例如研发、生产、销售等）、产品类型（例如家电部、通信产品部）、顾客类型（例如消费者、政企客户等）、区域（例如华东、华南、西南等）、流程（承保、客户服务、理赔）等因素来设置部门。

如今多数企业还是按照职能组建部门，使得具有相同专业背景和技能的员工归于同一部门，从而实现规模经济。然而，按照职能设置部门，容易形成部门之间的壁垒（也就是俗称的"部门墙"），阻碍部门之间的沟通和协作。职能部门的员工也由于专业背景相似，而无法互通有无，甚至导致思维固化。

数字化企业则通常组建跨职能团队，转向基于项目的组织结构，允许员工在内部自由流动，形成组织内部网络或生态系统。这种结构上的转变趋势受到三个方面的驱动。

首先，从服务客户的角度而言，数字化企业急需打破职能部门间的壁垒，才能提供更符合顾客需求的产品或服务。以企业的营销活动为例，如果企业根据不同职能设置数字媒体、传统媒体等不同的部门，那么就意味着同一个客户可能在不同渠道接收到完全不同的营销内容。为了给客户呈现统一的营销信息，公司可以组建一支多元化背景和技能的营销队伍，由来自营销运营、数字内容、数据分析、传统媒体、在线社群等不同领域的员工构成。此外，营销团队与产品开发和运营团队紧密合作，才能确保营销方案的顺畅实施。对于服务型或服务导向的企业而言，跨部门甚至是跨业务单元的协同至关重要。

例如国际信用卡公司 Visa 从纵向的部门化结构转变为横向的基于项目的结构，允许不同背景的员工自由快速组成项目团队，构成企业内部人员的网络化连接。而且这种内部网络的构成可以随着项目变化而变化。相对于科层制而言，内部网络型的组织结构有助于打破僵化的部门壁垒，在企业内部形成员工的自由流动。

其次，企业的业务正在变得更为复杂，往往需要不同专业背景的人共同合作。数据导向的流程比如基于数据的业务分析需要跨部门甚至跨组织的人员协同，需要三种类型的员工参与其中，包括 IT 人员、业务人员和数据分析人员。汽车制造企业奥迪通过加强 IT 部门、销售和营销部门以及数字创新中心这三个部门之间的协同，提升大数据分析和利用能力，从而为客户提供基于数据的创新服务。

最后，从内部能力更新而言，数字化要求企业快速转变能力，也就要求员工不断掌握新技能。除了正式培训之外，组建跨职能团队是一个培养员工新技能的有效方式，不同背景和专业技能的员工聚集到一起，通过做中学（Learning by Doing）和社会性学习（Social Learning）快速掌握新技能。AT&T 在启动数字化转型之时，意识到需要让员工快速掌握云计算、编程、数据科学等新的专业技能，而传统培训耗时太长。公司在启动"人才 2020"项目时，允许员工自由选择加入各种小型项目团队，使得员工在一个多元环境中快速学习，拓宽知识和思维方式。员工跨部门内部流动和组建团队，一定程度上形成了企业内部的人才市场，有助于人尽其用。腾讯内部人才市场建设的"活水计划"解决了微信业务大部分的人才需求。

（三）集权与分权

组织的决策权如何分布？应该由谁来制订决策？基于这两个问题，我们可以将企业分为集权型组织和分权型组织。前者是传统的自上而下的决策结构，决策权集中于组织上层，而后者是典型的自下而上的去中心化决策结构。传统金字塔式的组织中，职权和权力集中于顶层，权力集中的优势是能够快速高效地制订决策，并利用中心化的力量来推动决策的高效执行。

面对数字时代环境的动态变化，企业需要变得更为灵活和及时反应，因此"谁来做决策"就成为关键问题。很多企业认识到，应该由最接近问题（离战场最近）的人来做决策。连锁零售企业中离消费者距离最近的是门店的店长和店员。日本零售企业 7-Eleven 进行店铺改革，创立了以店长为核心、满足地区商圈内消费者需求的个店经营模式。其策略是将订货决策权下放至兼职工和小时工，员工会通过销售终端提前掌握前一天的数据、去年同期的数据、同等天气情况下的数据，并根据这些数据来决定订货情况。

为什么数字时代可以实现将决策权下放到基层管理者或一线员工？关键的改变在于企业的数字赋能和组织赋能。数字赋能体现为企业为员工提供必需的数字技术和数据，使得他们有能力做出决策。麦当劳在全球有超过 4 万家门店（截至 2025 年 1 月），门店的经营数据每 15 分钟就同步到总部数据中心。基于这些数据，麦当劳的中台会把每家店的核心指标跟一些典型市场模型进行比对，比如说城市中心的门店和高速服务区的模型是不一样的，通过与典型模型的比对，中台可以精准判断每家门店的具体问题，而门店店长就可以根据这些数据分析的结果来制订所在门店的具体经营决策。

百丽是一家大型时尚产业集团，线下零售网络由超过 8000 家直营门店组成（截至 2025 年 1 月），其拥有中国领先的直营时尚鞋服零售网络。百丽开发了各种数字技术为一线门店员工赋能。百丽自身研发的门店数据工具可以满足业务人员在不同时间段的数据查询需求。不同类型的数据辅助一线员工完成各项工作，比如实时业务数据让业务人员实时了解业务动态，全面的历史数据帮助业务人员整体了解店铺的需要，数据管理工具帮助员工进行任务分解。举例而言，店长可参考门店数据目标完成率，对当天销售目标进行调整；店长还可结合店员排班及销售能力，将当天任务合理分配给每位员工，轻松完成店铺日目标及店员日目标的设置；店长通过单品分析畅销款列表，锁定需补货的畅销商品，结合近期销售概况、同城库存等数据，了解单品在本店销售的畅销程度及补货原因，科学支持货品协商调货决策，有效提高调货成功概率。

除了数字赋能之外，还需要组织赋能。组织赋能体现为企业通过制度、规范和文化来为决策权前移提供支持。韩都衣舍利用产品小组来实现商品管理的决策前移（见图 14-8）。

最小的产品小组只有 3 个人，分别来自研发、生产/采购、销售部门，全权负责产品设计、生产和品牌运营。但是产品小组的决策要实施下去，必须得到公司的后台各个职能部门的支撑。除了数字赋能之外，韩都衣舍采用绩效考核制度提供支持，定期对公司几百个产品小组按财务指标排名，利益分配也按照财务绩效的结果进行。这种绩效考核和利益分配机制充分调动了产品小组的自驱力。

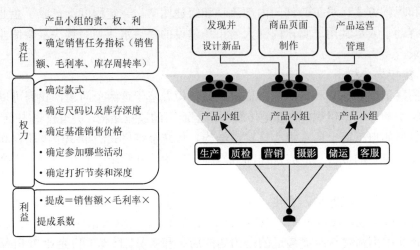

图 14-8　韩都衣舍的产品小组制

（四）扁平化

传统企业的科层结构中，指挥链自上而下，每一层级的人员有明确的职权和职责，并服从其上级的指挥。上级管理者的指令逐级传递到下层，确保指令的执行，使得整个组织体系稳定有序。然而，层级太多导致高层决策者远离市场一线，无法及时响应市场需求、灵活调整决策，稳固的层级也使得员工创新活力和能动性不足，由此整个组织趋于固化和僵硬。当市场环境动态性加强时，科层制组织往往因为缺乏活力、敏捷性和创新性而呈现劣势。因此，很多企业尝试将组织结构扁平化，减少中间管理层级，缩短指挥链，提高整个组织的响应性和灵活性。

数字时代，企业面临变化的市场环境和客户需求，创新机会和驱动力往往来自更接近市场的一线员工，而不是高层管理者的会议室。数字技术的更新换代也使得产品生命周期大为缩短，迫使企业时刻关注环境机遇并快速响应。扁平化的组织结构压缩了中间的管理层级，管理者的管理幅度扩大（见图 14-9）。扁平化结构能够令员工具备更多自主性，也使得组织成员最大限度共享信息。由于层级的减少，组织内部层级间的纵向信息传递和指令下达也更为高效。管理层能够更快速准确获得市场动态信息，从而能够制订更有效的决策。相对传统科层组织而言，结构扁平的组织具备更高的灵活性和响应性。

上文提到的百丽集团原本有五个层次的管理层级：总部、大区、省区、管理城市、经营城市。为了支持线上线下融合的数字化转型，公司调整组织结构，将五个层级压缩成三个，即总部、大区、管理分区，使单个门店的效益大为提升。

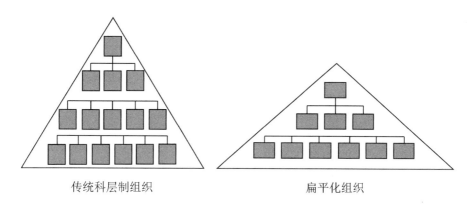

传统科层制组织　　　　　扁平化组织

图 14-9　科层制与扁平化组织结构

　　火锅连锁企业海底捞在其招股书中写道："我们不断完善我们的管理体系，以找到标准化与灵活性之间、管控与自主之间的最佳平衡。"该公司的组织结构能够反映出这一理念。海底捞实行扁平化管理，共设总部、教练、抱团小组及门店四个组成部分（见图 14-10）。总部管控食品安全、供应商管理、餐厅扩张战略、财务、法律等关键环节。门店店长在日常运营中拥有较大的自主权，可以直接向高级管理层汇报，提高执行效率与透明度。抱团小组通常由位置邻近的 5 至 18 家门店组成，共享信息、资源，共同解决区域问题。这种扁平结构既能支持企业的增长，也能保证有效的系统控制。

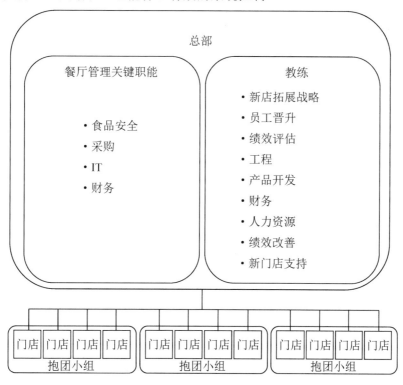

图 14-10　海底捞的组织结构

三、新型组织

（一）自组织团队

自我组织、自我管理的团队成为一种重要的组织形式。所谓自组织团队，就是让团队成员自我管理、自我决策，通过共同学习不断自我调整并创新，如同自然界中的雁群能够自行组织成队形并不断地调整重组队形。传统组织结构依靠标准化及管理者的指导和管控来安排任务和协调人员，但强管控的管理环境中，员工失去对工作的控制感，相应自主性和意义感就会降低，不利于激发创新和活力。自组织团队就是让团队成员自我管理和组织来控制工作的所有细节，充分发挥个人和团队的自主性。海尔的"小微"、谷歌的"产品开发自治团队"、京瓷公司的"阿米巴"、韩都衣舍的"产品小组"、华为的"铁三角"等都属于这种类型的组织形式。

海尔在内部孵化出 4000 多个小微，每个小微由 10—15 名员工组成。这些小微共有三种类型：转型小微、孵化小微和节点小微。转型小微约有 200 个，来自海尔的传统家电业务。孵化小微有 50 多个，属于海尔内部的初创企业。这些创业孵化小微涵盖各个领域，已经占到海尔市值的十分之一。每一个孵化小微都是独立法人，资金部分来自创始团队成员。节点小微大约有 3800 个，其中有负责销售和市场营销的小微，也有为面向市场的小微提供组件和设计、制造、人力资源支持等服务的小微。每个小微都属于一个平台，平台负责人的职责是促进小微之间的协作。

海尔小微作为独立的运营单元，在以下三个方面拥有自主权。决策权：识别市场机会，确定优先级，建立内外合作伙伴关系。人事权：聘用人才，确定岗位职责，界定工作关系。分配权：自主设立工资和奖金标准。

在享有这些权力的同时，海尔小微也要承担相应的责任和目标。目标会被分解到每个岗位，生成具体的周目标、月目标和季度目标。海尔通过"双赢增值表"跟踪每一个小微的工作表现，获取重要指标，例如产品开发中的用户参与度、海尔为用户提供独特价值的程度、生态系统收入的利润占比等。

（二）平台型组织

如果一个企业的主要组织形式是自组织团队，那么这个企业就会形成平台型的整体组织结构（见图 14-11）。在数字经济中，企业所面临的环境复杂而多变。行业变革、客户需求以及市场竞争需要企业更为灵活和及时响应。传统的金字塔型组织使得企业中个体的主动性无法有效发挥，使企业陷入僵化，无法应对动态变化的市场。而松散的网络型组织完全去中心化和去层级，对组织和成员的要求比较高，其适用范围太过于局限。平台型组织则吸收了两种组织模式的优势，是天然适应数字经济的组织模式。更为重要的是，数字技术为平台型组织的构建提供了技术支撑。

平台型组织具有很强的环境适应性，这类企业能够灵活调动和重组资源及能力，从而快速、敏捷地适应市场需求。之所以如此，是因为平台本身具有双边网络效应以及资源聚合能力。要构建平台型组织，企业需要通过内部市场化、创建协同、保持开放来实现平台的价值。

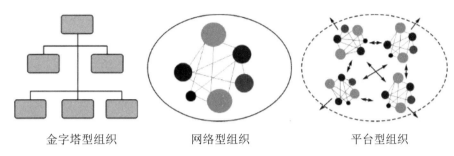

金字塔型组织　　　　　网络型组织　　　　　平台型组织

图 14-11 不同类型的组织

内部市场化是指将传统组织中不同个体、部门之间的内部关系转变为市场化的交易关系。企业通过构建自组织团队、将员工转变为自主经营体来实现内部市场化，充分发挥自组织团队离市场更近、灵活性更强的特性，从而激发组织活力。因此，自组织团队是平台型组织得以建立的关键。与此同时，企业需要建设产值核算、收益分配、内部创业等内部市场机制来激励和保障自主团队的积极性。

创建协同是指企业为内部的自主经营体提供共享资源，激发社会化学习动力，构建共享愿景、文化和技术基础等，降低信息和协调成本，强化协同合作，打破传统组织的部门、单元之间的壁垒，建立高协同性组织。

保持开放是指平台型组织充分认识到开放的重要性，将自身视为开放系统中的一个部分，通过开放自身边界使得内外部资源能够进行整合和灵活重组，驱动技术、人才、知识等资源的流动，并以开放来激发内部成员的创新活力。例如，为了保持整个组织的开放性，海尔将自己的定位从一家企业转变成网络中的节点。小微如果认为自己的需求可以通过外部供应商得到更好的解决，就可以选择与外部供应商签约。无论是选择内部还是外部，协议的谈判都不会受到高层的干涉。

本章小结

1. 数字时代有两种类型的企业——传统企业和数字原生企业，但这两种类型的企业并没有绝对的边界，传统企业可以通过数字化转型将自身转变为数字化企业。

2. 数字经济要求企业具有更敏捷的组织结构，也就是具备更高的灵活性、适应性和响应性。

3. 自组织团队和平台型组织是数字经济中涌现的新型组织模式。

本章习题

1. 数字化的内涵是什么？它有哪些特征和应用领域？请举例说明。

2. 数字化管理的内涵是什么？数字化如何推动管理创新？

3. 信息资源管理的任务和目标是什么？

4. 为什么说传统的科层制可能无法很好地适应当前企业的数字化要求？

5. 扁平化组织有哪些特性？

6. 怎么理解自组织团队是平台型组织得以建立的关键？

第十五章　社会责任、创新和可持续发展

随着全球气候变化和环境资源紧缺等问题日益严峻，国际领先企业已将可持续发展理念融入发展战略以及生产经营过程中。

中国政府提出"双碳"目标，将绿色低碳发展提升到重要的战略高度。中国领先企业也开始提供更低碳的产品和服务，以可持续商业行为带来正面的社会和环境影响。

越来越多的中国企业积极公开承诺低碳发展，提出净零碳排放目标。未来，中国企业将持续推动可持续发展进程，不断研究如何将社会与环境等方面的积极贡献转化为商业优势。

【引例1】伊利集团：自上而下的可持续发展管理统筹机制

伊利集团是中国领先的乳品企业。伊利建立了共享健康可持续发展（CSD）体系，由集团高层和可持续委员会领导，将九大可持续发展目标融入企业可持续发展工作中。这九大目标为：无贫穷，零饥饿，良好健康与福祉，优质教育，体面工作和经济增长，负责任消费和生产，气候行动，陆地生物，促进目标实现的伙伴关系。伊利承诺在2050年前实现碳中和，践行低碳发展之路。

伊利集团可持续发展实践的亮点是建立自上而下的可持续发展管理体系。伊利在早期提出"绿色领导力"理念，成立了可持续发展委员会，以便更好地推动、监督和评估可持续发展目标实践，每年举行三次会议，分别明确目标、监测进展和报告成果。

该委员会的管理体系包括：

第一，以董事长担任主席的决策层，制订、审议公司可持续发展目标战略，确定可持续发展工作重点，检查工作绩效和各部门回报，审议可持续发展报告；

第二，负责推进工作、组织召开会议的组织层，赋能和协调各个部门工作，让员工认识到企业可持续发展的理念；

第三，各职能部门中负责落地工作的执行层，每个事业部、职能部门各设立一名联络员，动员各部门共同参与可持续发展、推进公司相关创新和贡献，同时对标行业前沿更新可持续发展项目，并与产业链上下游合作，积聚可持续商业生态的社会合作力量。

伊利集团可持续发展管理体系如图15-1所示。

伊利集团可持续发展实践对我们的启示是，自上而下的可持续发展管理体系是企业落实可持续发展和低碳转型的基础。伊利将可持续发展纳入战略层面，设立明确的目标并且建立完整的管理体系，更好地给管理者提供明确的指导方向，也给执行者赋能，让企业的每个人共同落实可持续发展。

在建立可持续发展管理体系的过程中，应该参考以下原则：

第一，明确各层级的职责和权力，每个部门有清晰的定位；

第二，与企业核心战略和业务内容相关；

第三，将可持续发展相关指标纳入管理者的绩效。

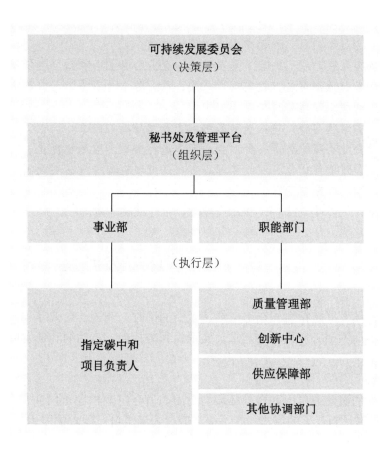

图 15-1 伊利集团可持续发展管理体系

【引例2】天津荣程祥泰投资控股集团有限公司：结合自身业务引领低碳转型

天津荣程祥泰投资控股集团有限公司（简称"荣程"）是天津大型民营企业之一，现有员工一万余人，总资产400亿元（截至2025年1月）。荣程业务分布在钢铁能源、经贸服务、科技金融、文化健康四大产业。作为高碳排钢铁企业，荣程积极响应中国"双碳"目标，开展"碳达峰及降碳行动计划"，设置五大优先关注目标，包括体面工作和经济增长、产业、创新和基础设施，良好健康与福祉，气候行动，经济适用的清洁能源。

作为强制控排企业之一，荣程在战略层面高度重视低碳减排，把"双碳"目标战略作为集团"一号工程"，成为国内首家发布降碳路径图的民营钢铁企业，引领民营企业的低碳转型。其低碳转型的实践有以下两大亮点。

第一，能耗优化。一方面，荣程进行能源结构调整，优化产业结构，降低第二产业比例；另一方面，荣程积极探索工序优化，尝试"煤（油）改氢"，回收冶炼余热、余压发电。回收也成为荣程实现环保的一大途径。荣程通过自己的贸易平台回收废钢，改为废钢转炉冶炼钢铁，减少煤炭、焦炭利用，预计每年减碳120万吨。此外，荣程还深入研究供应链的减排，投入使用氢能源重卡以降低物流方面的碳排。

第二，替代能源。在减少现有碳排之外，荣程也积极进行低碳材料的开发，在产品端投入研发绿色、高端、长寿的钢材，增加产品使用年限以达到环保的目的。另外，碳汇部署也成为荣程低碳转型的重要途径，近年来，荣程开始实施光伏发电项目、建设生态基地，在津南区建立生态屏障项目，种植乔木作为碳汇储备。

荣程低碳转型实践对我们的启示是要建立与企业自身业务相结合的低碳转型路线。民营企业应该主动参与低碳发展，提前规避风险，从业务本身着手，分阶段进行低碳转型。

合理的低碳转型路径需要遵循以下原则：

第一，与业务紧密结合，将低碳转型纳入企业发展战略；

第二，明确企业高碳排放源，针对相关业务进行衡量、监测和优化；

第三，首先通过能耗优化、回收能源等方式降低现有碳排放，实现碳达峰，再进一步部署替代能源，购买外部碳汇；

第四，未来，开发碳清除科技和新型能源，以达到碳中和。

第一节　组织的可持续发展

组织的可持续发展是指组织在追求经济效益的同时，兼顾社会效益和环境效益，满足当代人的需求，而不损害后代人的需求，实现组织与社会、自然的和谐发展。

一、可持续发展的概念和原则

可持续发展的概念最早由联合国环境与发展委员会在 1987 年的《我们共同的未来》报告中提出，即"满足当代人的需求，而不损害后代人满足自己需求的能力"。可持续发展的概念反映了人类对经济、社会、环境三者之间关系的认识和重视，也提出了人类发展的新目标和新要求。

可持续发展的原则主要有以下几项。

（一）人类中心原则

人类是可持续发展的主体和目的，应该尊重人类的尊严和权利，保障人类的基本需求和福祉，促进人类的全面发展和幸福。

（二）公平正义原则

可持续发展应该考虑不同国家、地区、群体和代际之间的公平和正义，消除贫困和不平等，实现资源和利益的合理分配和共享。

（三）协调统一原则

可持续发展应该协调经济、社会、环境三个维度的发展，实现三者的统一和平衡，避免牺牲或偏重某一方面而损害其他方面的发展。

（四）预防为主原则

可持续发展应该以预防为主，防止或减少对环境和社会的不利影响，采取预防措施优先于补救措施，遵循"污染者付费"和"谁受益谁负责"的原则。

（五）共同参与原则

可持续发展应该是各国和各方的共同责任和共同行动，应该尊重各国的主权和选择，加强国际合作和援助，鼓励各利益相关者的参与和沟通。

二、可持续发展的三大支柱

可持续发展的三大支柱是指经济、社会、环境三个维度，它们相互依存、相互影响、相互制约，构成了可持续发展的基础和条件。

（一）经济维度

经济是可持续发展的物质基础，是满足人类物质和精神需求的主要手段。经济维度的核心是实现经济增长和发展，提高人类的生产力和生活水平，同时也要考虑经济活动对社会和环境的影响和成本，实现经济效益和社会效益、环境效益的协同提升。

（二）社会维度

社会是可持续发展的主体和目的，是人类的组织形式和文化表达。社会维度的核心是实现社会公平和进步，保障人类的权利和福利，满足人类的多元化需求，同时也要考虑社会活动对经济和环境的依赖和支持，实现社会效益和经济效益、环境效益的协同提升。

（三）环境维度

环境是可持续发展的前提和基础，是人类的生存空间和资源来源。环境维度的核心是实现环境保护和改善，维持生态系统的稳定和多样性，满足人类的生存需求，同时也要考虑环境活动对经济和社会的服务和贡献，实现环境效益和经济效益、社会效益的协同提升。

三、可持续发展的战略和行动

可持续发展的战略和行动是指为实现可持续发展的目标和原则，而制定和实施的具体方案和措施，包括国际层面和国家层面的战略和行动。

（一）国际层面的战略和行动

这主要是指联合国及其相关机构和组织在可持续发展领域所制定和推动的全球性或区域性的战略和行动，如《里约环境与发展宣言》《2030 年可持续发展议程》《巴黎协定》等。这些战略和行动旨在为各国提供共同的愿景和指导，促进各国的合作和协调，解决全球性或区域性的可持续发展问题和挑战。

（二）国家层面的战略和行动

这主要是指各国根据自身的国情和发展阶段，在可持续发展领域所制定和实施的国家性或地方性的战略和行动，如《中国可持续发展总纲（国家卷）》《推进生态文明建设规划纲要（2013—2020 年）》《适应气候变化国家战略研究》等。这些战略和行动旨在为各国提供具体的目标和路径，促进各国的创新和发展，实现各国的可持续发展。

四、可持续发展的评估和监督

可持续发展的评估和监督是指为了检验和提升可持续发展的效果和水平，而进行的对可持续发展的战略和行动的定期或不定期的评价和监督，包括国际层面和国家层面的评估和监督。

（一）国际层面的评估和监督

这主要是指联合国及其相关机构和组织在可持续发展领域所进行的对各国或地区的可持续发展的战略和行动的评估和监督，如《人类发展报告》《全球环境展望》等。这些评估和监督旨在为各国提供客观和公正的反馈和建议，促进各国的交流和学习，推动各国的改进和进步。

（二）国家层面的评估和监督

这主要是指各国根据自身的制度和规范，在可持续发展领域所进行的对本国或地方的可持续发展的战略和行动的评估和监督，如《中国可持续发展评价报告》《中国生态文明建设发展报告》等。这些评估和监督旨在为本国提供准确和及时的信息和数据，促进本国的监督和问责，推动本国的执行和落实。

案例1：中国石油是中国最大的石油和天然气生产商和供应商，也是全球最大的石油公司之一，其可持续发展的理念是"绿色发展，和谐共赢"，其可持续发展的战略是"以安全为基础，以创新为动力，以效益为中心，以责任为保障，实现可持续发展"。中国石油在可持续发展的实践方面，主要有以下几个方面的举措和成果：一是加强安全生产管理，提高安全生产水平，保障员工和社会的安全；二是加大科技创新投入，提高科技创新能力，推动技术进步和转型升级；三是加强节能减排措施，提高能源利用效率，降低环境污染和碳排放；四是加大社会责任履行力度，提高社会责任管理水平，支持社会公益和发展。中国石油自2006年起，每年都会发布可持续发展报告，向社会和利益相关者披露其可持续发展的战略和行动的情况和效果，获得了广泛的认可和赞誉。

案例2：万科是中国领先的房地产开发商和服务商，也是全球最大的房地产公司之一，其可持续发展的理念是"美好生活，美好城市"，其可持续发展的战略是"以客户为中心，以产品为核心，以创新为动力，以责任为导向，实现可持续发展"。万科在可持续发展的实践方面，主要有以下几个方面的举措和成果：一是提供优质的房地产产品和服务，满足客户的多样化需求，保护客户的合法权益，提升客户的满意度和忠诚度；二是关爱和培养员工，提供公平的薪酬和福利，建立和谐的劳动关系，促进员工的发展和成长；三是创造良好的经济效益，为股东创造价值，为国家缴纳税收，为社会创造就业；四是参与社会公益事业，支持教育、医疗、扶贫、灾害救援等领域，为社会的和谐和进步做出贡献；五是保护和改善环境，通过绿色建筑、绿色社区、绿色运营等方式，节约能源和资源，减少排放和污染，推动绿色住宅和低碳发展。万科自2008年起，每年都会发布可持续发展报告，向社会和利益相关者披露其可持续发展的战略和行动的情况和效果，获得了广泛的认可和赞誉。

第二节　社会责任和企业可持续发展

一个组织应以一种有利于社会的方式进行经营和管理。社会责任通常是组织承担的高于组织自己目标的社会义务。它超越了法律与经济对组织所要求的义务，社会责任是组织管理道德的要求，完全是组织出于义务的自愿行为。

组织的社会责任是指组织在追求经济利益的同时，对其利益相关者和社会环境承担的义务和责任，包括遵守法律、道德和规范，保护员工权益，关注消费者需求，支持社会公益，保护生态环境等。

一、社会责任的概念和类型

社会责任的概念有多种解释，其中较为广泛接受的是国际标准化组织（ISO）提出的定义，即"组织对其决策和活动对社会和环境的影响负责的能力"。社会责任的内涵包括七个方面，即组织治理、人权、劳工实践、环境、公平经营、消费者问题和社区参与与发展。

社会责任的类型可以从不同的角度进行划分，常见的有以下几种。

（一）按照责任的层次划分

可以分为经济责任、法律责任、道德责任和慈善责任。经济责任是指组织为创造财富和价值而承担的责任，是社会责任的基础；法律责任是指组织遵守法律法规和合同约定而承担的责任，是社会责任的底线；道德责任是指组织符合社会公认的道德标准和期望而承担的责任，是社会责任的延伸；慈善责任是指组织主动为社会福利和公益事业做出贡献而承担的责任，是社会责任的高峰。

（二）按照责任的主体划分

可以分为内部责任和外部责任。内部责任是指组织对其内部成员，如股东、管理者、员工等承担的责任，主要体现在保障其合法权益、提升其满意度和忠诚度、促进其发展和成长等方面；外部责任是指组织对其外部利益相关者，如消费者、供应商、竞争者、政府、社区等承担的责任，主要体现在满足其需求和期望、建立良好的合作关系、遵守公平竞争原则、缴纳税收和遵守法规、支持社会公益和环境保护等方面。

（三）按照责任的行为方式划分

可以分为被动责任和主动责任。被动责任是指组织在外部压力或监督下，为避免负面影响或惩罚而承担的责任，主要体现在遵守最低标准、履行最基本义务、采取最必要措施等方面；主动责任是指组织在自身价值观或愿景的指导下，为实现积极影响或奖励而承担的责任，主要体现在超越最高标准、承担额外义务、采取创新措施等方面。

（四）按照责任的领域划分

可以分为经济领域、环境领域和社会领域。经济领域的责任是指组织在创造财富、提供就业、缴纳税收等方面对社会的贡献；环境领域的责任是指组织在保护自然资源、减少污染排放、促进绿色发展等方面对社会的贡献；社会领域的责任是指组织在维护社会公平、尊重人权、促进社会和谐等方面对社会的贡献。

二、社会责任的理论基础

社会责任的理论基础主要包括经济学、法学、伦理学和社会学等学科的理论。经济学理论主要探讨社会责任与企业利益之间的关系，如古典经济学认为企业的唯一社会责任是增加利润，而现代经济学则认为企业应该考虑社会福利和外部性。法学理论主要探讨社会责任与法律规范之间的关系，如法律正义论认为企业应该遵守法律的最低要求，而法律责任论认为企业应该承担法律规定的责任。伦理学理论主要探讨社会责任与道德价值之间的关系，如利他主义认为企业应该为社会的利益而牺牲自身的利益，而利益相关者理论认为企业应该平衡各方的利益。社会学理论主要探讨社会责任与社会环境之间的关系，如社会契约论认为企业与社会之间存在一种隐性的契约，企业应该履行其契约义务，而社会期望论认为企业应该回应社会对其的期望。

（一）社会契约理论

该理论认为，组织与社会之间存在一种隐性或显性的契约关系，组织在享受社会提供的资源和机会的同时，也应该履行社会赋予的责任和义务，以维持社会的稳定和发展。该理论强调了组织与社会的互惠互利，以及社会对组织的期望和要求。

（二）利益相关者理论

该理论认为，组织的存在和发展不仅影响其自身，也影响其各种利益相关者，如股东、员工、消费者、供应商、政府、社区等，因此，组织应该平衡和协调各方的利益，满足其合理的需求和期望，建立和谐的关系。该理论强调了组织与利益相关者的互动和沟通，以及利益相关者对组织的影响和评价。

（三）企业公民理论

该理论认为，组织作为社会的一员，享有社会的权利和自由，同时也应该承担社会的责任和义务，参与社会的事务和治理，为社会的福祉和进步做出贡献。该理论强调了组织的社会角色和地位，以及组织的主动性和积极性。

三、社会责任的影响因素和效果

社会责任的影响因素可以分为内部因素和外部因素。内部因素主要包括组织的战略目标、领导风格、企业文化、人力资源管理等。外部因素主要包括法律法规、利益相关者、市场竞争、社会变革等。这些因素可以通过正面或负面的方式影响组织的社会责任意识和行为。

社会责任的效果可以从经济效果、社会效果和环境效果三个方面进行评价。经济效果是指组织履行社会责任对其经济绩效的影响，如提升品牌形象、增加市场份额、降低成本、增加收入等。社会效果是指组织履行社会责任对其社会关系的影响，如增强员工满意度、提高消费者信任、改善社会声誉、促进社会和谐等。环境效果是指组织履行社会责任对环境的影响，如减少资源消耗、降低污染排放、提升环境质量、保护生物多样性等。

四、社会责任的评价和报告

社会责任的评价是指对组织的社会责任的履行情况和效果进行系统的分析和评价，以判断组织是否达到了社会责任的目标和标准，以及社会责任对组织和社会的影响和价值。社会责任的评价可以从不同的角度和层面进行，如从组织内部或外部、从利益相关者或第三方、从定性或定量、从过程或结果等。社会责任的评价的方法和指标有多种，如社会责任审计、社会责任指数、社会责任评级、社会责任平衡计分卡等。

社会责任的报告是指组织对其社会责任的履行情况和效果进行公开的披露和沟通，以向社会和利益相关者展示组织的社会责任的理念和实践，以及社会责任对组织和社会的贡献和价值。社会责任的报告可以采用不同的形式，如单独的社会责任报告、与财务报告合并的综合报告、网站或媒体上的社会责任信息等。社会责任的报告的标准和规范有多种，如全球报告倡议组织（GRI）的《可持续发展报告指南》、国际标准化组织的社会责任指南标准（ISO 26000）、《中国企业社会责任报告编写指南》等。

五、社会责任与企业可持续发展的关系

社会责任与企业可持续发展是密切相关的概念。企业可持续发展是指企业在满足当代人需求的同时，不损害后代人满足其需求的能力的发展模式。企业可持续发展要求企业在经济、社会和环境三个维度上实现平衡和协调的发展。

社会责任是企业可持续发展的重要内容和手段。一方面，企业履行社会责任可以为企业可持续发展创造有利的条件和保障，如提高企业的竞争力、创新能力、风险管理能力、合法性、合规性等。另一方面，企业履行社会责任可以为企业可持续发展提供有效的途径和方法，如实施可持续发展战略、制定可持续发展政策、建立可持续发展组织、实施可持续发展项目、开展可持续发展合作等。

案例：阿里巴巴和腾讯——以社会责任为使命，推动社会进步

阿里巴巴是中国领先的电子商务平台，其使命是"让天下没有难做的生意"。阿里巴巴不仅为自身的发展创造了巨大的价值，也为社会的发展做出了重要的贡献。阿里巴巴积极履行社会责任，通过以下几个方面推动社会进步。

第一，促进中小企业的发展。阿里巴巴为中小企业提供了一个开放、透明、便捷、高效的电子商务平台，帮助中小企业拓展市场、降低成本、提高效率、增加收入。阿里巴巴还通过阿里巴巴商学院、阿里巴巴创业基金、阿里巴巴扶贫基金等方式，为中小企业提供培训、资金、技术、政策等支持，助力中小企业的创新和成长。

第二，促进农村的发展。阿里巴巴通过淘宝村、农村淘宝、阿里巴巴农业、阿里巴巴农业大脑等项目，为农村提供了一个连接城市、连接世界的电子商务平台，帮助农村实现产业升级、农民增收、乡村振兴。阿里巴巴还通过阿里巴巴乡村教育、阿里巴巴乡村医疗、阿里巴巴乡村环保等项目，为农村提供教育、医疗、环保等公共服务，改善农村的生活质量。

第三，促进社会的发展。阿里巴巴通过阿里巴巴公益、阿里巴巴爱心平台、阿里巴巴慈善基金会等方式，为社会的公益事业和弱势群体提供了一个集资、集智、集力的公益平台，支持社会的教育、医疗、环保、扶贫、灾害救助等领域的发展。阿里巴巴还通过阿里巴巴文化、阿里巴巴体育、阿里巴巴影业等方式，为社会的文化、体育、娱乐等领域提供了一个创新、多元、共享的文化平台，丰富社会的精神生活。

腾讯是中国领先的互联网综合服务提供商，其使命是"用科技让世界更美好"。腾讯不仅为自身的发展创造了巨大的价值，也为社会的发展做出了重要的贡献。腾讯积极履行社会责任，通过以下几个方面推动社会进步。

第一，促进数字化的发展。腾讯通过微信、QQ、腾讯云、腾讯音乐、腾讯视频等产品和服务，为用户提供了一个连接人与人、人与服务、人与信息的数字化平台，满足用户沟通、娱乐、生活、工作等多方面的需求。腾讯还通过腾讯开放平台、腾讯创业基金、腾讯创新空间等方式，为创业者提供技术、资金、空间等支持，助力创业者的创新和成长。

第二，促进教育的发展。腾讯通过腾讯课堂、腾讯教育、腾讯公益、腾讯教育基金会等项目，提供了一个智能、便捷、高效的教育平台，帮助教育实现资源共享、教学创新、学习个性化等目标。腾讯还通过腾讯青少年科学节、腾讯青少年编程大赛、腾讯青少年创客空间等项目，为青少年提供科学、编程、创客等方面的教育和培养，培养青少年的创新

能力和创造力。

第三，促进公益的发展。腾讯通过腾讯公益、腾讯乐捐、腾讯公益慈善基金会等方式，提供了一个集资、集智、集力的公益平台，支持公益的教育、医疗、环保、扶贫、灾害救助等领域的发展。腾讯还通过腾讯 99 公益日、腾讯公益星、腾讯公益志愿者等项目，为公益的参与者提供奖励、认证、培训等激励，鼓励公益的参与和传播。

阿里巴巴和腾讯以社会责任为使命，推动社会进步的案例，体现了社会责任与企业可持续发展的密切关系。腾讯通过履行社会责任，不仅为社会创造了巨大的价值，也为自身赢得了良好的声誉、忠诚的用户、优秀的人才、稳定的合作伙伴等，实现了企业的可持续发展的目标和结果。腾讯通过履行社会责任，展现了企业的社会担当和社会价值，也为企业的长期发展奠定了坚实的基础。

第三节　创新与企业可持续发展

组织的创新是指组织在其目标、结构、过程、产品、服务、技术、文化等方面进行的有意识的改变和创造，以适应和引领环境的变化，提升组织的效能和竞争力，满足利益相关者的需求和期望。

一、创新的概念和类型

创新是指在产品、服务、过程、组织或商业模式等方面，引入新的或显著改进的解决方案，以满足客户、市场或社会的需求。创新的概念有多种解释，其中较为广泛接受的是国际标准化组织提出的定义，即"通过实施新的或显著改进的产品（货物或服务）、过程、营销方法或组织方法，从而实现或提高价值的过程"。创新的内涵包括四个方面，即创新的对象、创新的内容、创新的程度和创新的结果。

创新的类型可以从不同的角度和维度进行划分，常见的有以下几种。

（一）按照创新的对象划分

可以分为产品创新、过程创新、营销创新和组织创新。产品创新是指引入新的或显著改进的货物或服务；过程创新是指实施新的或显著改进的生产或交付方法；营销创新是指实施新的或显著改进的营销策略、设计或渠道；组织创新是指实施新的或显著改进的组织结构、制度、文化或关系。

（二）按照创新的内容划分

可以分为技术创新、管理创新、商业模式创新和社会创新。技术创新是指在科学技术方面进行的创新，如新的发明、发现、专利等；管理创新是指在管理理论和方法方面进行的创新，如新的管理模式、工具、流程等；商业模式创新是指在商业价值创造和交换方面进行的创新，如新的产品或服务、收入来源、市场定位等；社会创新是指在社会问题解决和社会价值实现方面进行的创新，如新的社会需求、社会关系、社会制度等。

（三）按照创新的程度划分

可以分为增量创新、突破性创新和颠覆性创新。增量创新是指在现有的技术或市场基础上进行的改进或优化，提高产品或服务的性能或质量，降低成本或风险，满足用户的现有或潜在需求，例如苹果公司每年推出的新款 iPhone；突破性创新是指在新的技术或市场领域进行的创造或开拓，形成新的产品或服务的类别或功能，满足用户的未知或未满足的需求，例如特斯拉公司推出的电动汽车；颠覆性创新是指在原有的技术或市场领域进行的颠覆或替代，形成新的产品或服务的标准或规则，改变用户的行为或习惯。

（四）按照创新的来源划分

可以分为内部创新和外部创新。内部创新是指企业利用自身的资源和能力，进行研发和创造，例如阿里巴巴公司开发的支付宝；外部创新是指企业利用外部的资源和能力，进行合作或收购，例如百度公司收购了智能音箱厂商。

二、创新的理论模型

创新的理论模型是指用来解释和指导创新活动的理论框架，不同的理论模型强调了创新的不同方面和要素。其中，较为经典和流行的创新理论模型有以下几种。

（一）创新扩散理论

该理论由罗杰斯（Rogers）于 1962 年提出，主要研究创新在社会系统中的传播过程和影响因素。该理论认为，创新的扩散是一个社会交流的过程，其中创新的特性、传播渠道、社会系统和创新决策的时间等因素，都会影响创新的采纳率和速度。该理论将创新的采纳者分为五类，分别是创新者、早期采纳者、早期多数、后期多数和落后者，并用 S 型曲线来描述创新的扩散过程。

（二）技术创新系统理论

该理论是由政治经济学家熊彼特在他的德文著作《经济发展理论》中首次系统地提出的。熊彼特认为，"创新"是指将一种从未有过的关于生产要素与生产条件的"新组合"引入生产体系，以建立一种新的生产函数，其目的是获取潜在的利润。技术创新理论的发展经历了多个阶段，形成了不同的学派和观点。例如，新古典经济增长理论将技术进步视为经济的内生变量和知识积累的结果；新熊彼特学派则继承了熊彼特的传统，强调创新在经济发展中的核心作用；制度创新学派则关注制度因素对技术创新的影响；国家创新系统学派则强调国家在推动技术创新中的重要作用。

（三）开放式创新理论

该理论由切斯布罗（Chesbrough）于 2003 年提出，主要研究企业如何利用外部的知识和资源来加速和增强创新的能力和效果。该理论认为，创新的过程不再是封闭的，而是开放的，企业可以通过内部和外部的知识流动，来实现创新的开放式获取和开放式商业化。该理论提出了开放式创新的六大原则，分别是使用外部的研发、利用内部的研发、共享风险和回报、利用多种商业模式、管理知识的流动和培养开放式创新的文化。

三、创新的驱动力和阻力

创新的驱动力和阻力是指影响创新活动的正面和负面的因素，它们可以存在于创新的内部和外部环境中，也可以存在于创新的各个阶段中。创新的驱动力和阻力的具体表现和作用，取决于创新的类型、目标、范围和背景等因素。

创新的驱动力和阻力可以从内部和外部两个层面进行分析，内部因素主要包括组织的愿景、战略、文化、领导、结构、制度、人才、资源等，外部因素主要包括市场的需求、竞争、变化、机会等，以及政府的政策、法规、支持、监督等。不同的内部和外部因素对组织的创新有不同的作用和影响，有些因素可以促进和激励组织的创新，有些因素可以抑制和阻碍组织的创新，组织应该根据自身的特点和环境的变化，灵活地调整和适应，以实现创新的最优化。

（一）创新的驱动力

1. 市场需求：市场需求是创新的最重要的驱动力之一，它可以激发企业进行创新，以满足客户的需求和期望，或者创造出新的需求和市场，例如小米公司通过创新的产品和服务，满足了消费者对于高性价比智能手机的需求。

2. 技术进步：技术进步是创新的另一个重要驱动力，它可以提供企业进行创新的可能性和条件，或者促使企业进行创新，以适应技术的变化和发展，例如腾讯公司通过利用互联网技术的进步，不断推出创新的社交网络和游戏产品。

3. 政策支持：政策支持是创新的一个重要的外部驱动力，它可以为企业进行创新提供优惠的政策和法规环境，或者鼓励和引导企业进行创新，以符合国家和社会的发展目标和战略，例如华为公司通过享受国家的科技政策支持，提高了自主创新的能力和水平。

（二）创新的阻力

1. 成本投入：成本投入是创新的一个重要的内部阻力，它可以限制企业进行创新的资源和能力，或者增加企业进行创新的风险和不确定性，例如诺基亚公司在智能手机领域的创新投入不足，导致了其市场地位的丧失。

2. 惯性思维：惯性思维是创新的一个重要的心理阻力，它可以影响企业进行创新的意愿和态度，或者阻碍企业进行创新的思维和行为，例如戴尔公司由于坚持其直销的商业模式，而忽视了电子商务的创新机会。

3. 市场竞争：市场竞争是创新的一个重要的外部阻力，它可以增加企业进行创新的压力和难度，或者影响企业进行创新的效果和收益，例如滴滴出行公司曾经由于面临着激烈的市场竞争，而不得不进行大量的补贴和投资，以维持其创新的优势和地位。

四、创新的管理和实施

创新的管理和实施是指企业组织和执行创新活动的过程和方法，它涉及创新的战略、结构、文化、人力、流程、评估等方面。创新的管理和实施的目的是提高创新的效率和效果，以及降低创新的风险和成本。以下是一些创新的管理和实施的原则和建议。

（一）制订创新的战略

制订创新的战略是指明确企业进行创新的目标、方向、范围和优先级，以及创新与企业的整体战略的契合度和一致性。制订创新的战略可以帮助企业确定创新的价值主张和竞争优势，以及创新的资源分配和投入产出比。例如，海尔集团制订了以用户为中心的创新战略，将创新的重点放在满足用户的个性化和多样化的需求上，以实现差异化和领先化的目标。

（二）建立创新的结构

建立创新的结构是指设计和优化企业进行创新的组织形式和机制，以及创新的协调和沟通方式。建立创新的结构可以帮助企业提高创新的灵活性和响应速度，以及创新的协作和集成能力。例如，百度公司建立了以项目为导向的创新结构，将创新的人员和资源按照项目的需求和特点进行配置和调整，以实现快速的创新迭代和验证。

（三）培育创新的文化

培育创新的文化是指塑造和弘扬企业进行创新的价值观和行为规范，以及创新的激励和奖惩制度。培育创新的文化可以帮助企业增强创新的动力和氛围，以及创新的容错和学习能力。例如，阿里巴巴公司培育了以客户第一、团队合作、拥抱变化、诚信、激情和专业为核心的创新文化，将创新的理念和精神融入企业发展的每一个环节和每一个人。

（四）发展创新的人力

发展创新的人力是指选拔和培养企业进行创新的人才和团队，以及创新的能力和素质。发展创新的人力可以帮助企业拥有创新的知识和技能，以及创新的思维和态度。例如，腾讯公司通过各种渠道和方式，如黑客马拉松、创新工场、创新基金等，吸引和培养了大量的创新人才，以支持其创新的项目和产品。

（五）优化创新的流程

优化创新的流程是指规范和改进企业进行创新的各个阶段和环节，以及创新的标准和方法。优化创新的流程可以帮助企业提高创新的质量和效果，以及创新的可控性和可持续性。例如，华为公司通过引入和借鉴国际上先进的创新流程，如阶段门、质量功能展开、设计思维等，以提升其创新的水平和竞争力。

（六）评估创新的效果

评估创新的效果是指监测和分析企业进行创新的输入和输出，以及创新的影响和价值。评估创新的效果可以帮助企业了解创新的状况和问题，以及创新的优势和不足。例如，小米公司通过建立和运用各种创新的评估指标和方法，如用户满意度、市场占有率、创新收入、创新效率等，衡量其创新的表现和成果。

五、创新与企业可持续发展的关系

创新与企业可持续发展的关系是指创新对于企业在经济、社会和环境等方面实现长期发展的作用和影响，以及企业可持续发展对于创新的要求和条件。创新与企业可持续发展的关系是双向的，既有正面的促进和增强作用，也有负面的制约和冲突作用。

（一）创新促进企业可持续发展

1. 创新提高企业的经济效益：创新可以帮助企业提供更优质和更有竞争力的产品和服务，以满足和创造市场需求，从而增加企业的收入和利润，以及提高企业的市场份额和品牌价值。例如，特斯拉公司通过创新的电动汽车和自动驾驶技术，打造了高端和绿色的汽车品牌，获得了市场的认可和消费者的青睐，实现了高速的增长和盈利。

2. 创新改善企业的社会责任：创新可以帮助企业解决和减轻社会问题，如贫困、教育、健康、公平等方面的问题，从而提升企业的社会影响力和声誉，以及增强企业的社会合作和支持。例如，阿里巴巴公司通过创新的电子商务和金融平台，为广大的中小企业和个人提供了更多的商业机会和便利，促进了社会的就业和消费，实现了社会的共享和共赢。

3. 创新改善企业的环境绩效：创新可以帮助企业减少和避免对环境的污染和破坏，如温室气体排放、资源消耗、废弃物处理等，从而提高企业的环境效率和节约性，以及增强企业的环境适应和竞争力。例如，海尔集团通过创新的绿色制造和循环经济模式，实现了产品的低碳和高效，以及资源的再利用和再生，为环境保护和节能减排做出了贡献。

（二）企业可持续发展促进创新

1. 企业可持续发展提供创新的机会：企业可持续发展可以帮助企业发现和把握创新的机会，如新的市场需求、新的技术发展、新的政策变化等，从而鼓励企业进行创新，以适应和引领可持续发展的趋势和方向。例如，百度公司通过抓住可持续发展的机会，如人工智能的发展、智慧城市的建设、碳中和的目标等，进行了大量的创新投入和探索，以打造更智能和更绿色的产品和服务。

2. 企业可持续发展提供创新的资源：企业可持续发展可以帮助企业获取和利用创新的资源，如资金、人才、知识、技术、合作等，从而支持企业进行创新，以提高和保持可持续发展的能力和水平。例如，华为公司通过积累和利用可持续发展的资源，如高额的研发投入、优秀的创新人才、丰富的专利知识、先进的技术平台、广泛的合作伙伴关系等，推动其创新的发展和领先。

3. 企业可持续发展提供创新的动力：企业可持续发展可以帮助企业形成和强化创新的动力，如使命、愿景、价值、目标、责任、信念等，从而驱动企业进行创新，以实现和超越可持续发展的期望和要求。例如，腾讯公司通过树立和坚持可持续发展的动力，如"科技向善"的使命、"连接一切"的愿景、"用户为本"的价值、"创造价值"的目标、"社会责任"的责任、"创新精神"的信念等，激励其创新的进步和突破。

（三）创新与企业可持续发展的冲突

1. 创新可能损害企业的经济效益：创新可能会给企业带来一些经济方面的负面影响，如高昂的创新成本、低下的创新收益、失去的现有市场、破坏的现有产品等，从而降低企业的经济效益和可持续发展的基础。例如，诺基亚公司在智能手机领域的创新失败导致了其经济效益的大幅下降和市场地位的丧失。

2. 创新可能损害企业的社会责任：创新可能会给企业带来一些社会方面的负面影响，如侵犯隐私权、损害公共利益、引发道德争议、造成社会分化等，从而降低企业的社会责任和可持续发展的影响力。例如，脸书（Facebook）公司在社交网络领域的创新引发了一系列的社会问题，如数据泄露、信息操纵、网络暴力、社会撕裂等。

3. 创新可能损害企业的环境绩效：创新可能会给企业带来一些环境方面的负面影响，如增加资源消耗、产生废弃物、排放污染物、破坏生态系统等，从而降低企业的环境绩效和可持续发展的竞争力。例如，亚马逊公司在电子商务领域的创新造成了大量的包装废弃物、运输排放和仓储占地，对环境造成了不利的影响。

案例1：伊利集团

伊利集团是中国乳制品行业的领导者，也是全球乳制品行业的重要参与者。伊利集团以"健康中国"为使命，以"让世界共享健康"为愿景，以"创新驱动、质量为本、责任领先"为核心价值观，积极推进可持续发展战略，实现了经济、社会和环境的协调发展。伊利集团的创新与可持续发展的主要做法和成效有以下几点。

创新驱动：伊利集团坚持以创新驱动发展，不断提升产品、技术、管理和模式的创新能力和水平。伊利集团建立了全球研发创新网络，与国内外多个知名科研机构和高校合作，开展前沿技术的研究和应用。伊利集团还建立了全球乳业创新联盟，与全球乳业同行共同探讨和推动乳业的创新发展。伊利集团的创新成果不仅为消费者提供了更多的健康产品和服务，也为乳业的发展和进步做出了贡献。例如，伊利集团推出了创新的植物基乳酸菌饮料，为消费者提供了更多的选择和体验。

质量为本：伊利集团坚持以质量为本，不断提升产品和服务的质量和安全性。伊利集团建立了全球质量标准体系，实现了从奶源到终端的全程质量控制和追溯系统。伊利集团还建立了全球质量保障网络，与全球多个权威机构和专家进行质量合作和交流。伊利集团的质量管理不仅为消费者提供了更多的信心和保障，也为乳业的质量提升和标准制定做出了示范。例如，伊利集团参与了国际乳品联合会（IDF）国际标准的制定，为全球乳制品的质量和安全提供了参考。

责任领先：伊利集团坚持以责任领先，不断履行经济、社会和环境责任。伊利集团建立了全球责任治理体系，将责任理念融入企业的战略、文化和行动中。伊利集团还建立了全球责任合作平台，与全球多个政府、社会和行业组织进行责任合作和交流。伊利集团的责任实践不仅为企业的可持续发展提供了动力和支持，也为社会的可持续发展做出了贡献。例如，伊利集团开展了"伊利营养2020"计划，为全球超过2亿名儿童提供了营养教育和援助。

案例2：达能中国饮料

达能中国饮料是达能集团在中国的饮料业务部门，主要生产和销售矿泉水、果汁饮料、茶饮料等产品。达能中国饮料以"为人类健康和地球健康带来变化"为使命，以"一体化的可持续发展"为战略，以"健康、环境、社会"为三大责任领域，积极推进可持续发展实践，实现了经济、社会和环境的协调发展。达能中国饮料的创新与可持续发展的主要做法和成效有以下几点。

健康责任：达能中国饮料坚持以健康责任为核心，不断提供更多的健康产品和服务。达能中国饮料通过创新的研发和生产，开发了符合中国消费者需求和口味的健康饮品，如脉动等。达能中国饮料还通过创新的营销和传播，推广了健康饮水和饮食的理念和习惯，如"每天八杯水""水果多多"等。达能中国饮料的健康责任不仅为消费者提供了更多的健康选择和享受，也为社会的健康促进和教育做出了贡献。例如，达能中国饮料开展了"水滴计划"，为全国超过1000所学校的近百万名学生提供了免费的饮用水设备和健康饮水教育。

环境责任：达能中国饮料坚持以环境责任为重点，不断减少对环境的影响和负担。达能中国饮料通过创新的设计和制造，实现了产品的轻量化和循环化，如使用可回收的PET塑料瓶、使用可降解的纸质包装等。达能中国饮料还通过创新的运输和分销，实现了物流的低碳化和智能化，如使用电动车、使用智能仓储等。达能中国饮料的环境责任不仅为企业的节能减排和成本降低提供了动力和支持，也为环境的保护和改善做出了贡献。例如，达能中国饮料开展了"绿色瓶颈"计划，为全国超过200个城市的近千万名消费者提供了免费的PET塑料瓶回收服务。

社会责任：达能中国饮料坚持以社会责任为方向，不断增进与社会的互动和共赢。达能中国饮料通过创新的合作和沟通，实现了与供应商、分销商、零售商、消费者等利益相关方的良好关系，如建立长期的合作伙伴关系、开展定期的满意度调查、提供优质的售后服务等。达能中国饮料还通过创新的项目和活动，实现了对社区、政府、公益组织等利益相关方活动的积极参与，如支持社区的发展和建设、遵守政府的法律和规定、参与公益的捐赠和志愿活动等。达能中国饮料的社会责任不仅为企业的可持续发展提供了信任和支持，也为社会的可持续发展做出了贡献。例如，达能中国饮料开展了"达能阳光计划"，为全国超过 1000 所农村学校的近百万名学生提供了免费的营养早餐和健康教育。

第四节　社会责任对管理者提出的要求

一、制订和执行社会责任的战略和行动

管理者需要制订和执行社会责任的战略和行动，将社会责任作为企业的计划和方法，以及自身的能力和素质，从而为企业的可持续发展提供支持和保障。

社会责任的战略和行动是指企业为了实现社会责任的目标和要求而制订和执行的计划和方法，它涉及社会责任的内容、范围、标准、指标、流程、评估等方面。社会责任的战略和行动对于企业的可持续发展具有重要的作用和影响。

明确社会责任的方向和重点：社会责任的战略和行动可以帮助企业明确社会责任的方向和重点，即企业应该在哪些方面和领域履行社会责任，以及应该优先关注和解决哪些社会问题。这可以帮助企业确定社会责任的价值主张和竞争优势，以及社会责任的资源分配和投入产出比。例如，伊利集团制订了以"健康中国"为方向，以"营养、环境、社会"为重点的社会责任战略，使社会责任的目标和要求与企业的使命和愿景相契合和一致。

规范社会责任的行为和方式：社会责任的战略和行动可以帮助企业规范社会责任的行为和方式，即企业应该如何以合法、合理、合规的方式履行社会责任，以及应该遵循和参考哪些社会责任的标准和指南。这可以帮助企业提高社会责任的质量和效果，以及降低社会责任的风险和成本。例如，达能中国饮料制订了以"一体化的可持续发展"为原则，以"健康、环境、社会"为标准的社会责任行动方案，将社会责任的内容和范围与企业的战略和文化相融合。

监测和评估社会责任的状况和问题：社会责任的战略和行动可以帮助企业监测和评估社会责任的状况和问题，即企业在履行社会责任的过程中，实现了哪些社会责任的目标和指标，以及遇到了哪些社会责任的困难和挑战。这可以帮助企业了解社会责任的表现和成果，以及社会责任的优势和不足。例如，阿里巴巴集团制订了以"社会责任报告"为工具，以"社会责任指数"为方法的社会责任评估方案，将社会责任的输入和输出与企业的发展和进步相对比并进行分析。

二、平衡和协调各利益相关者的需求和期望

管理者需要平衡和协调各利益相关者的需求和期望，将利益相关者作为企业的合作伙伴和利益共同体，从而为企业的可持续发展提供资源和能力、需求和期望、表现和成果。

利益相关者是指在企业的经营活动中，直接或间接地受到企业的影响或对企业有影响的个人或组织，如客户、员工、股东、供应商、分销商、零售商、政府、社区、公益组织、媒体等。利益相关者对于企业的可持续发展具有重要的作用和影响。

提供企业的资源和能力：利益相关者可以为企业提供各种资源和能力，如资金、人才、知识、技术、合作等，从而支持企业的经营和发展。例如，股东可以为企业提供资金的投

入和支持，员工可以为企业提供人力的贡献和创造，供应商可以为企业提供物资的供应和保障等。

提出企业的需求和期望：利益相关者可以向企业提出各种需求和期望，如产品和服务的质量和安全、经济和社会的利益和责任、环境的保护和改善等，从而促进企业的改进和创新。例如，客户可以向企业提出产品和服务的需求和反馈，政府可以向企业提出法律和规定的要求，社区可以向企业提出发展和建设的建议和合作等。

反映企业的表现和成果：利益相关者可以为企业反映各种表现和成果，如经济的收入和利润、社会的影响力和声誉、环境的效率和节约等，从而评估企业可持续发展的水平和效果。例如，分销商和零售商可以为企业反映市场的销售和占有率，媒体和公众可以为企业反映舆论的关注和评价，公益组织和专家可以为企业反映社会的贡献和认可等。

三、建立和维护良好的社会责任形象和声誉

管理者需要建立和维护良好的社会责任形象和声誉，将社会责任的形象和声誉作为企业的资产和优势，以及自身的责任和信心，从而为企业的可持续发展提供吸引力和竞争力、信任和支持。

社会责任的形象和声誉是指企业在社会中的社会责任的认知和评价，它反映了企业社会责任的水平和效果，以及企业社会责任的优势和不足。社会责任的形象和声誉对于企业的可持续发展具有重要的作用和影响。

增强企业的社会吸引力和竞争力：社会责任的形象和声誉可以帮助企业增强其在社会中的吸引力和竞争力，从而获得更多的社会资源和机会，如资金、人才、合作、市场等。例如，华为公司通过建立和维护良好的社会责任形象和声誉，获得了全球多个国家和地区的市场准入和合作机会，以及全球多个权威机构和专家的认可和赞誉。

增强企业的社会信任和支持：社会责任的形象和声誉可以帮助企业增强其在社会中的信任和支持，从而获得更多的社会利益和价值，如品牌、忠诚、口碑、影响等。例如，腾讯公司通过建立和维护良好的社会责任形象和声誉，获得了全球数亿用户的信赖和喜爱，以及全球多个社会组织和公众的合作和贡献。

增强企业的社会责任和可持续发展：社会责任的形象和声誉可以帮助企业增强其对社会责任和可持续发展的动力，从而促进企业的社会责任和可持续发展的改进和创新，如战略、行动、管理、评估等。例如，阿里巴巴集团通过建立和维护良好的社会责任形象和声誉，激发了其对社会责任和可持续发展的使命和愿景，并推动了其在社会责任和可持续发展方面的探索和突破。

四、不断提升社会责任的履行水平和效果

管理者需要不断提升社会责任的履行水平和效果，将社会责任的履行水平和效果作为企业的目标和结果，以及自身的能力和素质，从而为企业的可持续发展提供改进和创新、收益和回报、利益和价值。

社会责任的履行水平和效果是指企业在履行社会责任的过程中，达到和超越社会责任的目标和要求，以及社会责任的影响和价值的程度和结果，它反映了企业社会责任的能力和水平，以及企业社会责任的优势和不足。社会责任的履行水平和效果对于企业的可持续

发展具有重要的作用和影响。

提升企业社会责任的水平：提升社会责任的履行水平是指企业在履行社会责任的过程中，不断改进和创新社会责任的战略、行动、管理、评估等方面，从而提高社会责任的质量和效果，以及降低社会责任的风险和成本。提升社会责任的履行水平可以帮助企业实现和超越社会责任的目标和要求，以及增强社会责任的可控性和可持续性。例如，阿里巴巴集团通过不断提升社会责任的履行水平，实现了"科技向善"的使命和"让天下没有难做的生意"的愿景，并推动了社会责任和可持续发展方面的探索和突破。

提升企业社会责任的效果：提升社会责任的履行效果是指企业在履行社会责任的过程中，不断监测和评估社会责任的输入和输出，以及社会责任的影响和价值，从而提高社会责任的收益和回报，以及增加社会责任的利益和价值。提升社会责任的履行效果可以帮助企业了解和反馈社会责任的表现和成果，以及增强社会责任的支持和认可。例如，达能中国饮料通过不断提升社会责任的履行效果，实现了"为人类健康和地球健康带来变化"的使命和"一体化的可持续发展"的战略，并获得了社会责任和可持续发展方面的认可和赞誉。

第五节　创新对管理者提出的要求

一、具备和培养创新的思维和能力

管理者需要具备和培养创新的思维和能力，将创新的思维和能力作为自身的核心能力、素质、责任和信念，从而为自身的可持续发展提供适应性和领导力、创造性和创造力、学习性和学习力。

创新的思维和能力是指管理者在面对复杂和变化的环境和问题时，能够运用创造性的思维方式和方法，产生和实施新颖和有价值的解决方案的能力和素质。创新的思维和能力对于管理者的可持续发展具有重要的作用和影响。

提高管理者的适应性和领导力：创新的思维和能力对提升管理者的适应性和领导力具有显著意义，从而使管理者能够敏锐地察觉和应对环境变化的挑战，有效引领和推动组织的持续发展与变革。例如，马云作为阿里巴巴集团的创始人和领导者，通过具备和培养创新的思维和能力，成功地将阿里巴巴从一个小型的电子商务平台发展成为一个全球领先的科技巨头，并带领阿里巴巴在多个领域和行业进行了创新和变革。

增强管理者的创造性和创造力：创新的思维和能力不仅有助于管理者提升问题的应对能力，还能增强其提出解决方案时的创造性和创新力，从而使管理者有效发现和把握创新机会，产生创新的产品，提供创新的服务。

提升管理者的学习性和学习力：创新思维和能力对管理者的持续学习和发展至关重要。具备这些能力的管理者能够更有效地获取和利用创新资源与信息，不断更新和提升自身的知识与技能。

二、制订和执行创新的战略和行动

管理者需要制订和执行创新的战略和行动，将创新的战略和行动作为企业的计划和方法，以及自身的能力和素质，从而为企业的可持续发展提供方向和重点、行为和方式、状况和问题。

创新的战略和行动是指企业为了实现创新的目标和要求而制订和执行的计划和方法，它涉及创新的内容、范围、标准、指标、流程、评估等方面。创新的战略和行动对于企业的可持续发展具有重要的作用和影响。

明确创新的方向和重点：创新的战略和行动可以帮助企业明确创新的方向和重点，即企业应该在哪些方面和领域进行创新，以及应该优先关注和解决哪些创新问题。这可以帮助企业确定创新的价值主张和竞争优势，以及创新的资源分配和投入产出比。例如，百度公司制订了以"人工智能"为方向，以"搜索、知识图谱、语音、图像、自然语言处理、机器学习等"为重点的创新战略，使创新的目标和要求与企业的使命和愿景相契合和一致。

规范创新的行为和方式：创新的战略和行动可以帮助企业规范创新的行为和方式，即企业应该如何以合法、合理、合规的方式进行创新，以及应该遵循和参考哪些创新的标准和指南。这可以帮助企业提高创新的质量和效果，以及降低创新的风险和成本。例如，华为公司制订了以"以客户为中心、以质量为生命、以创新为动力"为原则，以"国际标准、行业标准、自主标准"为标准的创新行动，使创新的内容和范围与企业的战略和文化相融合。

监测和评估创新的状况和问题：创新的战略和行动可以帮助企业监测和评估创新的状况和问题，即企业在进行创新的过程中，实现了哪些创新的目标和指标，以及遇到了哪些创新的困难和挑战。这可以帮助企业了解和反馈创新的表现和成果，以及创新的优势和不足。例如，小米公司制订了以"数据驱动、用户反馈、快速迭代、持续优化"为方法，以"用户满意度、市场占有率、创新收入、创新效率"为指标的创新评估，将创新的输入和输出与企业的发展和进步相对比并进行分析。

三、激励和支持员工和团队的创新活动

管理者需要激励和支持员工和团队的创新活动，将员工和团队的创新活动作为企业的资源和能力、产品和服务、文化和氛围，以及自身的责任，从而为企业的可持续发展提供创新资源和能力、创新产品和服务、创新文化和氛围。

员工和团队的创新活动是指员工和团队在工作中，运用创造性的思维方式和方法，产生和实施新颖和有价值的解决方案的行为和过程，它反映了员工和团队的创新能力和水平，以及员工和团队的创新贡献和价值。员工和团队的创新活动对于企业的可持续发展具有重要的作用和影响。

提高企业的创新水平和能力：员工和团队的创新活动可以帮助企业提高其创新水平和能力，从而支持企业的创新战略和行动，以及提高企业的创新质量和效果。员工和团队的创新活动可以为企业提供各种创新资源和能力，如人力、知识、技术、合作等。例如，百度公司通过激励和支持员工和团队的创新活动，获得了大量的创新人才和专利，以及与多个科研机构和高校的合作，从而提高了其在人工智能领域的创新水平和能力。

提升企业的创新产品和服务质量：员工和团队的创新活动可以帮助企业提升其创新产品和服务质量，从而满足和创造市场需求，以及提高企业的市场份额和品牌价值。员工和团队的创新活动可以为企业提供各种创新产品和服务，如新的功能、新的形式、新的体验

等。例如，小米公司通过激励和支持员工和团队的创新活动，推出了多种创新产品和服务，如小米手机、小米电视、小米手环、小米生态链等，从而满足和创造了消费者的需求和期望。

增强企业的创新文化和氛围：员工和团队的创新活动可以帮助企业增强其创新文化和氛围，从而增强企业的创新精神和动力，以及提高企业的创新适应性和领导力。员工和团队的创新活动可以为企业提供各种创新文化和氛围，如创新的理念、创新的价值、创新的氛围等。例如，腾讯公司通过激励和支持员工和团队的创新活动，培养了一种创新的文化和氛围，如"用户为本"的理念、"创造价值"的价值、"创新精神"的氛围等，从而增强了其在社交网络领域的创新精神和动力。

四、建立和维护良好的创新文化和氛围

管理者需要建立和维护良好的创新文化和氛围，将创新文化和氛围作为企业的理念和价值、氛围和风格，以及自身的责任和信心，从而为企业的可持续发展提供创新意识和动机、创新资源和条件、创新成果和价值。

创新文化和氛围是指企业内部的创新的理念、价值、氛围、风格等方面，它反映了企业对创新的态度和支持，以及企业的创新的精神和动力。创新文化和氛围对于企业的可持续发展具有重要的作用和影响。

激发和培养员工和团队的创新意识和动机：创新文化和氛围可以帮助企业激发和培养员工和团队的创新意识和动机，从而增强员工和团队创新的主动性和积极性，以及提高员工和团队创新的参与度和贡献度。例如，百度公司通过建立和维护一种创新的文化和氛围，如"以用户为中心"的理念、"创新驱动"的价值、"开放包容"的氛围等，从而激发和培养了员工和团队的创新意识和动机。

提供和保障员工和团队的创新资源和条件：创新文化和氛围可以帮助企业提供和保障员工和团队的创新资源和条件，从而支持员工和团队的创新活动和过程，以及提高员工和团队的创新能力和水平。例如，华为公司通过建立和维护一种创新的文化和氛围，如"以客户为中心"的理念、"以质量为生命"的价值、"以创新为动力"的氛围等，从而提供和保障了员工和团队的创新资源和条件。

鼓励和奖励员工和团队的创新成果和价值：创新文化和氛围可以帮助企业鼓励和奖励员工和团队的创新成果和价值，从而增强员工和团队的创新的信心和满意度，以及提高员工和团队的创新效果和影响。例如，小米公司通过建立和维护一种创新的文化和氛围，如"用户为本"的理念、"创造价值"的价值、"创新精神"的氛围等，从而鼓励和奖励了员工和团队的创新成果和价值。

五、不断提升创新的管理水平和效果

管理者需要不断提升创新的管理水平和效果，将创新的管理水平和效果作为自身的目标、结果、能力和素质，从而为管理者的可持续发展提供创新管理的水平、创新管理的效果、创新管理的学习和创新。

创新的管理水平和效果是指管理者在管理创新的过程中，达到和超越创新的目标和要求，以及创新的影响和价值的程度和结果，它反映了管理者创新管理的能力和水平，以及管理者创新管理的优势和不足。创新的管理水平和效果对于管理者的可持续发展具有重要

的作用和影响。

提升管理者的创新管理水平：提升创新的管理水平是指管理者在管理创新的过程中，不断改进和创新管理的战略、行动、管理、评估等方面，从而提高创新管理的质量和效果，以及降低创新管理的风险和成本。提升创新的管理水平可以帮助管理者实现和超越创新的目标和要求，以及增强创新管理的可控性和可持续性。例如，马云作为阿里巴巴集团的创始人和领导者，通过不断提升创新的管理水平，实现了"科技向善"的使命和"让天下没有难做的生意"的愿景，并推动了创新管理方面的探索和突破。

提升管理者的创新管理效果：提升创新的管理效果是指管理者在管理创新的过程中，不断监测和评估创新管理的输入和输出，以及创新管理的影响和价值，从而提高创新管理的收益和回报，以及增加创新管理的利益和价值。提升创新的管理效果可以帮助管理者了解和反馈创新管理的表现和成果，以及增强创新管理的支持和认可。例如，雷军作为小米公司的创始人和领导者，通过不断提升创新的管理效果，实现了"为发烧而生"的使命和"硬件+"的战略，并获得了创新管理方面的认可和赞誉。

提升管理者的创新管理的学习和创新：提升创新的管理的学习和创新是指管理者在管理创新的过程中，不断学习和掌握创新管理的知识和技能，以及不断更新和提升创新管理的理念和方法，从而提高创新管理的学习性和创新性，以及增强创新管理的适应性和领导力。提升创新的管理的学习和创新可以帮助管理者获取和利用创新管理的资源和信息，以及促进创新管理的改进和创新。例如，马化腾作为腾讯公司的创始人和领导者，通过不断提升创新的管理的学习和创新，学习和掌握了人工智能、云计算、大数据等创新的技术和应用，并更新和提升了"用户为本"的理念和"创造价值"的方法，从而提高了创新管理的学习性和创新性。

本章小结

现代企业应在追求经济利益的基础上，勇于承担相应的社会责任。企业管理者应将社会责任贯彻到企业文化精神中，如此方能保障企业的长期利益，实现企业的可持续发展。而创新是企业在市场竞争中立于不败之地的内源性驱动力，作为管理者，必须居安思危，将创新的精神融入企业每个员工的工作中。

本章习题

思考题

1. 什么是企业社会责任？企业社会责任与企业可持续发展存在什么关系？

2. 联系实际，讨论企业社会责任与企业经济责任的关系。

3. 评价自身的管理能力，并为自己设计一套管理者创新能力提升方案。

4. 要提升企业的创新能力，作为管理者，应该从哪几个方面努力？

5. 讨论企业家、慈善家与富翁的区别。

实训题

每5人左右组成一个课外实训小组，选择身边真实的企业，或者通过网络搜集典型公司作为研究对象，调研所选公司的社会责任履行情况，分析所选公司的创新能力，研究管理者对其管理能力的体现，回答以下问题：

1. 该公司承担社会责任情况如何？作为管理者，应如何改进？

2. 该公司开展哪些方面的创新？管理者应在哪些方面提升自身和企业的创新能力？

参考文献

[1] Argyris, C. *Understanding Organizational Behavior*. London: Tavistock Publications, 1960.

[2] Barnard, C. *Organization and Management*. London: Routledge, 2003.

[3] Chatman, J. A. Improving Interactional Organizational Research: A Model of Person-Organization Fit. *Academy of Management Review*, 1989(14): 333-349.

[4] Hosmer, L. T. Trust: The Connecting Link between Organizational Theory and Philosophical Ethics. *Academy of Management Review*, 1995(20): 379-403.

[5] Kotter, J. P. The Psychological Contract. *California Management Review*, 1973(15): 91-99.

[6] Kramer, R. & Tyler, T. *Trust in Organizations: Frontiers of Theory and Research*. Thousand Oaks, California: Sage Publications, 1996.

[7] Kramer, R. M. Trust and Distrust in Organizations: Emerging Perspectives, Enduring Questions. *Annual Review Psychology*, 1999(50): 569-598.

[8] Robinson, S. L. Trust and Breach of the Psychological Contract. *Administrative Science Quarterly*, 1996(41): 574-599.

[9] Schein, E. H. *Organizational Psychology (3rd edition)*. Englewood Cliffs, New Jersey: Prentice Hall, 1980.

[10] Schneider, B., Goldstein, H. W. & Smith, D. B. The ASA Framework: An Update. *Personnel Psychology*, 1995(48): 747-773.

[11] Shore, L. M. & Barksdale, K. Examining Degree of Balance and Level of Obligation in the Employment Relationship: A Social Exchange Approach. *Journal of Organizational Behavior*, 1998(19): 731-744.

[12] Tuckman, B. Developmental Sequence in Small Groups. *Psychological Bulletin*, 1965(63): 384-399.

[13] [美]安德鲁·J. 杜布林. 组织行为基础——应用的前景[M]. 北京：机械工业出版社，1985.

[14] 常东旭，李培山. 领导学在中国的发展历程和分化态势[J]. 理论探讨，2008(4)：157-160.

[15] [美]大卫·A. 惠顿，[美]金·S. 卡梅伦. 管理技能开发[M]. 张文松等译. 北京：机械工业出版社，2012.

[16] 邸彦彪，主编. 现代企业管理理论与应用[M]. 北京：北京大学出版社，中国林业出版社，2013.

[17] [美]蒂姆，[美]彼得森. 人的行为与组织管理[M]. 钟谷兰译. 北京：中国轻工业出版社，2004.

[18] 关伟，李红. 复杂性与组织管理[J]. 大连海事大学学报（社会科学版），2010(2)：38-41.

[19] 姜仁良，主编. 管理学习题与案例[M]. 北京：中国时代经济出版社，2006.

[20] 李宁，严进. 组织信任氛围对任务绩效的作用途径[J]. 心理学报，2007(6)：1111-1121.

[21] 刘洪. 论组织内外部复杂性的变化特点与管理挑战[J]. 管理学报，2009(5)：587-594,600.

[22] 刘亚洲. 餐巾纸上的伟大公司[J]. 东方企业文化，2012(1)：49-50.

[23] 毛文静，唐丽颖，主编. 组织设计[M]. 杭州：浙江大学出版社，2012.

[24] 孙钱章，王玉森. 领导科学知识问答[M]. 北京：中国经济出版社，1987.

[25] 孙泉城，郭元林. 复杂性组织管理是什么[J]. 系统科学学报，2009(3)：71-75.

[26] 王乐夫. 领导学：理论、实践与方法（第二版）[M]. 广州：中山大学出版社，2002.

[27] 王益. 变革时代的领导力[M]. 北京：清华大学出版社，2003.

[28] 卫旭华，主编. 团队建设与管理[M]. 北京：中国人民大学出版社，2024.

[29] 文玲娜. 从西游记看多元化团队管理[J]. 人力资源管理，2010(6)：90.

[30] 杨中芳，彭泗清. 中国人人际信任的概念化：一个人际关系的观点[J]. 社会学研究，1999(2)：1-21.

[31] 郑伯埙. 企业组织中上下属的信任关系[J]. 社会学研究，1999(2)：22-37.

[32] 朱立言，雷强. 领导与管理的差异[J]. 上海行政学院学报，2000(4)：126-127.